U0513810

# 山海經

〔晉〕郭　璞　注
〔清〕郝懿行　箋疏
沈海波　校点

上海古籍出版社

**图书在版编目(CIP)数据**

山海经/(晋)郭璞注;(清)郝懿行笺疏;沈海波校点. ——
上海:上海古籍出版社,2015.4 (2024.8重印)
(国学典藏)
ISBN 978-7-5325-7556-5

I.①山… II.①郭… ②郝… ③沈… III.①历史地理—
中国—古代 ②《山海经》—注释 IV.①K928.631

中国版本图书馆CIP数据核字(2015)第 042486 号

国学典藏

# 山海经

[晋] 郭 璞 注
[清] 郝懿行 笺疏
沈海波 校点

上海古籍出版社出版发行
(上海市闵行区号景路159弄1—5号A座5F 邮政编码201101)
(1) 网址:www.guji.com.cn
(2) E-mail:gujil@guji.com.cn
(3) 易文网网址:www.ewen.co
上海展强印刷有限公司印刷
开本 890×1240 1/32 印张14.375 插页5 字数399,000
2015 年 4 月第 1 版 2024 年 8 月第 10 次印刷
印数:27,901-29,400
ISBN 978-7-5325-7556-5

I·2901 定价:48.00 元

如发生质量问题,请与承印公司联系
电话:021-66366565

# 前　言

沈海波

　　《山海经》是一部先秦古书,向来以怪诞著称。它的篇幅并不长,大约三万多字,但内容却是包罗万象,从地理、植物、医药、矿产,到神话、人物、方国、祭祀、风俗,堪称研究上古中国社会历史的宝库。然而,由于《山海经》索解匪易,自古就被蒙上了一层神秘的面纱,不但所载山川大多湮没无闻,而且很多名物也已不可考。所以,围绕着《山海经》的各种问题就越发显得扑朔迷离了。比如在《山海经》产生的时代问题上,自古及今,说者不一,迄无定论,归纳起来大致有以下几种观点:禹益作书说、禹鼎遗像说、夷坚作书说、缘解天问说、邹衍作书说及周、秦间人作书说等。正因为《山海经》一书充满了谜团,也让我们后人在研究时乐趣倍增。

## 一、今传《山海经》的由来

　　今传《山海经》为西汉刘歆所校定,共有18卷(篇),主要分为两个部分:《五藏山经》和《海经》。《五藏山经》有5卷(南、西、北、东、中5经各为1卷),《海经》有13卷,包括《海外经》4卷(南、西、北、东经各1卷)、《海内经》4卷(南、西、北、东经各1卷)及《大荒经》5卷(大荒东、南、西、北经各1卷及《海内经》1卷)。其中《五藏山经》的内容较为丰富,每卷还可分成若干篇,分别是:《南山经》3篇(即《南山经》、《南次二经》、《南次三经》)、《西山经》4篇(即《西山经》、《西

1

次二经》、《西次三经》、《西次四经》)、《北山经》3 篇(即《北山经》、《北次二经》、《北次三经》)、《东山经》4 篇(即《东山经》、《东次二经》、《东次三经》、《东次四经》)和《中山经》12 篇(即《中山经》以下至《中次十二经》)。

《五藏山经》的内容主要是记叙山岳道里、河川源流、矿产、草木、鸟兽虫鱼、鬼怪禁忌、祭祀习俗等,类似于地理志、博物志与风俗志的集合。《海经》的内容主要以远近方国为经纬,记叙神话人物及故事,类似于异域志。

在刘歆之前,其父刘向也曾经整理过《山海经》,这就是《汉书·艺文志》中所著录的 13 卷本。刘向、刘歆父子先后领校秘书,现存的先秦古籍大多经过他们的整理,但是父子俩对同一部古籍进行重复整理的情况似乎只此一次,这个情况是比较耐人寻味的。《汉书·艺文志》将《山海经》收录在"形法家",所谓"形法",就是"大举九州之势以立城郭室舍形,人及六畜骨法之度数、器物之形容以求其声气贵贱凶吉"(《汉书·艺文志》),说得简单点,形法家的书是用来占卜吉凶的。刘歆《上〈山海经〉表》说:

> 孝武皇帝时尝有献异鸟者,食之百谷,所不肯食。东方朔见之,言其鸟名,又言其所当食,如朔言。问朔何以知之,即《山海经》所出也。孝宣帝时,击磐石于上郡,陷,得石室,其中有反缚盗械人。时臣秀父向为谏议大夫,言此贰负之臣也。诏问何以知之,亦以《山海经》对……上大惊。朝士由是多奇《山海经》者。文学大儒皆读学,以为奇,可以考祯祥变怪之物,见远国异人之谣俗。

刘歆所说的这两件事当然都纯属附会,但我们却由此可以知道,汉朝人认为《山海经》是"可以考祯祥变怪之物"的,这正与形法所谓的"求其声气贵贱吉凶"相符。据此,我们似乎可以推断刘向的 13 卷本可能不包括以地理为主的《五藏山经》在内，而是大致相当于今传《海经》的内容。

刘歆《上〈山海经〉表》对校经的情况作过简单的介绍，他说："所校《山海经》凡三十二篇，今定为一十八篇，已定。"这"三十二篇"之数引起后代学者的困惑。清代学者毕沅认为，32 应是 34 之误，其篇目包括《五藏山经》26 篇、《海外经》4 篇、《海内经》4 篇，不含《大荒经》以下 5 篇在内（毕沅《山海经新校正·山海经古今篇目考·山海经三十四篇禹益作》）。郝懿行对《山海经》的篇目问题也很感困惑，他说："《山海经》古本三十二篇，刘子骏校定为一十八篇，即郭景纯所传是也。今考《南山经》三篇、《西山经》四篇、《北山经》三篇、《东山经》四篇、《中山经》十二篇，并《海外经》四篇、《海内经》四篇，除《大荒经》以下不数，已得三十四篇，则与古经三十二篇之目不符也。"迷茫之馀，他只能叹息说："然则古经残简，非复完篇，殆自昔而然矣。"（《山海经笺疏序》）

其实，所谓的古本 32 篇的问题并不难理解。刘向、刘歆父子校理某部书的时候，必先广泛收集所能看到各种写本，或内府所藏，或私家所藏，皆网罗无遗。如刘向《管子序录》曰："所校中《管子》书 389 篇，太中大夫卜圭书 27 篇，臣富参书 41 篇，射声校尉立书 11 篇，太史书 96 篇，凡中外书 564 篇，以校除复重 484 篇，定著 86 篇，杀青而书可缮写也。"《管子》经校订后只有 86 篇，而刘向所据以校理的各种写本却达到了 564 篇。这是一种科学的校书方法，在参校各种写本之后，可以去重复、补不足，尽可能地恢复其原貌。又如刘向在校理《荀子》时，参考了内府所藏的各种写本共计 323 篇，除去重复的 290 篇后，定为 32 篇。此类例子比比皆是，在此不赘述。因此，刘向、刘歆父子但凡在序录中说"所校×书×篇"，这个"×篇"就是指他们所收集到的各种写本的篇数总和。所以，"所校《山海经》

凡32篇"应当是指刘歆校理《山海经》时收集到的各种写本共有32篇。

正是因为刘歆收集到了多种抄本,所以他才认为有必要对《山海经》进行再次整理。刘歆所搜集到的多种抄本,在今传《山海经》中可以找到痕迹。如《南山经》曰:"南山在其东……一曰:南山在结胸东南。"郝懿行注曰:"经内凡'一曰'云云者,盖后人校此经时附著所见,或别本不同也。疑初皆细字,郭氏作注改为大字,随与经并行矣。"其实,所谓的"后人"就是刘歆。毕沅即注曰:"凡'一曰'云云者,是刘秀校此经时附著所见他本异文也。旧乱入经文,当由郭注此经时升为大字。"在《海外经》4卷和《海内经》4卷中,几乎每一条经文后都附有"一曰"云云的校记,可以反映出西汉时期各种《山海经》抄本的异同。

## 二、《山海经》的图及历代补绘之作

《山海经》古时是有图的,前人多有论之者。不过《五藏山经》与《海经》二者与图绘之间的关系是不同的。《海经》纯系图绘之解说,袁珂先生对此阐说得较为清楚,他说:"《山海经》一书尤其是其中《海经》的部分,大概说来,是先有图画,后有文字,文字是因图画而作的。从文字所叙写的情况看,每云'两手各操一鱼'(《海外南经》)、'其人两手操卵食之,两鸟居前导之'(《海外西经》)、'食人从首始,所食被发'(《海内北经》)、'两手操鸟,方食其头'(《大荒东经》)等等,知道确实是解释图之词。"(《〈山海经〉写作的时地与篇目考》,《中华文史论丛》1978年复刊号)

《五藏山经》与图的关系则不同,由于其内容较为复杂,所以不可能是图绘的简单说明。当然,《五藏山经》详载山川道里,它应与地图有着密切的关系。我国地图的起源很早。根据《周礼·大司徒》记载,周代设有专门掌管地形测量之官,并以土圭、土会、土宜、土均之法分析土壤,辨别物种,区划环境,其测量的手段已相当完备。所以,周代的地图能够达到较高的水平,各类地图亦有专人职掌。按《周礼》曰:

> 掌建邦之土地之图与其人民之数,以佐王安扰邦国。以天下土地之图,周知九州之地域广轮之数,辨其山林、川泽、丘陵、坟衍、原隰之名物。(《大司徒》)

> 掌道地图,以诏地事。道地慝,以辨地物而原其生,以诏地求。(《土训》)

> 掌天下之图,以掌天下之地,辨其邦国、都鄙、四事、八蛮、七闽、九貉、五戎、六狄之人民,与其财用、九谷、六畜之数要,周知其利害。(《职方氏》)

> 掌邦中之版,土地之图,以周知出入百物,以叙其财。(《司书》)

这说明周代的地图制作已经相当发达,不仅可以辨知山林、川泽、丘陵、道路,而且还可周知各地的粮食、牲畜与所出财用。而《五藏山经》的主要内容,正在于山川道里及各地所出之财用。因此,《五藏山经》的写作有可能本于此类地图。

《山海经》的图大约在西汉后期失传,因为刘向、刘歆校书时就没有看到过图,而《汉书·艺文志》在著录《山海经》时也没有提到过图。到了魏晋间便有好事者根据经文的内容补绘了若干图画。晋代的陶渊明曾经熟读过《山海经》,流览了那些补绘的图,为此他创作了13首《读〈山海经〉诗》,其第一首咏道:

> 孟夏草木长,绕屋树扶疏。众鸟欣有托,吾亦爱吾庐。既耕亦且种,时还读我书。穷苍隔深辙,颇迴故人车。欢然酌春酒,摘我园中蔬。微雨从东来,好风与之俱。泛览《周王传》,流

观《山海图》。俯仰终宇宙,不乐复何故?

诗中一派恬和的气氛,主人公在这种气氛中"流观《山海图》",感受到了俯仰宇宙之乐。陶氏所"流观"的《山海图》,应当就是魏晋时人补绘之图。《读〈山海经〉诗》第二首云:

> 玉台凌霞秀,王母怡妙颜。天地共俱生,不知几何年。灵化无穷已,馆宇非一山。高酣发新谣,宁效俗中言。

诗中所描绘的,自然是陶渊明所流观的《山海图》上的景象。然按《山海经》曰:

> 又西三百五十里,曰玉山,是西王母所居也。西王母其状如人,豹尾虎齿而善啸,蓬发戴胜,是司天之厉及五残。(《西次三经》)

> 西王母梯几而戴胜杖,其南有三青鸟,为西王母取食。(《海内北经》)

> 西海之南,流沙之滨,赤水之后,黑水之前,有大山,名曰昆仑之丘……其下有弱水之渊环之,其外有炎火之山,投物辄然。

> 有人,戴胜,虎齿,有豹尾,穴处,名曰西王母。(《大荒西经》)

从以上经文可知,《山海经》中的西王母原是一个"虎齿善啸"的异人,其所居之处也是一个"投物辄然"的可怖场所。而陶氏笔下的西王母却有着一副"妙颜",所居也是"凌霞秀"的玉台,二者显然有着天壤之别,可见魏晋时的图与古图已相去甚远。

魏晋时图也很快亡佚,于是又有南朝梁张僧繇所画之图出现。到了宋代,其图又已残阙。真宗咸平二年(999),舒雅据张僧繇的残图重新画为十卷。欧阳修有《读〈山海经图〉》一诗(《居士外集》卷三),未知所见是否即为舒雅之图。郝懿行曰:"《中兴书目》云:'《山海经图》十卷,本梁张僧繇画,咸平二年校理舒雅重绘为十卷,每卷中先类所画名,凡二百四十七种。'是其图画已异郭、陶所见。"舒雅之图后亦亡佚。

　　明清之时，补画之作甚多。明王崇庆所撰《山海经释义》附有图一卷，《四库总目提要》评曰："其图亦书肆俗工所臆作，不为典据。"清吴任臣所撰《山海经广注》附有图五卷，分为灵祇、异域、兽族、羽禽、鳞介五类，并自云得之"舒雅旧稿"。《四库总目提要》曰："其说影响依稀，未之敢据。其图亦以意为之，无论不真出雅与僧繇。"此外，清汪绂所撰《山海经存》亦附有图。

### 三、《山海经》在历代的影响

　　《山海经》之名始见于《史记·大宛列传》，太史公曰："至《禹本纪》、《山海经》所有怪物，余不敢言之也。"司马迁是个能够接受一些"不雅驯"的学者，他在作《五帝本纪》时说：

　　　学者多称五帝，尚矣。然《尚书》独载尧以来；而百家言黄帝，其文不雅驯，缙绅先生难言之……余并论次，择其言尤雅者，故著为本纪书首。

百家言黄帝之事多不雅驯，但司马迁还是选择了一些比较"尤雅"的内容记载了下来。可是司马迁对《山海经》中的内容还是不敢说，说明他觉得其中的"怪物"实在难以接受。司马迁的这种态度，也预示了《山海经》一书长期不为世人所重视的命运。

　　《山海经》因其内容的怪诞，所以它在西汉时只有少数学者注意过它。据刘歆说，其父刘向曾辨认出上郡发掘出的盗械之尸就是《山海经》中的贰负，引起汉宣帝的惊奇，同时"朝士由是多奇《山海经》者。文学大儒皆读学，以为奇，可以考祯祥变怪之物，见远国异人之谣俗"（《上〈山海经〉表》）。刘歆是个博学之士，对《山海经》的评价极高，他说："（《山海经》）皆圣贤之遗事，古文之著明者也。其事质明有信……故《易》曰：'言天下之至赜而不可乱也。'博物之君子,其可不惑焉。"(《上〈山海经〉表》)经过刘向、刘歆父子的大力宣传,《山海经》稍稍受到了人们的注意。

但是,《山海经》在汉代稍显之后,又很快为人们所忽视,即便有人读过此书,也都对其"奇怪俶傥"之言产生疑问。所以《山海经》到了晋代已经是行将"湮泯"了。晋代郭璞是喜好阴阳算历及卜筮之术的著名学者,看到《山海经》后不禁为之神驰,他认为:

> 世之览《山海经》者,皆以其闳诞迂夸,多奇怪俶傥之言,莫不疑焉……夫以宇宙之寥廓,群生之纷纭,阴阳之煦蒸,万殊之区分,精气浑淆,自相喷薄,游魂灵怪,触象而构,流形于山川,丽状于木石者,恶可胜言乎?……阳火出于冰水,阴鼠生于炎山,而俗之论者,莫之或怪;及谈《山海经》所载,而咸怪之:是不怪所可怪而怪所不可怪也。不怪所可怪,则几于无怪矣;怪所不可怪,则未始有可怪也。(《注〈山海经〉叙》)

这段话说得有点玄乎,大致是讲《山海经》所载并不可怪,只不过是观者不知宇宙事物之万象多端,所以才会怪之,这实在是在"怪所不可怪也"。郭璞唯恐《山海经》湮没,于是"为之创传,疏其壅阂,辟其茀芜,领其玄致,标其洞涉",希望《山海经》的奇言异事能为人所认识。郭璞是最早替《山海经》作注的,其《山海经传》成为后人研究《山海经》的重要参考。

北魏郦道元在其巨著《水经注》中大量地引用了《山海经》的记载,大约有107条之多,其中引用《南山经》3条,《西山经》23条,《北山经》19条,《东山经》1条,《中山经》61条,所引多集中于黄河、渭水、洛水流域,且引文多与今本大体相同。这表明郦道元是把《山海经》当作地理资料来应用的,也表明他对于《山海经》的地理学价值有着充分的认识。他对《山海经》中与当时实际地理情况有出入的地方,也不采取轻易否定的态度。如《水经注》卷五"河水"曰:

《山海经》曰："和山上无草木而多瑶碧，实惟河之九都。是山也，五曲九水出焉，合而北流注于河。其阳多苍玉。吉神泰逢司之，是于萯山之阳，出入有光。"……今于首阳东山无水以应之，当是今古世殊，川域改状矣。

说明他对待《山海经》的记载采取的是比较客观的态度。

隋代释智骞是训释《楚辞》音韵的名家，《隋书·经籍志》谓其"能为楚声，音韵清切"，所以"至今传楚声者，皆祖骞公之音"。智骞所著《楚辞音》对《山海经》亦多有称引。姜亮夫先生说："引《山经》、《穆传》奇说，以为屈赋注释者，始于郭而终成于智骞，为《楚辞》注家一大派别。洪兴祖《补注》实又本之……"（《敦煌写本隋释智骞楚辞音跋》，《楚辞学论文集》，上海古籍出版社 1984 年 12 月版）可以说郭璞、智骞与洪兴祖在《楚辞》研究上之所以能够取得很大的成就，某种程度上得益于他们对《山海经》价值的发现和利用。

唐代柳宗元熟读过《山海经》，不但在自己的作品中引用过其中的许多神话传说，而且还颇有感触。他对夸父逐日的传说最为伤感，在《行路难》一诗中写道：

君不见夸父逐日窥虞渊，跳踉北海超昆仑。披霄扶汉出沆瀣，瞥裂左右遗星辰。须臾力尽道渴死，狐鼠蜂蚁争嘬吞。北方狰人长九寸，开口抵掌更笑喧：啾啾饮食滴与粒，生死亦足终天年。睢盱大志小成遂，坐使儿女相悲怜。

诗人联系到自己被贬外州、壮志不能酬的境遇，遂自喻为夸父，虽有雄心而竟不免渴死，反而不及北方的矮人还可以终享天年，并以此讽刺世俗。

晚唐段成式对《山海经》有所留意。《酉阳杂俎》卷十四《诺皋记上》曰：

征祥变化，无日无之，在乎不伤人、不乏主而已。成式因览历代怪书,偶疏所记,题曰《诺皋记》。街谈鄙俚,舆言风波,不足以辨九鼎之象,广七车之对,然游息之暇,足为鼓吹耳。

《诺皋记》起首的 3 条引用的是《山海经》。可知《山海经》在唐代亦被视作"怪书"而不为重视。北宋欧阳修写过一首《读〈山海经图〉》的诗,曰:

> 夏鼎象九州,山经有遗载。空濛大荒中,杳霭群山会。炎海积歊蒸,阴幽异明晦。奔趋各异种,倏忽俄万态。群伦固殊禀,至理宁一概。骇者自云惊,生分孰知怪。未能识造化,但尔披图绘。不有万物殊,岂知方舆大。(见《居士外集》卷三)

他不以《山海经》之"怪"为怪,并从中感受到了世界之广阔,这种态度在古代并不多见。

自郭璞之后,直到明代才有王崇庆和杨慎为《山海经》作注,但内容都略显单薄。胡应麟曰:"《穆天子传》其叙简而法,其谣雅而风,其事侈而核,视《山海经》之语怪,霄壤也。"(《少室山房笔丛·三坟补逸上》)又曰:"《穆天子传》所记山川草木鸟兽皆耳目所有,如《山海经》怪诞之文,百无一二也。"(《少室山房笔丛·三坟补逸下》)胡氏之语可以说是代表了时人对《山海经》的普遍看法。

清代考据之学大盛,《山海经》开始受到重视,出现了一批有分量的注疏,如吴任臣《山海经广注》、汪绂《山海经存》、毕沅《山海经新校正》、郝懿行《山海经笺疏》。其中吴氏之书最为早出,还被收进了《四库全书》,而成就最高者,则是郝氏之书。

## 四、郝懿行及其《山海经笺疏》

郝懿行(1757—1825),字恂九,号兰皋,一字寻韭,山东栖霞人乾隆五十三年(1788)七月初中举人,嘉庆四年(1799)春中进士。长于名物训诂及考据,是乾嘉学派的代表性人物之一。

　　郝懿行为人谦退、廉介，别无他嗜，惟孜孜好学；不轻与人接，遇非知音者，可以相对竟日无一语，迨谈论经义，则喋喋忘倦。不以仕宦为意，惟以读书治学为务，尝自励云："少年居家，以读书为孝爱；出仕做官，以读书为忠勤；修身以读书为卓德，立名以读书为奇勋。"所得薪俸大多用于购书，晚年贫病交集，仍典衣购书，虽至家徒四壁，庭院蓬蒿丛生，却处之晏如。一生著述等身，遗著由其妻王照圆和其孙郝联薇搜集、整理，编为《郝氏遗书》，包括《尔雅义疏》、《易说》、《书说》、《诗说》、《郑氏礼记笺》、《春秋说略》、《春秋比》、《竹书纪年校证》、《汲冢周书辑要》、《荀子补注》、《山海经笺疏》等 22 种，以及诗文、杂著等，共计近四百卷。其妻王照圆亦博涉经史，著有《列女传补注》、《列仙传校正》、《梦书》、《晒书堂闺中文存》、《葩经小记》。夫妻常以诗相唱和，并一同切磋学问，时人有"高邮王父子，栖霞郝夫妇"之誉。

　　嘉庆九年（1804），郝懿行撰成《山海经笺疏》，其自述曰："而此经师训莫传，遂将湮泯。郭作传后，读家稀绝，途径榛芜，讫于今日脱乱淆讹，益复难读……今世名家有吴氏（吴任臣《山海经广注》）、毕氏（毕沅《山海经新校正》）。吴征引极博，泛滥于群书；毕山水方滋，取证于耳目。二书于此经，厥功伟矣。至于辩析异同，刊正讹谬，盖犹未暇以详。今之所述，并采二家所长，作为《笺疏》。笺以补注，疏以证经。卷如其旧，别为《订讹》一卷，附于篇末。"（《山海经笺疏序》）郝懿行在前人的基础上，以笺补注，以疏证经，广征博引，正名辨物，刊正谬误，其成就后来居上，超过了吴任臣和毕沅。在此书撰写过程中，其妻王照圆也多有贡献。阮元在为此书作序时说："兰皋妻王安人，字瑞玉，亦治经史，与兰皋共著书于车鹿春庑之间……于此经《疏》并多校正之力，亦可尚异之也。"（《刻山海经笺疏序》）阮元并于嘉庆十四年（1809）为之刊刻印行。清末张之洞在《书目答问》一书中推荐《山海经》读本，首列《山海经笺疏》，次列《山海经新校正》，并特别指出："郝胜于毕。"

光绪七年(1881)12月，经顺天府尹游百川代奏进呈郝懿行所著《春秋说略》、《春秋比》、《尔雅义疏》、《山海经笺疏》，上谕："前据顺天府尹游百川呈进，已故户部主事郝懿行所著书四种，当交南书房翰林阅看，据称郝懿行学问渊博，经术湛深，嘉庆年间海内推重。所著《春秋比》、《春秋说略》、《尔雅义疏》、《山海经笺疏》，各书精博邃密，足资考证，所进之书，即著留览。钦此。"

嘉庆十四年(1809)阮氏琅嬛仙馆刻本是《山海经笺疏》的首刻本，阮元对郝懿行的学术欣赏有加，所以在《山海经笺疏》成书后特地为之作序，并刊刻印行。同治年间，郝懿行之孙郝联薇将其刻入《郝氏遗书》。光绪十三年(1887)，李澄平重刻此书，是为还读楼刻本。民国时期主要有两个版本，一是1917年《龙溪精舍丛书》本，二是中华书局的《四部备要》本(系根据《郝氏遗书》排版铅印)。

建国后，曾有几个出版社影印出版《山海经笺疏》，但一直没有出版过单行的标点本。此次标点以还读楼刻本为底本，以阮氏琅嬛仙馆刻本对校，有明显差异或错误之处，错字加( )，校改、补字加〔 〕。原书最后的《山海经图赞》一卷因不是《山海经》原文，故删去。

在本书标点过程中，我的学生常博睿和张蕾付出了很多精力和时间，包括检索文献、誊写文稿等，谨此致谢。

# 目　录

# 山海经第一

## 南 山 经

《南山经》之首曰䧿山。①其首曰招摇之山,②临于西海之上,③多桂,④多金、玉。有草焉,其状如韭⑤而青华,其名曰祝馀,⑥食之不饥。有木焉,其状如榖而黑理,⑦其华四照,⑧其名曰迷谷,佩之不迷。⑨有兽焉,其状如禺而白耳,⑩伏行人走,⑪其名曰狌狌,食之善走。⑫丽䰼之水出焉,⑬而西流注于海,其中多育沛,佩之无瘕疾。⑭

① 懿行案:任昉《述异记》作"雀山";《文选》注王巾《头陀寺碑》引此经,作"鹊山"。

② 懿行案:《大荒东经》有招摇山,"融水出焉",非此。高诱注《吕氏春秋·本味篇》云:"招摇,山名,在桂阳。"

③ 在蜀伏山山南之西,头滨西海也。○懿行案:"伏",疑"汶"字之讹。《史记·封禅书》云:"渎山,蜀之汶山也。"《蜀志·秦宓传》云:"蜀有汶阜之山,江出其腹。"皆是山也。

④ 桂,叶似枇杷,长二尺余,广数寸,味辛,白华,丛生山峰,冬夏常青,间无杂木。《吕氏春秋》曰"招摇之桂"。○懿行案:《尔雅》云:"梫,木桂。"郭注与此同。

⑤ 璨曰:"韭,音九。"《尔雅》云霍山亦多之。○懿行案:"霍",当为"藿"字之讹,《尔雅》云:"藿,山韭。"

⑥ 或作"桂荼"。○懿行案:"桂",疑当为"柱"字之讹。"柱荼"、"祝

1

馀",声相近。

⑦ 榖,楮也,皮作纸。璨曰:"榖,亦名构。""名榖"者,以其实如榖也。○懿行案:陶宏景注《本草经》云,榖即今构树是也。"榖"、"构"古同声,故榖亦名构。或曰,叶有瓣曰楮,无曰构。非也,见陆机《诗疏》。《文选》注《头陁寺碑》引此经,无"理"字。

⑧ 言有光焰也。"若木华赤"、"其光照地",亦此类也,见《离骚经》。○懿行案:"若木",见《离骚经》;"若木华赤",见《大荒北经》;"其华照地",见《淮南子》。

⑨ 懿行案:《文选》注《头陁寺碑》引此经,同。

⑩ 禺,似猕猴而大,赤目长尾,今江南山中多有。说者不了此物名禺,作牛字,图亦作牛形,或作猴,皆失之也。"禺"字音遇。○懿行案:《说文》云:"蝯,善援,禺属。"又云:"禺,猴属,兽之愚者也。"郭注凡言图者,皆谓此经图象然也。

⑪ 懿行案:《太平御览》九百八卷引此经《赞》曰:"猩猩似狐,走立行伏。"疑"狐"当为"禺",声之讹也。

⑫ 生生,禺兽,状如猿,伏行交足,亦此类也,见京房《易》。○懿行案:"生生",当为"狌狌",说见《海内南经》。

⑬ 麐,音作几。

⑭ 瘕,虫病也。○懿行案:《说文》云:"瘕,久病也。"郭云"虫病"者,《列仙传》云:"河间王病瘕,下蛇十馀头。"《史记·仓公传》云:"蛲瘕。"《正义》引《龙鱼河图》云:"犬狗鱼鸟不孰,食之成瘕痛。"皆与郭义近。

又东三百里,①曰堂②庭之山。③多棪木,④多白猿,⑤多水玉,⑥多黄金。⑦

① 懿行案:《禹贡》"五服"皆言里数,《水经注》云:庐山"有大禹刻石,志其丈尺里数"。则里地之数盖始于禹。《大戴礼·主言篇》云:"三百步而

里。"是古里短于今里也。

② 一作"常"。○懿行案：《文选》注《上林赋》引此经，正作"常"。

③ 懿行案：《初学记》引此经，作"堂夜之山，多水玉"。疑"夜"字讹。

④ 桵，别名连其，子似柰而赤，可食，音剡。○懿行案："连"当为"速"字之讹。《尔雅》云："桵，棫其。"郭注同。

⑤ 今猿似猕猴而大，臂脚长，便捷，色有黑有黄；鸣，其声哀。○懿行案：猿，俗字也。《说文》云："猨，善援，禺属。"《文选·西都赋》注、《后汉书·班固传》注引此注，并云"臂长，便捷"，无"脚"字；"色黑"，无"黄"字。《艺文类聚》九十五卷引郭氏《赞》云："白猨肆巧，由基抚弓。应眄而号，神有先中。数如循环，其妙无穷。"

⑥ 水玉，今水精也。相如《上林赋》曰："水玉磊砢。"赤松子所服，见《列仙传》。○懿行案：《广雅》云："水精，谓之石英。"张揖注《上林赋》云："水玉，水精也。"《列仙传》云：赤松子"服水玉，以教神农"。并郭所本。

⑦ 懿行案：《说文》云："金，五色金也，黄为之长。"


又东三百八十里，曰猿翼之山。①其中多怪兽；水多怪鱼，②多白玉；③多蝮虫，④多怪蛇，多怪木，不可以上。


① 懿行案：《初学记》二十七卷引此经，作"稷翼之山，多白玉"。

② 凡言怪者，皆谓貌状倔奇不常也。《尸子》曰："徐偃王好怪，没深水而得怪鱼，入深山而得怪兽者，多列于庭。"

③ 懿行案：《玉藻》云："天子佩白玉。"《艺文类聚》八十三卷引《广志》曰："白玉，美者可以照面，出交州。"

④ 蝮虫，色如绶文，鼻上有针，大者百余斤，一名反鼻。"虫"，古"虺"字。○懿行案：蝮虺，见《尔雅》及注；色如绶文，见《北山经》"大咸之山"注。《说文》云："虫，一名蝮。""虺以注鸣。"是"虫"、"虺"非一字，与郭义异也。

又东三百七十里，曰杻阳之山，①其阳多赤金，②其阴多白金。③有兽焉，其状如马而白首，其文如虎而赤尾，其音如谣，④其名曰鹿蜀，佩之宜子孙。⑤怪水出焉，而东流注于宪翼之水。其中多玄龟，其状如龟而鸟首虺尾，⑥其名曰旋龟，其音如判木，⑦佩之不聋，可以为底。⑧

① 音纽。○懿行案：《玉篇》有梄阳山，"梄"，思计切。疑"杻"、"梄"字形相近。注"音纽"，亦当为"音细"，并字形之讹也。

② 铜也。

③ 银也，见《尔雅》。山南为阳，山北为阴。○懿行案：《说文》云："铜，赤金也。""银，白金也。"《尔雅》云："白金谓之银。"是皆郭注所本。然案之此经，理有未通。《西山经》云：瑜次之山，"其阴多赤铜"。《中次九经》云：玉山，"其阳多铜，其阴多赤金"。明赤金与铜非一物矣。又经内银与白金叠出分见，如《西山经》皋涂之山"多银、黄金"，槐江之山"多黄金、银"，大时之山、数历之山并云"多银"；又《北山经》少阳之山"多赤银"；又《西山经》泾谷之山"多白金"；《中山经》役山"多白金"。综诸经之文，白金与银为二物，审矣。《说文》云："鋈，白金也。"《尔雅》云："金美者，谓之镠。"郭注云："镠，即紫磨金。"寇宗奭《本草衍义》云："颗，块金，其色深赤。"然则此经赤金即紫磨金，白金即鋈矣，郭氏并误注。

④ 如人歌声。○懿行案："谣"，当为"㿰"，见《说文》。

⑤ 佩，谓带其皮毛。○懿行案：《太平御览》九百十三卷引此经《图赞》云："鹿蜀之兽，马质虎文。攘首吟鸣，矫矫腾群。佩其皮毛，子孙如云。"

⑥ 虺尾锐。

⑦ 如破木声。

⑧ 底，蹢也。为，犹治也。《外传》曰："疾不可为。"一作"痕"，犹病愈也。○懿行案："底"，同"胝"，音竹施切。《文选·难蜀父老》注引郭氏《三苍解诂》云："胝，蹢也。""一作'痕'"者，《尔雅·释诂》云："痕，病也。"为痕，

则治病使愈,故云"犹病愈"矣。

　　又东三百里柢山,①多水,无草木。有鱼焉,其状如牛,②陵居,蛇尾有翼,其羽在魼下,③其音如留牛,④其名曰鲑,⑤冬死而夏生,⑥食之无肿疾。⑦

　　① 柢,音蒂。○懿行案:"柢"上疑脱"曰"字,明《藏经》本有之。

　　② 懿行案:郭氏《江赋》云:"潜鹄鱼牛。"李善注引此经云:"鱼牛,其状如牛。"今本"鱼"下无"牛"字。又,禺禺即鲋鲋,徐广注《史记》谓之"鱼牛",非此,见《东山经》。

　　③ 亦作"胁"。○懿行案:《说文》云:"胉,亦下也。"《广雅》云:"胉,胁也。"经作"魼"者,盖同声假借字。又,"胉"有"胁"音,本声同之字,故"胉"亦作"胁"。

　　④《庄子》曰:"执犁之狗。"谓此牛也。《穆天子传》曰:"天子之狗,执虎豹。"○懿行案:经作"留牛",郭引《庄子》"执犁之狗",谓此牛也,是"留牛"当为"犁牛"。《东山经》首说鲋鲋之鱼"其状如犁牛",郭云:"牛似虎文者。"然则"留牛"当为"犁牛",审矣。今本《庄子·天地篇》作"执狸之狗",《释文》云:"一云执留之狗。"郭又引作"执犁之狗",是《庄子》本并无正文,"犁"、"狸"、"留"俱声有通转。

　　⑤ 音六。

　　⑥ 此亦蛰类也。谓之死者,言其蛰无所知,如死耳。○懿行案:《太平御览》九百三十九卷引此经《图赞》云:"鱼号曰鲑,处不在水。厥状如牛,乌翼蛇尾。"

　　⑦ 懿行案:《说文》云:"肿,痈也。"

　　又东四百里,曰亶爰之山。①多水,无草木,不可以上。②有兽焉,其状如狸而有髦,其名曰类,③自为牝牡,食者不妒。④

① 亶，音蝉。

② 言崇阰也。

③ "类"，或作"沛"；"髦"，或作"髪"。○懿行案：《庄子·天运篇》释文引此经，作"其状如狸而有髪，其名曰师类。"盖即郭所见本也。"师"，疑"沛"字之讹。

④《庄子》亦曰："类自为雌雄而化。"今狸猪亦自为雌雄。○懿行案：《列子·天瑞篇》云："亶爰之兽，自孕而生，曰类。"陈藏器《本草拾遗》云："灵猫生南海山谷，状如狸，自为牝牡。"又引《异物志》云："灵狸一体，自为阴阳。"据此，则类为灵狸无疑也。"类"、"狸"声亦相转。今鱼皮夷地当吉林、蒙古之罗邨，以嘉庆八年冬缘事至京师，译官色崇额言其地有兽多毛，形颇类狗，体具阴阳，自为配偶。所说形状亦即是物，但译言不了，不得其名耳。郭注"狸猪即豪猪也"，见《西山经》"竹山"。

又东三百里，曰基山。其阳多玉，其阴多怪木。①有兽焉，其状如羊，九尾四耳，其目在背，其名曰猼訑，②佩之不畏。③有鸟焉，其状如鸡而三首六目，六足三翼，其名曰鹝鸼，④食之无卧。⑤

① 懿行案：《太平御览》五十卷引此经，"多怪木"上有"多金"二字。

② 博、施二音。"施"，一作"陁"。○懿行案："'施'，一作'陁'"之"施"，当为"訑"字之讹。"猼訑"，《玉篇》、《广韵》作"𤜶𤟥"，疑皆后人所作字也。

③ 不知恐畏。○懿行案：此亦羊属，唯目在背上为异耳。《说文》"羖"字注云："城郭市里，高县羊皮以惊牛马，曰羖。"《本草经》云："羖羊角，主辟恶鬼虎狼，止惊悸。"并与此经合。《太平御览》九百十三卷引此经《图赞》云："猼訑似羊，眼乃在背。视之则奇，推之无怪。欲不恐惧，厥皮可佩。"

④ 鹛鸺，急性，敝、孚二音。○懿行案："鹛"盖"鹛"字之讹，注"敝"亦
"敞"字之讹也。《玉篇》作"鹛鸺"，《广雅·释地》本此文作"鹜鸺"，可证。然
郭云"鹛鸺，急性"亦讹也。《方言》云："憋，恶也。"郭注云："憋怤，急性也。"
憋怤、鹛鸺，字异音同。然则此注当云："读如憋怤，急性。"今本疑有脱误。

⑤ 使人少眠。


又东三百里，曰青丘之山。①其阳多玉，其阴多青䨣。②
有兽焉，其状如狐而九尾，③其音如婴儿，④能食人，⑤食者不
蛊。⑥有鸟焉，其状如鸠，⑦其音若呵，⑧名曰灌灌，⑨佩之不
惑。⑩英水出焉，⑪南流注于即翼之泽。其中多赤鱬，⑫其状
如鱼而人面，⑬其音如鸳鸯，食之不疥。⑭


① 亦有青丘国，在海外。《水经》云："即《上林赋》云：'秋田于青丘。'"
○懿行案：《史记·司马相如传》正义引郭注云："青丘，山名，上有田，亦有
国，出九尾狐，在海外。"又引服虔云："青丘国在海东三百里。"并见《海外东
经》，非此也。郭引《水经》，今无考。

② 䨣，黝属，音瓠。○懿行案："䨣"当为"腹"。《说文》云："腹，善丹
也。"《初学记》五卷引此经，正作"腹"。《文选》注《赭白马赋》引此注，亦
作"腹"。

③ 即九尾狐。

④ 懿行案：《玉篇》引《苍颉篇》云："男曰儿，女曰婴。"

⑤ 懿行案：郭注《大荒东经》青丘国"九尾狐"云："太平则出而为瑞。"
此经云"能食人"，则非瑞应兽也。且此但言状如狐，非即真狐，郭云"即九
尾狐"，似误。

⑥ 啖其肉令人不逢妖邪之气。或曰："蛊，蛊毒。"○懿行案：《说文》
云："蛊，腹中虫也。"引《春秋传》曰："皿虫为蛊，淫溺之所生也。枭桀死之，
鬼亦为蛊。"郭引或曰"蛊，蛊毒"者，《秋官·庶氏》"掌除毒蛊"。又南方造

蛊毒,有蛇蛊、金蚕蛊也。《经》云"食此兽者不蛊",盖亦秦人以狗御蛊之义,见《史记·秦本纪》。

⑦ 懿行案:鸠有数种,具见《尔雅》。

⑧ 如人相呵呼声。

⑨ 或作"濩濩"。○懿行案:灌灌,郭云"或作'濩濩'",《吕氏春秋·本味篇》云:"肉之美者,玃玃之炙。"高诱注云:"玃玃,鸟名,其形未闻。'玃',一作'獲'。"今案"玃"与"灌"、"獲"与"濩",俱字形相近,即此鸟明矣。

⑩ 懿行案:陶潜《读〈山海经〉诗》云:"青丘有奇鸟,自言独见尔。本为迷者生,不以喻君子。"

⑪ 懿行案:"英",《玉篇》作"渶",云:"水出青丘山。"

⑫ 音懦。○懿行案:"懦"盖"儒"字之讹,《藏经》本作"儒"。

⑬ 懿行案:《太平御览》九百三十九卷引此经《图赞》云:"赤鱬之状,鱼身人头。"

⑭ 一作"疾"。○懿行案:《说文》云:"疥,搔也。"

又东三百五十里,曰箕尾之山,①其尾踆于东海,多沙石。②沽水出焉,③而南流注于淯。④其中多白玉。

① 懿行案:《玉篇》作"箕山",无"尾"字。

② "踆",古"蹲"字,言临海上,音存。○懿行案:《说文》云:"蹲,踞也。"又云:"夋,倨也。"无"踆"字。

③ 音芳。○懿行案:《玉篇》作"浶",音与郭同。

④ 音育。

凡䧿山之首,自招摇之山以至箕尾之山,凡十山,二千九百五十里。①其神状皆鸟身②而龙首,其祠之礼:毛③用一璋玉瘗,④糈用稌米,⑤一璧,稻米、白菅⑥为席。⑦

① 懿行案：今才九山，二千七百里。若连雐山计算，正得十山。但雐山虽标最目，其文俄空，当有阙脱。

② 懿行案：《北堂书钞》一百三十三卷引此经，作"人身"。

③ 言择牲取其毛色也。《周官》曰："阳祀用骍牲之毛。"○懿行案："之毛"当为"毛之"，见《地官·牧人职》。

④ 半圭为璋。瘞，薶也。

⑤ 糈，祀神之米名，先吕反。今江东音所，一音壻。稌，稌稻也，他睹反。"糈"或作"疏"，非也。○懿行案：《离骚》云："巫咸将夕降兮，怀椒糈而要之。"故知糈，祀神之米名也。或音所、音(揩)[壻]，并方俗声转。其字或作"疏"，亦字随音变也。稌稻见《尔雅》，疑此注衍一"稌"字。

⑥ 懿行案：《太平御览》七百九卷引此文，作"白蒲"。

⑦ 菅，茅属也，音间。○懿行案：《尔雅》云："白华，野菅。"《广雅》云："菅，茅也"，席者藉以依神。《淮南·说山训》云："巫之用糈藉。"高诱注云："糈，米，所以享神。藉，菅茅。"是享神之礼用菅茅为席也。

《南次二经》之首曰柜山，①西临流黄，②北望诸毗，东望长右。③英水出焉，西南流注于赤水。其中多白玉，④多丹粟。⑤有兽焉，其状如豚，⑥有距，⑦其音如狗吠，其名曰狸力，⑧见则其县多土功。有鸟焉，其状如鸱⑨而人手，⑩其音如痹，⑪其名曰鴸，⑫其名自号也，见则其县多放士。⑬

① 音矩。

② 懿行案：即流黄辛氏国也，见《海内经》。

③ 皆山名。○懿行案：诸毗、长右，说见下。

④ 《尸子》曰："水方折者有玉，员折者有珠。"

⑤ 细丹沙如粟也。○懿行案：《周书·王会篇》云："卜人以丹沙。"张衡《南都赋》云："青腰丹粟。"

⑥ 懿行案：毕氏本"豚"作"反"，讹。

⑦ 懿行案：《说文》云："距，鸡距也。"

⑧ 懿行案：郭注有"一作'狸刀'"四字，诸本俱无，吴氏本有。

⑨ 懿行案：鴸，《玉篇》作"鸡"。

⑩ 其脚如人手。鴸，音处脂反。○懿行案：鴸有三种，具见《尔雅》。"手"，《广韵》作"首"，非。

⑪ 未详。○懿行案：《尔雅》云："鹑之雌者名痺。"吴氏云。

⑫ 音株。○懿行案：陶潜《读〈山海经〉诗》云："鹈鹕见城邑，其国有放士。"或云"鹈鹕"当为"鴸鴺"，一云当为"鹈鴺"。

⑬ 放，放逐，或作"效"也。


　　东南四百五十里，曰长右之山。①无草木，多水。有兽焉，其状如禺而四耳，其名长右，②其音如吟，③见则郡县大水。④


① 懿行案：《广韵》引此经，"长右"作"长舌"。

② 以山出此兽，因以名之。○懿行案：《广韵》引此经，作"长舌"。

③ 如人呻吟声。

④ 懿行案：郡县之制起于周，《周书·作雒篇》及《左氏传》具有其文。毕氏引《淮南·氾论训》云："夏桀、殷纣之盛，人迹所至，舟车所通，莫不为郡县。"以此证郡县之名起于夏、殷也。


　　又东三百四十里，曰尧光之山。其阳多玉，其阴多金。①有兽焉，其状如人而彘鬣，穴居而冬蛰，其名曰猾褢，②其音如斫木，③见则县有大繇。④

① 懿行案:《太平御览》八百十三卷引此经,作"克光之山,其阴多铁"。

② 滑、怀两音。○懿行案:《御览》九百十三卷引此经,"猾襄"作"褟襄"。

③ 如人斫木声。

④ 谓作役也。或曰"其县是乱"。○懿行案:《藏经》本作"其县乱",无"是"字。

又东三百五十里,曰羽山。<sup>①</sup>其下多水,其上多雨,无草木,多蝮虫。<sup>②</sup>

① 今东海祝其县西南有羽山,即鲧所殛处。计此道里不相应,似非也。○懿行案:《地理志》云:东海郡,祝其"《禹贡》羽山在南,鲧所殛"。郭以为即此经羽山,是矣。

② 蚖也。○懿行案:《本草别录》蝮蛇与蚖为二物,郭以为蚖即蝮虫,非也。吴氏以"蚖"为"虺"字之误,"虺"即"虺"字,亦非。

又东三百七十里,曰瞿父之山。<sup>①</sup>无草木,多金玉。

① 音劬。○懿行案:《玉篇》云:"岄,音父,山名。"盖"父"或为"岄"也。但经内诸山以"父"名者非一,既疑,未敢定。又《玉篇》、《广韵》偏旁之字多后人所加,不尽可从也,余多放此。

又东四百里,曰句馀之山。<sup>①</sup>无草木,多金、玉。

① 今在会稽馀姚县南、句章县北,故此二县因此为名云,见张氏《地理志》。○懿行案:山在今浙江归安县东。刘昭注《郡国志》会稽郡馀姚"句

章"引此经及郭注,与今本同。《晋书·地理志》亦云:馀姚,"有句馀山,在南"。"张氏《地理志》"者,此及《西山经》"鸟鼠同穴之山"注并引之。张氏,张晏也,见《水经注》。

又东五百里,曰浮玉之山,[①]北望具区,[②]东望诸𫘚,[③]有兽焉,其状如虎而牛尾,其音如吠犬,其名曰彘,是食人。苕水出于其阴,北流注于具区。[④]其中多鮆鱼。[⑤]

① 懿行案:《水经》"沔水"注引此经云云,又引谢康乐,云:"《山海经》浮玉之山在句馀东五百里,便是句馀县之东山,乃应入海。句馀今在余姚乌道山西北,何由北望具区也? 以为郭于地理甚昧矣。言洞庭南口有罗浮山,高三千六百丈。""会稽山宜直湖南。"是郦氏以罗浮山为此经浮玉山也。《艺文类聚》七卷引谢灵运《罗浮山赋》曰:"得《洞经》所载罗浮山事云,茅山是洞庭口,南通罗浮。"正与《水经注》合,茅山即会稽山也。《类聚》又引《罗浮山记》曰:"罗浮者,盖总称焉。罗,罗山也;浮,浮山也。二山合体,谓之罗浮,在增城、博罗二县之境。"

② 具区,今吴县西南太湖也,《尚书》谓之"震泽"。○懿行案:具区即震泽,扬州薮也,其太湖乃五湖之总名,扬州浸也,载在《职方》,甚明。郭氏此注及《尔雅》"十薮"注,并以具区、太湖为一,非也。说见《尔雅略》。

③ 水名。○懿行案:"诸𫘚",《广雅·释地》作"渚毗",盖古字通也。又上文柜山"北望诸𫘚",郭云"山名";此云"东望诸𫘚",郭云"水名";又《西山经》云"北望诸𫘚之山",又云"北望诸𫘚",郭云"山名";《西山经》又云"西流注于诸𫘚之水",郭云"水出诸𫘚山也";《北山经》亦云"西流注于诸𫘚之水",郭云"水出诸𫘚山也"。然则诸𫘚盖非一山,其水即非一水。此经诸𫘚,盖在江南。其西、北二经所说皆与此异者也。《太平寰宇记》云:乌程县,"𫘚山在县东北九里。"盖此经所谓诸𫘚矣。

④ 懿行案:《水经注》云:"山阴西四十里有二溪,东溪广一丈九尺,冬

暖夏冷；西溪广三丈五尺，冬冷夏暖。二溪北出，行三里，至徐邨，合成一溪，广五丈馀，而温凉又杂，盖《山海经》所谓苕水也。北径罗浮山，而下注于太湖，故言'出其阴，入于具区'也。"案《太平寰宇记》云："苕溪在乌程县南五十步。"雪水亦苕水之异名。

⑤ 紫鱼，狭薄而长头，大者尺余，太湖中今饶之，一名刀鱼，音祚启反。○懿行案：《尔雅》云："鮤，鱴刀。"郭注云："今之紫鱼也，亦呼为魛鱼。"今案海中亦有刀鱼，登、莱间人呼"林刀鱼"。盖"林"即"鮤"声之转矣。李善注《江赋》引此经郭注，与今本同。《太平御览》九百三十七卷引郭注，"长头"作"长须"；又九百三十九卷引魏武《四时食制》曰："望鱼侧如刀，可以刈草，出豫章明都泽。"盖亦此类，但"望鱼"之名所未考。


又东五百里，曰成山，四方而三坛。①其上多金、玉，其下多青腰。阘水出焉，②而南流注于③虖勺。④其中多黄金。⑤


① 形如人筑坛相累也。成，亦重耳。○懿行案：《尔雅》云："丘，一成为敦丘。"郭注云："成，犹重也。"引《周礼》曰："为坛三成。"正与此义相证，故云"成，亦重耳"。言此之成山，亦因重累如坛而得名也。

② 音涿。○懿行案：《玉篇》云："阘，式旨切。"从"豕"不从"豕"，《藏经》本亦作"阘"。

③ 一作"流注于西"。

④ 虖，音呼。勺，或作"多"，下同。

⑤ 今永昌郡水出金如糠，在沙中。《尸子》曰："清水出黄金、玉英。"○懿行案：刘昭注《郡国志》永昌郡引《华阳国志》云："兰沧水有金沙，洗取融为金。"即郭所说也。《艺文类聚》八卷引《尸子》作"清水有黄金"，郭注《穆天子传》引《尸子》作"龙泉有玉英"。此注"玉英"二字衍，或上有阙脱。


又东五百里，曰会稽之山，①四方。其上多金、玉，其下

多砆石。<sup>②</sup>勺水出焉,而南流注于湨。<sup>③</sup>

① 今在会稽郡山阴县南,上有禹冢及井。○懿行案:《地理志》云:会稽郡,山阴,"会稽山在南,上有禹冢、禹井"。《越绝书》云:禹"到大越,上茅山,大会计","更名茅山曰会稽"。《水经注》云:"会稽之山,古防山也,亦谓之为茅山,又曰栋山。《越绝》云:'栋,犹镇也。'"《艺文类聚》八卷引郭氏《赞》云:"禹徂会稽,爰朝群臣。不虔是讨,乃戮长人。玉匮表夏,玄石勒秦。"

② 砆,武夫石,似玉。今长沙临湘出之,赤地白文,色茏葱不分明。○懿行案:《子虚赋》云:"碔石碝砆。"张揖注云:"皆石之次玉者。《战国策》云'碝砆类玉'是也。"刘昭注《郡国志》引此经,作"瑛石";《水经注》作"玦石",并误。《玉篇》引此经,作"砆石";又引郭注,"赤地"作"青地","分明"作"分了也"。

③ 音鸡。○懿行案:《水经》"渐江水"注引此经,"勺"作"夕","湨"作"湖"。

又东五百里,曰夷山。无草木,多沙石。湨<sup>①</sup>水出焉,而南流注于列涂。<sup>②</sup>

① 一作"沤"。
② 懿行案:疑即涂山。《说文》作"盦",云:"盦,会稽山。一曰九江当盦也。"

又东五百里,曰仆勾<sup>①</sup>之山。其上多金、玉,其下多草木,无鸟兽,无水。

　① 一作"夕"。○懿行案："夕"，疑"多"字之讹。且此经前有虖勺，后有虖勺之山，其字作"勺"，或作"多"，可证。又《越绝书》云："麻林山，一名多山"，"越谓齐人多，故曰麻林多"。亦其例也。又上文云会稽山"勺水所出"，《水经注》作"夕水"，疑"夕"亦"多"字之讹矣。

　　又东五百里，曰咸阴之山。无草木，无水。
　　又东四百里，曰洵①山。其阳多金，其阴多玉。有兽焉，其状如羊而无口，不可杀也，②其名曰𧲸。③洵水出焉，④而南流注于阏之泽。⑤其中多芘蠃。⑥

　① 一作"旬"。○懿行案：《玉篇》引此经，作"句山"；《太平御览》九百四十一卷引作"旬山"，与郭注合。
　② 禀气自然。○懿行案："不可杀"，言不能死也，无口不食而自生活。
　③ 音还，或音患。○懿行案：《广韵》云："𧲸，兽名，似羊，黑色无口，不可杀也。""𧲸"，又作"㹠"。
　④ 音询。○懿行案：《地理志》云：汉中郡，旬阳，"北山，旬水所出，南入沔"，计其道里，似非此。
　⑤ 音遏。
　⑥ 紫色螺也。○懿行案：郭云"紫色螺"，即知经文"芘"当为"茈"字之讹也，古字通，以"茈"为"紫"。《御览》引此经，"芘"作"茈"。

　　又东四百里，曰虖勺之山。①其上多梓、枏，②其下多荆、③杞。④滂水出焉，⑤而东流注于海。

　① 懿行案：虖勺已见上文，郭注云："'勺'或作'多'。"《文选》注阮籍《咏怀诗》引此经，作"雩夕之山"。

15

② 梓，山楸也。柟，大木，叶似桑，今作"楠"，音南，《尔雅》以为"柟"。○懿行案：梓、柟并见《尔雅》。又"梅，柟"，郭注云："似杏，实酢。"非也。此注得之，说见《尔雅略》。又《玉篇》说"柟"，亦本《尔雅》注而误。王引之曰："《尔雅》以为'柟'，'柟'疑当作'梅'。"

③ 懿行案：《广雅》云："楚，荆也。牡荆，曼荆也。"

④ 杞，苟杞也，子赤。○懿行案：《尔雅》云："杞，枸檵。"郭注云："今枸杞也。"《文选》注引此经郭注亦云："杞，枸杞。"是"苟"、"枸"声同也。其子赤，俗呼"狗妳子"。《广雅》云："枸乳，苦杞也。"根名"地骨"，故《广雅》云："地筋，枸杞也。"

⑤ 音滂沱之滂。


又东五百里，曰区吴之山。无草木，多沙石。鹿水出焉，而南流注于滂水。

又东五百里，曰鹿吴之山。上无草木，多金、石。泽更之水出焉，而南流注于滂水。水有兽焉，名曰蛊雕，①其状如雕而有角，②其音如婴儿之音，是食人。


① "蛊"或作"纂"。

② 雕，似鹰而大尾，长翅。○懿行案：《说文》云："雕，鷻也。"《玉篇》云："鹫也。"


东五百里，曰漆吴之山。无草木，多博石，①无玉。处于东海，②望丘山，其光载出载入，③是惟日次。④


① 可以为博棋石。○懿行案：《方言》云："簙，谓之蔽，或谓之棋。"古棋以木，故字从木。然《中次七经》云：休与之山，"有石，名曰帝台之棋"。

是知博棋古有用石者也。

② 懿行案："东海"，一本作"海东"。

③ 神光之所潜耀。

④ 是日景之所次舍。○懿行案：杨慎补注云："经载日月所出入之山，凡数十所。盖峰峦隐映，壑谷层叠，所见然矣，非必日月出没定在是也。"

凡《南次二经》之首，自柜山至于漆吴之山，凡十七山，七千二百里。①其神状皆龙身而鸟首。其祠：毛用一璧瘗，糈用稌。②

① 懿行案：今七千二百一十里。

② 稻糈也。○懿行案："糈"字疑衍，或"粳"字之讹。

《南次三经》之首曰天虞之山。①其下多水，不可以上。

① 懿行案：山当在交、广也。《艺文聚类》八卷引顾微《广州记》云："南海始昌县西有夫卢山，高入云霄，世传云：上有湖水，至甲戌日，辄闻山上有鼓角笳箫鸣响。"疑即斯山也。"天虞"、"夫卢"字形相近，或传写之讹。

东五百里，曰祷过之山。其上多金、玉，其下多犀、①兕，②多象。③有鸟焉，其状如鸡④而白首，三足⑤人面，其名曰瞿如，⑥其鸣自号也。泿水出焉，⑦而南流注于海。⑧其中有虎蛟，⑨其状鱼身而蛇尾，其音如鸳鸯，食者不肿，⑩可以已痔。⑪

① 犀，似水牛，猪头庳脚，脚似象，有三蹄；大腹，黑色，三角：一在顶

上，一在额上，一在鼻上。在鼻上者，小而不堕，食角也；好啖棘，口中常洒血沫。〇懿行案：犀，见《尔雅》，郭注与此同，唯“堕”作“橢”，是。

② 兕，亦似水牛，青色，一角，重三千斤。〇懿行案：兕，亦见《尔雅》，郭注与此同，此注“三”字，衍。

③ 象，兽之最大者，长鼻，大者牙长一丈，性妒，不畜淫子。〇懿行案：《说文》云：“象，长鼻、牙，南越大兽，三年一乳。”《初学记》二十九卷引郭氏《图赞》云：“象实魁梧，体巨貌诡。肉兼十牛，目不逾豕。望头如尾，动若丘徙。”

④ 鸡，似凫而小，脚近尾，音骹箭之骹。〇懿行案：《尔雅》云：“鵁，头鸡。”郭注与此略同。

⑤ 或作“手”。

⑥ 音劬。〇懿行案：“瞿”，《玉篇》、《广韵》并作“鸜”。《玉篇》云：“鸜，鸟似白鸡。”“白”字衍也。《广韵》云：“鸜，三首三足鸟。”“白首”作“三首”，或字之讹，或所见本异也。

⑦ 音银。〇懿行案：《水经》云：“泿水出武陵镡城县北界沅水谷。”注引此经为释。

⑧ 懿行案：《水经》云：泿水“又东至南海番禺县西，分为二：其一南入于海，其一又东过县东，南入于海”。注云：“泿水又东径怀化县，入于海。”

⑨ 蛟，似蛇，四足，龙属。〇懿行案：郭氏《江赋》云：“水物怪错，虎蛟钩蛇。”本此。《水经注》引裴渊《广州记》云：“泿水有鲭鱼。”《博物志》云：“东海蛟鲭鱼生子，子惊，还入母肠，寻复出。”与《水经注》合，疑蛟鲭即虎蛟矣。所以谓之“虎”者，《初学记》三十卷引沈莹《临海水土异物志》云：“虎鲭长五尺，黄黑班耳目齿牙有似虎形，唯无毛。或变化成虎。”然则“虎蛟”之名盖以此。又任昉《述异记》云：“虎鱼老者为蛟。”疑别是一物也。

⑩ 懿行案：《说文》云：“肿，痈也。”

⑪ 懿行案：《说文》云：“痔，后病也。”

又东五百里，曰丹穴之山。[①]其上多金、玉。丹水出焉，而南流注于渤海。<sup>②</sup>有鸟焉,其状如鸡,<sup>③</sup>五采而文,名曰凤皇。首文曰德,翼文曰义,背文曰礼,<sup>④</sup>膺文曰仁,腹文曰信。<sup>⑤</sup>是鸟也,饮食自然,<sup>⑥</sup>自歌自舞,见则天下安宁。<sup>⑦</sup>

① 懿行案:《尔雅》云:"岠齐州以南,戴日为丹穴,丹穴之人智。"《庄子·让王篇》云:越王子搜"逃乎丹穴"。释文引《尔雅》。

② 渤海,海岸曲崎头也。○懿行案:"渤",俗字也。《说文》云:"郭,海地。一曰:地之起者,曰郭。"《史记·封禅书》作"㳍海",《汉书·武帝纪》作"敦海",《扬雄传》作"勃解",并通。

③ 懿行案:《史记·司马相如传》正义、《文选》注颜延之《赠王太常诗》、《艺文类聚》九十九卷及《初学记》五卷引此经,"鸡"并作"鹤",薛综注《东京赋》引作"鹄"。

④ 懿行案:《海内经》作"翼文曰顺,背文曰义",《广雅》与《海内经》同。

⑤ 懿行案:《周书·王会篇》云:"西申以凤鸟。凤鸟者,戴仁抱义,掖信归有德。"

⑥ 懿行案:《初学记》引此经,作"不饮不食",误。

⑦ 汉时凤鸟数出,高五六尺,五采。庄周说凤,文字与此有异。《广雅》云:"凤,鸡头、燕颔、蛇颈、龟背、鱼尾。雌曰皇,雄曰凤。"○懿行案:鷗,凤其雌。皇,见《尔雅》。郭引《广雅》"龟背",今本作"鸿身",《尔雅》注与此注同,唯"五六尺"作"六尺许"也。《说文》云:"天老曰:凤之象也,鸿前麟后,蛇颈鱼尾,鹳颡鸳思,龙文龟背,燕颔鸡喙,五色备举,出于东方君子之国。翱翔四海之外,过昆仑,饮砥柱,濯羽弱水,莫宿风穴,见则天下大安宁。"《类聚》引郭氏赞云:"凤皇灵鸟,实冠羽群。八象其体,五德其文。附翼来仪,应我圣君。"

又东五百里,曰发爽<sup>①</sup>之山。无草木,多水,多白猿。<sup>②</sup>泛水出焉,而南流注于渤海。

① 或作"嚣"。〇懿行案:《艺文类聚》九十五卷引此经亦作"发爽"。

② 懿行案:《类聚》引"猿"作"猨"。

又东四百里,至于旄山之尾。其南有谷,曰育遗。[1]多怪鸟,[2]凯风自是出。[3]

① 或作"隧"。〇懿行案:"遗"、"隧"古音相近。《大雅·桑柔篇》云:"大风有隧。"此经之"隧",为凯风所出,即风穴也。《说文》云凤皇"莫宿风穴",盖即此。

②《广雅》曰:"鶏鹋、鵕明、爰居、鵙雀,皆怪鸟之属也。"〇懿行案:今本《广雅》作"鵕离、延居、鵙雀,怪鸟属也。""离"、"鹋"古通用,"延"、"爰"声相近;"鵙"与"鵙"、"鶏"与"鵕",并字形之讹。又《广雅》上文已云"鵕明,凤皇属",不应又为怪鸟,疑郭氏误记尔。

③ 凯风,南风。〇懿行案:《尔雅》云南风曰"凯风"。

又东四百里,至于非山之首。其上多金、玉,无水,其下多蝮虫。

又东五百里,曰阳夹之山。无草木,多水。

又东五百里,曰灌湘之山。[1]上多木,无草,多怪鸟,无兽。

① 一作"灌湖射之山"。

又东五百里,曰鸡山。[1]其上多金,其下多丹雘。[2]黑水出焉,而南流注于海。其中有鱄鱼,[3]其状如鲋[4]而彘毛,[5]其音如豚,见则天下大旱。[6]

① 懿行案：鸡山在今云南。《郡国志》云：永昌郡，博南，"南界出金"。刘昭注引《华阳国志》云："西山高三十里，越得兰沧水，有金沙，洗取融为金。"今案，博南西山疑即鸡山，兰沧水即黑水矣。又，益州滇池有黑水祠。刘昭注引《华阳国志》云："水是温泉也。"

② 膒，赤色者。或曰："膒，美丹也，见《尚书》。"音尺蠖之蠖。○懿行案：膒，已见上文青丘之山。《说文》云："丹，巴、越之赤石也。膒，善丹也。"引《周书》曰："惟其敿丹。"膒，读若雀。

③ 音团扇之团。○懿行案：《说文》云："鱄，鱼名。"李善注《江赋》引此经作"蟺鱼"。《广韵》亦作"蟺鱼"，非也。

④ 懿行案：《广雅》云："鲋，鲭也。"即今鲫鱼。"鲫"、"鲭"同字，见《玉篇》。

⑤ 懿行案：《广韵》作"豕尾"。

⑥ 懿行案：《太平御览》九百三十九卷引鱄鱼并鹛鸟《图赞》云："鹛鸟栖林，鱄鱼处川。俱为旱征，灾延普天。测之无象，厥类惟玄。"

又东四百里，曰令丘之山。无草木，多火。①其南有谷焉，曰中谷，条风自是出。②有鸟焉，其状如枭，人面，四目而有耳，其名曰颙，③其鸣自号也，见则天下大旱。

① 懿行案：《初学记》二十五卷引《括地图》曰："神丘有火穴，光照千里。""神丘"、"令丘"声相近。《楚词·大招篇》亦云："魂虖无南，南有炎火千里。"《抱朴子》云南海萧丘有自生之火也。

② 东北风为条风。《记》曰："条风至，出轻系，督捕留。"○懿行案："条风"，《吕氏春秋·有始览》作"滔风"。《淮南·墬形训》云："东方曰条风。"高诱注云："震气所生。"刘昭注《郡国志》九真郡"居风"引《交州记》云："山有风门，常有风。"郭引"《记》曰"者，《淮南·天文训》云："条风至，则出轻系，去稽留。"今郭注讹"督捕留"。《藏经》本"捕"作"逋"，是。

③ 音娱。○懿行案：《玉篇》、《广韵》并作"鵋"。

又东三百七十里，曰仑者之山。①其上多金、玉，其下多青腹。有木焉，其状如谷而赤理，其汁如漆，②其味如饴，③食者不饥，可以释劳，④其名曰白䓘，⑤可以血玉。⑥

① 音论说之论，一音伦。

② 懿行案："漆"，当为"桼"。《说文》云："木汁可以髤物。"桼如水滴而下，故此言汁矣。经文"汗"当为"汁"字之讹。《东次四经》云"其汁如血"，可证。《太平御览》五十卷引此经，正作"汁"字。

③ 懿行案：《说文》云："饴，米糵煎也。"《方言》云："饴谓之餙。饧谓之餹。"郭注云："江东皆言餹。"

④ 懿行案：高诱注《淮南·精神训》云："劳，忧也。"

⑤ 或作"皋苏"。皋苏，一名白䓘，见《广雅》。音羔。○懿行案：《广雅》云："蘽苏，白䓘也。"在《释草》篇，此言木者，虽名为木，其实草也，正如竹之为属，亦草亦木矣。《艺文类聚》引张协《都蔗赋》云："皋苏妙而不逮，何况沙棠与榔实。"皋苏味如饴，故以比甘蔗也。云"可以释劳"者，《初学记》引王朗《与魏太子书》云："奉读欢笑以藉饥渴，虽复萱草忘忧、皋苏释劳，无以加也。"

⑥ 血，谓可用染玉作光彩。○懿行案：染玉之说未闻。《大戴礼·少间篇》云："玉者犹玉，血者犹血。"卢辩注云："血，忧色也。"与此义合。

又东五百八十里，曰禺稿之山。多怪兽，多大蛇。

又东五百八十里，曰南禺之山。其上多金、玉，其下多水。有穴焉，水出①辄入，夏乃出，冬则闭。佐水出焉，而东南流注于海。有凤皇、鹓鶵。②

① 懿行案："出"，《藏经》本作"春"。

② 亦凤属。○懿行案：《庄子·秋水篇》云："南方有鸟，其名鹓鶵。"本此，释文引李颐云："鹓鶵，鸾凤之属也。"李善注《南都赋》引此经，与今本同；又引郭注云："凤皇也。"疑误。

凡《南次三经》之首，自天虞之山以至南禺之山，凡一十四山，六千五百三十里。① 其神皆龙身而人面，其祠：皆一白（狗）[狗]祈，② 糈用稌。

① 懿行案：今才一十三山，五千七百三十里。

② 祈，请祷也。○懿行案：毕氏云："'祈'当为'鸁'。"引《说文》云："鸁，以血有所刉涂祭也。"又引《周礼》郑注云："祈，或为刉。刉与鸁同义。"

右南经之山志，① 大小凡四十山，万六千三百八十里。②

① 懿行案：篇末此语盖校书者所题，故旧本皆亚于经。

② 懿行案：经当云"凡四十一山，万六千六百八十里"，盖传写之误也。今检才三十九山，万五千六百四十里。

# 山海经第二

## 西 山 经

《西山经》华山之首，曰钱来之山。其上多松，其下多洗石。①有兽焉，其状如羊而马尾，名曰羬羊，②其脂③可以已腊。④

① 澡洗可以碟体去垢圿。碟，初雨反。○懿行案："碟"，当为"瓶"。《说文》云："磋，垢瓦石。"

② 今大月氏国有大羊，如驴而马尾。《尔雅》云："羊六尺为羬。"谓此羊也。羬，音针。○懿行案："羬"，当从《说文》作"麚"，"羬"盖俗体。《玉篇》午咸、渠炎二切，《广韵》巨淹切，与"鍼"同音。"鍼"又之林切，俗字作"针"。是郭注之"针"，盖因传写随俗，失于校正也。《初学记》二十九卷引此注亦云："羬，音针。"则自唐本已讹。《太平御览》九百二卷引郭义恭《广志》云："大尾羊，细毛薄皮，尾上旁广，重且十斤，出康居。"即与此注相合。《初学记》引郭氏《图赞》云："月氏之羊，其类在野。厥高六尺，尾亦如马。何以审之，事见《尔雅》。"

③ 懿行案：《说文》云："戴角者脂。"

④ 治体皴。腊，音昔。○懿行案：《说文》云："昔，干肉也。"籀文作"腊"，此借为皴脂之字。今人以羊脂疗皴有验。

西四十五里，曰松果之山。①濩水出焉，②北流注于渭。③其中多铜。有鸟焉，其名曰螐渠，④其状如山鸡，黑身赤足，可以已瘇。⑤

① 懿行案：山在今陕西华阴县东南二十七里。李善注《西都赋》引此
经云："华首之山西六十里,曰太华之山。"又注《长杨赋》引此经,作"松梁之
山西六十里,曰太华山"。

② 懿行案：《水经注》作"灌水"。

③ 懿行案：《水经》云：河水"又南至华阴潼关"。注云："灌水注之,水
出松果之山,北流径通谷,世亦谓之通谷水,东北注于河。"案《水经注》言入
河,此经云注渭者,华阴潼关之间,河、渭所会水,盖受其通称矣。

④ 蟦,音彤弓之彤。○懿行案：《尔雅》云："鶝鸰,雕渠。"《广雅》云：
"鴲鸟,精列。""鶺鵊,雅也。"《说文》云："雅,石鸟。一名雕渠。"郭注《尔雅》
云："雀属也。"又注《上林赋》云："庸渠似凫,灰色而鸡脚,一名章渠。"然则
雕渠与蟦渠形状既异,名称又殊,说者多误引,今正之。

⑤ 谓皮皱起也,音亘驳反。○懿行案："瘇"疑当为"皐",借为皱剥
之字。

又西六十里,曰太华之山,①削成而四方,②其高五千
仞,其广十里,③鸟兽莫居。有蛇焉,名曰肥蟥,六足四翼,见
则天下大旱。④

① 即西岳华阴山也,今在弘农华阴县西南。○懿行案：《说文》云："华
山在弘农华阴。"《地理志》云：京兆尹,华阴,"太华山在南"。《晋书·地理
志》云：弘农郡,华阴,"华山在县南"。

② 今山形上大下小,陗峻也。○懿行案：郭盖读"削"为"陗",今读如
字。《水经注》云："远而望之,又若华状。"

③ 仞,八尺也。上有明星、玉女持玉浆,得上,服之即成仙道,险僻不
通,《诗含神雾》云。○懿行案：明星、玉女,华山峰名也。《艺文类聚》七卷

引郭氏《赞》云:"华岳灵峻,削成四方。爰有神女,是抱玉浆。其谁游之,龙驾云裳。"

④ 汤时此蛇见于阳山下。复有(胞)[肥]遗蛇,疑是同名。○懿行案:"蟦",当为"遗"。刘昭注《郡国志》及《艺文类聚》九十六卷并引此经,作"肥遗"。又,此篇下文有鸟复名"肥遗",郭云"复有肥遗蛇者",见《北山经》浑夕之山、彭毗之山。

又西八十里,曰小华之山。①其木多荆、杞,其兽多㸶牛,②其阴多磬石,③其阳多㻬琈之玉,④鸟多赤鷩,⑤可以御火。其草有萆荔,⑥状如乌韭而生于石上,亦缘木而生,⑦食之已心痛。⑧

① 即少华山。○懿行案:《水经注》云太华西南有小华山也。

② 今华阴山中多山牛、山羊,肉皆千斤,牛即此牛也。音昨。○懿行案:《穆天子传》云:春山"爰有野牛、山羊"。郭注云:"今华阴山有野牛、山羊,肉皆千斤。"与此注同。是此注"山牛"当为"野牛"。

③ 可以为乐石。○懿行案:秦《峄山刻石》文云:"刻兹乐石。"即磬石也。《说文》云:"磬,乐石。"《初学记》十六引此经。

④ 㻬琈,玉名,所未详也,湾、浮两音。○懿行案:《说文》引孔子曰:"美哉玙璠,远而望之,奂若也;近而视之,瑟若也。一则理胜,一则孚胜。"此经"㻬琈",古字所无,或即"玙璠"之字,当由声转。若系"理孚"之文,又为形变也。古书多假借,疑此二义似为近之。

⑤ 赤鷩,山鸡之属,胸腹洞赤,冠金,皆黄头绿尾,中有赤,毛彩鲜明。音作蔽,或作鳖。○懿行案:《尔雅》说雉十有四种,中有"鷩雉",郭注与此同。此注"皆黄"当为"背黄",字之讹。《说文》又云:"鵔鸃,鷩也。"

⑥ 萆荔,香草也,蔽、戾两音。○懿行案:"萆荔",《说文》作"萆藜",《离骚》作"薜荔",并古字通。

⑦ 乌韭,在屋者曰昔邪,在墙者曰垣衣。○懿行案:《说文》云:"草蔍,似乌韭。""蔍"当为"历",徐锴《系传》正作"历",其以乌韭为麦门冬,谬也。麦门冬,叶虽如韭,不名乌韭。《广雅》云:"昔邪,乌韭也。"《本草》云:"乌韭,生山谷石上。"唐《本草》苏恭注谓之"石苔"。然则此物盖与今石华相类,苍翠茸茸,如华附石,其味清香。故《离骚》云:"贯薜荔之落蕊。"王逸注云:"薜荔,香草也,缘木而生。"是"薜荔"即"草荔"。郭注本王逸为说也,"乌韭"二语本《广雅》。

⑧ 懿行案:《本草》陶注云:"垣衣,主治心烦、咳逆。"

又西八十里,曰符禺之山。①其阳多铜,其阴多铁。其上有木焉,名曰文茎,其实如枣,可以已聋。②其草多条,其状如葵而赤华,黄实,如婴儿舌,食之使人不惑。符禺之水出焉,③而北流注于渭。其兽多葱聋,其状如羊而赤鬣。④其鸟多鴖,⑤其状如翠而赤喙,⑥可以御火。⑦

① 懿行案:《水经》云:渭水"又东过华阴县北"。注有符禺之山。《太平御览》八百七十卷引此经,"禺"作"愚",九百二十八卷又引作"遇"。

② 懿行案:《艺文类聚》引束晳《发蒙记》云:"甘枣令人不惑。"疑因此经下文相涉而误,当云:"甘枣令人不聋。"孟诜《食疗本草》云:"干枣主耳聋。"是也。又《本草经》云:"山茱萸,一名蜀枣。"《别录》云:"主耳聋。"

③ 懿行案:《水经注》云:"渭水又东,合沙沟水。水即符禺之水也,南出符禺之山,北流入于渭。"

④ 懿行案:此即野羊之一种,今夏羊亦有赤鬣者。

⑤ 音旻。○懿行案:"鴖"当为"鴲"。《御览》引此经,正作"鴲"。《说文》云:"鴲,鸟也。"《广韵》云:"鴲鸟,似翠而赤喙。"

⑥ 翠,似燕而绀色也。○懿行案:翠鴲见《尔雅》,郭注与此同。

⑦ 畜之辟火灾也。○懿行案:《御览》引此经,"御"并作"卫",疑误。

又西六十里,曰石脆之山。<sup>①</sup>其木多棕、枏。<sup>②</sup>其草多条,其状如韭而白华黑实,<sup>③</sup>食之已疥。其阳多琈珏之玉,其阴多铜。灌水出焉,而北流注于禺水。<sup>④</sup>其中有流赭,<sup>⑤</sup>以涂牛马,无病。<sup>⑥</sup>

① 懿行案:"脆"当为"脃"。《水经》云:渭水"又东过郑县北"。注有石脃之山。《艺文类聚》八十九卷两引此经,并作"脃山",无"石"字。

② 棕,树高三丈许,无枝条,叶大而员,枝生梢头,实皮相裹,上行一皮者为一节,可以为绳,一名栟榈。音马鬃之鬃。○懿行案:李善注《西京赋》引此注,作"并闾"。《广雅》云:"栟榈,棕也。"《说文》云:"棕,栟榈也,可作萆。""萆,雨衣也。"《玉篇》云:"棕榈,一名蒲葵。"《类聚》引《广志》曰:"棕,一名并闾,叶似车轮,乃在巅下有皮缠之,附地起,二旬一采,转复上生。"是其形状也。郭注"枝生梢头","枝",《藏经》本作"岐",二字通。

③ 懿行案:"条草"与上文同名异状。又"韭"亦曰(校点者注:"曰"应为"白",原刻误。)华黑实也。

④ 懿行案:《水经注》云:"小赤水即《山海经》之灌水也,水出石脃之山,北径箫加谷于孤柏原西,东北流,与禺水合。"

⑤ 赭,赤土。○懿行案:"赭",见《北次二经》"少阳之山"注。

⑥ 今人亦以朱涂牛角,云以辟恶。"马",或作"角"。○懿行案:《本草经》云:"代赭石,主鬼疰蛊毒,杀精物恶鬼邪气。"然则赭辟邪恶,不独施之牛马矣。

又西七十里,曰英山。<sup>①</sup>其上多杻、橿,<sup>②</sup>其阴多铁,其阳多赤金。禺水出焉,北流注于招水。<sup>③</sup>其中多鲜鱼,<sup>④</sup>其状如鳖,其音如羊。其阳多箭䉋,<sup>⑤</sup>其兽多㸲牛、羬羊。有鸟焉,其状如鹑,<sup>⑥</sup>黄身而赤喙,其名曰肥遗,食之已疬,<sup>⑦</sup>可以杀虫。⑧

① 懿行案：《水经》云：渭水"又东过郑县北"。注有英山。

② 杻，似棣而细叶，一名土橿，音纽。橿，木中车材，音姜。○懿行案：《尔雅》云："杻，檍。"郭注与此同。《说文》云："橿，枋也，枋木可作车。"

③ 音韶。○懿行案：《水经注》云：禺水"出英山，北流与招水相得，乱流西北，注于灌。灌水又北注于渭"。

④ 音同蚌蛤之蚌。

⑤ 今汉中郡出篃竹，厚里而长节，根深，笋冬生地中，人掘取食之。篃，音媚。○懿行案：《玉篇》云："篃竹，长节深根，笋冬生。"《广雅》云："箭篃，籦也。""篃"，《广志》作"笡"，见《初学记》。《水经注》作"媚"，有媚加谷，又见《中山经》。

⑥ 懿行案：鹡鸰见《尔雅》。

⑦ 疠，疫病也。或曰恶创。《韩子》曰："疠人怜主。"○懿行案：《说文》云："疠，恶疾也。""或曰恶创"者，《韩诗外传》引《战国·楚策》云："疠虽痈肿痂疕。"又云："疠怜王。"此注"人"字衍，"主"又"王"字之讹。所引《韩子》者，《奸劫弑臣篇》文也，与《外传》、《楚策》同。

⑧ 懿行案：虫盖蛲蛕之属。

又西五十二里，曰竹山。①其上多乔木，②其阴多铁。有草焉，其名曰黄藿，其状如樗，其叶如麻，白华而赤实，其状如赭，③浴之已疥，④又可以已胕。⑤竹水出焉，北流注于渭。⑥其阳多竹箭，⑦多苍玉。⑧丹水出焉，⑨东南流注于洛水。⑩其中多水玉，多人鱼。⑪有兽焉，其状如豚而白毛，⑫大如笄而黑端，⑬名曰豪彘。⑭

① 懿行案：山在今陕西渭南县东南四十里，俗名大秦岭，亦曰箭谷岭，盖因多竹箭得名。

② 枝上竦者，音桥。○懿行案：《尔雅》云："木上句曰乔。"

③ 紫赤色。

④ 懿行案：《说文》云："疥，搔也。"此草浴疥，可以去风痒。《本草别录》云："对庐主疥，煮洗之，似庵蕳。"即此也。

⑤ 治胕肿也。音符。○懿行案：胕肿，见《黄帝素问》。

⑥ 懿行案：《水经注》云："渭水又东径下邽县故城南。""又东与竹水〔令〕〔合〕。水南出竹山，北径媚加谷，历广乡原东，俗谓之大赤水，北流注于渭。"

⑦ 箭，篠也。○懿行案：《说文》云："篠，箭属，小竹也。"

⑧ 懿行案：《玉藻》云："大夫佩水苍玉。"

⑨ 今所在有丹水。

⑩ 懿行案：丹水、洛水皆在今陕西界也。《水经注》云：上洛县洛水"东与丹水合，水出西北竹山，东南流注于洛"。

⑪ 如鳢鱼，四脚。○懿行案：说见《北次三经》"龙侯之山"注。

⑫ 懿行案：《初学记》二十九卷及《文选·长杨赋》注引此经，俱"毛"下复有"毛"字。

⑬ 笄，簪属。○懿行案：李善注《长杨赋》引此经，下有"以毛射物"四字，疑今本脱去之，有郭注可证。

⑭ 狟猪也，夹髀有麤豪，长数尺，能以脊上豪射物，亦自为牝牡。狟或作貒，吴、楚呼为"鸾猪"，亦此类也。○懿行案：《初学记》引此经有云"猫猪大者肉至千斤"，疑本郭注，今脱去之。《艺文类聚》九十四卷引郭氏《图赞》云："刚鬣之族，号曰豪豨。毛如攒锥，中有激矢。厥体兼资，自为牝牡。"案豪豨，今谓之箭猪，其毛状都如此经及注所说。

又西百二十里，曰浮山。①多盼木，②枳叶而无伤，③木虫居之。④有草焉，名曰薰⑤草，⑥麻叶而方茎，赤华而黑实，⑦臭如蘼芜，⑧佩之可以已疠。⑨

① 懿行案：《水经》"渭水"注有肺浮山与丽山连麓而在南，盖此是也。《艺文类聚》七卷引《游名山志》云："玉溜山，一名地肺山，一名浮山。"即此山，在今陕西临潼县南。

② 音美目盼兮之盼。○懿行案：郭既音盼，知经文必不作"盼"，未审何字之讹。

③ 枳，刺针也。能伤人，故名云。○懿行案：《小尔雅》云："枳，害也。"郭注《方言》云："《山海经》谓'刺'为'伤'也。"本此。《广雅》云："伤，箴也。"此注"针"当为"箴"。

④ 在树之中。

⑤ 音训。

⑥ 懿行案：《广雅》云："薰草，蕙草也。"说见"嶓冢之山"注。

⑦ 懿行案：《史记·司马相如传》索隐引《本草》云："薰草，一名蕙。"《广志》云："蕙草，绿叶紫茎，魏武帝以此烧香。"今东下田有草茎，叶似麻，其华正紫也。

⑧ 蘼芜，香草。《易》曰："其臭如兰。"眉、无两音。○懿行案：《尔雅》云："蕲茝，蘼芜。"郭注云："香草，叶小如委状。"引《淮南子》云："似蛇床。"又引此经云："臭如蘼芜。"又《文选·南都赋》注引《本草经》曰："蘼芜，一名薇芜。"陶隐居注曰："蕲，叶似蛇床而香。"

⑨ 懿行案：《本草别录》云："薰草去臭恶气。"《尔雅》疏引此经，作"止疠"。

又西七十里，曰羭次之山。①漆水出焉，②北流注于渭。③其上多棫、橿，④其下多竹箭，其阴多赤铜，其阳多婴垣之玉。⑤有兽焉，其状如禺而长臂，善投，其名曰嚣。⑥有鸟⑦焉，其状如枭，人面而一足，曰橐𤞤，⑧冬见夏蛰，服之不畏雷。⑨

① 音臾。○懿行案：刘昭注《郡国志》及《初学记》一卷引此经，并与今本同；其二十七卷又引作"瑜次之山"，盖误。

② 今漆水出岐山。○懿行案：《说文》云："漆水出右扶风杜陵岐山。"案"杜陵"，《水经注》引作"杜阳"，是也。《地理志》云：右扶风，"漆水在县西"。《水经》云："漆水出扶风杜阳县俞山东，北入于渭。"注引此经，与今本同。

③ 懿行案：《说文》云："东入渭，一曰入洛。"据此经及《水经》，则入渭是也。

④ 棫，白桵也，音域。○懿行案："棫，白桵"，见《尔雅》。

⑤ "垣"，或作"短"，或作"根"，或作"埋"，传写谬错，未可得详。○懿行案："垣"，下文"泑山"正作"短"。毕氏云："郭云'或作根者'，当为'珢'。《说文》云：'珢，石之似玉者。'《玉篇》引张揖《埤苍》云：'璎珢，石似玉也。'珢，居恨、鱼巾二切。"是。

⑥ 亦在畏兽画中，似猕猴投掷也。○懿行案："嚣"、"夔"声相近。《说文》云："夔，母猴，似人。"

⑦ 懿行案：《初学记》引此经，作"凫"，误。

⑧ 音肥。○懿行案：《广韵》引此经，"橐"作"蠹"。《太平御览》四百三十三卷引《河图》曰："鸟一足名独立，见则主勇强。"即斯类也。

⑨ 著其毛羽，令人不畏天雷也。或作"灾"。


又西百五十里，曰时山。①无草木。逐②水出焉，北流注于渭。其中多水玉。


① 懿行案：下文"大时之山"，《广韵》引作"太時"，则此"时山"疑亦当为"時山"。《地理志》云：右扶风，雍，"有五時"。《说文》云："時，天地五帝所基址，祭地也。"《史记》索隐云："時，止也，言神灵之所依止也。"

② 或作"遂"。

又西百七十里,曰南山。① 上多丹粟。② 丹水出焉,北流注于渭。③ 兽多猛豹,④ 鸟多尸鸠。⑤

① 懿行案:即终南山,《诗》谓之"南山",在渭水之南。

② 懿行案:《初学记》八卷引此经云:"南山多黄,丹水出焉。"疑"多黄"即"多丹粟"之讹脱。

③ 懿行案:丹水即赤水也。《水经注》云:"渭水又东径槐里县故城南","有涌水出南山赤谷"。又云:耿谷水"北与赤水会,又北径思乡城东,又北注渭水"。

④ 猛豹,似熊而小,毛浅有光泽,能食蛇,食铜铁,出蜀中。"豹",或作"虎"。○懿行案:猛豹即貘豹也。《尔雅》云:"貘,白豹。"郭注云:"似熊,小头庳脚,黑白驳,能舐食铜铁。"《说文》云:"貘,似熊而黄黑色,出蜀中。""貘",通作"獏"。《白帖》引《广志》云:"獏,大如驴,色苍白,舐铁消千斤,其皮温暖。"又通作"狛"。郭注《中次九经》"崃山"云:"山出狛,狛似熊而黑白驳,亦食铜铁。"是则狛即貘也。"貘豹"、"猛豹",声近而转。

⑤ 尸鸠,布谷类也。或曰:鹘鵃也。"鸠",或作"丘"。○懿行案:《尔雅》云:"鳲鸠,鴶鵴。"郭注云:"今之布谷也。"与此注同。又引"或曰:鹘鵃也"者,《列子·天瑞篇》云:"鹞之为鹯,鹯之为布谷,布谷久复为鹞。"是郭所本也。又云"'鸠',或作'丘'"者,声近假借字。

又西百八十里,曰大时之山。① 上多穀、柞,② 下多杻、橿,阴多银,阳多白玉。涔水出焉,③ 北流注于渭。清水出焉,南流注于汉水。④

① 懿行案:《广韵》引此经,作"太時"。毕氏云:"山疑即大白山也,在今陕西郿县东南四十里。"《水经注》云:太一山"亦曰太白山,在武功县南,去长安二百里"。

② 柞,栎。○懿行案:柞、栎,见《尔雅》。

③ 音潜。

④ 今河内修武县县北黑山亦出清水。○懿行案:《地理志》云:右扶风,武功,"斜水出衙领山,北至郿入渭。襃水亦出衙领,至南郑入沔。"案沔即汉也。东汉水受氐道水,一名沔,亦见《地理志》。是此经潽水疑即斜水,清水疑即襃水矣。刘昭注《郡国志》"修武"引此郭注,与今本同;其引此经,作"太行之山",盖字之讹。

又西三百二十里,曰嶓冢之山。①汉水出焉,②而东南流注于沔。③嚣水④出焉,北流注于汤水。⑤其上多桃枝、钩端。⑥兽多犀、兕、熊、罴,⑦鸟多白翰、⑧赤鷩。有草焉,其叶如蕙,⑨其本如桔梗,⑩黑华而不实,名曰蓇蓉,⑪食之使人无子。

① 今在武都氐道县南。嶓,音波。○懿行案:山在今甘肃秦州西南六十里。李善注《思系赋》引《河图》曰:"嶓冢,山名,此山之精上为星,名封狼。"

② 懿行案:《地理志》云:陇西郡,西,"《禹贡》嶓冢山,西汉所出,南入广汉白水,东南至江州入江。"又云:"氐道,《禹贡》养水所出,至武都为汉。""养"字本作"漾"。《说文》云:"漾,古字作瀁。"是《地理志》以出氐道者为汉水,出嶓冢者为西汉水也。《水经》则云:"漾水出陇西氐道县嶓冢山。"盖合二水为一也。又高诱《淮南》注及《水经注》引阚骃说,并以汉即昆仑之洋水,重源显发而为漾水。据此,又以"洋"即"漾"字省文矣。

③ 至江夏安陆县,江即沔水。○懿行案:《地理志》云:武都郡,武都,"东汉水受氐道水,一名沔,过江夏谓之夏水,入江。"又云:"沮水出东狼谷,南至沙羡,南入江。"《水经》则云:沔水"出武都沮县东狼谷"。是沮水即沔水,沔水即东汉水也。《地理志》云"东汉水受氐道水",即此经云"东南流注

于沔"矣。又案《地理志》及《水经》并言汉水入江,此注云"江即沔水",是知郭本经文作"注于江",今本讹为"沔"也。《水经注》及《艺文类聚》引此经,并作"江"字,可证。又,此注云"江即沔水","江"上脱"入"字,"江"下脱"汉"字,遂不复可读。

④ 懿行案:《艺文类聚》八十九卷引此经,作"罳水"。

⑤ 或作"阳"。

⑥ 钩端,桃枝属。○懿行案:桃枝竹,见《尔雅》。钩端,《广雅》作"筍篍",云:"桃支也。""筍篍",声近为"篦箈"。《玉篇》云:"篦箈,桃枝竹。"

⑦ 罴,似熊而黄白色,猛憨能拔树。○懿行案:吴氏本郭注"能拔树"下有"一云长头高脚"六字,与《尔雅》注合,诸本并脱去之。

⑧ 白翰,白鹎也,亦名鹎雉,又曰白雉。○懿行案:翰,见《尔雅》,其字作"鷾"。

⑨ 蕙,香草,兰属也。或以蕙为薰叶,失之。音惠。○懿行案:《广雅》云:"菌,薰也,其叶谓之蕙。"本《离骚》王逸注为说也。《广雅》又云:"薰草,蕙草也。"故《南方草木状》云:"蕙草,一名薰草。"是蕙即薰也。《草木状》又云:"叶如麻,两两相对,气如蘼芜,可以止疠,出南海。"与上文浮山薰草名义相合。是张揖、嵇含并以蕙、薰即为一草,但不以蕙为薰叶耳。郭氏不从《离骚》注,故云"失之"。

⑩ 本,根也。○懿行案:《广雅》云:"犁如,桔梗也。"《本草》作"利如",《太平御览》引吴普《本草》云:"一名卢如,叶如荠苨,茎如笔管,紫赤。"《庄子·徐无鬼篇》释文引司马彪云:"桔梗治心腹、血瘀、瘕痹。"

⑪《尔雅·释草》曰:"荣而不实,谓之菁。"音骨。○懿行案:郭引《尔雅》脱"英"字。《玉篇》、《广韵》并有"菁,菁蓉,从草",皆后人所加也。《管子·地员篇》说:"木属,有胥容。""胥",古字作"肎",与"骨"形近易混。疑"骨容"即"胥容"也,但草木区别,疑未敢定焉。

又西三百五十里,曰天帝之山。上多棕、枏,下多菅、蕙。①有兽焉,其状如狗,名曰溪边,②席其皮者不蛊。③有鸟焉，其状如鹑，黑文而赤翁，④名曰鸺，⑤食之已痔。有草焉，其状如葵，⑥其臭如蘼芜，名曰杜衡，⑦可以走马，⑧食之已瘿。⑨

① 菅，茅类也。○懿行案：《尔雅》云："白华，野菅。"郭注云："菅，茅属。"

② 或作"谷遗"。

③ 懿行案：此即狗属也。《史记·封禅书》云：秦德公"磔狗，邑四门，以御蛊菑"。义盖本此。

④ 翁，头下毛，音汲瓮之瓮。○懿行案：《说文》云："翁，颈毛也。"注"头"字讹。

⑤ 音沙砾之砾。

⑥ 懿行案：《史记·司马相如传》索隐引此经，作"叶如葵"。

⑦ 香草也。○懿行案：《尔雅》云："杜，土卤。"郭注云："杜衡也，似葵而香。"《广雅》云："楚蘅，杜蘅也。"《文选》注引范子《计然》云："秦蘅出于陇西天水。"《史记·司马相如传》索隐引张揖云："蘅，杜衡，生天帝之山。"

⑧ 带之令人便马。或曰："马得之而健走。"

⑨ 懿行案：《说文》云："瘿，颈瘤也。"《淮南·墬形训》云："险阻气多瘿。"《博物志》云："山居之民多瘿。"

西南三百八十里，曰皋涂之山。①蔷②水出焉，西流注于诸资之水。③涂水出焉，南流注于集获之水。其阳多丹粟，其阴多银、黄金，④其上多桂木。有白石焉，其名曰礜，⑤可以毒鼠。⑥有草焉，其状如槁茇，⑦其叶如葵而赤背，名曰无条，可以毒鼠。⑧有兽焉，其状如鹿而白尾，⑨马足人手⑩而四角，名曰玃如。⑪有鸟焉，其状如鸱⑫而人足，名曰数斯，食之已瘇。⑬

① 懿行案：《史记·司马相如传》索隐引此经，作"鼻涂"。

② 音色。或作"蒉"，又作"蕾"。○懿行案："蕾"，字形近"蔷"，"蔷"即"蓞"字异文。郭注"蒉"、"蕾"亦与"蔷"、"蓞"形近，但别无依据，疑未敢定也。

③ 懿行案：《淮南·墬形训》云："西南方曰渚资，曰丹泽。"

④ 懿行案：银与黄金二物也，下文槐江之山"多采黄金、银"，与此义同。

⑤ 懿行案：《说文》云："礜，毒石也，出汉中。"《本草别录》同。

⑥ 今礜石杀鼠，音豫，蚕食之而肥。○懿行案：《本草别录》云："礜石，辛、大热，有毒，不炼服，杀人及百兽。"然则不但可以毒鼠矣。《博物志》云："鹳伏卵，取礜石入巢，助暖。"陶注《本草》云："取生礜石纳水，令水不冰。"是其性大热可知。《玉篇》云："礜石出阴山，杀鼠，蚕食则肥。"本于郭注，其云"出阴山"，则非也。云"蚕食之而肥"者，《淮南·说林训》云："人食礜石而死，蚕食之而不饥。"是郭注所本。

⑦ 槁茇，香草。○懿行案：槁茇即槁本也，"本"、"茇"声近义同。故此经言"槁茇"，《中山经》青要之山言"槁本"。郭氏注《上林赋》云："槁本，槁茇也。"明为一物。《广雅》云："山茝、蔚香，槁本也。"

⑧ 懿行案：《本草别录》云"逐折杀鼠"，盖即此。

⑨ 懿行案：《史记·司马相如传》索隐引此经，无"白尾"二字。

⑩ 前两脚似人手。○懿行案：《史记·司马相如传》索隐引此经，作"人首"，盖讹。

⑪ 音猨婴之婴。○懿行案：经文"猨"当为"玃"，注文"猨婴"当为"貜貜"，并字形之讹也。郭注《尔雅》"玃父"云："貜貜也。"是此注所本。《广雅·释地》本此经，正作"玃如"，可证。《太平御览》九百十三卷引作"玃"，无"如"字，疑脱。又案《史记·司马相如传》有"蠝蝚"，索隐引此经，作"玃猱"，云："字或作'蠷'。"然则"玃猱"即"玃如"之异文，"猱"、"如"，声之转也。

《说文》云："蠅,禺属。"《玉篇》云："蠅,或'玃'字。"

⑫ 懿行案：鸱有三种,具见《尔雅》。

⑬ 或作"痫"。○懿行案：《说文》云："痫,病也。"《玉篇》云："小儿瘨痫。"《后汉书·王符传》云："哺乳多则生痫病。"

又西百八十里,曰黄山。<sup>①</sup>无草木,多竹箭。盼水出焉,<sup>②</sup>西流注于赤水,其中多玉。有兽焉,其状如牛而苍黑,大目,其名曰{{犛}}。<sup>③</sup>有鸟焉,其状如鸮,<sup>④</sup>青羽赤喙,人舌能言,名曰鹦䳇。<sup>⑤</sup>

① 今始平槐里县有黄山,上故有宫,汉惠帝所起,疑非此。○懿行案：郭注本《地理志》,槐里在右扶风,"有黄山宫,孝惠二年起"。《晋书·地理志》云：始平郡,槐里,"有黄山宫"。

② 音美目盼兮之盼。○懿行案：郭既音"盼",知经文必不作"盼",未审何字之讹。

③ 音敏。○懿行案：《周书·王会篇》云："数楚每牛。"每牛者,牛之小者也。《广韵》"犛"音切,同美是也,毕氏云。

④ 懿行案：《广雅》云："鸷鸟,鸮也。"形状见陆机《诗疏》。

⑤ 鹦䳇,舌似小儿舌,脚指前后各两,扶南徼外出五色者,亦有纯赤(自)[白]者,大如雁也。○懿行案：《说文》云："鹦䳇,能言鸟也。"《初学记》三十卷引《广州记》云："根杜出五色鹦䳇,曾见其白者,大如母鸡。"又引《南方异物志》云："鹦鹉有三种,交州巴南尽有之。"又引郭氏《图赞》云："鹦鹉慧鸟,栖林啄蘂。四指中分,行则以觜。"《艺文类聚》九十一卷引此《赞》尚有"自贻伊笼,见幽坐伎"八字。又《文选》注《鹦鹉赋》引此经郭注,"脚指"作"脚趾"。

又西二百里,曰翠山。其上多棕、柟,其下多竹箭,其阳多黄金、①玉,其阴多旄牛、②羬、麝。③其鸟多鸓,④其状如鹊,赤黑而两首,四足,可以御火。

① 懿行案:毕氏本无"金"字。

② 懿行案:旄牛,见《北山经》"潘侯之山"注。

③ 羬,似羊而大角,细食,好在山崖间。麝,似獐而小,有香。○懿行案:羬、麝并见《尔雅》,郭注与此同。

④ 音垒。○懿行案:《玉篇》云:"鸓,大颊切。"所说形状正与此同。是经"鸓"当为"鸓",注"垒"当为"叠",并字形之讹也。

又西二百五十里,曰騩山,①是錞于西海。②无草木,多玉。凄水出焉,③西流注于海。其中多采石、④黄金,多丹粟。

① 音巍,一音隗嚣之隗。

② 錞,犹堤埻也,音章闰反。○懿行案:《玉篇》引此经,作"埻于西海";又引郭注,作"埻,犹堤也。"今本"埻"字疑衍,"堤",盖埤障之义。《海内东经》有埻端国,郭注:"埻,音敦。"西海,谓之青海,或谓之僊海,见《地理志》金城郡临羌。又,《思玄赋》旧注云:"黄帝葬于西海桥山。"亦即此。

③ 或作"浽"。

④ 采石,石有采色者,今雌黄、空青、绿碧之属。○懿行案:《穆天子传》云有采石之山,郭注云:"出文采之石也。"刘逵注《蜀都赋》云:"牂柯有白曹山,出丹青、曾青、空青也。"《艺文类聚》八十一卷引《范子计然》曰:"空青出巴郡,白青、曾青出弘农、豫章,白青出新淦。青色者善。"《本草经》曰:"空青能化铜、铁、铅、锡作金。"《别录》云:"生益州山谷及越嶲山有铜处,铜精熏则生空青。"又云:"雌黄生武都山谷,与雄黄同山,生其阴。山有金,金精熏则生雌黄。"又云:"绿青生山之阴穴中,色青白。"陶注云:"此即用画绿

色者,亦出空青中。"苏颂《图经》云:绿青"今谓之石绿"。是也。

凡西经之首,自钱来之山至于騩山,凡十九山,二千九百五十七里。①华山,冢也,②其祠之礼:太牢。③羭山,神也,祠之用烛,④斋百日以百牺,⑤瘗用百瑜,⑥汤⑦其酒百樽,⑧婴以百珪百璧。⑨其余十七山之属,皆毛牷用一羊祠之,⑩烛者百草之未灰,⑪白蓆采等纯之。⑫

① 懿行案:今三千一百一十七里。

② 冢者,神鬼之所舍也。○懿行案:此皆山也,言神与冢者,冢大于神。《尔雅·释诂》云:"冢,大也。"《释山》云:"山顶,冢。"是其义也。郭以冢为坟墓,盖失之。

③ 牛羊豕为太牢。

④ 或作"炀"。○懿行案:《说文》云:"烛,庭燎火烛也。""炀,炙燥也。"

⑤ 牲,纯色者为牺。

⑥ 瑜,亦美玉名。音臾。

⑦ 或作"温"。○懿行案:汤,读去声,今人呼"温酒"为"汤酒",本此。

⑧ 温酒令热。

⑨ 婴,谓陈之以环祭也。或曰:"'婴'即古'罂'字,谓盂也,徐州云。"《穆天子传》曰"黄金之婴"之属也。○懿行案:《穆天子传》云:"赐之黄金之罂三六。"郭注云:"即盂也,徐州谓之罂。"《太平御览》八百六卷引此经云:"羭山之神,祠以黄圭。"《艺文类聚》八十三卷引作"羭山之神,祠之白珪"。两引皆异,疑《类聚》近之。又,疑今本"百",或"白"字之讹也。

⑩ 牷,谓牲体全具也。《左传》曰:"牷,牲肥腯者也。"

⑪ 懿行案:此盖古人用烛之始。经云"百草未灰",是知上世为烛,盖亦用麻蒸苇苣为之,详见《诗疏》及《周礼疏》。

⑫ 纯,缘也。五色纯之,等差其文采也。《周礼》:"莞席纷纯。"○懿行

案：采、等者，《聘礼》云："缫三采六等。"等，训就也，采一币为一就。"蓆"，《藏经》本作"席"。

《西次二经》之首，曰钤山。① 其上多铜，其下多玉，其木多杻、橿。

① 音髡钳之钳。或作"冷"，又作"涂"。

西二百里，曰泰①冒之山。② 其阳多金，其阴多铁。浴水出焉，③东流注于河。其中多藻玉，④多白蛇。⑤

① 或作"秦"。○懿行案：《初学记》六卷引此经，正作"秦"。
② 懿行案：山在今陕西肤施县。
③ 懿行：" 浴"，当为"洛"字之讹。《初学记》六卷及《太平御览》六十二卷俱引此经，作"洛水"。又，晋灼引《水经》"洛水"云："出上郡雕阴泰冒山，过华阴入渭，即漆沮水。"是此经浴水即洛水审矣。又详《西次四经》白于之山。
④ 藻玉，玉有符彩者。或作"柬"，音练。○懿行案：《初学记》引此经，"多"作"有"。
⑤ 水蛇。

又西一百七十里，曰数历之山。① 其上多黄金，其下多银，其木多杻、橿，其鸟多鹦鹉。楚水出焉，而南流注于渭。②其中多白珠。③

① 懿行案：《水经注》沂县有数历山。

② 懿行案：《水经注》云：渭水"径南田县南，东与楚水合，世所谓长蛇水。水出汧县之数历山"，又南流注于渭，"阚驷以是水为汧水焉"。

③ 今蜀郡平泽出青珠。《尸子》曰："水员折者有珠。"〇懿行案：《穆天子传》云："北征，舍于珠泽。"郭注云："今越巂平泽出青珠，是。"《初学记》二十七卷引《华阳国志》云："广阳县山出青珠。永昌郡博南县有光珠穴，出光珠，珠有黄珠、白珠、青珠、碧珠。"


又西百五十里，高山。①其上多银，其下多青碧、②雄黄。③其木多棕，其草多竹。④泾水出焉，⑤而东流注于渭。⑥其中多磐石、⑦青碧。


① 懿行案：《魏志·张郃传》云："刘备保高山，不敢战。"疑即此也。《淮南·墬形训》云："泾出薄落之山。"是薄落山即高山之异名也。又，《览冥训》云："峣山崩而薄落之水涸。"高诱注云："薄落，泾水。"是峣山亦即高山矣。"峣"、"高"声相近。《初学记》六卷引"峣"作"硐"，高注有"硐山在雍"四字，为今本所无也。《玉篇》引此经，作"商山"。《藏经》本"高山"上有"曰"字。

② 碧，亦玉类也。今越巂会稽县东山出碧。〇懿行案：《说文》云："碧，石之青美者。"《竹书》云："周显王五年，雨碧于郢。"《庄子》曰："苌宏死于蜀"，其血化为碧。李善注《南都赋》引《广志》云："碧有缥碧，有绿碧。"郭注"会稽"当为"会无"，字之讹。《地理志》云：越巂郡，会无，"东山有碧"。

③ 晋太兴三年，高平郡界有山崩，其中出数千斤雄黄。〇懿行案：太兴三年，晋元帝之四年也。高平郡，《晋书·地理志》作高平国，故属梁国，晋初分山阳置也。《博物志》云："雄黄，似石流黄。"《本草经》云："雄黄，一名黄金石。"《别录》云："生武都山谷、燉煌山之阳。"

④ 懿行案：竹之为物，亦草亦木，故此经或称"木"、或称"草"。

⑤ 音经。

⑥ 今泾水出安定朝那县西开头山,至京兆高陵县入渭也。○懿行案:高诱注《淮南·墬形训》云:"薄落之山一名笄头山,安定临泾县西。"笄头即开头山。高诱及郭注俱本《地理志》。又下文云:泾谷之山,"泾水出焉"。复云:"东南流注于渭。"与此非一水也。泾水又见《海内东经》,郭注与此同。

⑦《书》曰"泗滨浮磬"是也。

　　西南三百里,曰女床之山。① 其阳多赤铜,其阴多石涅,② 其兽多虎、豹、犀、兕。有鸟焉,其状如翟而五采文,③ 名曰鸾鸟,见则天下安宁。④

① 懿行案:薛综注《东京赋》云:"女床山在华阴西六百里。"

② 即矾石也,楚人名为涅石,秦名为羽涅也。《本草经》亦名曰石涅也。○懿行案:吴氏据《本草》云:"黑石脂一名石墨,一名石涅,南人谓之画眉石是矣。"又云:"矾石一名涅石,又名羽泽,二名原自不同。且矾石并无石涅之名,以涅石为石涅,是郭注之误也。"又引《本草》:"石涅一名玄丹,又名黑丹。"《孝经援神契》曰:"王者德至山陵而黑丹出。"《文选·东京赋》云:"黑丹流淄。"今案吴说是也。然据《本草经》,矾石一名羽涅,无石涅之名,而郭注引《本草经》矾石"亦名石涅",盖今《本草》有脱文也。涅石见《北山经》贲闻之山。

③ 翟,似雉而大,长尾。或作"鷂"。鷂,雕属也。○懿行案:鷂,山雉,见《尔雅》,郭注云:"长尾者。"薛综注《东京赋》引此经,"翟"作"鹤","五采"作"五色"。郭云"鷂,雕属"者,见下文三危之山。

④ 旧说鸾似鸡,瑞鸟也,周成王时西戎献之。○懿行案:《周书·王会篇》云:"氐、羌鸾鸟。"孔晁注云:"鸾,大于凤,亦归于仁义者也。"《说文》云:"鸾,亦神灵之精也,赤色五采,鸡形,鸣中五音,颂声作则至。周成王时氐、羌献鸾鸟。"《广雅》云:"鸾鸟,凤皇属也。"《艺文类聚》引《决疑》注云:象凤"多青色者鸾"。与《说文》异。今所见鸾鸟,羽赤色而有点文,《说文》盖近

之矣。《艺文类聚》九十九卷引郭氏《赞》云:"鸾翔女床,凤出丹穴。拊翼相和,以应圣哲。击石靡咏,韶音其绝。"

又西二百里,曰龙首之山。<sup>①</sup>其阳多黄金,其阴多铁。苕水出焉,<sup>②</sup>东南流注于泾水,其中多美玉。

① 懿行案:《太平御览》九百三十卷引《三秦记》曰:"龙首山长六十里,头入于渭,尾达樊川;头高二十丈,尾渐下高五六尺,土赤不毛云。昔有黑龙从山南出,饮渭,其行道因成土山,故以名也。"《水经》"渭水"注引,"尺"作"丈","山南"作"南山"。《文选·西都赋》云:"据龙首。"李善注引此经云:"华山之西,龙首之山。"疑引此经郭注文,今本脱去之也;云华山西者,上文女床之山在华阴西六百里,又加二百里,则去华山八百里也。

② 懿行案:《初学记》及《太平御览》引此经,作"若水"。毕氏云:"'苕'当为'芮',并字形相近。"

又西二百里,曰鹿台之山。<sup>①</sup>其上多白玉,其下多银,其兽多炸牛、𪊨羊、白豪。<sup>②</sup>有鸟焉,其状如雄鸡而人面,名曰凫徯,其鸣自叫也,<sup>③</sup>见则有兵。

① 今在上郡。○懿行案:当为上党郡,注脱"党"字。《水经》"沁水"注云:阳泉水"出鹿台山,山上有水,渊而不流"。《太平寰宇记》云:"谒戾山一名鹿台山,山在今汾州府平遥县西。"谒戾山见《北次三经》,然案其道里不相应,当在阙疑。

② 豪,狟猪也。○懿行案:狟猪即豪彘也,竹山之兽,已见上文,以其毛白,故称白豪。

③ 懿行案:《北堂书钞》一百十三卷引此经,"面"作"首","鸣"作"名",盖形、声之讹。

西南二百里，曰鸟危之山。其阳多磬石，[①]其阴多檀、[②]楮，[③]其中多女床。[④]鸟危之水出焉，西流注于赤水，其中多丹粟。

① 懿行案：《初学记》十六卷引此经，与今本同。又经中说磬石者三，俱见《西山经》。

② 懿行案：檀，见陆机《诗疏》及《尔雅》"魄棋楰"注。

③ 楮，即榖木。○懿行案：《广雅》云："榖，楮也。"详陆机《诗疏》。

④ 未详。○懿行案：《广雅》云："颠棘，女木也。"又云："女肠，女菀也。"此经女床，未审何物，若是草属，或即"女木"、"女肠"之字因形声而讹。又《太平御览》九百九十一卷引《吴普本草》云："女菀，一名织女菀。"今案织女星旁有四星名女床，是女床或即织女菀之别名矣。

又西四百里，曰小次之山。其上多白玉，其下多赤铜。有兽焉，其状如猿，而白首赤足，名曰朱厌，见则大兵。[①]

① 一作"见则有兵起焉"，一作"见则为兵"。○懿行案：《北堂书钞》一百十三卷、《太平御览》三百二十九卷引此经，并作"见则有兵"。

又西三百里，曰大次之山。其阳多垩，[①]其阴多碧，其兽多牦牛、麢羊。

① 垩，似土，色甚白，音恶。○懿行案：《说文》云："垩，白涂也。"《尔雅》云："墙谓之垩。"亦谓墙以白垩涂之也。然据《北山经》，贲闻之山、孟门之山并多黄垩，《中山经》葱聋之山"多白垩、黑、青、黄垩"，明垩非一色，不独白者名垩也。

又西四百里,曰薰吴之山。无草木,多金、玉。

又西四百里,曰厎阳之山。<sup>①</sup>其木多㯱、<sup>②</sup>枏、豫章,<sup>③</sup>其兽多犀、兕、虎、豹、<sup>④</sup>柞牛。

① 音旨。○懿行案:"厎"当为"底"字之讹,亦如互人国为氐人,皆形近而讹也。"厎",《藏经》本正作"底"。

② 㯱,似松,有刺,细理,音即。○懿行案:李善注《南都赋》引此经郭注云:"㯱,似松柏。""柏"字衍。《玉篇》、《广韵》本此注,并无"柏"字。

③ 豫章,大木,似楸,叶冬夏青,生七年而后复可知也。○懿行案:《尔雅》云:"枪,无疵。"郭注云:"枪,梗属,似豫章。"《子虚赋》云:"梗枏豫章。"颜师古注云:"豫即枕木,章即樟木,二木生至七年乃可分别。"《后汉书·王符传》注云:"豫章即樟木也。"《淮南·修务训》云:"梗、枏、豫章之生也,七年而后知。"是郭注所本,注"复"字衍。

④ 豹,音之药反。○懿行案:《玉篇》云:"豹,兽,豹文。"音与郭同。

又西二百五十里,曰众兽之山。其上多琈珋之玉,其下多檀、楮,多黄金,其兽多犀、兕。

又西五百里,曰皇人之山。其上多金、玉,其下多青雄黄。<sup>①</sup>皇水出焉,西流注于赤水,其中多丹粟。

① 即雌黄也。或曰:"空青、曾青之属。"○懿行案:经中既有雄黄,又有青雄黄,或青与雄黄二物也。吴氏引苏颂云:"'阶州山中,雄黄有青黑色而坚者,名曰熏黄。'青雄黄意即此。"今案下文长沙山及《北山经》谯明山、《中山经》白边山,并多青雄黄。郭云"即雌黄"者,"雌"盖"雄"字之讹。郭欲明青雄黄即雄黄,又引或说以青与雄黄为二物,不可的知,故两存其说也。雌黄及空青、曾青皆见《本草经》。

又西三百里,曰中皇之山。其上多黄金,其下多蕙棠。<sup>①</sup>

① 彤棠之属也。"蕙",或作"羔"。○懿行案:蕙与棠二物,彤棠盖赤棠也。棠有二种,具见《尔雅》。《中山经》云阴山"其中多彤棠","彤",疑"彤"字之讹。

又西三百五十里,曰西皇之山。其阳多金,其阴多铁,其兽多麋鹿、<sup>①</sup>𰀀牛。

① 麋,大如小牛,鹿属也。○懿行案:《说文》云:"麋,鹿属,冬至解其角。"详见《尔雅》。

又西三百五十里,曰莱山。其木多檀、楮,其鸟多罗罗,是食人。<sup>①</sup>

① 罗罗之鸟,所未详也。○懿行案:《海外北经》有青兽,状如虎,名曰罗罗。此鸟与之同名。

凡《西次二经》之首,自钤山至于莱山,凡十七山,四千一百四十里。<sup>①</sup>其十神者,皆人面而马身;其七神,皆人面牛身,四足而一臂,操杖以行,是为飞兽之神。其祠之:毛用少牢,<sup>②</sup>白菅为席。其十辈<sup>③</sup>神者,其祠之:毛一雄鸡,钤而不糈,<sup>④</sup>毛采。<sup>⑤</sup>

① 懿行案:今四千六百七十里。

② 羊、猪为少牢也。

③ 音背。○懿行案：辈，犹类也。军发以车，百两为一辈，见《说文》。

④ 钤，所用祭器名，所未详也。或作"思"，训祈不糈，祠不以米。○懿行案：钤，疑"祈"之声转耳。经文"祈而不糈"，即祠不以米之义。思，训未详。证以《周书·大匡篇》云："祈而不宾。"《糴匡篇》作"勤而不宾"。勤、祈声转，钤、勤声又近。此经"钤而不糈"，当即祈而不宾之义。郭疑为祭器名，未必然也。

⑤ 言用雄色鸡也。○懿行案："雄色"，"雄"字讹，《藏经》本作"杂"。


《西次三经》之首，曰崇吾之山。①在河之南，北望冢遂，②南望䍃之泽，③西望帝之搏兽之丘，④东望螞⑤渊。有木焉，员叶而白柎，⑥赤华而黑理，其实如枳，⑦食之宜子孙。⑧有兽焉，其状如禺而文臂，豹虎⑨而善投，名曰举父。⑩有鸟焉，其状如凫而一翼一目，相得乃飞，名曰蛮蛮，⑪见则天下大水。⑫


① 懿行案：《博物志》及《史记·封禅书》索隐引此经，并作"崇丘"；《博物志》又作"参隅"。

② 山名。

③ 音遥。

④ 搏，或作"簿"。

⑤ 音于然反。

⑥ 今江东人呼草木子房为柎，音府。一曰：柎，华下鄂，音丈夫字。或作"拊"，音符。○懿行案：经文"柎"当为"拊"，故郭音"府"。其音"符"者，乃从木旁，传写谬误，遂不复可别，今正之。一曰"柎，华下鄂"者，本《诗》郑笺，云："鄂不韡韡，承华曰鄂。"不读为柎。拊，鄂足也，不拊同。释文云："拊，亦作'跗'。"是郭义所本也。

⑦懿行案：《说文》云："枳木，似橘。"《考工记》云："橘逾淮而北为枳。"

⑧懿行案：《周书·王会篇》云："康民以桴苡。桴苡者，其实如李，食之宜子。"《说文》引《书》作"芣苢"。《系传》引《韩诗》亦云："芣苢，木名，实如李。"陶注《本草》"车前子"亦引《韩诗》，言芣苢是"木似李，食其实宜子孙"。与《周书》合。是知芣苢有草、有木，《周书》所说是木类，疑即此。

⑨懿行案：吴氏云"豹虎"字有误，愚谓或有脱误。又虎豹一兽名也，《太平御览》九百十三卷载"虎豹"，引《博物志》曰："逢伯云所说有兽，绿本缘文，似豹若虎，毛可为笔。"然则兹兽兼有虎、豹之体，故独被斯名矣。"绿本缘文"四字复有脱误。

⑩或作"夸父"。○懿行案：《尔雅》云："玃父，善顾。"非此。又云："虑，迅头。"郭注云："今建平山中有虑，大如狗，似猕猴，黄黑色，多髯鬣，好奋迅其头，能举石擿人，玃类也。"如郭所说，惟能举石擿人，故经曰"善投"，亦因名"举父"，"举"、"虑"声同，故古字通用；"举"、"夸"声近，故或作"夸父"。

⑪比翼鸟也，色青赤，不比不能飞，《尔雅》作鹣鹣鸟也。○懿行案：鹣鹣见《尔雅·释地》，郭注本此为说。《博物志》云："崇丘山有鸟，一足、一翼、一目，相得而飞，名曰䖟。"又云："比翼鸟，一青一赤，在参隅山。"今案"䖟"、"蛮"声之转，"参隅"、"崇吾"亦声之转。

⑫懿行案：此则比翼鸟非瑞禽也。《封禅书》云："西海致比翼之鸟"，以此侈封禅之符，过矣。

西北三百里，曰长沙之山。①泚水出焉，②北流注于泑水。③无草木，多青雄黄。

①懿行案：《穆天子传》云：送天子"至于长沙之山"。即此。

②音紫。

③乌交反，又音黝，水色黑也。○懿行案：《说文》云："泑泽在昆仑下，

读与敫同。"即下文云"东望泑泽"者也。

又西北三百七十里,曰不周之山。①北望诸毗之山,临彼岳崇之山,东望泑泽。②河水所潜也,其原浑浑泡泡。③爰有嘉果,其实如桃,④其叶如枣,黄华而赤柎,⑤食之不劳。⑥

① 此山形有缺不周帀处,因名云。西北不周风自此山出。○懿行案:《大荒西经》云:"有山而不合,名曰不周负子。"《离骚》云:"路不周以左转,指西海以为期。"王逸注云:"不周,山名,在昆仑西北。"高诱注《吕氏春秋·本味篇》亦云:"不周山在昆仑西北。"并非也,此经乃在昆仑东南。《汉书·司马相如传》注张揖云:"不周山在昆仑东南二千三百里。"亦非也,不周去昆仑一千七百四十里。《水经注》引此经云:"不周之山,不周之北门,以纳不周之风。"今经无此语,疑本郭注,今脱去之。

② 懿行案:泑泽,《汉书·西域传》作"盐泽"。"泑"、"盐"声之转。《地理志》谓之蒲昌海,云敦煌郡"有蒲昌海"也。

③ 河南出昆仑,潜行地下,至葱岭,出于阗国,复分流岐出,合而东流,注泑泽,已复潜行,南出于积石山,而为中国河也。名泑泽即蒲泽,一名蒲昌海,广三四百里,其水停,冬夏不增减,去玉门关三百余里,即河之重源,所谓潜行也。浑浑泡泡,水溃涌之声也,衮、咆二音。○懿行案:此注本《水经》及《汉书·西域传》为说也。河水原委,详见《北山经》敦薨之山。此注"蒲泽","蒲"字当为"盐"。《史记·大宛传》索隐引此注云:"泑泽即盐泽是也。"郭又云"去玉门关三百馀里","三"上脱"千"字。《水经注》作"东去玉门阳关千三百里",《汉书》脱"千"字,郭氏仍其失也。

④ 懿行案:《初学记》引《汉武故事》云:"王母种桃,三千岁一著子。"盖此之类。

⑤ 懿行案:"柑",亦当为"柎",说已见前。

⑥ 懿行案:劳,忧也。《太平御览》九百六十四卷引此经,作"其实如桃

李,其华赤,食之不饥",与今本异。

又西北四百二十里,曰峚山。① 其上多丹木,员叶而赤茎,黄华而赤实,其味如饴,食之不饥。丹水出焉,西流注于稷泽,②其中多白玉。是有玉膏,其原沸沸汤汤,③黄帝是食是飨。④是生玄玉,⑤玉膏所出,以灌丹木。丹木五岁,五色乃清,⑥五味乃馨。⑦黄帝乃取峚山之玉荣,⑧而投之锺山之阳。⑨瑾瑜之玉为良,⑩坚粟精密,⑪浊泽有而光,⑫五色发作,⑬以和柔刚。⑭天地鬼神,是食是飨;⑮君子服之,以御不祥。⑯自峚山至于锺山,四百六十里,⑰其间尽泽也,是多奇鸟、怪兽、⑱奇鱼,皆异物焉。

① 音密。○懿行案:郭注《穆天子传》及李善注《南都赋》、《天台山赋》引此经,俱作"密山",盖"峚"、"密"古字通也。《初学记》二十七卷引此经,仍作"峚山"。

② 后稷神所冯,因名云。○懿行案:泽即后稷所葬都广之野也,其地山水环之,故得言泽,见《海内经》。

③ 玉膏涌出之貌也。《河图玉版》曰:"少室山,其上有白玉膏,一服即仙矣。"亦此类也。沸,音拂。○懿行案:《初学记》引《十洲记》云:"瀛洲有玉膏如酒,名曰玉酒,饮数升辄醉,令人长生。"

④ 所以得登龙于鼎湖而龙蜕也。○懿行案:注"龙蜕"二字疑讹。《太平御览》五十卷引此注,作"灵化也"。登龙鼎湖,见《史记·封禅书》。

⑤ 言玉膏中又出黑玉也。○懿行案:《玉藻》云:"公侯佩山玄玉。"《淮南·道应训》云:"玄玉百工。"高诱注云:"二玉为一工也。"

⑥ 言光鲜也。

⑦ 言滋香也。

⑧ 谓玉华也。《离骚》曰："怀琬琰之华英。"又曰："登昆仑兮食玉英。"《汲冢书》所谓"苕华之玉"。○懿行案：《竹书》云："斫其名(千)[于]苕华之玉。"《楚词·哀时命篇》云："采锺山之玉英。"《穆天子传》云："得玉策枝斯之英。"郭氏注引《尸子》曰："龙泉有玉英。"又引此经，"玉荣"作"玉策"。李善注《思玄赋》及李贤注《后汉书·张衡传》、《蔡邕传》引此经，并作"玉策"，疑"策"俱"荣"字之讹。

⑨ 以为玉种。○懿行案：《思玄赋》注及《张衡传》注引此经，并作"锺山之阴"；《蔡邕传》注引此，复作"锺山之阳"。《淮南·俶真训》云："锺山之玉，炊以炉炭，三日三夜而色泽不变。"许慎注云："锺山北陆，无日之地，出美玉。"

⑩ 言最善也，或作"食"。觊、臾两音。○懿行案：瑾瑜，美玉名。《玉藻》云："世子佩瑜玉。"上文云"瘗用百瑜"，下文云泑山"其阳多瑾瑜之玉"。或作"食"者，黄帝是食是飨，《楚词》亦云"食玉英"。《艺文类聚》八十三卷引郭氏《赞》云："锺山之宝，爰有玉华。光采流映，气如虹霞。君子是佩，象德闲邪。"

⑪ 说玉理也。《礼记》曰："瑱密似粟。"粟，或作"栗"，玉有粟文，所谓谷璧也。○懿行案：王引之说经文"粟"当为"栗"，注文"栗"当为"粟"；郭引《礼记》"似粟"当为"以栗"，又"粟"字重文亦然，俱传写之讹也。

⑫ 浊，谓润厚。○懿行案："有而"当为"而有"。"浊泽"，《类聚》引作"润浊"。

⑬ 言符彩互映色。王子灵《符应》曰："赤如鸡冠，黄如蒸栗，白如割肪，黑如醇漆，玉之符彩也。"○懿行案："王子灵《符应》"，《类聚》八十三卷引作"王逸《正部论》"，李善注《魏文帝与锺大理书》引亦同；"割肪"并作"猪肪"。其"正部"盖"玉部"，字之讹也。郭注"色"，《藏经》本作"也"。

⑭ 言玉协九德也。

⑮ 玉所以祈祭者，言能动天地感鬼神。

⑯ 今徼外出金刚石，石属而似金，有光彩，可以刻玉，外国人带之，云辟恶气，亦此类也。○懿行案：《太平御览》八百十三卷引《晋起居注》云："咸

亨三年,燉煌上送金刚,玉金中不淘不消,可以切玉,出天竺。"又引《南州异物志》云:"金刚,石也,其状如珠,坚利无匹,外国人好以饰玦瑕,服之能辟恶毒。"李时珍《本草》云:"金刚石即金刚钻。"引《抱朴子》云:"扶南出金刚,生水底石上,如锺乳状,体似紫石英,可以刻玉,人没水取之。虽铁柱击之,亦不能伤,惟羚羊角扣之,则灌然冰泮。"

⑰ 懿行案:下又云"四百二十里"。

⑱ 懿行案:《穆天子传》云:"春山,百兽之所聚也,飞鸟之所栖也。爰有口兽,食虎豹,如麇,而载骨盘,口始如麕,小头大鼻。""爰有白鸟、青雕,执犬、羊,食豕、鹿。"春山即锺山也。

又西北四百二十里,曰锺山。<sup>①</sup>其子曰鼓,<sup>②</sup>其状如人面而龙身,<sup>③</sup>是与钦䲹<sup>④</sup>杀葆江于昆仑之阳,<sup>⑤</sup>帝乃戮之锺山之东,曰崒<sup>⑥</sup>崖。<sup>⑦</sup>钦䲹化为大鹗,<sup>⑧</sup>其状如雕而黑文,白首赤喙而虎爪,其音如晨鹄,<sup>⑨</sup>见则有大兵。鼓亦化为鵕鸟,<sup>⑩</sup>其状如鸱,赤足而直喙,黄文而白首,其音如鹄,<sup>⑪</sup>见即其邑大旱。<sup>⑫</sup>

① 懿行案:《海外北经》云:"锺山之神,名曰烛阴。"《淮南子》云:"烛龙在雁门北。"是知锺山即雁门以北大山也。《水经》"河水"注云:"芒干水出塞外,南径锺山,山即阴山。"徐广注《史记》云:阴山"在五原北"。是也。

② 此亦神名,名之为锺山之子耳,其类皆见《归藏·启筮》。

③《启筮》曰:"丽山之子,青羽、人面、马身。"亦似此状也。○懿行案:《海外北经》说锺山之神"人面蛇身",《淮南子》说"人面龙身",是神与其子形状同。

④ 音邳。○懿行案:《后汉书·张衡传》注引此经,作"钦䲹"。《庄子·大宗师篇》作"堪坏",云:"堪坏得之以袭昆仑。"《释文》云:"'崔'作'邳'。司马云:堪坏,神名,人面兽形。"《淮南子》作"钦负"。是"钦"、"堪"、

"坏"、"负"并声类之字。

⑤ 葆,或作"祖"。○懿行案:《思玄赋》云:"过锺山而中休,瞰瑶溪之赤岸,吊祖江之见刘。"李善注引此经,作"祖江";《张衡传》注同;又陶潜《读山海经诗》亦作"祖江"。

⑥ 音遥。

⑦ 懿行案:《思玄赋》旧注云:"瑶溪赤岸,谓锺山东瑶岸也。"李善注引此经,亦作"瑶岸";《张衡传》注同。

⑧ 鹗,雕属也,音鄂。○懿行案:鹗,当为"鴳"。《说文》云:"鴳,鸷鸟也。"引《诗》曰:"匪鶍匪鴳。""鶍,雕也。"

⑨ 晨鹄,鹗属,犹云晨凫耳。《说苑》曰:"缧犹犬比奉晨凫也。"○懿行案:李善注《江赋》引此经及郭注,并与今本同。

⑩ 音俊。

⑪ 懿行案:《说文》云:"鹄,鸿鹄也。"

⑫《穆天子传》云:"锺山,(作"春"字,音同耳。)穆王北升此山,以望四野,曰:锺山是惟天下之高山也,百兽之所聚,飞鸟之栖也。爰有赤豹、白虎、白鸟、青雕,执犬羊、食豕鹿。穆王五日观于锺山,乃为铭迹于县圃之上,以诏后世。"○懿行案:"锺山",《穆天子传》并作"春山",郭注云:"《山海经》"春"字作"锺",音同耳。

又西百八十里,曰泰器之山。观水出焉,①西流注于流沙。②是多文鳐鱼,③状如鲤鱼,鱼身而鸟翼,苍文而白首赤喙,常行④西海,游于东海,⑤以夜飞,其音如鸾鸡,⑥其味酸甘,食之已狂,⑦见则天下大穰。⑧

① 懿行案:李善注《吴都赋》引此经,作"秦器之山,濩水出焉";其注曹植《七启》引此经,仍作"泰器之山,濩水出焉"。《吕氏春秋·本味篇》作"藿水",高诱注云:"藿水在西极。"

② 懿行案：《海内西经》云："流沙出锺山。"《楚词·招魂》云："西方之害，流沙千里。"王逸注云："流沙，沙流而行也。"

③ 音遥。○懿行案：《吕氏春秋·本味篇》云："味之美者，藿水之鱼，名曰鳐。"李善注《吴都赋》及曹植《七启》引此经，并止作"鳐"，无"文"字。陈藏器《本草拾遗》云："此鱼生海南，大者长尺许，有翅与尾齐，群飞海上，海人候之，当有大风。"

④ 懿行案：《初学记》引此经，作"从"；《吕氏春秋·本味篇》亦作"从"。

⑤ 懿行案：西海已见上文，东海即西海之支流，非东方大海也。《水经》"河水"注引《释氏西域记》曰："恒水东流入东海，盖二水所注两海，所纳自为东西。"即此是也。或说凡水之大者，皆名"海"。《史记正义》引《太康地记》曰："河北得水为河，塞外得水为海也。"

⑥ 鸾鸡，鸟名，未详也。或作"栾"。○懿行案："鸾"或作"栾"，古字假借。鸾鸡，疑即鸾也。《说文》云："鸾，五采鸡形。"又，鸾一名鸡趣。顾野王《符瑞图》云："鸡趣，王者有德则见。"又，鸾车一名鸡翘车。蔡邕《独断》云："鸾旗车，编羽毛列系橦旁，俗人名之'鸡翘车'是也。"《初学记》三十卷引此经，无"鸡"字。

⑦ 懿行案：《淮南·墬形训》云："丘气多狂。"

⑧ 丰穰收熟也。《韩子》曰："穰岁之秋。"○懿行案：《韩非·五蠹篇》云："饥岁之春，幼弟不饟；穰岁之秋，疏客必食。"是郭所引也。鱼见则大穰者，《诗》言众鱼占为丰年，今海人亦言岁丰，则鱼大上也。


又西三百二十里，曰槐江之山。①丘时之水出焉，而北流注于泑水，其中多嬴母。②其上多青雄黄，多藏琅玕、黄金、玉。③其阳多丹粟，④其阴多采黄金、银。⑤实惟帝之平圃，⑥神英招司之，⑦其状马身而人面，虎文而鸟翼，徇于四海，⑧其音如榴。⑨南望昆仑，其光熊熊，其气魂魂。⑩西望大泽，后稷所潜也，⑪其中多玉。其阴多榣木之有若，⑫北望诸毗，⑬槐鬼离仑居之,<sup>⑭</sup>鹰鹯之所宅也。<sup>⑮</sup>东望恒山四成,<sup>⑯</sup>有穷鬼居之,各在一搏。<sup>⑰</sup>爰有淫水,其清洛洛。<sup>⑱</sup>有天神焉,其状如牛而八足,二首马尾,其音如勃皇,<sup>⑲</sup>见则其邑有兵。

① 懿行案:《吕氏春秋·本味篇》云:水之美者,"沮江之丘名曰摇水"。疑沮江即槐江,摇水说在下。

② 即蝶螺也。○懿行案:蝶螺即仆纍,字异音同,见《中次三经》青要之山。

③ 琅玕,石似珠者;藏,犹隐也。郎、干二音。○懿行案:"藏",古字作"臧"。臧,善也。此言琅玕、黄金、玉之最善者。《尔雅》云:"西北之美者,有昆仑虚之璆琳、琅玕。"郭谓是也。郭训藏为隐,失之。

④ 懿行案:《管子·地数篇》云:"上有丹沙者,下有黄金。"

⑤ 懿行案:采,谓金银之有符采者。《地理志》云:豫章郡,"有黄金采"。即此是矣。说者谓采取黄金,误也。

⑥ 即玄圃也。《穆天子传》曰:"乃为铭迹于玄圃之上。"谓刊石纪功德,如秦皇、汉武之为者也。○懿行案:《穆天子传》"玄圃"作"县圃",前锺山注引文同。此作"玄圃",盖"玄"、"县"声同,古通用。

⑦ 司,主也。招,音韶。

⑧ 徇,谓周行也。○懿行案:"徇"当为"徇"。《说文》云:"徇,行示也。"《司马法》'斩以徇'。今经典通作"徇"。

⑨ 音留。或作"籀",此所未详也。○懿行案:《说文》云:"籀,读书也,从竹,榴声。"疑此经"榴"当为"擂"。《说文》云:"擂,引也。"《庄子》云:"挈水若抽。""抽"即"擂"字。又,榴榴见下文阴山。

⑩ 皆光气炎盛相焜耀之貌。○懿行案:熊熊,犹雄雄也;魂魂,犹芸芸也,皆声之同类。

⑪ 后稷生而灵知,及其终,化形遁此泽而为之神,亦犹傅说骑箕尾也。○懿行案:后稷所潜,即谓所葬也。葬之言藏也,已见垚山稷泽。傅说骑箕

尾,见《庄子·大宗师篇》,释文引崔譔云:"傅说死,其精神乘东维托龙尾,乃列宿,今尾上有傅说星。"又云:"其生无父,母死登假三年而形遁。"此言神之,无能名者也。

⑫榣木,大木也。言其上复生若木,大木之奇灵者为若,见《尸子》。《国语》曰"榣木不生花"也。○懿行案:"花"当为"危",字形之讹也;郭引《国语》者,《晋语》文。"榣"当为"櫾",《说文》云:"櫾,昆仑河隅之长木也。"即谓此,省作"繇"。《穆天子传》云:"天子乃钓于河,以观姑繇之木。"郭注云:"姑繇,大木也。"又省作"榣",故韦昭《晋语》注云:"榣木,大木也。"《大荒西经》云:"有榣山。"郭注云:"此山多榣木,因名云。"《玉篇》亦云:"榣,木名。"又通作"瑶",故《楚词·哀时命》云:"擘瑶木之橝枝。"王逸注云:"言己既登昆仑,复欲引玉树之枝。"知此经古本或作"瑶木"也。

⑬山名。

⑭离仑,其神名。

⑮鸇,亦鸱属也。庄周曰:"鸱鸦甘鼠。"《穆天子传》云:锺山"上有白鸟、青雕"。皆此族类也。○懿行案:鸱,见《尔雅》。郭引《庄子》者,《齐物论》文。

⑯成,亦重也,《尔雅》云"再成曰英"也。○懿行案:恒山非北岳,计其道里,非瞻望所及也。《淮南·时则训》云:"中央之极,自昆仑东绝两恒山。"是西极别有恒山明矣。《文选》注《长笛赋》引此经,作"桓山四成"。《艺文类聚》九十卷引《家语》曰:"孔子在卫闻哭声甚哀,颜回曰:'回闻桓山之鸟生四子焉,羽翼既成,将分四海,悲鸣而送之,哀声似此云云。'"即此桓山也,其云鸟,盖亦鹰鸇之属与?

⑰搏,犹胁也,言群鬼各以类聚处山四胁。有穷,其总号耳。搏,一作"抟"。○懿行案:《说文》云:"膀,胁也,或作髈。"又云:"肋,胁骨也。""胁,两膀也。"是此经之"搏",依文当为"膀","膀"、"搏"声近而转,故假借通用。

⑱水留下之貌也。淫,音遥也。○懿行案:陶潜《读〈山海经〉诗》云:"落落清瑶流。"是"洛洛"本作"落落","淫"本作"瑶",皆假借声类之字。陈寿祺曰:"淫无遥音,经文'淫'字必传写之讹。"当是也。瑶水即瑶池。《史

记·大宛传》赞云：“《禹本纪》言昆仑上有醴泉、瑶池。”《穆天子传》云西王母觞天子于瑶池，是也。《吕氏春秋·本味篇》又作“摇水”，并古字通用。郭注“留”，当为“溜”或“流”字。

⑲勃皇，未详。〇懿行案：勃皇即发皇也。《考工记》梓人“为笋虡，以翼鸣者”，郑注云：“翼鸣，发皇属。”“发皇”，《尔雅》作“蚥蠪”，声近字通。

　　西南四百里，①曰昆仑之丘。②是实惟帝之下都，③神陆吾司之，④其神状虎身而九尾，人面而虎爪。⑤是神也，司天之九部及帝之囿时。⑥有兽焉，其状如羊而四角，名曰土蝼，是食人。⑦有鸟焉，其状如蜂，大如鸳鸯，名曰钦原，⑧蠚鸟兽则死，蠚木则枯。⑨有鸟焉，其名曰鹑鸟，⑩是司帝之百服。⑪有木焉，其状如棠，⑫黄华赤实，其味如李而无核，⑬名曰沙棠，⑭可以御水，食之使人不溺。⑮有草焉，名曰薲草，⑯其状如葵，其味如葱，食之已劳。⑰河水出焉，⑱而南流东注于无达。⑲赤水出焉，⑳而东南流注于氾天之水。㉑洋水出焉，㉒而西南流注于丑涂之水。㉓黑水出焉，㉔而西流于大杅。㉕是多怪鸟兽。㉖

　　①懿行案：自锺山至此九百里，《水经注》引此经云：“锺山西六百里，有昆仑山。”盖误。

　　②懿行案：昆仑之丘即《海内西经》云“海内昆仑之虚在西北，帝之下都”者也。《尔雅》云：“三成为昆仑丘。”《地理志》云：金城郡，临羌，“西北至塞外”，有西王母石室、弱水、昆仑山祠。又云：敦煌郡，广至，有“昆仑障”。《史记正义》引《括地志》云：“昆仑山在肃州酒泉县南八十里。”《说文》云：“北，从北从一，一地也。中邦之居在昆仑东南。”是则昆仑之丘去中邦盖不甚远矣。《艺文类聚》七卷引郭氏《赞》云：“昆仑月精，水之灵府。惟帝下

都,西羌之宇。嶵然中峙,号曰天柱。"

③ 天帝都邑之在下者也。《穆天子传》曰:"吉日辛酉,天子升于昆仑之丘,以观黄帝之宫而封丰隆之葬,以诏后世。"言增封于昆仑山之土。○懿行案:今本《穆天子传》作"而丰口隆之葬",阙误不复可读。或据《穆天子传》昆仑丘有黄帝之宫,以此经所说即黄帝之下都,非也。《五臧山经》五篇内凡单言"帝",即皆天皇五帝之神,并无人帝之例,"帝之平圃"、"帝之囷时",经皆不谓黄帝,审矣。

④ 即肩吾也,《庄周》曰"肩吾得之以处大山"也。○懿行案:郭所说见《庄子·大宗师篇》,释文引司马彪云:"山神,不死,至孔子时。"

⑤ 懿行案:此神人面虎身,有文有尾,皆白处之,见《大荒西经》。

⑥ 主九域之部界、天帝苑圃之时节也。○懿行案:《初学记》引《河图》云:"天有九部,部署之名。"本此。囷时之"时",疑读为"時"。《史记·封禅书》云:"或曰:自古以雍州积高,神明之奥,故立時郊上帝。"是也。

⑦ 懿行案:土蝼,《广韵》作"土羛",云:"似羊四角,其锐难当,触物则毙,食人,出《山海经》。"本此也。《周书·王会篇》云:"州靡费费,食人北方,谓之吐喽。"与此同名,非一物也。费费即枭阳,见《海内南经》。

⑧ 钦,或作"爰",或作"至"也。

⑨ 懿行案:"蠚",疑"蜇"字之讹。《说文》云:"蜇,螫也,螫虫行毒也。"

⑩ 懿行案:鹑鸟,凤也。《海内西经》云昆仑、开明西、北皆有凤皇,此是也。《埤雅》引师旷《禽经》曰:"赤凤谓之鹑。"然则南方朱鸟七宿,曰鹑首、鹑火、鹑尾,亦是也。

⑪ 服,器服也。一曰:"服,事也。"或作"藏"。○懿行案:服,事也,见《尔雅》。"或作'藏'"者,"藏"古作"臧",才浪切。百藏,言百物之所聚。

⑫ 棠,梨也。○懿行案:棠有赤、白,见《尔雅》,皆今杜梨也。

⑬ 懿行案:李有无核者,《尔雅》云:"休,无实李。"郭注云:"一名赵李。"

⑭ 懿行案:高诱注《吕氏春秋·本味篇》云:"沙棠,木名也,昆仑山有之。"《玉篇》作"桬棠",非也;云"华赤实,味如李",盖"华"上脱"黄"字。

⑮ 言体浮轻也。沙棠为木,不可得沈。《吕氏春秋》曰:"果之美者,沙棠之实。"《铭》曰:"安得沙棠,刻以为舟。泛彼沧海,以遨以游。"○懿行案:《文选·琴赋》注引此经,作"御水,人食之使不溺"。《初学记》二十五卷引此经,有"为木不沈"句,盖并引郭注也。《铭》即郭氏《图赞》,"刻",当为"制"字之讹。

⑯ 音频。○懿行案:《文选》注陆机《拟古诗十二首》引此经文,引《字书》曰:"蕡,亦蘋字也。"

⑰《吕氏春秋》曰:"菜之美者,昆仑之蘋。"○懿行案:郭引《本味篇》文也,高诱注云:"蘋,大蘋,水藻也。"

⑱ 出山东北隅也。○懿行案:《尔雅》云:"河出昆仑虚,色白。"李贤注《后汉书》引《河图》云:"昆山出五色流水,其白水东南流,入中国名为河。"

⑲ 山名。○懿行案:无达即阿耨达也,阿耨,华言无也。《水经注》云:南河"又东,右会阿耨大水"。《释氏西域记》曰:"阿耨达山,西北有大水,北流注牢兰海者也。"

⑳ 出山东南隅也。○懿行案:《庄子·天地篇》云:"黄帝游乎赤水之北,登乎昆仑之丘。"李善注《文选》引《河图》云:"昆仑有五色水,赤水之气上蒸为霞。"案赤水上有三珠树,见《海外南经》。

㉑ 氾天,亦山名,赤水所穷也。《穆天子传》曰:"遂宿于昆仑之侧、赤水之阳。"阳,水北也。氾,浮剑反。○懿行案:《大荒南经》云:"有氾天之山,赤水穷焉。"是郭注所本。

㉒ 出山西北隅。或作"清"。○懿行案:《海内西经》"洋"音翔,"或作清"者,声近而转也。《水经注》引此经,作"漾水",高诱注《淮南子》或作"养水",并"洋"字之异文也。

㉓ 丑涂,亦山名也,皆在南极。《穆天子传》曰:"戊辰,济洋水。"又曰:"觞天子洋水也。"○懿行案:"丑涂",《水经注》作"酉涂",《大荒南经》作"歾涂"。今本《穆天子传》作"庚辰,济于洋水"。

㉔ 亦出西北隅也。○懿行案:《楚词·天问》云:"黑水玄趾。"谓此也。黑水亦见《海内西经》。

㉕ 山名也。《穆天子传》曰："乃封长肱于黑水之西河,是惟昆仑鸿鹭之上,以为周室主。"枉,音于。○懿行案:《穆天子传》今本无"昆仑"二字,此注盖衍。

㉖ 谓有一兽九首,有一鸟六首之属也。○懿行案:九首,开明兽也;又有鸟六首,并见《海内西经》。

又西三百七十里,曰乐游之山。①桃水出焉,②西流注于稷泽,③是多白玉。其中多鲭鱼,④其状如蛇而四足,是食鱼。

① 懿行案:毕氏云:"疑即乐都也。《穆天子传》曰:'天子西济于河,爰有温谷乐都。'《元和郡县志》云:'湟水县,湟水亦谓之乐都,水出青海东北乱山中。'"

② 懿行案:毕氏云:"疑即洮水也。《地理志》云:临洮,'洮水出西羌中,北至枹(罕)[罕]东入河'。"

③ 懿行案:稷泽已见上文崒山。

④ 音滑。○懿行案:《广韵》及《太平御览》九百三十九卷引此经,并作"鲭"。今作"鲭",盖讹。郭音"滑",亦"渭"字之讹。

西水行四百里,曰流沙。①二百里,至于嬴母之山,神长乘司之,②是天之九德也。③其神状如人而豹④尾。其上多玉,其下多青石而无水。

① 懿行案:流沙,已见上文泰器之山,又详《海内西经》。

② 懿行案:《水经注》云:禹"西至洮水之上,见长人,受黑玉"。疑即此神。

③ 九德，九气所生。○懿行案："九气"之"九"，《藏经》本作"之"。

④ 之药反。○懿行案：犬已见上文㲄阳之山。

又西三百五十里，曰玉山，是西王母所居也。①西王母其状如人，豹尾②虎齿而善啸，蓬发戴胜，③是司天之厉及五残。④有兽焉，其状如犬而豹文，其角如牛，⑤其名曰狡，⑥其音如吠犬，见则其国大穰。⑦有鸟焉，其状如翟而赤，名曰胜遇，⑧是食鱼，其音如录，⑨见则其国大水。

① 此山多玉石，因以名云。《穆天子传》谓之群玉之山，"见其山河无险，四彻中绳，先王之所谓策府，寡草木，无鸟兽；穆王于是攻其玉石，取玉石版三乘，玉器服物，载玉万只以归"。双玉为瑴，半瑴为只。○懿行案：《地理志》云：金城郡，临羌，"西北至塞外，有西王母石室"。西王母，国名，见于《竹书纪年》及《大戴礼》。《尔雅·释地》以西王母与觚竹、北户、日下并数，谓之四荒，是为国名无疑。此经及《穆天子传》始以为人名。《荀子》云："禹学于西王国。"《庄子·大宗师篇》云："西王坐乎少广。"《释文》引司马彪云："少广，穴名。"崔譔云："山名。"盖亦本此经为说也。今本《穆天子传》作"阿平无险，四彻中绳"；又云"取玉三乘"，无"石版"二字。又"双玉为瑴"，《初学记》二十七卷引此经云："珏，二玉相合。"盖引郭氏此注，又误也。

② 懿行案：《庄子·大宗师篇》释文说西王母，引此经作"狗尾"。又西王母穴处，见《大荒西经》也。

③ 蓬头，乱发。胜，玉胜也。音庞。○懿行案：《庄子》释文引此经，作"蓬头戴胜"。郭云"玉胜"者，盖以玉为华胜也。《后汉·舆服志》云："簪以瑇瑁为擿，端为华胜。"

④ 主知灾厉、五刑残杀之气也。《穆天子传》曰："吉日甲子，天子宾于西王母，执水圭白璧，以见西王母，献锦组百缕、金玉百斤。西王母再拜受之。乙丑，天子觞西王母于瑶池之上。西王母为天子谣曰：'白云在天，山

陵自出。道里悠远，山川间之。将子无死，尚复能来。'天子畲之曰：'予还东土，和理诸夏。万民均平，吾顾见汝。比及三年，将复而野。'西王母又为天子吟曰：'徂彼西土，爰居其所。虎豹为群，鸟鹊与处。嘉命不迁，我惟帝女。彼何世民，又将去子。吹笙鼓簧，中心翱翔。世民之子，惟天之望。'天子遂驱升于奄山，乃纪迹于奄山之石而树之槐，眉曰：西王母之山。"奄山即崦嵫山也。案《竹书》，穆王五十七年，西王母来见，宾于昭宫。舜时，西王母遣使献玉环，见《礼·三朝》。〇懿行案：厉及五残，皆星名也。李善注《思玄赋》引此经，作"司天之属"，盖误。《月令》云："季春之月，命国傩。"郑注云："此月之中，日行历昴，昴有大陵积尸之气，气佚则厉鬼随而出行。"是大陵主厉鬼。昴为西方宿，故西王母司之也。五残者，《史记·天官书》云："五残星出正东东方之野，其星状类辰星，去地可六七丈。"正义云："五残，一名五锋，出则见五方毁败之征，大臣诛亡之象。"西王母主刑杀，故又司此也。郭引《穆天子传》，与今本多有异同，其西王母又为天子吟云："彼何世民，又将去子。"二语今本所无，或脱误，不可读也。郭又引《竹书》及《礼·三朝》者，《大戴礼·少闲篇》云："西王母来献其白琯。"《汉书·艺文志》有《孔子三朝》七篇，皆在《大戴礼》也。

⑤ 或作"羊"。

⑥ 懿行案：《周书·王会篇》云："匈奴狡犬。狡犬者，巨身四足果。"《广韵》作"巨口黑身"为异，疑即此。而此经狡无犬名，《周书》狡犬又不道有角，疑未敢定也。

⑦ 晋太康七年，邵陵扶夷县槛得一兽，状如豹文，有二角，无前两脚，时人谓之"狡"。疑非此。〇懿行案：郭所说，见《尔雅》"貀无前足"注；以校此注，"豹文"上脱"狗"字。

⑧ 音姓。〇懿行案：《说文》云："胜，犬膏臭也。一曰：不孰也。"非郭义。《玉篇》有"鵳"字，音生鸟也，疑鵳即胜矣。

⑨ 音录，义未详。〇懿行案：吴氏以"录"为"鹿"之假借字也，古字"录录"、"鹿鹿"并通用。又案经文作"录"，郭复音"录"，必有误。

又西四百八十里,曰轩辕之丘,①无草木。淘水出焉,②南流注于黑水。其中多丹粟,多青雄黄。

① 黄帝居此丘,娶西陵氏女,因号轩辕丘。○懿行案:《大戴礼·帝系篇》云:"黄帝居轩辕之丘,娶于西陵氏之子,谓之嫘祖氏。"《史记·五帝纪》同。《淮南·墬形训》云:"轩辕丘在西方。"高诱注云:"轩辕,黄帝有天下之号。"即此也。

② 音询。

又西三百里,①曰积石之山。其下有石门,河水冒以西流。②是山也,万物无不有焉。③

① 懿行案:《水经注》引此经,"自昆仑至积石千七百四十里。"今检得一千九百里,若加流沙四百里,便为二千一百里也。

② 冒,犹覆也。积石山今在金城河门关西南羌中,河水行塞外,东入塞内。○懿行案:《水经注》引此经,作"河水冒以西南流"。《艺文类聚》八卷同。《初学记》六卷引亦同,而脱"流"字,今本又脱"南"字也。然据此经积石去昆仑一千九百里,而河水犹西南流,其去东入塞内之地尚远,郭注非也。《穆天子传》云:"乃至于昆仑之丘。"又云:"饮于枝洔之中、积石之南河。"正与"河水冒以西南流"合。然则此经积石,盖《括地志》所谓大积石山,非禹所导之积石也。《禹贡》积石在今甘肃西宁县东南一百七十里,为中国河之始。《水经》云:"河水流入于渤海,又出海外,南至积石山,下有石门。"即此经之积石也。其下云:"又南入葱岭山,又从葱岭出而东北流。其一源出于阗国南山,北流与葱岭所出河合。又东注蒲昌海,又东入塞,过敦煌酒泉张掖郡南,又东过陇西河关县北。"此则《禹贡》之积石也。据《水经》所说,积石有二,明矣。郦氏作注,疑积石不宜在蒲昌海之上,盖不知积石有二,而于河水东入塞下,妄引此经积石以当之,其谬甚矣。然《括地志》以

河先径于阗盐泽,而后至大积石,亦与《水经》不合。其云"积石有二",则质明可信。自古说积石者多不了,故详据《水经》以定之。《括地志》所说,又见《海外北经》"积石"下。案《地理志》云:金城郡,河关,"积石山在西南羌中,河水行塞外,东北入塞内"。是郭所本也,注"门"字衍。

③《水经》引《山海经》云:"积石山在邓林山东,河所入也。"○懿行案:郭据《水经》引《山海经》者,《海外北经》文也;其云《水经》,今亡无考。

又西二百里,曰长留之山。其神白帝少昊居之。<sup>①</sup>其兽皆文尾,<sup>②</sup>其鸟皆文首,<sup>③</sup>是多文玉石。实惟员神魂<sup>④</sup>氏之宫。是神也,主司反景。<sup>⑤</sup>

① 少昊,金天氏帝挚之号也。○懿行案:"昊"当为"暤","长留"或作"长流"。《颜氏家训·书证篇》引《帝王世纪》云:"帝少昊崩,其神降于长流之山,于祀主秋。"盖"留"通作"流"也。

② "文",或作"长"。

③ "文",或作"长"。

④ 音隗。

⑤ 日西入则景反东照,主司察之。○懿行案:是神,员神,盖即少昊也。红光盖即蓐收,见下文渊山。《北堂书钞》一百四十九卷引此经,"反"作"仄",恐误。

又西二百八十里,曰章莪之山。无草木,多瑶碧,<sup>①</sup>所为甚怪。<sup>②</sup>有兽焉,其状如赤豹,<sup>③</sup>五尾一角,其音如击石,其名如狰。<sup>④</sup>有鸟焉,其状如鹤,一足,赤文青质而白喙,<sup>⑤</sup>名曰毕方,<sup>⑥</sup>其鸣自叫也,见则其邑有讹火。<sup>⑦</sup>

① 碧,亦玉属。

② 多有非常之物。

③ 懿行案:《大雅·韩奕篇》云:"赤豹黄罴。"《穆天子传》云:锺山"爰有赤豹"。《广韵》引此经,无"赤"字。

④《京氏易义》曰:"音如石相击。"音静也。○懿行案:经文"如狰"之"如",当为"曰"字之讹。注文"音静"之上,当脱"狰"字也。《广韵》云:"狰,兽名,音争,又音净。"所说形状与此经同。又"狰"字注云:"兽如赤豹,五尾。"然则狰亦狰类,或一物二名也。

⑤ 懿行案:《广韵》作"白面",疑讹。

⑥ 懿行案:《广雅》云:"木神谓之毕方。"《淮南·氾论训》云:"木生毕方。"高诱注云:"毕方,木之精也,状如鸟,青色赤脚,一足,不食五谷。"盖本此经而说,又小异。《匡谬正俗》引郭氏《图赞》云:"毕方赤文,离精是炳。旱则高翔,鼓翼阳景。集乃灾流,火不炎上。""上"与"炳"、"景"韵。又"毕方",《玉篇》、《广韵》并作"鹎鸠",非也。

⑦"讹",亦"妖"讹字。○懿行案:薛综注《东京赋》云:"毕方,老父神,如鸟,一足两翼,常衔火在人家作怪灾。"即此经云"讹火"是也。讹,盖以言语相恐喝。


又西三百里,曰阴山。①浊浴之水出焉,②而南流注于蕃泽,③其中多文贝。④有兽焉,其状如狸⑤而白首,名曰天狗,其音如榴榴,⑥可以御凶。


① 懿行案:张揖注《汉书·司马相如传》云:"阴山在昆仑西二千七百里。"谓此也,今校经文二千七百八十里矣。《地理志》云西河郡有阴山,非此。

② 懿行案:《太平御览》八百七卷、九百十三卷并引此经,"浴"作"谷"。

③ 懿行案:《水经》"沮水"注有浊谷水,"东南至白渠,与泽泉合",疑

非此。

④ 馀泉，蚳之类也，见《尔雅》。○懿行案：《尔雅》说贝云："馀貾，黄白文。""馀泉，白黄文。"

⑤ 或作"豹"。○懿行案：《初学记》二十九卷引此经，亦作"狸"，余并同。

⑥ 或作"猫猫"。○懿行案：猫猫，盖声如猫也。"猫猫"与"榴榴"声又相近，《北山经》譙明山孟槐之兽，音亦与此同。又经内亦有单言"其音如榴"者，此经注叠字，盖衍。


又西二百里，曰符惕之山。①其上多棕、枏，下多金、玉，神江疑居之。是山也，多怪雨，风云之所出也。②


① 音阳。○懿行案：《艺文类聚》二卷、《太平御览》九卷及十卷并引此经，作"符阳之山"，与今本异。

② 懿行案：《祭法》云："山林、川谷、丘陵能出云、为风雨、见怪物，皆曰神。"即斯类也。


又西二百二十里，曰三危之山，①三青鸟居之。②是山也，广员百里。其上有兽焉，其状如牛，白身③四角，其豪如披蓑，④其名曰徼洇，⑤是食人。有鸟焉，一首而三身，其状如鹒，其名曰鸱。⑥


① 今在燉煌郡，《尚书》云"窜三苗于三危"是也。○懿行案：《汉书·司马相如传》张揖注云："三危山在鸟鼠山之西，与崏山相近。"《水经》"江水"注引此经云："三危在敦煌南，与崏山相接。"今经无此语，盖引郭注之文也。《史记正义》引《括地志》云："三危山有三峰，故曰'三危'。俗亦名卑羽

山,在沙州燉煌县东南三十里。"刘昭注《郡国志》陇西郡首阳引《地道记》云:"有三危,三苗所处。"

　②三青鸟,主为西王母取食者,别自栖息于此山也。《竹书》曰:"穆王西征至于青鸟所解也。"○懿行案:三青鸟之名,见《大荒西经》;为西王母取食,见《海内北经》;青鸟所解,即三危山,见《竹书》。《艺文类聚》九十一卷引郭氏《赞》云:"山名三危,青鸟所憩。往来昆仑,王母是隶。穆王西征,旋轸斯地。"

　③懿行案:《广韵》引此经,作"白首"。

　④褧,辟雨之衣也,音梭。○懿行案:"褧"当为"衰"。《说文》云:"衰,草雨衣,秦谓之萆。"

　⑤傲、噎二音。○懿行案:据郭音傲,知经文盖本作"獙"。"徊"字亦错,当从《玉篇》作"獒猢"。《广韵》"猢"字注引此经同。

　⑥鹨,似雕,黑文赤颈,音洛。下句或云:"扶兽则死,扶木则枯。"应在上钦原下,脱错在此耳。○懿行案:《玉篇》云:"鹨,鸟如雕,黑文赤首。"本郭注为说也。今东齐人谓鸱为老雕,盖本为"鹨雕",声近转为"老雕"耳。


　　又西一百九十里,①曰騩山。②其上多玉而无石,神耆童居之,③其音常如鍾磬。④其下多积蛇。⑤

　①懿行案:《文选·琴赋》注云:"騩山在三危西九十里。"疑脱"百"字。

　②懿行案:《琴赋》云:"慕老童于騩隅。"五臣注作"隗"。

　③耆童,老童,颛顼之子。○懿行案:颛顼生老童,见《大荒西经》。李善注《琴赋》引此经及郭注,并与今本同。

　④懿行案:此亦天授然也,其孙长琴所以能作乐风,本此。亦见《大荒西经》。

　⑤懿行案:今蛇媒所在有之。其蛇委积不知所来,不知所去,谓之"蛇媒"也。

又西三百五十里,曰天山。①多金、玉,有青雄黄。英水出焉,而西南流注于汤谷。有神焉,②其状如黄囊,赤如丹火,③六足四翼,浑敦④无面目,⑤是识歌舞,实为帝江也。⑥

① 懿行案:《汉书·武帝纪》云:"天汉二年,与右贤王战于天山。"颜师古注云:"即祈连山也。匈奴谓天为'祈连',今鲜卑语尚然。"《史记正义》引《括地志》云:"祁连山在甘州张掖县西南二百里。"又云:"天山一名白山,今名折罗漫山,在伊吾县北百二十里。"晋灼注《汉书》云:"在西域,近蒲类国,去长安八千余里。"李贤注《后汉书·明帝纪》引《西河旧事》曰:"白山冬夏有雪,故曰白山。匈奴谓之天山,过之皆下马拜焉。去蒲类海百里之内。"

② 懿行案:《初学记》、《文选》注引此经,并作"神鸟",今本作"焉"字,盖讹。

③ 体色黄而精光赤也。○懿行案:《文选》注王融《曲水诗序》引此经,作"其文丹"。

④ 懿行案:《初学记》八卷引此经,无"敦"字。

⑤ 懿行案:《史记正义》引《神异经》云:"昆仑西有兽焉,有目而不见,有两耳而不闻,有腹无五藏,有肠直短,食径过,名浑沌。"

⑥ 夫形无全者则神,自然灵照;精无见者,则暗与理会。其帝江之谓乎? 庄生所云"中央之帝混沌,为儵忽所凿七窍而死"者,盖假此以寓言也。○懿行案:《庄子·应帝王篇》释文引崔譔云:"浑沌无孔窍也。"简文云:"儵忽取神速为名,混沌以合和为貌。"

又西二百九十里,曰泑山。①神蓐收居之。②其上多婴短之玉,③其阳多瑾瑜之玉,其阴多青雄黄。是山也,西望日之所入,其气员,④神红光之所司也。⑤

① 泑,音黝黑之黝。○懿行案:《北堂书钞》一百四十九卷引"泑"作

"岰"。李善注《思玄赋》引此经,作"濛山",盖即《淮南子》云"日至于蒙谷"是也。《尚书大传》云:"宅西曰柳谷。"郑注云:"西在陇西之西。"案陇西郡有西县,见《地理志》。此为寅饯入日之地,"柳"、"渤"之声又相近,疑柳谷即渤山矣。

② 亦金神也,人面、虎爪、白尾、执钺,见《外传》云。○懿行案:《晋语》云:"虢公梦有神,人面、白毛、虎爪、执钺,史嚚曰:'蓐收也,天之刑神也。'"是郭注所本,"尾"当为"毛"字之讹。《海外西经》注亦引《外传》,正作"白毛",可证。《月令》云:"其神蓐收。"郑注云:"蓐收,少暤氏之子,曰该,为金官也。"李善注《思玄赋》引此经郭注,作"人面、虎身,右手执钺",与今本异。

③ 未详。○懿行案:上文瑜次之山作"婴垣之玉",郭云:"垣,或作'短'。"谓此也。依字当为"婴珢"。

④ 日形员,故其气象亦然也。

⑤ 未闻其状。○懿行案:红光盖即蓐收也。《思玄赋》注引此经,无"红"字;《北堂书钞》引有"红"字。


西水行百里,至于翼望之山。①无草木,多金、玉。有兽焉,其状如狸,一目而三尾,名曰讙,②其音如夺百声,③是可以御凶,服之已瘅。④有鸟焉,其状如乌,三首六尾而善笑,名曰鵸𫛶,⑤服之使人不厌,⑥又可以御凶。


① 或作"土翠山"。○懿行案:《中次十一经》首曰翼望之山,与此同名。《大荒南经》有"翠山",非此。

② 讙,音歡。或作"原"。○懿行案:《太平御览》九百十三卷引此经,"讙"作"讙讙",疑郭注"讙"字本在经文,传写者误入郭注耳。《御览》又引此经,"讙"作"原",与郭注合。

③ 言其能作百种物声也。或曰:"夺百物名。"亦所未详。○懿行案:夺,《说文》作"敻",盖形近误作"夺"也。《御览》引此经,又误作"泵"。

④ 黄瘅病也，音旦。○懿行案：《说文》云："瘅，劳病也。""疸，黄病也。"与郭异。

⑤ 猗、余两音。○懿行案：《北山经》带山有䳙䳒鸟，自为牝牡，与此同名。或曰：《周书·王会篇》有"奇榦善芳"，"奇榦"即"䳙䳒"，"善芳"即"善笑"之讹。非也。

⑥ 不厌梦也。《周书》曰"服者不眛，音莫礼反"。或曰"眯"，眯目也。○懿行案："厌"，俗作"魇"，非。《仓颉篇》云："厌，眠内不祥也。"高诱注《淮南子》云："楚人谓厌为眛。"是则"厌"即"眛"也，故经作"不厌"，郭引《周书》作"不眛"，明其义同。今《周书·王会篇》作"佩之令人不眛"。案"眛"，郭音莫、礼反，则其字当作"眯"，从目从米。《藏经》本作"厌者不眯"，而今本作"眛"，非矣。然"眛"、"眯"古亦通用。《春秋繁露·郊语篇》云："鸱羽去眛。""眛"亦作"眯"是也。又《说文》云："寐，寐而未厌，从寱省，米声，正音莫礼反。"是此注"眯"与"寐"音义相近。

凡《西次三经》之首，崇吾之山至于翼望之山，凡二十三山，①六千七百四十四里。②其神状皆羊身人面，其祠之礼：用一吉玉瘗，③糈用稷米。

① 懿行案：今才二十二山。

② 懿行案：今才六千二百四十里，又加流沙四百里，才六千六百四十里。

③ 玉加采色者也。《尸子》曰："吉玉大龟。"

《西次四经》之首，曰阴山。①上多谷，无石，其草多茆、蕃。②阴水出焉，西流注于洛。③

① 懿行案：上文已有阴山，与此同名。毕氏以此为雕阴山，然上郡雕

阴,应劭云"雕山在西南",不名阴山也。

② 苖,凫葵也。蕃,青蕃,似莎而大。卯、烦两音。○懿行案:苖,见陆机《诗疏》,云:"江南人谓之莼菜。"《说文》云:"苖,凫葵也。""蔮,青蔮似莎者。"《子虚赋》云:"薛莎青蔮。"是"蕃"依字当为"蔮"。李善注《南都赋》引此郭注,正作"蔮",云:"蔮,青蔮似莎而大。"高诱注《淮南·览冥训》云:"蔮,状如葴,葴如葭也,莎草名也。"

③ 懿行案:此渭、洛之洛,即漆沮水也,出白於山,见下文。

北五十里,曰劳山,多茈草。① 弱水出焉,② 而西流注于洛。③

① 一名茈茛,中染紫也。○懿行案:茈草即紫草。《尔雅》云:"藐,茈草。"《广雅》云:"茈茛,茈草也。"是郭所本。

② 懿行案:《地理志》云:张掖郡,"删丹,桑钦以为道弱水自此,西至酒泉合黎"。此《禹贡》弱水也。《西域传》云条支有弱水、西王母。《大荒西经》云昆仑丘下弱水环之。皆非此经之弱水也。《晋书·苻坚载记》云:"坚遣安北将军、幽州刺史苻洛讨代王涉翼犍。翼犍战败,遁于弱水。苻洛追之,退还阴山。"此经上有阴山,下有弱水,当即是也。

③ 懿行案:《太平寰宇记》云:"保安军吃莫河在军北一十里,源出蕃部吃莫川,南流,在军北四十里入洛河,不胜船筏。"案此则吃莫川即弱水也。今水出陕西靖边县,东南流,至保安县西入洛。

西五十里,曰罢父之山。洱水出焉,① 而西流注于洛,其中多茈、碧。②

① 音耳。○懿行案:《玉篇》、《广韵》并云:"洱出罢谷山。""父"、"谷"字形相近,疑此经"父"当为"谷"字之讹也。《隋书·地理志》云洛源有洱

水,即此水也,在今甘肃庆阳府。

　　② 懿行案:茈、碧,二物也,茈即茈石。


　　北百七十里,曰申山。①其上多榖、柞,其下多杻、橿,其阳多金、玉。区水出焉,而东流注于河。②


　　① 懿行案:《水经》"河水"注引此经云:"《西次四经》之首曰阴山,西北百七十里曰申山。"案自阴山至此,凡二百七十里,《水经注》脱"二"字。

　　② 懿行案:《水经》云:"河水南过上郡高奴县,东注云河水,又右会区水。"引此经云云,"区水,世谓之清水。"


　　北二百里,曰鸟山。①其上多桑,其下多楮。其阴多铁,其阳多玉。辱水出焉,而东流注于河。②


　　① 懿行案:《穆天子传》云:"有鸟鸟之山。"疑即此。"鸟",《玉篇》同"鹖"。

　　② 懿行案:《穆天子传》云:"天子饮于溽水之上。"疑即是水也。《水经注》云:"河水又南,右纳辱水。"引此经云云,"其水东流,俗谓之秀延水。""又东会根水",又东南,会露跳水"乱流注于河"。


　　又北百二十里,曰上申之山。上无草木而多硌石,①下多榛、楛,②兽多(曰)[白]鹿。③其鸟多当扈,④其状如雉,以其髯飞,⑤食之不眴目。⑥汤水出焉,东流注于河。⑦


　　① 硌,磊硌,大石貌也,音洛。○懿行案:《老子》下篇云:"不欲琭琭如玉,珞珞如石。""珞"本或作"落",依字当为"硌"也。《玉篇》引《老子》正作

73

"硌",云:"硌,山上大石。"李善注《鲁灵光殿赋》引此郭注,作"礧硌,大石也"。

　　② 榛,子似栗而小,味美。楛,木可以为箭。《诗》云:"榛楛济济。"臻、怗两音。○懿行案:榛、楛,见陆机《诗疏》。《广雅》云:"亲,粟也。"《说文》云:"楛,木也。"陆机《疏》云:"形似荆而赤茎,似蓍。"

　　③ 懿行案:《周书·王会篇》云:"黑齿白鹿。"《周语》云:"穆王征犬戎,得四白鹿。"《穆天子传》云:"白鹿一悟,雍逸出走。"

　　④ 或作"户"。○懿行案:《玉篇》云:"北鳸,鸟名。"疑即此,"鳸"、"扈"古字通。

　　⑤ 髥,咽下须毛也。

　　⑥ 音眩。○懿行案:《说文》云:"旬,或作'眴',目摇也。"

　　⑦ 懿行案:《水经注》云:"河水又南,诸次之水入焉","又南,汤水注之"。引此经云云。

　　又北百八十里,曰诸次之山。诸次之水出焉,而东流注于河。①是山也,多木无草,鸟兽莫居,是多众蛇。②

　　① 懿行案:《水经注》云:诸次水"出上郡诸次山"。引此经云云,"其水东径榆林塞,世又谓之榆林山,即《汉书》所谓榆溪旧塞也。""其水东入长城,小榆林水合焉。""又东合首积水","又东入于河"。引此经云云。

　　② 懿行案:《水经注》引此经,作"象蛇",则与《北次三经》阳山之鸟同名。今各本并作"众蛇",疑《水经注》讹。

　　又北百八十里,曰号山。其木多漆、棕,①其草多药、虈、芎䓖,②多泠石。③端水出焉,而东流注于河。④

　　① 漆,树似楉也。○懿行案:俗语云:"櫖樗栲漆,相似如一。"见《尔

雅》注及《诗》释文。

② 药，白芷，别名蒚，香草也。芎䓖，一名江蓠。药，音乌较反。○懿行案：王逸注《楚词·九歌》云：“药，白芷也。”《广雅》云：“白芷，其叶谓之药。”是郭所本也。《说文》云：“茝，蒚也，楚谓之蓠，晋谓之蒚，齐谓之茝。”是茝、蒚即江蓠也。《尔雅》释文引《本草》云：“蘪芜一名江蓠，芎䓖苗也。”是芎䓖、江蓠又为一物。《说文》云：“芎䓖，香草也。”案芎䓖即鞠穷，《左传》谓之“山鞠穷”。

③ 泠，或音金，未详。○懿行案：《说文》“泠”本字作“淦”，云：“泥也，从水，金声。”与郭音合。泠石盖石质柔耎如泥者，今水中、土中俱有此石也。

④ 懿行案：《水经注》云：“圁水又东径圁阳县南，东流注于河。河水又东，端水入焉，水西出号山。”引此经云云。

又北二百二十里，曰盂山。①其阴多铁，其阳多铜，其兽多白狼、白虎，②其鸟多白雉、白翟。③生水出焉，④而东流注于河。⑤

① 音于。○懿行案：《水经注》引此经郭注云：“盂，或作‘明’。”今本脱之。“盂”，疑当作“孟”。《太平御览》九百九卷引此经，正作“孟”。《大戴礼·诰志篇》云：“明，孟也。”“明”、“孟”同声，故“孟”或作“明”。

②《外传》曰：“周穆王伐犬戎，得四白狼、白虎，虎名麒麐。”○懿行案：郭引《外传》者，《周语》文也。《艺文类聚》九十九卷引郭氏《赞》云：“矫矫白狼，有道则游。应符变质，乃衔灵钩。惟德是适，出殷见周。”案白狼衔钩见纬书。《穆天子传》云：“爰有赤豹、白虎。”此注“白虎”下“虎”字衍，“麐”字衍。据《尔雅》云：“魋，白虎。”“麐，黑虎。”此注或云“白虎名魋，黑虎名麐”，今本又脱“黑虎名”三字也。

③ 或作“白翠”。○懿行案：雉、翟一物二种，经“白翟”当为“白翠”。

④ 懿行案：生水，《水经注》谓之奢延水，云："出奢延县西南赤沙阜，东北流。"引此经所谓生水出盂山者也；又云："洛川在南，俗因县土谓之奢延水，又谓之朔水矣。"案《地理志》，上郡有奢延县，即郦注所指也。"奢延"合声为"生"，"生"、"朔"声之转，皆方俗语异，字随音变也。

⑤ 懿行案：《水经》云：河水"又南过离石县西"。注云："奢延水注之。"即此经云"东流注于河"矣。离石属西河郡。

　　西二百五十里，曰白於之山。①上多松、柏，下多栎、檀。②其兽多牸牛、羬羊，其鸟多鸮。③洛水出于其阳，④而东流注于渭。⑤夹水出于其阴，东流注于生水。⑥

① 懿行案：山在今甘肃安化县。《元和郡县志》云：洛源县，"白於山一名女郎山，在县北三十里"。

② 栎，即柞。○懿行案：栎，见《尔雅》。

③ 鸮，似鸠而青色。○懿行案：鸮，见陆机《诗疏》。

④ 懿行案：洛水，雍州浸。《水经注》引阚骃，以为漆沮水也。《说文》云："洛水出左冯翊归德北夷界中，东南入渭。"《地理志》云：北地郡，归德，"洛水出北蛮夷中，入河"。《淮南·墬形训》云："洛出猎山。"高诱注云："猎山在北地西北夷中。"是则猎山即白於山之异名矣。又案《西次二经》泰冒之山"洛水出焉"，即斯水也。《太平寰宇记》云："洛水源出白於山，经上郡雕阴秦望山。"秦望山当即泰冒山。盖洛水本出白於山，而东经泰冒山，二山一是发源，一是所经。此经则通谓之出也。

⑤ 懿行案：《禹贡》云："渭又东过漆沮。"漆沮水即洛水也。《水经》云：渭水"又东过华阴县北"。注云："洛水入焉。"《说文》云洛"东南入渭"，《地理志》云"入河"者，合渭而入河也。今则直入于河矣。

⑥ 懿行案：毕氏云："夹水疑即甘肃靖边县东莜麦河也，其水合红柳河，径塞外，又东至县，入于奢延水，水即生水也。"

西北三百里，曰申首①之山。无草木，冬夏有雪。②申水出于其上，潜于其下，是多白玉。

① 懿行案：《艺文类聚》二卷、《太平御览》十二卷并引此经，作"由首"。

② 懿行案：山当在今陕西榆林府北塞外，地极高寒，故不生草木，冬夏有雪。

又西五十五里，曰泾谷之山。①泾水出焉，②东南流注于渭，③是多白金、白玉。

① 或无"之山"二字。○懿行案：《初学记》六卷引此经，亦有"之山"二字。

② 或以此为今泾水，未详。○懿行案：泾水已见《西次二经》，高山又见《海内东经》，俱非此，此则泾谷水也。《水经注》云：渭水"径绵诸道东"，"又东南合泾谷水，水出西南泾谷之山"。

③ 懿行案：《水经注》云："泾谷水又东北历董亭下"，"东北流注于渭。"引此经云云。然经云"东南"，郦云"东北"，与经不合。《初学记》引此经，无"南"字。

又西百二十里，曰刚山。多柒木，①多琅玕之玉。刚水出焉，北流注于渭。是多神𩳁，②其状人面兽身，一足一手，③其音如钦。④

① 懿行案：柒，木名也。《广韵》以"柒"为"漆"俗字，俗又以代纪数之"七"字，并非。

② 𩳁，亦魑魅之类也，音耻回反。或作"𩴆"。○懿行案："𩳁"，疑当为

"魃"字之或体。《说文》云:"魃,神兽也,从鬼,隹声。"与郭音义俱合。又云"或作'媿'"者,"媿"当为"魃"。《说文》云:"魃,厉鬼也。"《玉篇》云:"魃,丑利切。"

③ 懿行案:《说文》云:"夔,神魖也,如龙,一足,从夊,象有角、手、人面之形。"许君所说形状,正与此经合,再证以"魃"字之解,则知"神魖"当为"神魃",字之讹也。

④ 钦,亦吟字假音。○懿行案:《说文》云:"钦,欠皃。"盖人呵欠则有音声也。

又西二百里,至刚山之尾。洛水出焉,而北流注于河。① 其中多蛮蛮,其状鼠身而鳖首,其音如吠犬。②

① 懿行案:此又一洛水也,所未能详。

② 懿行案:蛮蛮之兽与比翼鸟同名,疑即獱也,"獱"、"蛮"声相近。《说文》云:"猵,或作獱,獭属。"《文选·羽猎赋》注引郭氏《三苍解诂》曰:"獱,似狐青色,居水中,食鱼。"

又西三百五十里,曰英鞮之山。①上多漆木,下多金、玉,鸟兽尽白。②涴水出焉,③而北注于陵羊之泽。是多冉遗之鱼,④鱼身蛇首,六足,其目如马耳,食之使人不眯,⑤可以御凶。

① 懿行案:《玉篇》作"莫靴山"。

② 懿行案:《史记·封禅书》云:蓬莱、方丈、瀛州,"此三神山,其物、禽兽尽白"。亦此类。

③ 涴,或作"涴",音冤枉之冤。○懿行案:《玉篇》正作"涴",云:"水出

莫靬山。"盖英鞮山之异文也。

④ 懿行案:《玉篇》有"鱬"字,音唯,无训。《太平御览》九百三十九卷引此经,作"无遗之鱼",疑即蒲夷之鱼也,见《北次三经》"碣石之山"下。"蒲"、"无"声相近,"夷"、"遗"声同。

⑤ 懿行案:《说文》云:"眯,草入目中也。"

又西三百里,曰中曲之山。其阳多玉,其阴多雄黄、白玉及金。有兽焉,其状如马而白身黑尾,①一角,虎牙爪,音如鼓音,②其名曰駮,是食虎豹,③可以御兵。④有木焉,其状如棠而员叶赤实,实大如木瓜,⑤名曰櫰木,⑥食之多力。⑦

① 懿行案:《尔雅》疏引此经,作"身黑二尾",误。

② 懿行案:《尔雅》注引此经,"鼓"下无"音"字。

③《尔雅》说"駮",不道有角及虎爪,駮亦在畏兽画中。○懿行案:《尔雅》云:"駮,如马倨牙,食虎豹。"郭注引此经云:"有兽名駮,如白马,黑尾倨牙,音如鼓,食虎豹。"今此经无"倨牙",《海外北经》有之,郭盖并引二经之文也。刘逵注《吴都赋》引此经云:"駮如马,白身黑尾,一角,锯牙虎爪,音如鼓,能食虎。"亦并引二文也。《管子·小问篇》云:"桓公乘马,虎望见之而伏。桓公问管仲,对曰:'意者君乘骏马而洀桓,迎日而驰乎?'公曰:'然。'管仲对曰:'此駮象也。駮食虎、豹,故虎疑焉。'"《说苑》又云:"豹食駮,駮食虎,駮之状有似駮马。"二书所说并与此经合。

④ 养之辟兵刃也。

⑤ 木瓜,如小瓜。○懿行案:楸,木瓜,见《尔雅》。

⑥ 音怀。○懿行案:《尔雅》云:"櫰,槐,大叶而黑。"非此也。"櫰"通作"槐",又通作"褱"。《广雅》云:"褱,续断也。"《本草别录》云:"续断,一名接骨,一名槐。"陶注云:"有接骨树。"颜师古注《急就篇》云:"续断即今所呼续骨木。"据诸书所说,接骨木即此经櫰木与?

⑦《尸子》曰："木食之人多为仁者,名为若木。"此之类。○懿行案:《大戴礼·易本命篇》云:"食木者多力而拂。"

又西二百六十里,曰邽山。①其上有兽焉,其状如牛,蝟毛,名曰穷奇,音如獋狗,是食人。②濛水出焉,③南流注于洋水。④其中多黄贝、⑤嬴鱼;⑥鱼身而鸟翼,音如鸳鸯,见则其邑大水。

① 音圭。○懿行案:《地理志》云:陇西郡,"上邽。"应劭曰:"《史记》故邽戎邑也。"《水经》云:渭水"东过上邽县"。注云:"渭水东历县北邽山之阴。"

② 或云:"似虎,蝟毛,有翼。"《铭》曰:"穷奇之兽,厥形甚丑。驰逐妖邪,莫不奔走。是以一名,号曰神狗。"○懿行案:穷奇与《海内北经》所说有异,郭又引或云"似虎,有翼",则与彼实一物矣。《铭》盖郭氏《图赞》之文。穷奇恶兽,而云"驰逐妖邪"者,《后汉·礼仪志》说大傩逐疫使十二神,有云:"穷奇、腾根(其)[共]食蛊。"是穷奇又能驱逐凶邪,为人除害,故复号曰"神狗"也。

③ 音蒙。○懿行案:《水经》"渭水"注云:濛水"出县西北邽山,翼带众流,积以成溪,东流,南屈径上邽县故城西,侧城南出"。

④ 懿行案:《水经注》云:"藉水即洋水也,北有濛水注焉。"又云:"濛水又南注藉水。"引此经云云。

⑤ 贝,甲虫,肉如科斗,但有头尾耳。○懿行案:郭注《尔雅·释鱼》与此注同。

⑥ 音螺。○懿行案:嬴,《玉篇》、《广韵》并作"嬴",《玉篇》云:"鱼有翼,见则大水。"

又西二百二十里,曰鸟鼠同穴之山。①其上多白虎、白玉。②渭水出焉,而东流注于河。③其中多鳋鱼,④其状如鳣鱼,⑤动则其邑有大兵。⑥滥水出于其西,⑦西流注于汉水。⑧多絮魮之鱼,⑨其状如覆铫,⑩鸟首而鱼翼鱼尾,⑪音如磬石之声,是生珠玉。⑫

① 今在陇西首阳县西南,山有鸟鼠同穴,鸟名曰鵌,鼠名曰鼵,鼵如人家鼠而短尾。鵌,似燕而黄色。穿地入数尺,鼠在内鸟在外而(其)[共]处。孔氏《尚书传》曰:"共为雌雄。"张氏《地理记》云"不为牝牡"也。○懿行案:《地理志》云:陇西郡,首阳,"《禹贡》鸟鼠同穴山在西南"。《史记·夏本纪》正义引《括地志》云:"鸟鼠山,今名青雀山,在渭州渭源县西七十六里。"又引此经郭注云:"鸟名鵌,鼠名鼵,如人家鼠而短尾,鵌似鹡而小,黄黑色。穴入地三四尺。鵌,音余。鼵,扶废反。鹡,丁刮反,似雉也。"所引郭注与《尔雅》注略同,以校此注则异。然"鼵",《尔雅》仍作"鼵",与此同也。且《尔雅》说鼠有十三种,中有鼵鼠,郭云:"形则未详。"若据《史记正义》所引,是鼵鼠形状郭亦颇能诠说,不应注《雅》复云"未详"。是此注之"鼵"不作"鼵"字,审矣。

② 懿行案:李善注《子虚赋》、刘昭注《郡国志》引此经,并与今本同。

③ 出山东,至弘农华阴县入河。○懿行案:《说文》云:"渭水出陇西首阳渭首亭南谷,东入河。杜林说《夏书》以为出鸟鼠山。"《水经》与《说文》同,"渭首亭"作"渭谷亭"。《地理志》云:鸟鼠同穴山,"渭水所出,东至船司空入河。"

④ 音骚。○懿行案:鳋字见《玉篇》,音义与此同。

⑤ 鳣鱼,大鱼也,口在颔下,体有连甲也。或作"鮎鲤"。○懿行案:鳣见《尔雅》,郭注详之。鮎鲤亦见《尔雅》,然非一鱼。注盖本作"鮎鱼"。

⑥ 或脱无从动则以下语者。○懿行案:《太平御览》九百三十九卷引此经《图赞》云:"物以感应,亦不数动。壮士挺剑,气激江涌。骚鱼潜渊,出则民悚。"

⑦ 音槛。○懿行案：《水经》"河水"注云："洮水又北径狄道故城西"，"东北流，又北，陇水注之，即《山海经》所谓滥水也。水出鸟鼠山西北高城岭"。

⑧ 懿行案：《博物志》"滥"作"温"，云："水出鸟鼠山，下注汉水。"《水经注》云滥水注于洮水，与此经异。

⑨ 如、妣两音。○懿行案：郭氏《江赋》云："文鳐磬鸣以孕璆。"李善注引此经，亦作"文鳐"，又引郭注作"音鯦"，无"絮"字之音，是"絮鳐"古本作"文鳐"可证。

⑩ 懿行案：《说文》云："铫，温器也。"

⑪ 懿行案：《玉篇》引此经，无"鱼翼"二字；《江赋》注引此经，"鱼翼"无"鱼"字。

⑫ 亦珠母蚌类而能(主)[生]出之。○懿行案：《初学记》八卷引《南越志》云："海中有文鳐鱼，鸟头尾，鸣似磬而生玉。"《说文》云："宋宏云：'妣，珠之有声。'《夏书》'妣'作'蟞'，盖'妣'即'鳐'也，古字通。有声即音如磬，是矣。《御览》九百三十九卷引此经《图赞》云："形如覆铫，苞玉含珠。有而不积，泄以尾间。暗与道会，可谓奇鱼。"

西南三百六十里，曰崦嵫之山。①其上多丹木，②其叶如谷，其实大如瓜，赤符③而黑理，食之已瘅，可以御火。其阳多龟，其阴多玉。苕④水出焉，⑤而西流注于海，⑥其中多砥砺。⑦有兽焉，其状马身而鸟翼，人面蛇尾，是好举人，⑧名曰孰湖。有鸟焉，其状如鸮而人面，蜼身犬尾，⑨其名自号也，⑩见则其邑大旱。

① 日没所入山也，见《离骚》，奄、兹两音。○懿行案：《离骚》云："望崦嵫而未迫。"王逸注云："崦嵫，日所入山也，下有蒙水，水中有虞渊。"《穆天子传》云："天子升于弇山。"郭注云："弇兹山，日所入也。"《玉篇》引此经，作

"崞嵷山"。

　② 懿行案：崞山亦有丹木，与此异。

　③ 懿行案："符"，疑借为"拊"字，音府，或读如本字。

　④ 或作"若"。

　⑤ 懿行案：若水疑即蒙水也。"若"、"苕"字形相近，上文龙首之山"苕水出焉"，《初学记》亦引作"若水"。

　⑥《禹大传》曰："洧盘之水出崞嵷山。"〇懿行案：《离骚》云："朝濯发乎洧盘。"王逸注云："洧盘，水名也。"引《禹大传》与此注同。是郭以洧盘即苕水矣。

　⑦ 磨石也，精为砥，麤为砺也。〇懿行案：《说文》云："底，柔石也。或作'砥'。""厉，旱石也。或作'厲'。""砺"，俗字也。《玉篇》云："崞嵷砺石可磨刃。"

　⑧ 喜抱举人。

　⑨ 蜼，猕猴属也，音赠遗之遗，一音诔，见《中山经》。"尾"，又作"睯"。〇懿行案：蜼见《中次九经》鬲山。

　⑩ 或作"设"，设亦呼耳，疑此脱误。〇懿行案：注"设亦呼耳"，设无呼义，是知"设"盖"詨"字之讹也。郭云"疑此脱误"者，既云"其名自号"，而经无其名，故知是脱。


　　凡《西次四经》自阴山以下至于崞嵷之山，凡十九山，三千六百八十里。①其神祠礼：皆用一白鸡祈，②糈以稻米，白菅为席。


　① 懿行案：今三千五百八十五里。

　② 懿行案："祈"当为"瘗"，已见上文毕氏云。


　　右西经之山，①凡七十七山，②一万七千五百一十七里。③

① 懿行案:"山"下脱"志"字。
② 懿行案：当云"七十八山"。
③ 懿行案：经当有一万七千五百二十一里,今则一万八千一十二里。

## 山海经第三

# 北 山 经

《北山经》之首,曰单狐之山。①多机木,②其上多华草。③
濛水出焉,④而西流注于渤水。⑤其中多芘石、文石。⑥

① 懿行案:《玉篇》、《广韵》并作"崅孤山"。

② 机木,似榆,可烧以粪稻田,出蜀中,音饥。○懿行案:《说文》云:
"机,木也。"段氏玉裁注云:"盖即柜木也。今成都柜木树读若岂,平声,扬
雄《蜀都赋》曰:'春机杨柳。''机'、'柜'古今字。柜,见杜诗。"

③ 懿行案:华草,未详。《尔雅》虽云"葰,一名华",而非山上之草。
《吕氏春秋·别类篇》云:"夫草有莘有藟。"《太平御览》九百九十四卷引
"莘"作"华",然则华草岂是与?《吕氏春秋》说此草,云"独食之则杀人,合
而食之则益寿"。此经不言,未知其审,存以俟考。

④ 音逢。

⑤ 懿行案:渤水已见《西次三经》长沙之山。

⑥ 懿行案:《本草别录》云:"紫石华一名芘石华,生中牟山阴。"疑"芘"
当为"茈"。"茈",古字假借为"紫"也。《中次六经》云娄涿之山陂水"其中
多茈石、文石",正作"茈"字,明此作"芘"误。《盐铁论》云:"周人以紫石。"盖
即茈石矣。

又北二百五十里,曰求如之山。其上多铜,其下多玉,
无草木。滑水①出焉,而西流注于诸毗之水。②其中多滑

鱼,③其状如鳝,赤背,④其音如梧,⑤食之已疣。⑥其中多水马,其状如马,文臂牛尾,⑦其音如呼。⑧

① 懿行案:《藏经》本郭注有"作渭水"三字。

② 水出诸㱄山也。○懿行案:《西次三经》云槐江之山"北望诸㱄",即此山也。

③ 懿行案:《藏经》本郭注有"作鰭鱼"三字。《玉篇》、《广韵》并云:"鰭,鱼名。"

④ 鳝,鱼似蛇,音善。

⑤ 如人相枝梧声,音吾子之吾。○懿行案:义当如据梧之梧。《庄子·齐物论篇》释文引司马彪云:"梧,琴也。"崔譔云:"琴,瑟也。"

⑥ 疣,赘也。○懿行案:"疣",当为"肬"。《说文》云:"肬,赘也。籀文作'默'。"

⑦ 臂,前脚也。《周礼》曰:"马黑脊而斑臂,媵。"汉武元狩四年,燉煌渥洼水出马,以为灵瑞者,即此类也。○懿行案:《内则》云:"马黑脊而般臂,漏。"郑注云:"漏当为蝼,如蝼蛄,臭也。"

⑧ 如人叫呼。○懿行案:呼,谓马叱吒也。《穆天子传》云:"其马歕沙","其马歕玉。"《说文》云:"歕,吹气也。"

又北三百里,曰带山。其上多玉,其下多青碧。有兽焉,其状如马,一角有错,①其名曰𦎡疏,②可以辟火。有鸟焉,其状如乌,五采而赤文,名曰𪈼𪁈,③是自为牝牡,④食之不疸。⑤彭水出焉,而西流注于芘湖之水。其中多儵鱼,⑥其状如鸡而赤毛,三尾⑦六足,四首,⑧其音如鹊,食之可以已忧。⑨

① 言角有甲错也。或作"厝"。○懿行案："错",依字正当为"厝"。《说文》云:"厝,厉石也。"引《诗》曰:"他山之石,可以为厝。"今《诗》通作"错"。

② 音欢。○懿行案:《周书·王会篇》云:"俞人虽马。"孔晁注云:"虽,如马,一角。"案"虽"见《尔雅》,"虽"、"虽"、"疏"俱声相转。

③ 上已有此鸟,疑同名。○懿行案:鹒鵋已见《西次三经》翼望之山。《庄子·天运篇》释文引此经云:"其状如凤,五采文,其名曰奇类。"与今本异。

④ 懿行案:《广雅》云:"鶾离,怪鸟属也。"《玉篇》云:"鶾离鸟自为牝牡。"《广韵》亦同。是"鶾离"即"鹒鵋"之异名。

⑤ 无痛疽病也。

⑥ 音由。○懿行案:"鯈"与"鯈"同。《玉篇》作"鯈",云:"徒尧切,又直流切。"是也。

⑦ 懿行案:《玉篇》云:"鯈,似鸡,赤尾。"与今本异。

⑧ 懿行案:"首"当为"目"字之讹也,今图正作四目。《玉篇》本此经,亦作"四目",可证。今粤东人说海中有鱼名鯈,形如鸡而有软壳,多尾足,尾如八带鱼,宜盐藏,炙食之甚美,可以饷远。疑即此也。

⑨ 懿行案:《太平御览》九百三十七卷引此经《图赞》云:"泪和损平,莫惨于忧。《诗》咏萱草,《山经》则鯈。"


又北四百里,曰谯明之山。谯水出焉,西流注于河。其中多何罗之鱼,一首而十身,其音如吠犬,①食之已痈。②有兽焉,其状如貆而赤豪,③其音如榴榴,④名曰孟槐,可以御凶。⑤是山也,无草木,多青雄黄。⑥

① 懿行案:《初学记》三十卷引此经,作"犬吠"。

② 懿行案:《初学记》引此经,"痈"作"拥",误。

③ 貆,豪猪也,音丸。○懿行案:貆猪,白豪,已见《西山经》。

④ 懿行案：榴榴已见《西次三经》阴山。

⑤ 辟凶邪气也，亦在畏兽画中也。

⑥ 一作"多青碧"。


又北三百五十里，曰涿光之山。嚣水出焉，而西流注于河。其中多鰼鰼之鱼，①其状如鹊而十翼，鳞皆在羽端，其音如鹊，可以御火，②食之不瘅。其上多松、柏，其下多棕、橿，其兽多麢、羊，其鸟多蕃。③


① 音袴褶之褶。○懿行案：鰼鳛见《尔雅》，非此。《广韵》引此经，作"鰼鱼"，不作重文。

② 懿行案：《太平御览》九百三十九卷引此经《图赞》云："鼓翅一运，十翼翩翩。厥鸣如鹊，鳞在羽端。是谓怪鱼，食之辟燔。"

③ 未详，或云即鸮，音烦。○懿行案："蕃"，通作"繁"。《楚词·天问》云："繁鸟萃棘。"王逸注引"有鸮萃止"为释。《广雅》亦以鹜鸟为鸮。"鹜"、"繁"于"蕃"并同声假借字，皆郭所本也。


又北三百八十里，曰虢山。①其上多漆，其下多桐、椐，②其阳多玉，其阴多铁。伊水出焉，西流注于河。其兽多橐驼。③其鸟多寓，④状如鼠而鸟翼，其音如羊，可以御兵。


① 懿行案：《初学记》及《太平御览》引此经，并作"虢山"；《尔雅疏》引作"狏山"。"狏"即"虢"字异文也。

② 桐，梧桐也。椐，樻木，肿节中杖。椐，音祛。○懿行案："桐"、"椐"并见《尔雅》，郭注"椐"与此注同。

③ 有肉鞍，善行流沙中，日行三百里，其负千斤，知水泉所在也。○懿

行案:《初学记》二十九卷引此经,云"善行流沙中"云云,盖并引郭注也。《尔雅》"犦牛"郭注云:"领上肉膗胅起,高二尺许,状如橐驼,肉鞌一边,健行者日三百余里。"《释文》云:"'橐',字又作'駞',音托,又音洛。"引《字林》云:"駞驼似鹿而大,肉鞌,出绕山也。"案绕山见下文。郭云"知水泉所在"者,《艺文类聚》九十四卷引《博物志》云:"燉煌西,渡流沙往外国,济沙千余里,中无水,时有伏流处,人不能知。骆驼知水脉,过其处辄停不行,以足踏地,人于所踏处掘之,辄得水也。"《初学记》引郭氏《图赞》云:"驼惟奇畜,肉鞌是被。迅骛流沙,显功绝地。潜识泉渊,征乎其智。"

④ 懿行案:《方言》云:"寓,寄也。"《尔雅》有"寓属",又有"寓鼠"曰"嗛"。此经寓鸟,盖蝙蝠之类,唯蝙蝠肉翅为异。《广韵》云:"鸋鼠,鸟名。"谓是也。《玉篇》云:"鸋,语俱切,似秃鹙,见则兵起。"非此。

　　又北四百里,至于虢山之尾。其上多玉而无石。鱼水①出焉,西流注于河。其中多文贝。

　　① 懿行案:《太平御览》八百七卷引此经,作"阴山"、"渔水"。

　　又北二百里,曰丹熏之山。其上多樗、柏,其草多韭、薤,①多丹雘。熏水出焉,而西流注于棠水。有兽焉,其状如鼠而菟首麋身,其音如獋犬,②以其尾飞,③名曰耳鼠,④食之不睬,⑤又可以御百毒。⑥

　　① 皆山菜,《尔雅》有其名。○懿行案:《尔雅》云:"藿,山韭。""薤,山薤。"
　　② 懿行案:《初学记》二十九卷引此经,"菟"作"兔","麋身"作"麋耳","獋"作"嘷"。

89

③ 或作"鸓飞"。貋，音豪。○懿行案：《初学记》引此经，亦作"尾飞"。

④ 懿行案：疑即《尔雅》鼯鼠夷由也。"耳"、"鼯"、"夷"并声之通转。其形肉翅连尾足，故曰尾飞。

⑤ 睬，大腹也，见《神仓》，音采。○懿行案：《本草经》云："鸓鼠，主堕胎，令产易。"陶注云："鸓，即鼯鼠，飞生鸟也，人取其皮毛以与产妇，持之令儿易生。"义与此近。

⑥ 懿行案：《艺文类聚》九十五卷引郭氏《赞》曰："或以尾翔，或以鸓凌。飞鼠鼓翰，倏然皆腾。用无常所，唯神所凭。"


又北二百八十里，曰石者之山。其上无草木，多瑶碧。① 泚水出焉，西流注于河。② 有兽焉，其状如豹而文题白身，③ 名曰孟极，是善伏，其鸣自呼。


① 懿行案："碧"，《藏经》本作"玉"。

② 懿行案：《水经》有两泚水。《南山经》长沙之山亦有泚水，并与此异也。毕氏引《史记·司马相如传》正义云："'《山海经》紫渊水出根者之山，西流注河。'今经无此山，疑'石者''者'字与'耆'字相近，紫渊即泚水。"当即是也。

③ 题，额也。


又北百一十里，曰边春之山。① 多葱、② 葵、韭、桃、李。③ 杠水出焉，④ 而西流注于泑泽。⑤ 有兽焉，其状如禺而文身，善笑，见人则卧，⑥ 名曰幽頞，⑦ 其鸣自呼。


① 或作"春山"。○懿行案：《穆天子传》有春山，即钟山也，已见《西山经》。

② 山葱，名茖，大叶。○懿行案：茖，山葱，见《尔雅》。山上多葱，疑即葱岭。《水经》云：河水"南入葱岭山"。注云："郭义恭《广志》云：'休循国居葱岭，其山多大葱。'"

③ 山桃，榹桃，子小，不解核也。○懿行案：榹桃见《尔雅》，郭注与此同。《初学记》二十八卷引此经云："边春之山多李，里人常采之。"《太平御览》九百六十八卷引亦同，疑本郭注，今脱去之。

④ 懿行案：《穆天子传》云："春山之泽，清水出泉。"清水或即杠水。

⑤ 懿行案：泑泽已见《西山经》不周之山。

⑥ 言佯眠也。

⑦ 或作"嬎嬒"。鵸，音遏。○懿行案：《说文》云："嬎，媟嬎也。""嬒，女黑色也。""鵸"，当为"頢"字之讹。《太平御览》九百十三卷引此《图经赞》云："幽頢似猴，俾愚作智。触物则笑，见人佯睡。好用小慧，终是婴累。"


又北二百里，曰蔓联之山。①其上无草木。有兽焉，其状如禺而有鬣，牛尾，文臂马蹄，见人则呼，名曰足訾，②其鸣自呼。有鸟焉，群居而朋飞，③其毛如雌雉，名曰鵁，④其鸣自呼，⑤食之已风。


① 万、连二音。

② 懿行案：《楚词·卜(屃)[居]》云："将呿訾慄斯。"王逸注云："承颜色也。""呿訾"即"足訾"，其音同；"慄斯"即"竦斯"，声之转。鸟名见下文。

③ 朋，犹辈也。

④ 音交。或作"渴"也。○懿行案：《玉篇》"鵁"云："白鵁鸟群飞，尾如雌鸡。"疑经文"毛"当为"尾"字之讹。又，经不言此鸟白色，《玉篇》作"白鵁"，疑因经文"曰鵁"相涉而误衍也。其"雌鸡"疑亦"雌雉"之讹。

⑤ 懿行案：《尔雅》"鳻雉"郭注云："黄色，鸣自呼。"此鸟毛如雌雉，其

鸣自呼,与《尔雅》合。又"鳰"或作"渴",是无正字,疑即"鴟雉"也。

又北百八十里,曰单张之山。其上无草木。有兽焉,其状如豹而长尾,人首而牛耳,一目,名曰诸犍,①善吒,行则衔其尾,居则蟠其尾。有鸟焉,其状如雉而文首,白翼黄足,名曰白鵺,②食之已嗌痛,③可以已瘣。④栎水出焉,而南流注于杠水。

① 音如犍牛之犍。○懿行案:郭既音犍,经文必不作"犍",疑当为"犍"字之讹。犍牛之"犍",《说文》新附字云:"犗牛也。"《玉篇》同,而又云:"兽似豹,人首一目。"复似经文作"犍"不误,未知其审。

② 音夜。○懿行案:白鵺即白鶾。郭注《尔雅》谓之"鶾"。《北次二经》县雍之山谓之"白鵯"。"鵯"、"鵺"声转,古无正字,疑皆假借为之。

③ 嗌,咽也。《穀梁传》曰:"嗌不容粒。"今吴人呼咽为嗌,音隘。○懿行案:《说文》云:"咽,嗌也。""嗌,咽也。"互相训。郭引《穀梁传》者,昭十九年文。

④ 瘣,痴病也。○懿行案:《玉篇》云:"瘣,同瘝,痴也。"与郭义合;又云。"痴,不慧也。"

又北三百二十里,曰灌题之山。其上多樗、柘,其下多流沙,①多砥。有兽焉,其状如牛而白尾,其音如訆,②名曰那父。③有鸟焉,其状如雌雉而人面,见人则跃,④名曰竦斯,⑤其鸣自呼也。匠韩之水出焉,而西流注于泑泽。其中多磁石。⑥

① 懿行案:《说文》云:"漠,北方流沙也。"盖沙漠之地,其沙多流,此之

流沙,当即其类。

　　② 如人呼唤。訆,音叫。

　　③ 懿行案:"那",《玉篇》作"㹴",云:"奴多切,兽似牛。"本此。

　　④ 跃,跳。

　　⑤ 懿行案:竦斯,说已见上文。

　　⑥ 可以取铁。《管子》曰:"山上有磁石者,下必有铜。"音慈。○懿行案:"磁",古通用"慈"。《本草》云:"慈石,一名玄石。"《春秋繁露·郊语篇》云:"慈石取铁,颈金取火。"《水经》"渭水"注云:"磁石门在阿房前,悉以磁石为之,令四夷朝者有隐甲怀刃入门而胁之,以示神。"郭引《管子》者,《地数篇》文也。《艺文类聚》六卷引郭氏《赞》云:"磁石吸铁,琥珀取芥。气有潜通,数亦冥会。物之相感,出乎意外。"


　　又北二百里,曰潘侯之山。其上多松、柏,其下多榛、楛,其阳多玉,其阴多铁。有兽焉,其状如牛而四节生毛,名曰旄牛。①边水出焉,②而南流注于栎泽。


　　① 今旄牛背、膝及胡尾皆有长毛。○懿行案:《尔雅》"犦牛"郭注云:"旄牛也,髀、厀、尾皆有长毛。"与此注同。或云:旄牛即牦牛也,见《中次八经》荆山"牦牛"注。

　　② 懿行案:"边",《广韵》作"汹",俗字也。


　　又北二百三十里,曰小咸之山。①无草木,冬夏有雪。


　　① 懿行案:《艺文类聚》二卷引此经,作"小成之山"。


　　北二百八十里,曰大咸之山。①无草木,其下多玉。是山也,四方,不可以上。有蛇,名曰长蛇,②其毛如彘豪,③其音如鼓柝。④

① 懿行案:《艺文类聚》九十六卷及《太平御览》九百三十三卷引此经,并作"大同之山"。

② 懿行案:《左传》云:"吴为封豕长蛇。"即此也。封豕,见《海内经》。

③ 说者云:长百寻。今蝮蛇色似艾,绶文,文间有毛如猪鬐,此其类也。常山亦有长蛇,与此形不同。〇懿行案:常山蛇名率然,见《孙子·九地篇》。蝮蛇即蝮虫,已见《南山经》"猨翼之山"注。

④ 如人行夜敲木柝声。音托。〇懿行案:《类聚》引郭氏《赞》云:"长蛇百寻,厥鬣如彘。飞群走类,靡不吞噬。极物之恶,尽毒之厉。"

又北三百二十里,曰敦薨之山。①其上多棕、枏,其下多茈草。敦薨之水出焉,而西流注于泑泽,②出于昆仑之东北隅,实惟河原。③其中多赤鲑。④其兽多兕、旄牛,⑤其鸟多鸤鸠。⑥

① 懿行案:《水经注》云:"敦薨之山在匈奴之西,乌孙之东。"

② 懿行案:《水经注》云:"大河又东,右会敦薨之水。其水出焉者之北敦薨之山","自西海径尉犁国","又西出沙山铁关谷,又西南流,径连城","又屈而南,径渠犁国西。""故《史记》曰:'西有大河。'即斯水也。""又南流注于河。"引此经云:"'敦薨之水西流注于泑泽。'盖乱河流自西南注也。""泑泽,即《经》所谓蒲昌海也。"

③ 即河水,出昆仑之虚。〇懿行案:《水经》及《汉书·西域传》并言河出昆仑,然后注泑泽,此经泑泽乃在昆仑之上者。敦薨山在昆仑之东,故其水西注泑泽。又西出于昆仑之东北隅,河水则自西南来,亦至昆仑之东北隅,重源显发,与敦薨水合而为河源,是河源乃受二水之通称。此经河源盖

指敦薨之水，郭云"即河水，出昆仑之虚"，似误。

④ 今名鯸鲐，为鲑鱼。音圭。○懿行案：《玉篇》云："鲑，鱼名。""鯸鲐"作"鯸鲩"，云："鯸鲩，鮰也，鰤鸿，食其肝杀人。"刘逵注《吴都赋》云："鯸鲐，鱼状如蝌斗，大者尺余，腹下白，背上青黑，有黄文，性有毒，虽小獭及大鱼不敢唼之。蒸煮啖之，肥美，豫章人珍之。"是其形状也。一名"河豚"，又名"鲵"。"鲵"即"鲑"之或体字耳。又案经言"赤鲑"，今所见鯸鲐鱼，背青腹白绝无赤者。郭云"鯸鲐为鲑"，既与经不合，而《初学记》三十卷引此经云："鲲鱼，赤目赤鬣者，食之杀人。"夫鲲即鲐也，"鲲"与"鲑"声相近，或《初学记》所引本在郭注，今脱去之邪？

⑤ 或作"朴牛"。朴牛见《离骚》、《天问》，所未详。○懿行案：《天问》云："恒秉季德，焉得夫朴牛？"王逸注云："朴，大也。言汤出田猎，得大牛之瑞也。"

⑥ 懿行案："鸼"，当为"尸"，《藏经》本正作"尸"。

又北二百里，曰少咸之山。无草木，多青碧。有兽焉，其状如牛而赤身，人面马足，名曰窫窳，①其音如婴儿，是食人。敦水出焉，东流注于雁门之水。②其中多鲕鲕之鱼，③食之杀人。

① 《尔雅》云："窫窳，似貙，虎爪。"与此错。轧、愈二音。○懿行案：《海内南经》云："窫窳龙首，居弱水中。"《海内西经》云：窫窳"蛇身人面"。又与此及《尔雅》不同。"窫窳"，《尔雅》作"貘㺄"。

② 水出雁门山间。○懿行案：《水经》"㶟水"注云：雁门水"东南流，径高柳县故城北"，"又东南流，屈而东北，积而为潭"，"敦水注之"。敦水"导源西北少咸山之南麓，东流径参合县故城南"，"又东，滥水注之"，"又北合敦水，乱流东北，注雁门水"。引此经及郭注。

③ 音沛，未详。或作"鲋"。○懿行案：《说文》云："鲕，鱼名，出乐浪潘

国。""鮠",训同,"一曰:鮠鱼出江东,有两乳。一名鳠鮬"。《广雅》云:"鳠
鮬,鮠也。""鳠",一作"鮬"。《晋书·夏统传》云:"后作鮬鮬引。"何超《音义》
引《埤仓》云:"鮬鮬,鮠鱼也,一名江豚,多膏少肉。"《玉篇》云:"欲风则踊。"
"鮬鮬",语转为"鮬鮬"。《太平御览》九百三十九卷引魏武《四时食制》云:
"鮬鮬鱼黑色,大如百斤猪,黄肥不可食。"即此经云"食之杀人"矣。


又北二百里,曰狱法之山。瀤泽之水出焉,<sup>①</sup>而东北流
注于泰泽。其中多䱤鱼,<sup>②</sup>其状如鲤而鸡足,<sup>③</sup>食之已疣。
有兽焉,其状如犬而人面,善投,见人则笑,其名山猬,<sup>④</sup>其行
如风,<sup>⑤</sup>见则天下大风。<sup>⑥</sup>


① 音怀。○懿行案:《说文》云:"瀤,北方水也。"即此。《玉篇》引
此经。

② 音藻。

③ 懿行案:《太平御览》九百三十九卷引此经《图赞》云:"䱤之为状,半
鸟半鳞。"是也。

④ 音晖。○懿行案:《说文》云:"猬,兽名。"《吴都赋》云:"猬子长啸。"
刘逵注云:"猬子,猿类,猿身人面,见人则啸。""啸"盖与"笑"通,李善注引
此经,正作"见人则笑,名猬。猬,胡奔切"。无"山"字,与今本异。

⑤ 言疾。

⑥ 懿行案:《御览》九百十二卷引此经《图赞》云:"山猬之兽,见乃欢
唬。厥性善投,行如矢缴。是惟气精,出则风作。"


又北二百里,曰北岳之山。<sup>①</sup>多枳、棘、刚木。<sup>②</sup>有兽焉,
其状如牛而四角,人目彘耳,其名曰诸怀,<sup>③</sup>其音如鸣雁,是
食人。诸怀之水出焉,<sup>④</sup>而西流注于嚣水。其中多鮨鱼,<sup>⑤</sup>

鱼身而犬首,⑥其音如婴儿,⑦食之已狂。⑧

① 懿行案:即恒山也,《水经》谓之"玄岳",在今山西大同浑源州。

② 檀、柘之属。○懿行案:郭注《中山经》云:"楢,刚木也,中车材。"此经云"枳、棘、刚木",郭云"檀、柘之属"者,檀,中车材;柘,中弓材也。

③ 懿行案:《玉篇》作"㺊",云:"兽似牛,四角人目。"

④ 懿行案:"诸",《广韵》作"渚",云:"水名,在北岳。"

⑤ 音诣。○懿行案:《说文》云:"鮨,鮪鱼名。"

⑥ 懿行案:《初学记》及《太平御览》九百三十九卷并引此经,作"大首",误。

⑦ 今海中有虎鹿鱼及海豨,体皆如鱼,而头似虎、鹿、猪,此其类也。○懿行案:刘逵注《吴都赋》云:"虎鱼,头身似虎。或云:变而成虎。鹿头鱼,有角似鹿。"李善注《江赋》引《临海异物志》曰:"鹿鱼长二尺余,有角,腹下有脚,如人足。"又引《临海水土记》曰:"海豨,豕头,身长九尺。"然则推寻郭义,此经鮨鱼盖鱼身鱼尾而狗头,极似今海狗,登州海中有之,其状非狗非鱼,本草家谓之"骨䖱兽"是也。

⑧ 懿行案:《日华本草》云:"腽肭兽,疗惊狂痫疾。"与此经合。腽肭即海狗也。

又北百八十里,曰浑夕之山。无草木,多铜、玉。①嚣水出焉,而西北流注于海。有蛇,一首两身,②名曰肥遗,见则其国大旱。③

① 懿行案:铜、玉二物也,《北次二经》诸余之山复多铜、玉。

② 懿行案:《藏经》本"首"作"头","两身"下有"四足"二字。

③《管子》曰:"涸水之精名曰蚼,一头而两身,其状如蛇,长八尺,以其名呼之,可使取鱼龟。"亦此类。○懿行案:《管子·水地篇》文也。《说文》

"蚴"即"逐"字之或体。逐迤即委蛇也,与肥遗声相近,岂即是与?

又北五十里,曰北单之山。无草木,多葱、韭。
又北百里,曰罴差之山。无草木,多马。①

① 野马也,似马而小。○懿行案:《穆天子传》云:"野马走五百里。"郭注云:"野马亦如马而小。"《尔雅·释畜》云:"野马。"郭注云:"如马而小,出塞外。"

又北百八十里,曰北鲜之山。是多马。鲜水出焉,而西北流注于涂吾之水。①

① 汉元狩二年,马出涂吾水中也。○懿行案:《汉书·武帝纪》云:元狩二年,"马生余吾水中"。应劭注云:"在朔方北。"《文选·长杨赋》注引此经,作"北经余吾水";《史记·匈奴传》索隐引此经,亦作"北流注余吾",并无"西"字,又并作"余吾",不加水旁也。《地理志》云:上党郡,"余吾"。疑县因水为名。

又北百七十里,曰隄山。①多马。②有兽焉,其状如豹而文首,名曰狪。③隄水出焉,而东流注于泰泽。其中多龙龟。④

① 或作"陡",古字耳。○懿行案:《玉篇》云:"隄,古文作陡。"本此。
② 懿行案:《左传》云:"冀之北土,马之所生。"故此三山并云"多马",今名马多出西北也。
③ 音幺。○懿行案:《玉篇》云:"狪,兽名。"

④ 懿行案：龙、龟二物也。或是一物，疑即吉吊也，龙种龟身，故曰龙龟。裴渊《广州记》云："吊生岭南，蛇头龟身，水宿木栖。其膏至轻，利铜及瓦器盛之，皆浸出。置鸡卵壳中，则不漏，其透物甚于醍醐也。"见《证类本草》及李时珍《本草》。

凡《北山经》之首，自单狐之山至于隄山，凡二十五山，五千四百九十里。①其神皆人面蛇身，其祠之：毛用一雄鸡、彘瘗，吉玉用一珪，瘗而不糈。②其山北人皆生食不火之物。③

① 懿行案：今五千六百八十里。

② 言祭不用米，皆麷其所用牲玉。

③ 或作"皆生食而不火"。○懿行案：《大戴礼·千乘篇》说四辟大远皆不火食，此经唯两言不火食，皆在《北山经》篇也。《淮南·原道训》云："雁门之北，狄不谷食。"义亦与此同。

《北次二经》之首在河之东，其首枕汾，①其名曰管涔之山。②其上无木而多草，其下多玉。③汾水出焉，而西流注于河。④

① 临汾水上也。音坟。○懿行案：《水经注》引此经，作"其东首枕汾"。

② 今在太原郡故汾阳县北秀容山。涔，音岑。○懿行案：《太平寰宇记》引郭注，有"管，音奸"三字，今本盖脱去之。《记》文又云："土人云其山多菅，或以为名。"是经文"管"当为"菅"矣。山在今山西静乐县北。《水经注》引《十三州志》曰：汾水"出武州之燕京山，亦管涔之异名也"。太原郡汾阳见《汉书·地理志》；《晋志》为太原国，其汾阳属河东郡也。郭云"汾阳县北秀容山"，《汉志》直谓之"汾阳北山"。

③ 懿行案：《水经注》引此经云："其上无草木而下多玉。"与今本异。然又云："其山有草无木。"复与今本同。

④ 至汾阳县北，西入河。○懿行案：《地理志》云：汾水出汾阳，"至汾阴入河"。郭注"阳"，盖"阴"字之讹也。汾水详见《海内东经》及郭注。

又西①二百五十里，曰少阳之山。②其上多玉，其下多赤银。③酸水出焉，而东流注于汾水。④其中多美赭。⑤

① 懿行案："西"，《藏经》本作"北"。

② 懿行案：《元和郡县志》云：交城县，"少阳山在县西南九十五里。"今太原府有交城。

③ 银之精也。○懿行案：《穆天子传》有"烛银"，郭注云："银有精光如烛。"疑即此。

④ 懿行案：《水经注》云：汾水南径秀容城东南，与酸水合，"水原西出少阳之山，东南流注于汾水"。

⑤《管子》曰："山上有赭者，其下有铁。"○懿行案：《说文》云："赭，赤土也。"《本草》谓之"代赭石"。《别录》云："出代郡者名代赭，出姑幕者名须丸，一名血师。"郭引《管子》者，《地数篇》文也。

又北五十里，曰县雍之山。①其上多玉，其下多铜。其兽多闾、麋，②其鸟多白翟、白𪃸。③晋水出焉，而东南流注于汾水。④其中多𩶉鱼，其状如儵而赤麟，⑤其音如叱，食之不骄。⑥

① 今在晋阳县西，名汲瓮。雍，音瓮。○懿行案：《水经》作"县瓮山"。刘昭注《郡国志》引此经及郭注，与今本同。《史记·魏世家》正义引此作

"悬瓮山",《括地志》亦作"悬瓮",并非。山今在太原县也,一名龙山。《元和郡县志》云:晋阳县,"县瓮山一名龙山,在县西南十二里"。案《地理志》云:太原郡,晋阳,"龙山在西北,晋水所出,东入汾"。高诱注《淮南·隆形训》亦云:"龙山在晋阳之西北。"并非也。《水经注》云:"今在县之西南。"

② 闾,即㺄也,似驴而岐蹄,角如麢羊,一名山驴。《周书》曰:"北唐以闾。"亦见《乡射礼》。○懿行案:《周书·王会篇》云:"北唐戎以闾,闾似隃冠。"疑"隃"即"㺄"字之讹也。孔晁注云:"射礼以闾,象为射器。"孔氏及郭注俱本《乡射礼》。《礼》曰:"国中射则皮树中,于郊则闾中。"《初学记》引《广志》云:"驴羊似驴。"即此也。《集韵》云:"闾,一角,岐蹄。"

③ 即白鷴也,音于六反。○懿行案:白鷴即白翰,雉也,见《尔雅》。

④ 东过晋阳南,又东入汾。○懿行案:《水经》云:"晋水出晋阳县西县瓮山","东过其县南,又东入于汾水"。

⑤ 小鱼曰鯈。○懿行案:"鯈"、"鯈"字通,"鱗"、"鳞"声同。

⑥ 或作"骚"。骚,臭也。○懿行案:骚臭盖即蕴羝之疾,俗名狐骚也。《太平御览》九百三十九卷引此经《图赞》云:"微哉鳖鱼,食则不骄。物有所感,其用无标。"

又北二百里,曰狐岐之山。① 无草木,多青碧。胜水出焉,而东北流注于汾水。② 其中多苍玉。

① 懿行案:山在今山西孝义县西八十里。
② 懿行案:《水经注》云:"文水又东南流,与胜水合。水西出狐岐之山,东径六壁城南","又东合阳泉水","又东径中阳县故城南,又东合文水。文水又东南入于汾水也"。

又北三百五十里,曰白沙山。广员三百里,尽沙也,① 无草木、鸟兽。鲔水出于其上,潜于其下。② 是多白玉。

① 懿行案：此即所谓沙漠。《说文》云："漠，北方流沙也。"
② 出山之顶，停其底也。


又北四百里，①曰尔是之山。无草木，无水。

① 懿行案："百"，《藏经》本作"十"。


又北三百八十里，曰狂山。无草木。是山也，冬夏有
雪。狂水出焉，而西流注于浮水。其中多美玉。
又北三百八十里，曰诸余之山。其上多铜、玉，其下多
松、柏。诸余之水出焉，而东流注于㫰水。①

① 懿行案：《玉篇》作"㳾"，云："水名。"


又北三百五十里，曰敦头之山。其上多金、玉，无草木。
㫰水出焉，而东流注于印泽。①其中多䮽马，②牛尾而白身，
一角，其音如呼。③

① 懿行案："印泽"，下文北嚣山作"卬泽"，《藏经》本正作"卬"。
② 音勃。○懿行案：郭氏《江赋》云："䮽马腾波以嘘蹀。"李善注引此
经，与今本同。《初学记》八卷引《南越志》云："平定县东巨海，有䮽马，似
马，牛尾一角。"又二十九卷引张骏《山海经图画赞》曰："敦山有兽，其名为
鵅，麟形一角。"即此也。"麟形"盖释牛尾，"鵅"即"䮽"也，字音同。
③ 懿行案：李善注《江赋》引此经，作"其音如虎"。疑"虎"当为"嘑"字
之讹，"嘑"与"呼"声同，义亦同。

102

又北三百五十里,曰钩吾之山。其上多玉,其下多铜。有兽焉,其状如①羊身人面,其目在腋下,②虎齿人爪,其音如婴儿,名曰狍鸮,是食人。③

① 懿行案:《藏经》本无"如"字。

② 懿行案:"腋",俗字也。《说文》作"亦",云:"人之臂,亦也。"又作"掖",云:"掖,臂下也。"《文选》注陈琳《为袁绍檄豫州》引此经,作"其口腋下",盖有脱误。

③ 为物贪惏,食人未尽,还害其身,像在夏鼎,《左传》所谓"饕餮"是也。狍,音咆。○懿行案:《吕氏春秋·先识览》云:"周鼎著饕餮,有首无身,食人未咽,害及其身,以言报更。"是郭所本也。注盖《图赞》之文,与今世所传复不同。《文选》注陈琳《为袁绍檄》引此注,"贪惏"作"贪婪","夏鼎"作"禹鼎"。

又北三百里,曰北嚣之山。无石,其阳多碧,其阴多玉。有兽焉,其状如虎而白身,犬首马尾,彘鬣,名曰独㺢。①有鸟焉,其状如乌,人面,名曰𪈙𪆂,②宵飞而昼伏,③食之已暍。④涔水出焉,而东流注于邛泽。⑤

① 音谷。○懿行案:《说文》云:"北嚣山有独㺢兽,如虎,白身豕鬣,尾如马。"本此。又云:"壳,似牂羊,出蜀北嚣山中,犬首而马尾。"今本经无此兽,北嚣山又不在蜀也。

② 般、冒两音。或作"夏"也。○懿行案:𪈙𪆂,见《玉篇》。郭云"或作夏"者,"夏"形声近"贾"。《大荒南经》有"鹰贾",郭注云:"贾亦鹰属。"《水经注》引《庄子》有"雅贾",盖是乌类。经言此鸟"状如乌",疑是也;又言宵飞昼伏,则似今训狐。训狐即鸺鹠之属,其状如鹰,鹰贾之名或以此。

③ 鸺鹠之属。

④ 中热也,音谒。

⑤ 懿行案:《说文》云:"浍水出北嚣山,入邙泽。从水,舍声。"《玉篇》同《说文》。是经文"涔"当为"浍",今本或形近而讹也。"卬"亦当为"邙",上文作"印泽",疑亦形近而讹。

又北三百五十里,曰梁渠之山。无草木,多金、玉。脩水出焉,而东流注于雁门。<sup>①</sup>其兽多居暨,<sup>②</sup>其状如彙而赤毛,<sup>③</sup>其音如豚。有鸟焉,其状如夸父,<sup>④</sup>四翼一目,犬尾,名曰嚣,其音如鹊,食之已腹痛,可以止衕。<sup>⑤</sup>

① 水名。懿行案:《地理志》云:代郡,且如,"于延水出塞外,东至宁,入沽"。《水经》"漯水"注云:"即脩水也,水出塞外柔玄镇西长川城南小山。"引此经云云,又云:雁门水东径大宁郡,"有脩水注之"。引此经,又云:"《地理志》有于延水而无雁门、脩水之名,《山海经》有雁门之目而无说于延河自下亦通,谓之于延水矣。"今案雁门水即漯水也。《说文》云:"漯水出雁门阴馆累头山,东入海。或曰治水也。"许君此释,本《地理志》雁门郡"阴馆"注而为说,是雁门水一名治水。《地理志》说于延水入沽,即此经云脩水"注于雁门"矣。"沽",当从《说文》作"治"。

② 懿行案:"暨",《玉篇》、《广韵》并作"盬",《玉篇》无"居"字,《广韵》作"盬居"。

③ 彙,似鼠,赤毛,如刺猬也。彙,音渭。〇懿行案:《尔雅》云:"彙,毛刺。"郭注云:"今蝟状如鼠。"与此注同。蝟,苍白色,此注"赤"字、"猬"字并衍。又"彙",《玉篇》、《广韵》并作"蝟"。"赤毛",《广韵》作"赤尾"也。

④ 或作"举父"。〇懿行案:《西次三经》云崇吾之山有兽曰举父,或作"夸父"。此经鸟如夸父,或作"举父","举"、"夸"声相近,故古字通也。

⑤ 治洞下也,音洞。〇懿行案:《玉篇》云:"衕,下也。"义与郭同。

又北四百里，曰姑灌之山。无草木。是山也，冬夏有雪。

又北三百八十里，曰湖灌之山。其阳多玉，其阴多碧，多马。湖灌之水出焉，而东流注于海。其中多鳝。①有木焉，其叶如柳而赤理。②

① 亦鳝鱼字。○懿行案：李善注王褒《四子讲德论》引郭氏此经注曰："鳝鱼似蛇，时阐切。"疑即今本注下脱文也。《大戴礼·劝学篇》云："蛇鳝之穴。""鳝"即"鳝"字也。《玉篇》云："鳝，鱼似蛇，同鳝。"《集韵》云："鳝，上演切，音善。"

② 懿行案：柳有一种赤者，名赤柳。《晋书·地理志》云：丹阳，"丹阳山多赤柳"。

又北水行五百里，流沙三百里，至于洹山。①其上多金、玉。三桑生之，其树皆无枝，其高百仞。②百果树生之其下，多怪蛇。

① 懿行案：《水经》云："洹水出上党泫氏县。"注云："水出洹山，山在长子县也。"计其道里不相应，当在阙疑。

② 懿行案：《海外北经》云："三桑无枝，在欧丝东，其(本)[木]长百仞。"即此。

又北三百里，曰敦题之山。①无草木，多金、玉。是镎于北海。②

① 懿行案：毕氏云："疑即雁门阴馆累头山。'敦题'、'累头'皆音之

转，'敦'，读如自也。"今案上文有敦头山，与"累头"之声尤相近，未审谁是。

②懿行案：《西山经》云"锌于西海"，此云"锌于北海"，其义同。

凡《北次二经》之首，自管涔之山至于敦题之山，凡十七山，①五千六百九十里。②其神皆蛇身人面，其祠：毛用一雄鸡、彘，瘗③用一璧一珪，投而不糈。④

① 懿行案：今才十六山。

② 懿行案：今六千一百四十里。

③ 薶之。

④ 摘玉于山中以礼神，不薶之也。

《北次三经》之首曰太行之山，①其首曰归山。其上有金、玉，其下有碧。②有兽焉，其状如麢羊③而四角，马尾而有距，其名曰䮝，④善还，⑤其名自訆。有鸟焉，其状如鹊，⑥白身⑦赤尾，六足，其名曰䲹，⑧是善惊，其鸣自詨。⑨

① 今在河内野王县西北。行，音户刚反。○懿行案：汉、晋《地理志》并云：河内郡，墍王，"太行山在西北"。今在河南辉县也。《列子·汤问篇》作"太形山"，《淮南·氾论训》谓之"五行山"，高诱注云："今太行山也。"

② 懿行案：《艺文类聚》七卷引此经，"碧"下有"玉"字。

③ 懿行案：刘昭注《郡国志》引此经，"麢"作"麋"，无"羊"字。

④ 懿行案：《说文》云："䮝，骙马也。"无"䮝"字。《玉篇》有"䮝骙"，云："骏马属。"又有"䮝"，云："兽名。"即此也。《广韵》既云："䮝骙，野马名。䮝，音坛。"又云："䮝骙，野马。"盖误也。刘昭注《郡国志》引此经，作"䮝"，亦误。

⑤ 还，旋，旋舞也。䮝，音晖。○懿行案：还当音旋，郭注"旋"上脱

"音"字。刘昭注《郡国志》引此经,无"善"字,盖脱去之。经云"善还",谓善舞也。宋谢庄有《舞马赋》。

　　⑥ 懿行案:《广韵》说"鵹",云:"似鹄。"

　　⑦ 懿行案:《广韵》此下有"三目"二字。

　　⑧ 音犇。

　　⑨ 今吴人谓呼为詨,音呼交反。


　　又东北二百里,曰龙侯之山。无草木,多金、玉。决决之水出焉,①而东流注于河。其中多人鱼,②其状如鯑鱼,四足,其音如婴儿,③食之无痴疾。④


　　① 音决。○懿行案:《太平御览》九百三十八卷引此经"决水","决"字不作重文。

　　② 懿行案:人鱼即鲵鱼。《尔雅》云:"鲵,大者谓之鰕。"是也。"鲵",古文省作"兒"。《周书·王会篇》云:"秽人前兒。"亦是也。"兒"从几,即古文"人"字。又"人","兒"声转,疑经文古本作"兒鱼",阙脱其上,即为"人鱼"矣。

　　③ 鯑,见《中山经》。或曰:"人鱼即鲵也,似鲇而四足,声如小儿啼。"今亦呼鲇为鯑,音蹄。○懿行案:"鯑"当为"鯷"。《说文》云:"鯷,大鲇也。"郭云"见《中山经》"者,少室山休水中多鯑鱼是也。又云"人鱼即鲵"者,《水经注》云:"伊水又东北流注于洛水。"引《广志》曰:"'鲵鱼声如小儿啼,有四足,形如鲮鲤,可以治牛,出伊水也。'司马迁谓之'人鱼',故其著《史记》曰:始皇帝之葬也,以人鱼膏为烛。徐广曰:'人鱼似鲇而四足,即鲵鱼也。'"

　　④ 懿行案:《说文》云:"痴,不慧也。"《中山经》云鯑鱼"食者无蛊疾",与此异。


　　又东北二百里,曰马成之山。其上多文石,其阴多金、玉。有兽焉,其状如白犬而黑头,见人则飞,<sup>①</sup>其名曰天马,其鸣自訆。有鸟焉,其状如乌,首白而身青足黄,是名曰鹍<sub></sub>鸱,<sup>②</sup>其鸣自詨,食之不饥,可以已寓。<sup>③</sup>

① 言肉翅飞行自在。

② 屈、居二音。或作"鸣"。○懿行案:《尔雅》云:"鹍鸠,鹊鸼。"此"鹍鸱"疑即"鹍鸠"也,声转字变,经多此例,唯"白首"为异耳。孙炎注《尔雅》云:"鹊鸼,一名鸣鸠。"故此经郭云"或作鸣"。

③ 未详。或曰:"寓,犹误也。"○懿行案:寓,误,盖以声近为义。误,疑昏忘之病也。王引之曰:"案'寓'当是'癯'字之假借,《玉篇》、《广韵》并音牛具切,疣病也。"

又东北七十里,曰咸山。其上有玉,其下多铜,是多松、柏,草多茈草。条菅之水出焉,<sup>①</sup>而西南流注于长泽。其中多器酸,三岁一成,<sup>②</sup>食之已疠。

① 菅,音间。
② 所未详也。

又东北二百里,曰天池之山。<sup>①</sup>其上无草木,多文石。有兽焉,其状如兔而鼠首,以其背飞,<sup>②</sup>其名曰飞鼠。<sup>③</sup>渑水出焉,潜于其下。<sup>④</sup>其中多黄垩。<sup>⑤</sup>

① 懿行案:《水经》"灅水"注云:桑乾水潜承"太原汾阳县北燕京山之大池,池在山原之上,世谓之天池"。案山在今山西静乐县东北。

② 用其背上毛飞,飞则仰也。○懿行案:《文选·上林赋》云:"蜼獥飞

蠝。"张揖注云："飞蠝，飞鼠也，其状如兔而鼠首，以其颊飞。"今经"颊"作"背"，或所见本异也。又上文丹熏山有耳鼠以其尾飞，郭云"或作髯飞"，"髯"即"颊"字耳。《初学记》二十九卷引郭氏《图赞》云："或以尾翔，或以髯凌。飞鼠鼓翰，倏然背腾。固无常所，唯神所凭。"

③ 懿行案：《初学记》引此经云："以其背飞，名飞兔。"又引《括地图》亦作"飞兔"，与今经文异。

④ 停山底也。

⑤ 坒，土也。


又东三百里，曰阳山。①其上多玉，其下多金、铜。有兽焉，其状如牛而赤尾，其颈胊，其状如句瞿，②其名曰领胡，③其鸣自詨，食之已狂。有鸟焉，其状如雌雉而五采以文，是自为牝牡，名曰象蛇，其鸣自詨。留水出焉，而南流注于河。④其中有鮯父之鱼，⑤其状如鲋鱼，鱼首而彘身，⑥食之已呕。⑦

① 懿行案：《水经注》有大阳之山，亦通谓之薄山，疑即此。

② 言颈上有肉胊。句瞿，斗也，音劬。○懿行案：《广雅》云："肾，坚也。"以句瞿为斗，所未详。《元和郡县志》云：海康县多牛，"项上有骨大如覆斗，日行三百里，即《尔雅》所谓'犦牛'"。疑此是也。

③ 懿行案：《说文》云："领，项也。""胡，牛颔垂也。"此牛颈肉垂如斗，因名之领胡与？

④ 懿行案：《水经》云：河水"东过大阳县南"。注云："河水又东，左合积石、土柱。二溪并北发大阳之山，南流入于河。"与此经合。但不知二溪之中，谁为留水耳。

⑤ 音陷。○懿行案：《说文》云："鮯，鱼名。"《玉篇》云："鮯，鱼也，见《山海经》。"

⑥ 懿行案：《太平御览》九百三十九卷引此经《图赞》云："鲐父鱼首，厥体如豚。"

⑦ 懿行案："呕"，当为"欧"，《说文》云："吐也。"

又东三百五十里，曰贲闻之山。其上多苍玉，其下多黄垩，多涅石。①

① 懿行案：即矾石也。《淮南·俶真训》云："以涅染缁。"高诱注云："涅，矾石也。"《本草经》云："矾石，一名羽涅。"《别录》云："一名羽泽。"《西次二经》女床之山"多石涅"，郭氏注误，当移于此。

又北百里，曰王屋之山。①是多石。㳂水出焉，②而西北流注于泰泽。③

① 今在河东东垣县北。《书》曰"至于王屋"也。○懿行案：汉、晋《地理志》并云：河东郡，垣，"《禹贡》王屋山在东北"。今在山西垣曲县也。注"东垣"，"东"字衍。

② 㳂，音辇。○懿行案：《水经》云："济水出河东垣县东王屋山，为沇水。"注引此经，"㳂水"作"联水"。刘昭注《郡国志》又作"兖水"，云："王屋山，兖水出。""兖"、"沇"、"㳂"俱声相近。

③《地理志》："王屋山，沇水所出。""㳂"、"沇"声相近，殆一水耳。沇则济也。○懿行案：《水经注》引此经，"泰泽"作"秦泽"，疑即荥泽也。《地理志》云："沇水东南至武德入河，轶出荥阳地中，又东至琅槐入海。"今案，荥泽在荥阳北也，济水又见《海内东经》。

又东北三百里，曰教山。①其上多玉而无石。教水出焉，西流注于河。<sup>②</sup>是水冬干而夏流,实惟干河。<sup>③</sup>其中有两山,是山也,广员三百步,其名曰发丸之山。其上有金、玉。

① 懿行案:教山在垣县北,见《水经注》,在今山西垣曲县也。

② 懿行案:《水经注》云:"河水又东与教水合,水出垣县北教山"云云,"南入于河。"引此经亦作"南流注于河"。今本作"西",疑讹。

③ 今河东闻喜县东北有干河口,因名干河里,但有故沟处,无复水,即是也。○懿行案:《水经注》云:"今闻喜县东北谷口犹有干河里,故沟存焉,今无复有水,世人犹谓之为干涧矣。"


又南三百里,曰景山,<sup>①</sup>南望盐贩之泽,<sup>②</sup>北望少泽。其上多草、薯蓣,<sup>③</sup>其草多秦椒,<sup>④</sup>其阴多赭,其阳多玉。有鸟焉,其状如蛇而四翼,六目三足,名曰酸与,其鸣自詨,见则其邑有恐。<sup>⑤</sup>

① 《外传》曰:"景霍以为城。"○懿行案:《太平寰宇记》云:"山在闻喜县东南十八里。"《水经》云:涑水"西过周阳邑南"。注云:"涑水又与景水合,水出景山北谷。"引此经云云,"经不言有水,今有水焉,西北流注于涑水也"。

② 即盐池也,今在河东猗氏县。或无"贩"字。○懿行案:《水经注》及《太平御览》八百六十五卷引此注,"盐池"上并有"解县"二字,今本脱也。《穆天子传》云:"戊子,至于盬。"郭注云:"盬,盐池,今在河东解县。"《吕氏春秋·本味篇》云:"和之美者,大夏之盐。"高诱注云:"大夏,泽名。"今案大夏,古晋地,此泽亦即盐泽矣。《地理志》云:河东郡,安邑,"盐池在西南"。《晋书·地理志》云:河东郡,解,"有盐池"。

③ 根似羊蹄,可食,曙、豫二音。今江南单呼为薯,音储,语有轻重耳。○懿行案:《广雅》云:"薯蓣,署预也。"《本草》云:"薯蓣,一名山芋。"皆即今

111

之山药也。此言草薯蓣,别于木薯蓣也。木薯蓣见《中次十一经》兔床之山。

④ 子似椒而细叶,草也。○懿行案:《水经注》、《艺文类聚》八十九卷及《太平寰宇记》引此经,并无"其草"二字,非也。依郭注当有此二字。

⑤ 或曰:"食之不醉。"

又东南①三百二十里,曰孟门之山。②其上多苍玉,多金,其下多黄垩,多涅石。③

① 懿行案:孟门山在今景山西,经云"东南",疑误。

②《尸子》曰:"龙门未辟,吕梁未凿,河出于孟门之上,大溢逆流,无有丘陵高阜灭之,名曰洪水。"《穆天子传》曰:"北升孟门、九河之隥。"○懿行案:今本《穆天子传》"孟"作"盟","盟"、"孟"通也,山在今山西平阳吉州西。《水经注》云:河南"孟门山与龙门山相对"。引此经云云,又引《淮南子》,即此注所引《尸子》之文;又引《穆天子传》,而云:"孟门即龙门之上口也,实为河之巨阸。"

③ 懿行案:涅石已见上文贲闻之山。

又东南三百二十里,曰平山。①平水出于其上,潜于其下。②是多美玉。

① 懿行案:《水经注》云:教水"南径辅山"。疑即平山也。《元和郡县志》云:"临汾县本汉平阳县,县在平水之阳,故曰平阳山。一名壶口山,今名姑射山,在县西八里,平水出焉。"

② 懿行案:《水经注》云:辅山"高三十许里,上有泉源,不测其深,山顶周员五六里,少草木"。引此经云:"孟门东南有平山,水出于其上,潜于其下。又是王屋之次,疑即平山也。"案郦氏言"上有泉源,不测其深",即此经

云"平水出于其上,潜于其下"是矣。

又东二百里,曰京山。有美玉,多漆木,多竹,其阳有赤铜,其阴有玄碔。①高水出焉,南流注于河。

① 黑砥石也。《尸子》曰:"加玄黄砥,明色非一也。"碔,音竹箓之箓。〇懿行案:"碔"字见《玉篇》,同郭义。

又东二百里,曰虫尾之山。其上多金、玉,其下多竹,多青碧。丹水出焉,南流注于河。薄水出焉,①而东南流注于黄泽。②

① 《淮南子》曰:"薄水出鲜于山。"〇懿行案:《淮南·墬形训》云:"镐出鲜于。"郭引作"薄",或所见本异。
② 懿行案:《穆天子传》云:"东游于黄泽。"盖即此。又《地理志》云:魏郡,"内黄"。应劭云:"黄泽在西。"

又东三百里,曰彭毗之山。其上无草木,多金、玉,其下多水。蚤林之水出焉,①东南流注于河。肥水出焉,而南流注于床水。②其中多肥遗之蛇。

① 音早。
② 懿行案:肥水,当即《诗》之肥泉。床水,未详。

又东百八十里,曰小侯之山。明漳之水出焉,南流注于黄泽。有鸟焉,其状如乌而白文,名曰鸪�,①食之不灂。②

① 姑、习二音。○懿行案：鸹鶆见《玉篇》。

② 不瞧目也。或作"瞜"，音醮。○懿行案：瞧，音樵，俗以偷视为瞧，非也。瞜，音醮，《玉篇》云："目冥也。"

又东三百七十里，曰泰头之山。共水出焉，①南注于虖池。②其上多金、玉，其下多竹箭。

① 音恭。

② 呼、佗二音。下同。

又东北二百里，曰轩辕之山。其上多铜，其下多竹。有鸟焉，其状如枭而白首，其名曰黄鸟，其鸣自詨，食之不妒。①

① 懿行案：《周书·王会篇》云："方扬以皇鸟。"《尔雅》云："皇，黄鸟。"盖皆此经黄鸟也。郭注《尔雅》以为"黄，离留"，误矣。俗人皆言黄莺治妒，而梁武帝以仓庚作膳，为郗氏疗忌，又本此经及《尔雅》注而误也。

又北二百里，曰谒戾之山。①其上多松、柏，有金、玉。沁水出焉，南流注于河。②其东有林焉，名曰丹林。丹林之水出焉，③南流注于河。④婴侯之水出焉，北流注于汜水。⑤

① 今在上党郡涅县。○懿行案：郭注本《地理志》，谒戾山见《水经》。《淮南·墬形训》作"楬戾"，"谒"、"楬"声相近也。山在今山西乐平县。

② 至荥阳县东北入河，或出谷述县羊头山也。○懿行案："谷述"当为"谷远"，字之讹也。《地理志》云：上党郡，"谷远，羊头山世靡谷，沁水所出。"是郭所本也。沁水一名涅水。《地理志》云：上党郡，涅氏，"涅水也。"

颜师古注云:“涅水出焉。”《水经》云:“沁水出上党涅县谒戾山。”注云:“沁水即涅水也,或言出谷远县羊头山世靡谷。”是郦氏合沁、涅为一水也。《地理志》又云:“沁水东南至荥阳入河。”颜师古注云:“今沁水至怀州武陟县界入河。此云至荥阳,疑转写错误。”今案颜氏之说非也。《水经》亦云“至荥阳县北入河”,荥阳在河南,武陟在河北,相去不远,说俱得通。今沁水至河南济源县入河矣。沁水又见《海内东经》。

③ 懿行案:《竹书》云:“周元王六年,丹水三日绝不流。”《地理志》云:高都,莞谷,“丹水所出,东南入泫水”。《水经注》云:丹水“出上党高都县故城东北阜,俗谓之源源水”。引此经云云,“即斯水矣”。又《水经注》引经直作“丹水”,无“林”字。

④ 懿行案:《地理志》云丹水入泫水,又云:泫氏,杨谷,“绝水所出,南至野王入沁”。《水经注》亦云沁水与丹水合。此经云“入河”者,盖丹水合绝水入沁,又入于河也。又《地理志》泫氏应劭注云:“《山海经》泫水所出者也。”今经无泫水,盖脱去之。而《地理志》丹水入泫水,《水经注》引作“入绝水”,未审谁是。

⑤ 懿行案:《水经》“汾水”注引此经,作“婴侯之水出于其阴,北流注于祀水”,云:“水出祀山,其水殊源,共合注于婴侯之水,乱流径中都县南,俗又谓之中都水。”据《水经注》,“氾水”当为“祀水”;又云“出于其阴”,亦与今本异。

东三百里,曰沮洳之山。①无草木,有金、玉。濝水出焉,②南流注于河。③

①《诗》云:“彼汾沮洳。”〇懿行案:《水经注》引此经云:“淇水出沮如山。”是“洳”当为“如”,或古字通。山在今河南辉县。

② 音其。〇懿行案:“濝”即“淇”字。

③ 今淇水出汲郡隆虑县大号山东,过河内县南,为白沟。〇懿行案:

《水经》云："淇水出河内隆虑县西大号山，又东过内黄县南，为白沟。"是郭所本也。《说文》云："淇水出河内共北山，东入河。或曰出隆虑西山。"《地理志》云：河内郡，共北山，"淇水所出，东至黎阳入河"。《晋书·地理志》云：汲郡，共北山，"淇水所出"。"隆虑"作"林虑"也。

又北三百里，曰神囷之山。<sup>①</sup>其上有文石，其下有白蛇，有飞虫。<sup>②</sup>黄水出焉，而东流注于洹。<sup>③</sup>滏水出焉。<sup>④</sup>而东流注于欧水。<sup>⑤</sup>

① 音如仓囷之囷。○懿行案："囷"即仓囷之"囷"，郭氏复音如之，知经文必不作"囷"。《广韵》引作"神箘"，疑是也。据《水经注》，山当在今河南林县，汉之林虑县也。

② 懿行案：《史记·周本纪》云："蜚鸿满野。"索隐引高诱曰："蜚鸿，蠛蠓也，言飞虫蔽日满野，故为灾。"又《后汉书·南蛮传》云："盐神旦即化为虫，与诸虫群飞，掩蔽日光。"亦此类也。

③ 洹水出汲郡林虑县东，北至魏郡长乐入清水。洹，音丸。○懿行案：《地理志》云：河内郡，"隆虑"。应劭注云："隆虑山在北，避殇帝名，改曰林虑也。"《说文》云："洹水在晋、鲁间。"《水经》云："洹水出上党泫氏县东，过隆虑县北。"注云："县有黄水出于神囷之山黄华谷，又东入于洹水也。"又云：洹水"又东径长乐县故城南"。又清水亦见《水经》及注。

④ 懿行案：李善注《魏都赋》引此经，与今本同。《魏志·武帝纪》云："建安九年，公进军，到洹水。"又云："临滏水为营。"即斯水也。

⑤ 滏水今出临水县西釜口山，经邺西北，至列人县，入于漳，其水热。○懿行案：刘逵注《魏都赋》云："漳、滏，二水名，经邺西北，滏水热，故曰滏口。"《水经注》云："滏水出邺西北石鼓山南岩下，泉源奋涌若釜之扬汤矣，其水冬温夏冷。"滏水"又东流注于漳，谓之合口"。据《水经注》，石鼓山当即滏口山之异名也。但此经云"注于欧水"，岂欧水亦即漳水之异名与？

又北二百里,曰发鸠之山。①其上多柘木。②有鸟焉,其状如乌,③文首白喙,赤足,④名曰精卫,其鸣自詨。⑤是炎帝之少女,名曰女娃。⑥女娃游于东海,溺而不返,故为精卫,常衔西山之木石以堙于东海。⑦漳水出焉,⑧东流注于河。⑨

① 今在上党郡长子县西。○懿行案:发鸠山,《淮南子》谓之发包山,《墬形训》云:"浊漳出发包。"高诱注云:"发包山,一名鹿谷山,亦在上党长子县。"《水经注》云:鹿谷山"与发鸠连麓而在南"也。

② 懿行案:《说文》云:"樗木出发鸠山。"是"柘"当为"樗"。《玉篇》云:"柘,亦作樗。"盖同声假借字也。《汉书》音义云:"樗,似樗,叶冬不落。"是樗、樗同类之木。樗见《中次十一经》前山。

③ 懿行案:《太平御览》四十五卷引此经,"乌"作"鸠"。

④ 懿行案:《广韵》引此经,作"白首赤喙"。

⑤ 懿行案:李善注《吴都赋》引此经,作"呼"。

⑥ 炎帝,神农也。娃,恶佳反,语误或作"阶"。○懿行案:李善注《吴都赋》引此经,作"赤帝之女姓姜",误也。《魏都赋》注引此经,仍作"女娃"。是"姓"乃"娃"之讹,"姜"字衍。

⑦ 堙,塞也,音因。○懿行案:"堙",当为"垔",见《说文》。《文选》注引此经,"衔"作"取","堙"作"填"。唯《魏都赋》注引此,仍作"堙"。《列仙传》载炎帝少女追赤松而得仙。是知东海溺魂西山衔石,斯乃神灵之变化,非夫仇海之冤禽矣。女尸之为䔄草,亦犹是也。《艺文类聚》九十二卷引郭氏《赞》云:"炎帝之女,化为精卫。沉形东海,灵爽西迈。乃衔木石,以填攸害。"

⑧ 浊漳,音章。○懿行案:《说文》云:"涷水出发鸠山,入于河,从水,东声。"《水经注》云:"漳水又东,涷水注之。水西出发鸠山,东径余吾县故城南。""又东径屯留县故城北。""其水又东流注于漳。"亦引《说文》涷水为证。然则此经古有二本,许君所见本盖为"涷水",即《说文》及《水经注》所

云是也;桑钦所见本盖为"漳水"。《水经》云:"浊漳水出上党长子县西发鸠山。"即此,郭注所云是也。

⑨ 或曰:"出长子县鹿谷山,而东至邺入清漳。"○懿行案:《地理志》云:上党郡,长子,"鹿谷山,浊漳水所出,东至邺,入清漳"。《说文》亦同,是皆郭注所本。

又东北百二十里,曰少山。<sup>①</sup>其上有金、玉,其下有铜。清漳之水出焉,东流于浊漳之水。<sup>②</sup>

① 今在乐平郡沾县。沾县故属上党。○懿行案:山在今山西乐平县。《水经》云:"清漳水出上党沾县西北少山大要谷。"《说文》同。《地理志》:上党郡,沾,"大黾谷,清漳水所出,东北至阜城入大河"。是大要谷即少山也,乐平郡沾及上党郡并见《晋书·地理志》。又,旧本郭注"沾县"下复有"<sup>(沾)</sup>[沾]县"字,俗本脱。

② 清漳出少山大绳谷,至武安县南暴宫邑入于浊漳。或曰:"东北至邑城,入于大河也。"○懿行案:郭注"绳",盖"黾"字之讹,"黾"又"要"字之讹也。《地理志》北地郡"大要"颜师古注云:"'要'即古'要'字也。"颜本作"要",而今本于上党郡沾县大要谷讹为"大黾谷"。郭氏此注又讹为"大绳谷"矣。《说文》云:"清漳出沾山大要谷,北入河。"以此可证。又郭注"暴宫"当为"黍窨"之讹。《水经》云:"东至武安县南黍窨邑,入于浊漳。"是也。"邑城"当为"阜城"之讹。今本《地理志》上党郡"沾"下亦讹为"邑城"也。阜城县属渤海郡,见汉、晋《地理志》。

又东北二百里,曰锡山。<sup>①</sup>其上多玉,其下有砥。牛首之水出焉,而东流注于滏水。<sup>②</sup>

① 懿行案:《地理志》、《水经注》并作"堵山",或古有二名。《太平寰宇

记》云："磁州武安县有锡山。"引此经。山在今河南武安县。

② 懿行案：《地理志》云：赵国，邯郸，"堵山，牛首水所出"。《水经》"浊漳水"注云："水出邯郸县西堵山，汉景帝时攻赵，围邯郸，引牛首拘水灌城。"

又北二百里，曰景山。<sup>①</sup>有美玉。景水出焉，东南流注于海泽。<sup>②</sup>

① 懿行案：高诱注《淮南·墬形训》云："景山在邯郸西南。"
② 懿行案：《淮南·墬形训》云："西北方曰海泽。"

又北百里，曰题首之山。有玉焉，多石，无水。
又北百里，曰绣山。其上有玉、青碧，其木多栒，<sup>①</sup>其草多芍药、芎藭。<sup>②</sup>洈水出焉，而东流注于河。<sup>③</sup>其中有鳠、<sup>④</sup>黾。<sup>⑤</sup>

① 木中杖也，音荀。○懿行案：郭注未详所本。《说文》有"栒"，云："杶也。"又有"桺"，云："大木，可为锄柄。"疑皆非郭义。《本草经》有"栒核"，《别录》云："味苦，疗水身、面痈肿。"盖即此木也。《说文》云："枝，翰也，可为杖。"
② 芍药，一名辛夷，亦香草属。○懿行案：《广雅》云："挛夷，芍药也。"张揖注《上林赋》云："留夷，新夷也。""新"与"辛"同，"留"、"挛"声转。王逸注《楚词·九歌》云："辛夷，香草也。"是挛夷即留夷，《离骚》之留夷又即《九歌》之辛夷，与芍药正一物也。郭注本《广雅》及《楚词》。
③ 懿行案：《水经》有洈水，出马岭山，入颍，非此。
④ 鳠，似鮎而大，白色也。○懿行案：《尔雅》云："鮧，大鳠。"郭注与

119

此同。

⑤ 鼀黾，似虾蟆，小而青。或曰："鰀、黾一物名耳。"○懿行案："鼀"，当为"耿"字之讹。耿黾见《秋官·蝈氏》注，亦见《尔雅》。

又北百二十里，曰松山。①阳水出焉，②东北流注于河。

① 懿行案：毕氏云："疑即今山西襄垣县好松山。"

② 懿行案：毕氏云："《地形志》云：上党，屯留，'有阳水，原出三想山，东流，合平台水，东南入绛水'。"

又北百二十里，曰敦与之山。①其上无草木，有金、玉。滏水出于其阳，②而东流注于泰陆之水。③泜水出于其阴，④而东流注于彭水。⑤槐水出焉，而东流注于泜泽。⑥

① 懿行案：山在今直隶临城县西南。《太平寰宇记》引此经，作"敦舆山"。

② 音悉各反。○懿行案：《玉篇》云："滏，所格切，水名。"

③ 大陆水，今巨鹿北广平泽即其水。○懿行案："广平"当为"广阿"，字之误也。《尔雅》"十薮"，晋有大陆，郭注云："今巨鹿北广阿泽是也。"然今《尔雅》注"阿"复误作"河"。《吕氏春秋》"九薮"，赵之巨鹿，高诱注云："广阿泽也。"《地理志》云：巨鹿郡，巨鹿，"《禹贡》大陆泽在北。又有广阿"。刘昭注《郡国志》亦同。

④ 音抵，肆也。○懿行案："泜"字，晋灼音邸，与郭音同。苏林音祇，与《地理志》同。

⑤ 今泜水出中丘县西穷泉谷，东注于堂阳县，入于漳水。○懿行案：《说文》云："泜水在常山。"《地理志》云：常山郡，元氏，"沮水，首受中丘西山穷泉谷，东至堂阳入黄河。"又：中丘，"逢山长谷，诸水所出，东至张邑入浊

漳。"是郭所本也。诸水即泜水矣。《隋书·地理志》云房子,有彭水。案《史记·陈馀传》索隐引此郭注云:"泜水出常山中丘县。"今本脱"常山"二字。

⑥懿行案:《说文》云:"济水出常山房子赞皇山,东入泜。"《地理志》云:常山郡,房子,"赞皇山,石济水所出,东至廮陶入泜"。是济水即槐水矣。

又北百七十里,曰柘山。其阳有金、玉,其阴有铁。历聚之水出焉,而北流注于洧水。

又北三百里,曰维龙之山。其上有碧玉,其阳有金,其阴有铁。肥水出焉,而东流注于皋泽。其中多礨石。①敞铁之水出焉,而北流注于大泽。

①未详也,音雷。或作"礨硙"。礨,大石貌,或曰:"石名。"○懿行案:《玉篇》云:"礌,不平也。"又云:"礌,硙石。"与郭义近。"礌"、"礨"字通也。又《汉书·晁错传》云:"具蔺石。"服虔注云:"蔺石,可投人石也。"如淳注云:"蔺石,城上雷石也。""蔺"、"礨"声转,"礨"、"雷"声近,疑礨石即雷石矣。

又北百八十里,曰白马之山。①其阳多石、玉,其阴多铁,多赤铜。木马之水出焉,②而东北流注于虖沱。③

①懿行案:山在今山西盂县北。《元和郡县志》云:盂县,"白马山在县东北六十里"。
②懿行案:木马水即俗谓牧马水也,在盂县东,北至定襄入虖沱。
③呼、佗二音。

又北二百里，曰空桑之山。①无草木，冬夏有雪。空桑之水出焉，东流注于虖沱。②

① 上已有此山，疑同名也。○懿行案：《东经》有此山，此经已上无之。检此篇《北次二经》之首自管涔之山至于敦题之山，凡十七山，今才得十六山，疑经正脱此一山也。经内空桑有三，上文脱去之。空桑盖在莘、虢间，《吕氏春秋》《古史考》俱言尹产空桑，是也。此经空桑盖在赵、代间，《归藏·启筮》言"蚩尤出自羊水，以伐空桑"是也。兖地亦有空桑，见《东山经》。

② 音佗。○懿行案：《藏经》本无郭注"音佗"二字。

又北三百里，曰泰戏之山。①无草木，多金、玉。有兽焉，其状如羊，一角一目，目在耳后，其名曰辣辣，②其鸣自訆。虖沱之水出焉，③而东流注于溇水。④液女之水出于其阳，南流注于沁水。⑤

① 懿行案：毕氏云："山在今山西繁畤县西。"《淮南·墬形训》云："虖沱出鲁乎。"《说文》云："㴲水起雁门葰人戍夫山。"《元和郡县志》云：繁畤县"泰戏山，一名武夫山，在县东南九十里"。《太平寰宇记》云：繁畤县"泰戏山，今曰㴲山"。又云："虖沱河源出东南孤阜山。"据此，则"戏"字当读如呼，《说文》本从虘声，"泰戏"、"鲁乎"、"戍夫"、"武夫"、"孤阜"皆声相近，字之异也。

② 音屋栋之栋。○懿行案：《玉篇》"辣"字云："泰山有兽，状如牛，一角。"疑"泰"下脱"戏"字；又"羊"为"牛"，或字之讹也。《广韵》引此经，作"秦戏山"，余同，"辣，音东，又音陈"。吴氏引杨慎《奇字韵》云："辣辣，今产于代州雁门谷口，俗呼为构子，见则岁丰，音东，见《晋志》。"今案《代州志》，"构"作"耩"，误也。

③ 今虖沱水出雁门卤成县南武夫山。○懿行案：虖沱又见《海内东

经》。《地理志》云：勃海郡，成平，"虖池河，民曰徒骇河"。盖语声之转也。《郡国志》云：雁门郡，"卤城"。刘昭注引此经，作"呼沱"。经典或作"恶池"，或作"亚驰"，并声近假借之字。郭注"卤成"，"成"当为"城"。

④ 音楼。○懿行案：《地理志》云：代郡，卤城，"虖池河东至参合，入虖池别"。疑虖池别流即溇水矣。

⑤ 液，音悦怿之怿。○懿行案：泰戏山在繁畤，沁水在沁源，南北遥阻，无缘有水相注，疑经文误。此云"液女"，下文直云"液水"。


又北三百里，曰石山。多藏金、玉。① 濩濩之水出焉，② 而东流注于虖沱。鲜于之水出焉，而南③流注于虖沱。


① 懿行案："藏"，古字作"臧"，善也。《西次三经》槐江之山"多藏黄金、玉"，义与此同。

② 濩，音尺蠖之蠖。

③ 懿行案：吴氏本"南"上有"西"字。


又北二百里，曰童戎之山。皋涂之水出焉，而东流注于溇液水。

又北三百里，曰高是之山。① 滋水出焉，② 而南流注于虖沱。其木多棕，其草多条。③ 滱水出焉，④ 东流注于河。⑤


① 今在北地灵丘县。○懿行案：在县西北，《水经》作"高氏"。又案《晋书·地理志》，北地郡无灵丘，代郡下亦无之；《汉志》代郡下则有。

② 音兹。○懿行案：《说文》云："滋水出牛饮山白陉谷，东入呼沱。"《地理志》云：常山郡，南行唐，"牛饮山白陆谷，滋水所出，东至新市入虖池"。《郡国志》云：南行唐，"有石白谷"。谷名三书皆异，未知其审。

③ 懿行案：条草未详。或说以《尔雅》"葆菭"，恐非。

④ 音寇。○懿行案：《说文》云："滱水起北地灵丘，东入河。"滱水即沤夷水，并州川也。《水经》云："滱水出代郡灵丘县高氏山。"注云："即温夷之水也，出县西北高氏山。"引此经云云。

⑤ 过博陵县南，又东北入于易水。○懿行案：《地理志》云：代郡，灵丘，"滱河东至文安入大河"。《说文》亦云"东入河"，与此经合。《水经》云："滱水东过博陵县南，又东北入于易。"注云："东北至长城，注于易水也。"与郭注合。今案滱水自入易水，易水复不通河流，经言注河，未知其审。

又北三百里，曰陆山。多美玉。姹水出焉，①而东流注于河。

① 或作"郏水"。○懿行案："姹"字，《说文》、《玉篇》、《广韵》俱无之。严可均曰："《说文》云：'黄帝娶于姜水。'"

又北二百里，曰沂山。①般水出焉，②而东流注于河。

① 音祈。

② 音盘。○懿行案：《地理志》云：平原郡，般，"说者云即《尔雅》九河钩般也"。《元和郡县志》云：棣州阳信县，"钩盘河经县北四十里"。

北百二十里，曰燕山。①多婴石。②燕水出焉，东流注于河。

① 懿行案：《隋书·地理志》云无终有燕山，疑非此。

② 言石似玉，有符彩婴带，所谓燕石者。○懿行案："婴"，疑"燕"声之

转,未必取婴带为义。《水经注》云:"圣水又东径玉石山,谓之玉石口,山多珉玉、燕石,故以玉石名之。"是燕石出玉石山,将玉石山即燕山之异名与?而与《水经》"鲍(止)[丘]水"注无终之燕山似异,此盖别一山也。

又北山行五百里,水行五百里,至于饶山。①是无草木,多瑶碧,其兽多橐驼,②其鸟多鶹。③历虢之水出焉,而东流注于河。其中有师鱼,食之杀人。④

① 懿行案:《尔雅》释文引《字林》云:"駹驼出绕山。"疑"饶"、"绕"古字通也。《初学记》二十九卷引此经云:"阳光之山,兽多橐驼。"经无"阳光山",疑亦"饶山",字之误衍也。

② 懿行案:橐驼,已见"虢山"。

③ 未详。或曰:"鶹,鵂鶹也。"○懿行案:鵂鶹即鸱久,《尔雅》谓之"怪鸱"。《广雅》又云:"鶹鵂,飞鸓也,别一物即鼯鼠也。"

④ 未详。或作"鲵"。○懿行案:"师",《玉篇》作"鰤",非也。郭云"或作鲵"者,"师"、"鲵"声之转。鲵即人鱼也,已见上文。《酉阳杂俎》云:"峡中人食鲵鱼,缚树上,鞭至白汁出,如构汁方可食,不尔有毒也。"正与此经合。

又北四百里,曰乾山。无草木,其阳有金、玉,其阴有铁而无水。有兽焉,其状如牛而三足,其名曰獂,①其鸣自詨。

① 懿行案:"獂",当为"豲",见《说文》。《藏经》本"獂"下有"音元"二字。

又北五百里,曰伦山。伦水出焉,而东流注于河。有兽焉,其状如麋,其川在尾上,①其名曰羆。②

① 川,窍也。○懿行案:《尔雅》云:"白州,驠。"郭注云:"州,窍。"是州、川其义同。《广雅》云:"川,臀也。"本此。王引之曰:"'川'似当为'州',字形相近而误。"

② 懿行案:《藏经》本作"罴九",郭氏《图赞》亦作"罴九"。疑经文"罴"下有"九"字,今本脱去之。

又北五百里,曰碣石之山。① 绳水出焉,而东流注于河。② 其中多蒲夷之鱼。③ 其上有玉,其下多青碧。

① 《水经》曰:"碣石山今在辽西临渝县南水中。"或曰:"在右北平骊城县海边山。"○懿行案:《地理志》云:右北平郡,骊成,"大揭石山在县西南"。今直隶抚宁、昌黎二县是其地。郭引《水经》,今无考。《水经注》云:"河之入海,旧在碣石。今(用)[川]流所导,非禹渎也。""故张君云:'碣石在海中。'盖沦于海水也。"

② 懿行案:《地理志》辽西郡、临渝有絫,云:"又有揭石水。"疑揭石水即绳水也。《水经》"河水"注引此经云云。刘昭注《郡国志》引此经,作"编水",疑误。

③ 未详。○懿行案:蒲夷鱼疑即冉遗鱼也,已见《西次四经》。《玉篇》有"鰋鮧",《日华本草》有"胡夷鱼",即河豚,并非此。

又北水行五百里,至于雁门之山。① 无草木。

① 雁门山即北陵西隃,雁之所出,因以名云,在高柳北。○懿行案:北陵西隃,见《尔雅》。雁门山,雁出其间,在高柳北,见《海内西经》。山在今山西代州东北。又案经不言此山有水,而《北次二经》梁渠之山有修水,东流注于雁门,郭云"水名";《北山经》首少咸之山有敦水,东流注于雁门之水,郭云"水出雁门山间"。是此山有水明矣。《水经》"㶟水"注引《山海经》

曰:"雁门之水出于雁门之山。"盖古本有此经文,今脱去之。

又北水行四百里,<sup>①</sup>至于泰泽。<sup>②</sup>其中有山焉,曰帝都之山,广员百里。<sup>③</sup>无草木,有金、玉。

① 懿行案:王崇庆《山海经释义》云:"凡此皆在晋地,环晋皆山,恐无水行四百里者。然雁门山亦曰'水行五百里',岂禹治水时事与?"

② 懿行案:泰泽即大泽也。大泽方百里,群鸟所生及所解,在雁门北,见《海内西经》。

③ 懿行案:山疑即委羽之山也,崇巇参云,日月亏蔽,在雁门北,见《淮南·墬形训》。

又北五百里,曰锌于毋逢之山,北望鸡号之山,<sup>①</sup>其风如飚,<sup>②</sup>西望幽都之山,<sup>③</sup>浴水出焉。<sup>④</sup>是有大蛇,赤首白身,其音如牛,见则其邑大旱。

① 懿行案:《说文》、《玉篇》引此经,并作"惟号之山"。

② 飚,急风貌也,音庚。或云:"飘风也。"○懿行案:"飚",俗字也,《说文》、《玉篇》引此经,并作"劦"。《说文》云:"劦,同力。"《玉篇》云:"急也。"《文选·江赋》注引此注,与今本同。

③ 懿行案:幽都之山在北海之内,见《海内经》。

④ 浴,即黑水也。○懿行案:"浴"下疑脱"水"字。郭知浴水即黑水者,据《海内经》"幽都之山,黑水出焉"而为说也。《夏小正》云:"黑鸟浴。"疑"浴"当训黑,正与此义合,说者失之耳。

凡《北次三经》之首,自太行之山以至于无逢<sup>①</sup>之山,凡

四十六山，<sup>②</sup>万二千三百五十里。<sup>③</sup>其神状皆马身而人面者
廿神，<sup>④</sup>其祠之：皆用一藻茝，瘗之；<sup>⑤</sup>其十四神状皆彘身而
载玉，<sup>⑥</sup>其祠之：皆玉，不瘗；<sup>⑦</sup>其十神状皆彘身而八足蛇尾，
其祠之：皆用一璧，瘗之。大凡四十四神，<sup>⑧</sup>皆用稌糈米祠
之，此皆不火食。<sup>⑨</sup>

　① 懿行案：无逢即母逢也，"母"、"无"古音同。
　② 懿行案：今四十七山。
　③ 懿行案：今一万二千四百四十里。
　④ 懿行案：古锺鼎文"二十"，字皆作"廿"。
　⑤ 藻，聚藻。茝，香草，兰之类，音昌代反。○懿行案：藻，聚藻，见《毛
诗》；茝，香草，见《内则》。
　⑥ 懿行案："载"亦"戴"也，古字通。
　⑦ 不薶所用玉也。
　⑧ 懿行案：四十六山，其神乃止四十四，盖有摄山者。
　⑨ 懿行案：其山北人皆生食不火之物，已见《北山经》首。


　　右北经之山志，凡八十七山，<sup>①</sup>二万三千二百三十里。<sup>②</sup>

　① 懿行案：今八十八山。
　② 懿行案：当二万三千五百三十里，今则二万四千二百六十里。

# 山海经第四

# 东 山 经

《东山经》之首曰樕螽之山，<sup>①</sup>北临乾昧。<sup>②</sup>食水出焉，而东北流注于海。其中多鱅鱅之鱼，<sup>③</sup>其状如犂牛，<sup>④</sup>其音如彘鸣。

① 速、株二音。○懿行案：《广韵》云：“樕株，山名。”疑即“樕螽”之异文。

② 亦山名也，音妹。○懿行案：《东次四经》之首曰：北号之山，“食水出焉，而东北流注于海”。与此互证，是北号即乾昧矣。

③ 音容。○懿行案：《史记》裴骃集解引郭氏云：“鱅，似鲢而黑。”非此也。《说文》云：“鱅，鱼名。”又云：“鰅，鱼皮有文，出乐浪东暆。神爵四年，初捕收输考工。周成王时扬州献鰅。”《周书·王会篇》云：“扬州禺禺鱼，名解隃冠。”“禺禺”即“鰅鰅”声之转，古字通也。《史记·司马相如传》有“禺禺”，徐广云：“禺禺，鱼牛也。”郭氏注《上林赋》云：“鰅鱼有文彩。”又云：“禺禺，鱼皮有毛，黄地黑文。”与《说文》“鰅，鱼皮有文”合。徐广谓之“鱼牛”，即此经“状如犂牛”是也。《说文》云“出乐浪东暆”，亦与此经合。《艺文类聚》九卷引《博物志》云：“东海中有牛鱼，其形如牛，剥其皮悬之，潮水至则毛起，潮去则伏。”即是鱼也。

④ 牛似虎文者。○懿行案：郭氏注《上林赋》云：“禺禺，鱼皮有毛，黄地黑文。”与此注“似虎文”义合。《魏志·文帝纪》注引《献帝传》云：“犂牛之駮似虎。”正谓此也。《太平御览》九百三十九卷引此经《图赞》曰：“鱼号

129

鳙鳙,如牛虎骹。"犁牛即留牛,见《南山经》柢山。

又南三百里,曰蔍山。①其上有玉,其下有金。湖水出焉,东流注于食水。②其中多活师。③

① 音诔。

② 懿行案:《地理志》云:右北平郡,俊靡,"㶟水南至无终,东入庚"。《说文》亦同。疑蔍山因㶟水为名,"㶟"、"蔍"声同,㶟水即湖水,庚水即食水矣,俟考。

③ 科斗也。《尔雅》谓之"活东"。○懿行案:虾蟆叫而生子,其声聑聑,谓之聑子。"活师"、"聑子"声相近,"科斗"、"活东"亦音相转也。

又南三百里曰枸状之山。①其上多金、玉,其下多青碧石。有兽焉,其状如犬,六足,其名曰从从,其鸣自詨。有鸟焉,其状如鸡而鼠毛,②其名曰蚩鼠,③见则其邑大旱。汜水出焉,④而北流注于湖水。其中多箴鱼,其状如儵,⑤其喙如箴,⑥食之无疫疾。

① 懿行案:《广韵》云:"汜水出拘扶山。"此作"枸状",字形相似,未审谁是。

② 懿行案:"毛",《说文》作"尾"。

③ 音咨。○懿行案:"蚩",《说文》作"鴜",云:"鴜鼠似鸡,鼠尾。"《玉篇》云:"蚩,虫也。"

④ 音枳。○懿行案:《玉篇》云:"汜,水名。"

⑤ 懿行案:"儵"即"鯈"字。

⑥ 出东海,今江东水中亦有之。○懿行案:今登莱海中有箴梁鱼,碧

色而长,其骨亦碧,其喙如箴,以此得名。《太平御览》九百三十九卷引《南楚记》云:"箴鱼,口四寸。"

又南三百里,曰勃垒之山。[1]无草木,无水。

① 懿行案:"垒",篆文"齐"字,见《说文》。

又南三百里,曰番条之山。无草木,多沙。减水出焉,[1]北流注于海。其中多鳡鱼。[2]

① 音同减损之减。〇懿行案:"减"即"减损"之字,何须用音,知经文必不作"减",未审何字之讹。

② 一名黄颊。音感。〇懿行案:鳡,一名魠。《说文》云:"魠,哆口鱼也。"《广雅》云:魱、魧、鳒,"魠也"。《玉篇》云:"魠,黄颊鱼。"郭氏注《上林赋》云:"魠,鳡也。一名黄颊。"与此注合。又谓之"鲿",《小雅·鱼丽篇》毛传云:"鲿,杨也。"陆机《疏》云:"今黄颊鱼也,似燕头鱼,身形厚而长大,颊骨正黄。鱼之大而有力解飞者,徐州人谓之杨黄。"颊,通语也,今江东呼黄鲿鱼,亦名黄颊鱼,尾微黄,大者长尺七八寸许。

又南四百里,曰姑儿之山。其上多漆,其下多桑、柘。姑儿之水出焉,北流注于海。其中多鳡鱼。

又南四百里,曰高氏之山。其上多玉,其下多箴石。[1]诸绳之水出焉,[2]东流注于泽。其中多金、玉。

① 可以为砥针,治痈肿者。〇懿行案:"砥",当为"砭"字之讹。《南史·王僧孺传》引此注,作"可以为砭针",是也。《说文》云:"砭,以石刺病

也。"《素问》云:"东方之域,其病为痈疡,其治宜砭石。"是砭石正东方所出也。又此云"箴石",《史记·扁鹊传》有"镵石"。"镵"、"箴"声相近,然非一物也。《淮南·说山训》云:"病者寝席,医之用针石。"高诱注云:"石针所砥,弹人痈痤,出其恶血者也。"

② 懿行案:《水经注》云:渑水"出营城东","西北入时水"。疑即此。

又南三百里,曰岳山。其上多桑,其下多樗。泺水出焉,①东流注于泽。其中多金、玉。

① 音乐。○懿行案:《说文》云:"泺,齐、鲁间水也。"《水经注》云:泺水"出历城县故城西泉源上","北入于济,谓之泺口"。计其道里,疑非此。

又南三百里,曰犲山。①其上无草木,其下多水,其中多堪㐌之鱼。②有兽焉,其状如夸父③而彘毛,其音如呼,见则天下大水。

① 懿行案:"犲"即"豺"别字。

② 未详,音序。○懿行案:《玉篇》"㐌"从子从予,不从二予。

③ 懿行案:夸父即举父也,已见《西山经》崇吾之山、《北川经》梁渠之山。

又南三百里,曰独山。其上多金、玉,其下多美石。末涂之水出焉,而东南流注于沔。其中多䲠䗁,①其状如黄蛇,鱼翼,出入有光,见则其邑大旱。

① 条、容二音。○懿行案:郭氏《江赋》云:"䲠䗁拂翼而掣耀。"李善注

引此经;《玉篇》有"傜"字,亦引此经,并与今本同。

又南三百里,曰泰山。<sup>①</sup>其上多玉,其下多金。<sup>②</sup>有兽焉,其状如豚而有珠,名曰狪狪,<sup>③</sup>其鸣自訆。环水出焉,<sup>④</sup>东流注于江。<sup>⑤</sup>其中多水玉。

① 即东岳岱宗也,今在泰山奉高县西北,从山下至顶,四十八里三百步也。○懿行案:泰山郡奉高,见汉、晋《地理志》。山在今山东泰安县北。《史记·秦始皇本纪》正义引此注,作"百四十八里","百"字当为衍文,故刘昭注《祭祀志》引此注,作"四十八里二百步",亦无"百"字。《初学记》引《汉官仪》及《泰山记》亦云:"自下至古封禅处,凡四十里。"

② 懿行案:《史记·秦始皇本纪》正义引此,"玉"作"石"。今案作"石"是也,泰山下既多砥砺。又《本草经》紫、白二石英俱生泰山。《魏志·高堂隆传》云:"凿泰山之石英。"正谓此也。

③ 音如吟恫之恫。○懿行案:《玉篇》云:"狪,似豕,出泰山。"又"狪"云:"兽名。"《广韵》"狪"、"狪"俱云:"兽名,似豕,出泰山。"是知古本作"狪",或作"狪"。今本作"狪",皆一字也。郭云"音如吟恫之恫",疑"吟"当为"呻"字之讹。《匡谬正俗》云:"关中谓呻吟为呻恫。"

④ 懿行案:《水经注》云:"汶水又南合北汶水","水东南流,径泰山东,又合天门下溪水。水出泰山天门下谷"。东南流,"又合环水,水出泰山南溪。南流,历中、下两庙间"。"其水又屈而东流","入于汶水"。引此经云云。

⑤ 一作"海"。○懿行案:当作"汶"。《水经注》引此经,作"注于汶"。

又南三百里,曰竹山,锦于江。<sup>①</sup>无草木,多瑶碧。激水出焉,而东南流注于娶檀之水。其中多茈蠃。<sup>②</sup>

① 一作"涯"。○懿行案："江"亦当作"汶"。竹山当即蜀山,在今汶上县,独立波心,故名曰"蜀"。

② 懿行案："蠃"当为"蠃"字之讹。芘蠃,紫色蠃也。

凡《东山经》之首,自樕螽之山以至于竹山,凡十二山,三千六百里。<sup>①</sup>其神状皆人身龙首,祠:毛用一犬祈,聊用鱼。<sup>②</sup>

① 懿行案:今才三千五百里。

② 以血涂祭为聊也。《公羊传》云:"盖叩其鼻以聊社。"音钓饵之饵。○懿行案:《玉篇》云:"以牲告神,欲神听之曰聊。"此说与郭异。据郭注,"聊"疑当为"衈",《玉篇》云:"耳血也。"《礼·杂记》云:"其衈皆于屋下。"郑注云:"衈,谓将刲割牲以衅,先灭耳傍毛荐之。"郭引《公羊传》者,僖十九年文。然《传》云"盖叩其鼻以血社",不作"衈"字。《穀梁传》正作"叩其鼻以衈社",范宁注云:"衈者,衅也。"是郭此注当由误记,故竟以《穀梁》为《公羊》耳。

《东次二经》之首曰空桑之山,<sup>①</sup>北临食水,<sup>②</sup>东望沮吴,南望沙陵,西望湣泽。<sup>③</sup>有兽焉,其状如牛而虎文,<sup>④</sup>其音如钦,<sup>⑤</sup>其名曰軨軨,<sup>⑥</sup>其鸣自叫,见则天下大水。

① 此山出琴瑟材,见《周礼》也。○懿行案:此充地之空桑也。《淮南·本经训》云:"共工振滔洪水以薄空桑。"高诱注云:"空桑,地名,在鲁也。"《思玄赋》旧注云:"少暤金天氏居穷桑,在鲁北。"《太平寰宇记》引干宝云:"徵在生孔子于空桑之地,今名孔窦,在鲁南山之穴。"郭引《周礼》者,《春官·大司乐》文。

② 懿行案：食水，已见篇首橄蠡山。

③ 音旻。○懿行案："潣"，疑即"汶"字之异文。

④ 懿行案：上文"状如犁牛"，郭注云："牛似虎文者。"

⑤ 或作"吟"。

⑥ 音灵。

又南六百里，曰曹夕之山。其下多谷而无水，多鸟兽。

又西南四百里，曰峄皋之山。①其上多金、玉，其下多白垩。峄皋之水出焉，东流注于激女之水。②其中多蜃、珧。③

① 音亦。○懿行案：《尔雅》云："山属者峄。"

② 懿行案：《尔雅》疏引此经，作"激汝之水"；《玉篇》同。

③ 蜃，蚌也。珧，玉珧，亦蚌属。肾、遥两音。○懿行案：《尔雅》云："蜃，小者珧。"郭注云："珧，玉珧，即小蚌也。"

又南水行五百里，流沙三百里，至于葛山之尾。无草木，多砥、砺。

又南三百八十里，曰葛山之首。无草木。澧水出焉，①东流注于余泽。其中多珠鳖鱼，②其状如肺而有目，③六足有珠，④其味酸甘，食之无疠。⑤

① 懿行案：《吕氏春秋·本味篇》作"醴水"。

② 音鳖。○懿行案：《吕氏春秋》作"朱鳖"，郭氏《江赋》作"赪鳖"。是经文"珠"、"朱"、"鳖"、"鳖"并古字通用。

③ 懿行案：此物图作四目。《初学记》八卷引《南越志》云："海中多朱鳖，状如肺，有四眼六脚而吐珠。"正与图合。疑此经"有目"当为"四目"，字

之讹也。《文选·江赋》注引此经，仍作"有目"讹与今本同，并当刊正。

④懿行案：《吕氏春秋·本味篇》云："六足，有珠百碧。""百碧"，疑"青碧"，字之讹也。高诱注云："有珠如蛟皮。""蛟"当为"鲛"，皮有珠文。但郭氏《江赋》云："赪蟞胇跃而吐玑。"《南越志》亦云："朱蟞吐珠。"高诱以为皮有珠，盖非也。

⑤无时气病也。《吕氏春秋》曰："澧水之鱼，名曰朱蟞，六足有珠"，鱼之美也。○懿行案：《太平御览》九百三十九卷引此经《图赞》云："澧水之鳞。状如浮肺。体兼三才，以货贾害。厥用既多，何以自卫。"


又南三百八十里曰余峨之山。①其上多梓、枏，其下多荆、芑。②杂余之水出焉，东流注于黄水。有兽焉，其状如菟而鸟喙，鸱目蛇尾，见人则眠，③名曰犰狳，④其鸣自訆，见则螽蝗为败。⑤


①懿行案：《广韵》引此经，"峨"作"我"。

②懿行案：《南山经》虖勺之山"下多荆杞"，此经作"芑"，同声假借字也，下文并同。

③言佯死也。○懿行案："眠"，依字当为"瞑"。

④仇、余二音。○懿行案：《玉篇》"犰"、"狳"二字并云："兽似兔。"犰音几，无"犰"字。是经文"犰"当为"犰"，郭注"仇"当为"几"，并字形之讹也。《广韵》"犰"字注云："兔喙。"盖脱"鸟"字。

⑤螽，蝗类也，言伤败田苗，音终。○懿行案：《说文》云："蝗，螽也。""螽，蝗也。"以为一物。据此，又似二种。《太平御览》九百十三卷引此经，"螽"作"虫"。


又南三百里，曰杜父之山。无草木，多水。

又南三百里，曰耿山。无草木，多水碧，①多大蛇。有兽

焉,其状如狐而鱼翼,其名曰朱獳,②其鸣自訆,见则其国
有恐。

① 亦水玉类。○懿行案:李善注《江赋》引此经及郭注,并与今本同;
又注谢灵运《入彭蠡湖口诗》及注江淹《杂体诗》并引此经郭注云:"碧,亦玉
也。"与今本异。又经言"水碧"生于山间,谢灵运诗云:"水碧辍流湿。"江淹
诗云:"凌波采水碧。"并与经不合。

② 音儒。○懿行案:《说文》云:"獳,需声,读若樗。"与郭音异。然云
"需声",则与儒音相近。《乐记》云:"朱儒獶杂。"盖獶是狝猴,朱儒似狐。
《乐记》所言皆兽名也,正与此经义合。

又南三百里,曰卢其之山。①无草木,多沙石。沙水出
焉,南流注于涔水。其中多鹈鹕,②其状如鸳鸯而人足,③其
鸣自訆,④见则其国多土功。

① 懿行案:《太平御览》九百二十五卷引此经,"卢其"作"宪期"。
② 音黎。
③ 今鹈胡足颇有似人脚形状也。○懿行案:《御览》引此经,作"鹈
鹕"。"鹈"、"鹈"声相近也。鹈鹕,见《尔雅》。陆机《诗疏》又名"淘河",即
"鹈鹕"声之转。《魏志》:黄初四年,有鹈鹕鸟集灵芝池,诏曰:"此诗人所谓
'污泽'是也。"

④ 懿行案:《御览》引"訆"作"呼"。

又南三百八十里,曰姑射之山。①无草木,多水。

① 懿行案:《庄子·逍遥游篇》云:"藐姑射之山,汾水之阳。"《隋书·

地理志》云：临汾，"有姑射山，山在今山西平阳府西"。又案已下三山，俱名"姑射"，但分南、北耳，皆山在中国者。《海内北经》有列姑射，有姑射国，俱地在远裔者。

又南水行三百里，流沙百里，曰北姑射之山。无草木，多石。

又南三百里，曰南姑射之山。无草木，多水。

又南三百里，曰碧山。无草木，多大蛇，多碧水玉。

又南五百里，曰缑氏之山。[①]无草木，多金、玉。原水出焉，东流注于沙泽。

① 一曰侠氏之山。○懿行案："侠"即"缑"声之转。"缑"本或作"维"，误。《地理志》云：河南郡，"缑氏"。盖县因山为名也。

又南三百里，曰姑逢之山。无草木，多金、玉。有兽焉，其状如狐而有翼，其音如鸿雁，其名曰獙獙，[①]见则天下大旱。

① 音毙。○懿行案："毙"、"弊"同。经文"獙"即"弊"字异文。《玉篇》作"獘"，云："兽名。"即此。

又南五百里，曰凫丽之山。其上多金、玉，其下多箴石。有兽焉，其状如狐而九尾九首，[①]虎爪，名曰蠪姪，[②]其音如婴儿，是食人。

① 懿行案：《广韵》说"蠪蛭"，无"九首"二字，余并同。

② 龙、蛭二音。○懿行案：《中次二经》昆吾之山有兽名曰"蠪蚳"，郭云"上已有此兽，疑同名。"是此经"蛭"当为"蛭"，注文"蛭"当为"蛭"，并传写之误也。《广韵》作"蠪蛭"可证，又云"一名蜙蠪"。

又南五百里，曰硬山，①南临硬水，东望湖泽。有兽焉，其状如马而羊目，②四角牛尾，其音如獠狗，其名曰峳峳，③见则其国多狡客。④有鸟焉，其状如凫而鼠尾，善登木，其名曰絜钩，见则其国多疫。

① 音一真反。○懿行案：《玉篇》云："硬，音真，石山。"盖即此。郭注"一"、"反"二字疑衍，《中次十一经》注可证。

② 懿行案：《藏经》本"目"作"首"。

③ 音攸。○懿行案：《说文》、《玉篇》无"峳"字，疑"峳"当为"莜"，古从"艸"之字或从"屮"，"屮"亦"艸"也。《海内经》有菌狗，即菌狗，亦其例。

④ 狡，狡猾也。

凡《东次二经》之首，自空桑之山至于硬山，凡十七山六千六百四十里。其神状皆兽身人面，载觡，①其祠：毛用一鸡祈，婴用一璧瘗。

① 麋鹿属，角为觡，音格。○懿行案：载，亦戴也。《说文》云："觡，骨角之名也。"郑注《乐记》云："无鳃曰觡。"《说文》云："鳃，角中骨也。"《史记·乐书》索隐云："牛羊有鳃曰角，麋鹿无鳃曰觡。"

又《东次三经》之首曰尸胡之山，北望羊山。①其上多金、玉,其下多棘。有兽焉,其状如麇而鱼目,名曰<ruby>㺩<rt>①</rt></ruby>胡,<sup>②</sup>其鸣
自詷。<sup>③</sup>

① 音详。○懿行案:《玉篇》云:"殍,女鬼也。"非此。

② 音婉。○懿行案:《玉篇》云:"㺩,同婉。"

③ 懿行案:嘉庆五年,册使封琉球归,舟泊马齿山下,人进二鹿,毛浅
而小眼,似鱼眼。使者著记,谓是海鱼所化。余以经证之,知是㺩胡也。沙
鱼化麇,海人常见之,非此。


又南水行八百里,曰岐山。其木多桃、李,其兽多虎。

又南水行五百里,曰诸钩之山。无草木,多沙石。是山
也,广员百里,多寐鱼。<sup>①</sup>

① 即鮇鱼,音味。○懿行案:鮇鱼,今未详。《玉篇》云:"鮇,音未,鱼
名。"与郭义合。又有"鮇"字,与"鳂"同,非此也。


又南水行七百里,曰中父之山。无草木,多沙。

又东水行千里,曰胡射之山。无草木,多沙石。

又南水行七百里,曰孟子之山。<sup>①</sup>其木多梓、桐,多桃、
李,其草多菌蒲,<sup>②</sup>其兽多麇、鹿。是山也,广员百里。其上
有水出焉,名曰碧阳。<sup>③</sup>其中多鳖、鲔。<sup>④</sup>

① 懿行案:毕氏据《藏经》本作"孟于"。

② 未详,音胭脂之胭。○懿行案:"胭"当从目旁,作"睴",音窘。"脂",
未闻。《艺文类聚》八十二卷引此经,无"菌"字。

③ 懿行案:《开元占经》一百十三卷引《竹书纪年》云:"今王四年,碧阳

君之诸御产二龙。"碧阳君岂即斯水之神邪?

④ 鲔,即鳣也,似鳣而长鼻,体无鳞甲,别名鮥鳝,一名鱯也。○懿行案:鳣、鲔并见《尔雅》。郭云"别名鮥鳝"者,《史记集解》引郭氏注《上林赋》云:"鮥鳝,鲔也。"李奇注《汉书》云:"周、洛曰鲔,蜀曰鮥鳝。"《说文》作"鮥鮛",盖古今字耳。云"一名鱯也"者,鳣鱼一名鲟鱯鱼,鳣、鲔同类,故亦同名。郭注《尔雅》"鳣"云:"今江东呼为黄鱼。""黄"即"鱯"矣。


又南水行五百里,曰流沙。行五百里,有山焉,曰跂踵之山,①广员二百里。无草木,有大蛇,其上多玉。有水焉,广员四十里皆涌,②其名曰深泽。其中多蠵龟。③有鱼焉,其状如鲤而六足,鸟尾,名曰鮯鮯之鱼,④其名自叫。⑤


① 跂,音企。

② 今河东汾阴县有瀵水,源在地底,渍沸涌出,其深无限,即此类也。○懿行案:《尔雅》云:"瀵,大出尾下。"郭注与此注文有详略,其义则同。

③ 蠵,觜蠵,大龟也,甲有文彩,似瑇瑁而薄,音遗知反。○懿行案:"瑇瑁",《玉篇》作"瑇瑁"。《说文》云:"蠵,大龟也,以胃鸣者。"郭注《尔雅》"灵龟"云:"缘中文似瑇瑁,俗呼为灵龟,即今觜蠵龟,一名灵蠵,能鸣。"《初学记》三十卷引郭氏此经《图赞》曰:"水圆二方,潜源溢沸。灵龟爰处,掉尾养气。庄生是感,挥竿傲贵。"

④ 音蛤。○懿行案:《广雅·释地》本此经云:"东方有鱼焉,如鲤,六足鸟尾,其名曰鮯。"不作重文。《玉篇》亦然。

⑤ 懿行案:"名",《藏经》本作"鸣",是。


又南水行九百里,曰踇隅之山。①其上多草木,多金、玉,多赭。有兽焉,其状如牛而马尾,名曰精精,其鸣自叫。

① 音敏字。○懿行案：《玉篇》、《广韵》并作"蛑偶山"。蛑，莫后切。

又南水行五百里，流沙三百里，至于无皋之山，南望幼海，①东望榑木。②无草木，多风。③是山也，广员百里。

① 即少海也。《淮南子》曰："东方大渚曰少海。"○懿行案：《初学记》六卷引此经及郭注，并与今本同。又少海即裨海也。《史记·邹衍传》云："裨海环之。"索隐云："裨海，小海也。"郭引《淮南子》者，《坠形训》文也。

② 扶、桑二音。○懿行案：榑木即扶桑，但不当读木为桑，注有脱误。《鸿范五行传》云："东方之极，自碣石东至日出榑木之野。"《吕氏春秋·求人篇》云："禹东至榑木之地，日出九津。"高诱注云："榑木，大木；津，崖也。"案，扶桑见《海外东经》。

③ 懿行案：东极多风，爰有神人，来风曰俊，处东极以出入风也，见《大荒东经》。

凡《东次三经》之首，自尸胡之山至于无皋之山，凡九山，六千九百里。①其神状皆人身而羊角，其祠：用一牡羊，米用黍。是神也，见则风雨水为败。

① 懿行案：今才六千四百里。

又《东次四经》之首，曰北号之山，临于北海。有木焉，其状如杨，赤华，其实如枣而无核，①其味酸甘，食之不疟。②食水出焉，而东北流注于海。③有兽焉，其状如狼，赤首鼠目，其音如豚，名曰猲狙，④是食人。有鸟焉，其状如鸡而白首，鼠足而虎爪，其名曰鬿⑤雀，⑥亦食人。

① 懿行案：《尔雅》云："晢，无实枣。"郭注云："不着子者。"即此。今乐陵县亦出无核枣。

② 懿行案：《本草经》"腐婢"陶注云："今海边有小树，状如卮子，茎条多曲，气作腐臭，士人呼为腐婢，用疗疟有效。"即此。

③ 懿行案：食水已见篇首，其云"北临乾昧"，当即此经北号之山。

④ 葛、苴二音。○懿行案：经文"猲狙"当为"獦狙"，注文"葛苴"当为"葛旦"，俱字形之讹也。《玉篇》、《广韵》并作"獦狙"，云："狙，丁旦切，兽名。"可证今本之讹。《说文》云："狙，玃属。"《庄子·齐物论》释文引司马彪云："狙，一名獶牂，似猿而狗头，憙与雌猿交。"所说形状与此经异，非一物也。

⑤ 音祈。

⑥ 懿行案：《楚词·天问》云："鯥堆焉处。"王逸注云："鯥堆，奇兽也。"柳子《天对》云："鯥雀在北号，惟人是食。"则以"鯥堆"为即"鯥雀"，字之误，王逸注盖失之。

又南三百里，曰旄山。无草木。苍体之水出焉，而西流注于展水。其中多鱃鱼，①其状如鲤②而大首，食者不疣。③

① 今虾鱃，字亦或作"鱃"，音秋。○懿行案：《广雅》云："鱃，鰌也"是本二字。郭音"鱃"为秋，与"鰌"同音。

② 懿行案：《太平御览》七百四十卷引此经；"鲤"作"鳢"。

③ 懿行案："疣"当为"肬"。

又南三百二十里，曰东始之山。上多苍玉。有木焉，其状如杨而赤理，其汁如血，不实，其名曰芑，①可以服马。②泚水出焉，而东北流注于海。其中多美贝。多茈鱼，其状如鲋，一首而十身，③其臭如蘪芜，食之不糟。④

① 音起。○懿行案：李善注《西京赋》引此经，作"杞"，云："杞，如杨，赤理。"是知"杞"假借作"芑"也。经内多此例。李善又云："杞，即椇木也。"未知其审。

② 以汁涂之，则马调良。○懿行案：良马有汗血者，以芑汁涂马，则调良，或取此义与？

③ 懿行案：似何罗鱼。

④ 孚谓反，止失气也。○懿行案：《广韵》云："糒，同屁，气下泄也，匹寐切。"《玉篇》音义同郭注。

又东南三百里，曰女烝之山。其上无草木。石膏水出焉，而西注于鬲水。其中多薄鱼，①其状如鳣鱼而一目，其音如欧，②见则天下大旱。③

① 懿行案：《玉篇》、《广韵》并作"鳟鱼"，又云："似鲤也。"

② 如人呕吐声也。○懿行案："欧吐"之字，古书作"欧"，俗作"呕"。《初学记》三十卷引此经及郭注，并与今本同。

③ 懿行案：《初学记》引此经，作"见则天下反"。

又东南二百里，曰钦山。多金、玉而无石。师水出焉，而北流注于皋泽。其中多鳝鱼，多文贝。有兽焉，其状如豚而有牙，其名曰当康，①其鸣自叫，见则天下大穰。②

① 懿行案：《太平御览》九百十三卷引《神异经》云："南方有兽，似鹿而豕首，有牙，善依人求五谷，名无损之兽。"所说形状与此兽近，当即此。

② 懿行案："当康"、"大穰"声转义近，盖岁将丰稔，兹兽先出，以鸣瑞。圣人通知鸟兽之音，故特记之。凡经中诸物，或出而兆妖祥，皆动于几先，

非所常有,故世人希得见之尔。

又东南二百里,曰子桐之山。①子桐之水出焉,而西流注于余如之泽。其中多鲭鱼,②其状如鱼而鸟翼,出入有光,其音如鸳鸯,见则天下大旱。③

① 懿行案:《玉篇》引司马相如《梓桐山赋》云"礤碃",疑即斯山也。"梓"、"子"声同。

② 音滑。○懿行案:鲭鱼,见郭氏《江赋》,李善注引此经及郭音,并与今本同。《玉篇》云:"鲭,鱼,如鸟。"《太平御览》九百三十九卷引此经,作"鲷鱼",误。

③ 懿行案:《广韵》引此经同。

又东北二百里,曰犲山。①多金、玉。有兽焉,其状如麂而人面,黄身而赤尾,其名曰合窳,②其音如婴儿。是兽也,食人亦食虫蛇,见则天下大水。③

① 懿行案:《艺文类聚》八卷引"犲山"作"刹山",盖误。

② 音庚。

③ 懿行案:是兽盖即麂属而异者也。麂为水祥者,以坎为豕为水故也。麂能啖蛇,见苏鹗《杜阳杂编》。

又东二百里,曰太山。上多金、玉、桢木。①有兽焉,其状如牛而白首,一目而蛇尾,其名曰蜚,②行水则竭,行草则死,见则天下大疫。③钩水出焉,而北流注于劳水。其中多鳛鱼。

① 女桢也,叶冬不凋。〇懿行案:《说文》云:"桢,刚木也。上郡有桢林县。"《玉篇》云:"桢,坚木也。"引此经作"大山多桢木",又引郭注与今本同。

② 音如翡翠之翡。〇懿行案:"蜚",《广韵》作"𧒸",非也。《玉篇》引此经与今本同。乃此与《春秋》之"蜚"同名异实。刘敞解《春秋》便引此经,以为一物,非也。

③ 言其体含灾气也。其《铭》曰:"蜚之为名,体似无害。所经枯竭,甚于鸩厉。万物斯惧,思尔遐逝。"〇懿行案:《广韵》引此经,作"见则有兵役",与今本异;又引郭氏《赞》,即今注中《铭》语也,"万物斯惧","斯"作"攸",余同。又案《藏经》本所载《图赞》,复与此绝异,所未能详。


凡《东次四经》之首,自北号之山至于太山,凡八山,一千七百二十里。①


① 懿行案:毕氏本"里"字作"三",此字形之讹。又案此经不言神状及祠物所宜,疑有阙脱。


右东经之山志,凡四十六山,万八千八百六十里。①


① 懿行案:今才万八千二百六十里。

# 山海经第五

## 中 山 经

《中山经》薄山之首①曰甘枣之山。②共水出焉，③而西流注于河。④其上多枞木。其下有草焉，葵本而杏叶，⑤黄华而荚实，⑥名曰箨，⑦可以已瞢。⑧有兽焉，其状如狱鼠而文题，⑨其名曰㦮，⑩食之已瘿。

① 懿行案：山在今山西蒲州府南，禹都平阳或在安邑，故以薄山为中山也。《地理志》云：河东郡，蒲反，"雷首山在南"。《史记·封禅书》云："薄山者，襄山也。"《正义》引《括地志》云："薄山亦名襄山，一名雷首山。"案《正义》"襄音色眉反"，则当作"衰"。然《穆天子传》云："河首襄山。"是字仍当作"襄"也。《水经》"河水"注引杨雄《河东赋》注云："襄山在潼关北十余里。"又引此经，"薄山"作"蒲山"，盖"薄"、"蒲"声有轻重耳。

② 懿行案：甘枣，《水经注》引作"甘桑"，又《括地志》说兹山凡十余名，以州县分之，多在蒲州，见《史记正义》。

③ 音恭。

④ 懿行案：《水经注》云："蓼水出襄山蓼谷，西南注于河。"又云："今诊蓼水川流所趣，与共水相扶。"是郦氏以蓼水即共水也。

⑤ 或作"楷叶"。

⑥ 懿行案：《说文》云："荚，草实。"郑注《地官·司徒职》云："荚物，荠荚，王棘之属。"

⑦ 他落反。

⑧ 音盲。○懿行案：《说文》云："瞢,不明也。"

⑨ 狱鼠,所未详;音虺,字亦或作"虺"。○懿行案：狱,《玉篇》以为古文"独"字,非郭义也。《广韵》"狱"音徒各切,云："兽名,似鼠。"又与郭音异。狱鼠,《尔雅》"十三鼠"中无之,其字或作"虺",盖同声假借也。

⑩ 音那。或作"熊"也。○懿行案：难,或云即古"熊"字,非也。古文"熊"字作"熊",见《玉篇》。又《玉篇》云："难,乃何切,兽似鼠,食之明目。"《广韵》亦云："兽名,似鼠,班头,食之明目。"盖皆本此经而误记也。"可以已瞢"在上文。

又东二十里,曰历儿之山。①其上多櫔。多栃木,②是木也,方茎而员叶,黄华而毛,其实如楝,③服之不忘。

① 懿行案：《水经注》云：河东郡"南有历山","舜所耕处也"。《史记正义》引《括地志》云："蒲山亦名历山。"即此也,盖与薄山连麓而异名。《太平御览》四百九十卷引此经,作"历小之山"。疑"儿"本或作"尔",声近而通,"尔"又讹作"小"也。

② 音厉。○懿行案：《玉篇》云："栃,木名,实如栗。"

③ 楝,木名,子如指头,白而黏,可以浣衣也,音练。或作"简"。○懿行案："楝"当作"楝"。《说文》云："楝,木也。"《玉篇》云："子可以浣衣。"《尔雅翼》云："木高丈余,叶密如槐而尖,三、四月开花,红紫色,实如小铃,名金铃子,俗谓之苦楝,可以涷,故名。"

又东十五里,曰渠猪之山。①其上多竹。渠猪之水出焉,②而南流注于河。其中是多豪鱼,状如鲔,③赤喙,尾赤羽,④可以已白癣。⑤

① 懿行案：《史记正义》引《括地志》云："雷首山亦名渠山。"又云："薄

山亦名猪山。"即此。

②懿行案:《水经注》云:"永乐溪水又南入于河。余按《中山经》,即渠猪之水也。"《太平寰宇记》云:永乐县,"渠猪水一名蓼水,今名百丈涧,源出县北中条山"。今案《括地志》,中条山亦雷首之异名也。

③鲔,似鳣也。

④懿行案:《太平御览》九百三十九卷引此经,"赤喙"上有"而"字。《广韵》引作"赤尾赤喙有羽",而无"状如鲔"三字。

⑤懿行案:《说文》云:"癣,干疡也。"


又东三十五里,曰葱聋之山。①其中多大谷,是多白垩,黑、青、黄垩。②

①懿行案:自此已下七山,亦皆与薄山连麓而异名。

②言有杂色垩也。


又东十五里,曰涹山。①其上多赤铜,其阴多铁。

①音倭。〇懿行案:《玉篇》云:"涹,山名也。"


又东七十里,曰脱扈之山。有草焉,其状如葵叶而赤华,荚实,实如棕荚,①名曰植楮,可以已癙,②食之不眯。

①今棕木荚似皂荚也。〇《懿行》案:今棕木结实作房如鱼子,状绝不似皂荚也,未知其审。

②癙病也,《淮南子》曰"狸头已癙"也。〇懿行案:《太平御览》七百四十二卷引郭注作"癙瘘也",今本作"癙病",盖本《尔雅·释诂》文,非误也。

又引《淮南子》者，《说山训》文，本作"狸头愈鼠"。今人正以狸头疗鼠瘘，鼠瘘即瘰。《说文》云："瘰，颈肿也。"

 又东二十里，曰金星之山。多天婴，其状如龙骨，[1]可以已瘿。[2]

 [1] 懿行案：《本草别录》云："龙骨生晋地川谷及太山岩水岸土穴中死龙处。"

 [2] 痈痤也。○懿行案：注疑当为"痤痈也"。《说文》云："痤，小肿也。一曰：族絫。"《韩非子·六反篇》云："弹痤者痛。"

 又东七十里，曰泰威之山。其中有谷曰枭谷，[1]其中多铁。

 [1] 或无"谷"字。

 又东十五里，曰橿谷之山。[1]其中多赤铜。

 [1] 或作"檀谷之山"。

 又东百二十里，曰吴林之山。[1]其中多葌草。[2]

 [1] 懿行案：《地理志》云：河东郡，大阳，"吴山在西，上有吴城"。《史记正义》引《括地志》云："雷首山亦名吴山。"即此也。已上诸山，西起雷首，东至吴坂，随地异名，大体相属也。吴山在今山西平陆县。

 [2] 亦"菅"字。○懿行案：《说文》云："葌，香草，出吴林山。"本此经为

说也。《众经音义》引《声类》云："蕙，兰也。"又引《字书》云："蕙与蔄同，蔄即兰也，是蕙乃香草。"《中次十二经》洞庭之山以蕙与蘪芜并称，其为香草审矣。郭注以"蕙"为"菅"字，菅乃茅属，恐非也。

又北三十里，曰牛首之山。[1]有草焉，名曰鬼草，其叶如葵而赤茎，其秀如禾，[2]服之不忧。[3]劳水出焉，而西流注于滫水。[4]是多飞鱼，其状如鲋鱼，[5]食之已痔衕。

[1] 今长安西南有牛首山，上有馆，下有水，未知此是非。○懿行案：此山在霍太山之南，当在今山西浮山县界，非长安鄠县之牛首山也。《水经》"汾水"注有黑山，即此。《太平寰宇记》云：神山县，"黑山在县东四十四里，一名牛首，今名乌岭山"。

[2] 懿行案：《大雅·生民篇》云："实发实秀。"是禾谓之秀也。

[3] 懿行案：《太平御览》四百六十九卷引此经《图赞》曰："焉得鬼草，是树是艺。服之不忧，乐天傲世。如彼浪舟，任波流滞。"

[4] 音如诵诈之诵。○懿行案：长安亦有涝水、滫水，见《地理志》，非此也。《太平寰宇记》云：临汾县，"涝水源出乌岭山，俗名长寿水是也"。《水经注》云："黑水出黑山，西径杨城南，又西与巢山水会。"引此经云云，"疑是水也。滫水即巢山之水也，水源东南出巢山东谷，北径浮山东，又西北流，与劳水合，乱流西北，径高梁城北，西流入于汾"。《元和郡县志》云：临汾县，"滫水今名三交水也"。

[5] 懿行案：《中次三经》复有飞鱼，与此异。《太平御览》九百三十九卷引张骏《山海经·飞鱼赞》曰："如鲋登云游波。"今案，"如鲋"之上当脱"飞鱼"二字，遂不成文。又引《林邑国记》曰："飞鱼身圆，长丈余，羽重沓翼如胡蝉，出入群飞游翔，翳会而沈，则泳海底。"

又北四十里，曰霍山。[1]其木多谷。有兽焉，其状如狸而白尾,有鬣,名曰胐胐,养之可以已忧。②

① 今平阳永安县、庐江灊县、晋安罗江县、河南巩县皆有霍山,明山以"霍"为名者非一矣。按《尔雅》:"大山绕小山,为霍。"○懿行案:此平阳永安之霍山也,山在今山西霍州东南。《地理志》云:河东郡,彘,"霍太山在东,冀州山"。《晋书·地理志》云:平阳郡,永安,"霍山在东"。案《水经》"汾水"注,有彘水、霍水并出霍太山西,南流注于汾水,此经绝不言有水。又《尔雅》记西方之美,有霍山之多珠玉,此经亦复不言。

② 谓蓄养之也,普昧反。○懿行案:陈藏器《本草拾遗》云:"风狸似兔而短,人取笼养之。"即此也。

又北五十二里,曰合谷之山。①是多蓍棘。②

① 懿行案:《玉篇》作"金谷多蓍棘"。

② 未详,音瞻。○懿行案:《本草》云:"天蕂冬一名颠棘,即《尔雅》髦颠棘也。"蓍,《玉篇》云:"丁敢切。"疑"蓍"、"颠"古字或通。

又北三十五里,曰阴山。①多砺石、文石。②少水出焉,③其中多雕棠,④其叶如榆叶而方,其实如赤菽,⑤食之已聋。

① 亦曰"险山"。

② 砺石,石中磨者。○懿行案:"砺"当为"厉"。《说文》云:"厉,旱石也。"

③ 懿行案:《水经注》云:"沁水又径沁水县故城北","《春秋》之少水也。"又云:"少水,今沁水。"郦氏此说盖言沁水随地异名耳,不云即此经之少水也。且沁水出谒戾山,少水出阴山,既不同源,非一水明矣。

④ 懿行案:《西次二经》云中皇之山"多蕙棠",郭云:"彤棠之属。"此作

"雕棠",疑形近而讹。

⑤ 菽,豆。○懿行案:"菽"当为"尗",见《说文》。


又东北四百里,曰鼓镫之山。①多赤铜。②有草焉,名曰荣草,其叶如柳,其本如鸡卵,食之已风。③


① 懿行案:毕氏云:"即鼓锺山,在今山西垣曲县,'锺'、'镫'形声皆相近。《水经注》云:'平水南流,历鼓锺上峡,水广一十许步;南流历鼓锺川,分为二涧。''一水历冶官西,世人谓之鼓锺城,城之左右犹有遗铜及铜钱也。'即此山,而引《中次七经》鼓锺山,盖郦元之疏也。"

② 懿行案:毕氏云:"详《水经注》云,有'冶官'、'遗铜',则知古者治铜于此,经言'多赤铜',信也。"

③ 懿行案:《本草经》云:"蔄茹,味辛寒,除大风。"陶注云:"叶似大戟。"蜀本注云:"根如萝卜。"并与此合,岂是与?


凡薄山之首,自甘枣之山至于鼓镫之山,凡十五山,六千六百七十里。①历儿,冢也,其祠礼:毛,太牢之具,县以吉玉。②其余十三山者:③毛用一羊,县婴用桑封,瘗而不糈。桑封者,④桑主也,⑤方其下而锐其上,而中穿之加金。⑥


① 懿行案:今才九百三十七里,经有误。

② 县,祭山之名也,见《尔雅》。○懿行案:《尔雅》云:"祭山曰庪县。"郭注云:"或庪或县,置之于山。"亦引此经文。

③ 懿行案:《风俗通》云:"赵襄子斋三日,亲自剖竹,有朱书曰:无恤,余霍太山阳侯大吏云云。"是霍山之神名阳侯也,其余未闻。

④ 懿行案:毕氏云:"'桑封'以下疑周、秦人释语,乱入经文。"

⑤ 懿行案：《穆天子传》云："乃驾鹿以游于山，上为之石主。"《淮南·齐俗训》云："殷人之礼，其社用石。"是土神、山神之主例当用石，此则用木耳。又祭山不独有主，兼亦有尸，故《中次五经》云"尸水合天"也。

⑥ 言作神主而祭，以金银饰之也。《公羊传》曰："虞主用桑。""主"，或作"玉"。○懿行案：郭引《公羊》文二年《传》也，经言作"僖公主"，何休注云："主状正方，穿中央，达四方。"彼是说天子、诸侯之主，此言山神之主，所未闻也。郭云"'主'或作'玉'"，盖字形之讹。

《中次二经》济山之首曰煇诸之山。①其上多桑，其兽多闾、麋，其鸟多鹖。②

① 懿行案：在上党。

② 似雉而大，青色有毛，勇健，斗死乃止，音曷，出上党也。○懿行案：张揖注《上林赋》云："鹖，似雉，斗死不却。"《说文》云："鹖，似雉，出上党。"刘昭注《郡国志》上党郡"猗氏"引《汉书音义》云："县出鹖。"因知此经煇诸之山在上党猗氏县矣。李善注《鹪鹩赋》引此经郭注，作"青色有角"，今本作"有毛"，二者皆误。李贤注《后汉书·西南夷传》引此注云："鶡鸡似雉而大，青色有毛角，斗敌死乃止。"是"鹖"或作"鶡"，又增"鸡"字，非也；其作"毛角"则是。《玉篇》云："鹖，何葛切，鸟似雉而大，青色有毛角，斗死而止。"《艺文类聚》九十卷引郭氏《赞》云："鹖之为鸟，同群相为。畴类被侵，虽死不避。毛饰武士，兼厉以义。"

又西南二百里，曰发视之山，其上多金、玉，其下多砥、砺。即鱼之水出焉，而西流注于伊水。

又西三百里，曰豪山。其上多金、玉而无草木。

又西三百里，曰鲜山。①多金、玉，无草木。鲜水出焉，而北流注于伊水。②其中多鸣蛇，其状如蛇而四翼，其音如磬，见则其邑大旱。③

① 懿行案：《尔雅》云："小山别大山，鲜。"《水经》"伊水"注有鲜山，山当在今河南嵩县。

② 懿行案：《水经》云："伊水东北过郭落山。"注云："伊水又东北，鲜水入焉，水出鲜山，北流注于伊水。"

③ 懿行案：鸣蛇见《南都赋》，李善注引此经，与今本同。

又西三百里，①曰阳山。②多石，无草木。阳水出焉，而北流注于伊水。③其中多化蛇，其状如人面而豺身，鸟翼而蛇行，④其音如叱呼，见则其邑大水。

① 懿行案："三百"当为"三十"，字之讹。

② 懿行案：阳山见《水经》"伊水"注。《隋书·地理志》云陆浑县有阳山。

③ 懿行案：《水经注》云："阳水出阳山阳溪，世人谓之太阳谷，水亦取名焉，东流入伊水。"

④ 懿行案：《广雅·释地》说化蛇本此经，文同。

又西二百里，曰昆吾之山。其上多赤铜。①有兽焉，其状如彘而有角，其音如号，②名曰蠪蚳，③食之不眯。

① 此山出名铜，色赤如火，以之作刃，切玉如割泥也。周穆王时西戎献之，《尸子》所谓"昆吾之剑"也。《越绝书》曰："赤堇之山破而出锡，若邪之谷涸而出铜，欧冶子因以为纯钩之剑。"汲郡冢中得铜剑一枚，长三尺五寸，乃今所名为"干将剑"。汲郡亦皆非铁也，明古者通以锡杂铜为兵器也。〇

懿行案：《列子·汤问篇》云："周穆王大征西戎，西戎献锟铻之剑。其剑长尺有咫，练钢赤刃，用之切玉，如切泥焉。"是郭所本也。又《博物志》引《周书》曰："昆吾氏献切玉刀，切玉如蜡也。"《子虚赋》云："琳瑉昆吾。"张揖注云："昆吾，山名也，出美金。《尸子》曰：'昆吾之金。'"又郭注《海内经》昆吾之丘亦引《尸子》曰："昆吾之金。"此注引作"剑"，盖字之讹也。又"铜剑一枝"，"枝"当为"枚"，亦字之讹也。《艺文类聚》六十卷引此注，"枝"正作"枚"。又"汲郡亦皆非铁"，郭氏欲明古剑皆铜为之耳。然《越绝书》云："欧冶子、干将凿茨山，泄其溪，取铁英作为铁剑三枚。"《史记》亦云："楚之铁剑利而倡优拙。"是知古剑亦不尽用铜矣。《类聚》又引《龙鱼河图》云："流洲在西海中，上多积石，名为昆吾石，治其石成铁，作剑，光明四照，洞如水精。"案《河图》所说，此自别有昆吾石，非昆吾山之所出铜也。《类聚》六卷引《十洲记》，与《河图》同。

② 如人号哭。

③ 上已有此兽，疑同名。○懿行案："蚳"，疑当为"蛭"，已见《东次二经》凫丽之山。

又西百二十里，曰蔢山。①蔢水出焉，而北流注于伊水。②其上多金、玉，其下多青雄黄。有木焉，其状如棠而赤叶，名曰芒草，③可以毒鱼。

① 音闲。○懿行案：《水经》"伊水"注有蔢山，山当在今河南卢氏县西南。

② 懿行案：《水经注》云："伊水自熊耳东北径鸾川亭北。蔢水出蔢山，北流际其城东而北入伊水，世人谓伊水为鸾水，蔢水为交水，故名斯川为鸾川也。"

③ 音忘。○懿行案：芒草亦单谓之芒。《海内经》说建木云："其叶如芒。"郭注云："芒，木。似棠黎。"本此经为说也。又《尔雅》云："蕻，春草。"郭

注引《本草》云：“一名芒草。”疑此非也。然芒草即草类，而经言木者，虽名为木，其实则草。正如仑者之山“有木如谷而赤理，其名白蓉”，白蓉即蒅苏，亦草属也，故《广雅》列于草部。又如竹属，《尔雅》居于“释草”，而此经或言草，或言木也。

又西一百五十里，曰独苏之山。无草木而多水。

又西二百里，曰蔓渠之山。①其上多金、玉，其下多竹箭。伊水出焉，而东流注于洛。②有兽焉，其名曰马腹，其状如人面虎身，其音如婴儿，是食人。③

① 懿行案：《水经注》云即熊耳山之连麓，是也，山在今河南卢氏县熊耳山西。

② 今伊水出上洛卢氏县熊耳山，东北至河南洛阳县入洛。○懿行案：《地理志》云：弘农郡，卢氏，“熊耳山在东。伊水出，东北入洛”。是郭所本也。《晋书·地理志》云：上洛郡，卢氏，“熊耳山在东，伊水所出。”与郭注合。《水经》云：“伊水出南阳鲁阳县西蔓渠山。”注引此经云云，又引《淮南子》，曰：“伊水出上魏山，《地理志》曰出熊耳山，即麓大同，陵、峦互别尔。”

③ 懿行案：《刀剑录》云：“汉章帝建初八年，铸一金剑，令投伊水中，以厌人膝之怪。宏景案，《水经》云：‘伊水有一物如人，膝头有爪，人浴辄没，不复出。’”陶氏所说，参以刘昭注《郡国志》南郡中卢引《荆州记》云：“陵水中有物如马，甲如鲮鲤，不可入，七、八月中好在碛上自曝，膝头如虎掌爪，小儿不知，欲取弄戏，便杀人。或曰：生得者，摘其鼻厌可小，小便名为水卢。”《水经》“沔水”注与《荆州记》小有异同。然则人膝之名盖取此。据陶、刘二家所说形状，与马腹相近，因附记焉。陶氏所引《水经》，盖即郭所注者，今亡无考。

凡济山经之首，自煇诸之山至于蔓渠之山，凡九山，一千六百七十里。①其神皆人面而鸟身,祠:用毛,②用一吉玉,投而不糈。

① 懿行案:今一千七百七十里。
② 择用毛色。

《中次三经》萯山之首①曰敖岸之山。②其阳多㻬琈之玉,其阴多赭、黄金。神熏池居之。是常出美玉。③北望河林,④其状如蒨如举。⑤有兽焉,其状如白鹿而四角,名曰夫诸,⑥见则其邑大水。

① 萯,音倍。○懿行案:《竹书》云:"夏帝孔甲三年,畋于萯山。"即此。《水经》"河水"注引《吕氏春秋·音初篇》云:"田于东阳萯山。"《帝王世纪》以为即东首阳山也,盖是山之殊目矣。

② 或作"献"。○懿行案:毕氏云:"《春秋传》云:'敖、鄗之间。'疑即此山,音相近。"

③ 或作"石"。

④ 懿行案:《思玄赋》云:"愀河林之蓁蓁。"即此。

⑤ 说者云:"蒨、举皆木名也。"未详。蒨,音倩。○懿行案:蒨,草也;举,木也。举即榉柳,《本草》陶注详之。李善注《思玄赋》及李贤注《后汉书·张衡传》引此经,并无"如举"二字,盖脱。

⑥ 懿行案:《玉篇》云:"麌,音夫。麔,音诸。"盖"夫诸"本或作"麌麔"也。

又东十里,曰青要之山,①实维帝之密都。②北望河曲,③是多驾鸟。④南望墠渚,⑤禹父之所化,⑥是多仆累、蒲卢。⑦𩴱武罗司之,⑧其状人面而豹文,小要而白齿,⑨而穿耳以镰,⑩其鸣如鸣玉。⑪是山也,宜女子。⑫畛水出焉,⑬而北流注于河。⑭其中有鸟焉,名曰鸰,⑮其状如凫,青身而朱目,赤尾,⑯食之宜子。有草焉,其状如葵⑰而方茎,黄华赤实,其本如藁本,⑱名曰荀草,⑲服之美人色。⑳

① 懿行案:山在今河南新安县西北二十里。《水经注》云:新安县青要山,"今谓之强山。"

② 天帝曲密之邑。○懿行案:《尔雅》云:"山如堂者密。"

③ 河千里一曲一直也。○懿行案:河曲及郭注并见《尔雅》。

④ 未详也。或曰:"'驾'宜为'鴽'。鴽,鹅也,音加。"○懿行案:《说文》云:"鹅,䲝鹅也。""䲝"通作"鴽",又通作"驾"。《汉书·司马相如传》云"连鴽鹅",《史记》正作"驾"。又鲁大夫有荣驾鹅也。

⑤ 水中小洲名渚。墥,音填。○懿行案:《水经》"伊水"注云:"禅渚水上承陆浑县东禅渚,渚在原上陂,方十里,佳饶鱼苇。"即引此经云云,"墥"作"禅";又引郭注云:"禅,一音暖。"今本脱此三字。

⑥ 鲧化于羽渊,为黄熊。今复云在此,然则一已有变化之性者,亦无往而不化也。○懿行案:《水经注》引郭注云:"鲧化羽渊而复在此,然已变怪,亦无往而不化矣。"与今本详略异。又案《山海经》禹所著书,不应自道禹父之所化,疑此语亦后人羼入之。

⑦ 仆累,蜗牛也。《尔雅》曰:蒲卢者,螺蛉也。○懿行案:蜗牛名蚹蠃,见《尔雅》。蒲卢者,《夏小正传》云:"蜃者,蒲卢也。"《广雅》云:"蛣蛤,蒲卢也。"是蒲卢为蜃蚌之属。"蒲卢"声转为"仆累",即蝛螺也。郭注《西次三经》槐江之山云蠃母即蝛螺,是矣。又声转为"蚹蠃",即蒲蠃也。《吴语》云:"其民必移,就蒲蠃于东海之滨。"是矣。是仆累、蒲卢同类之物,并生于水泽下湿之地。至于《尔雅》之蒲卢,非水虫也,郭氏引之误矣;以蒲卢为螺蛉,尤误。

⑧ 武罗，神名。"魋"，即"神"字。○懿行案：《说文》云："魋，神也。"《玉篇》云："山神也。"俱本此。李善注《魏都赋》引此经郭注云："魋，音神。"与今本不同。

⑨ 或作"首"。○懿行案：白齿，即《左传》所云"皙齰"。

⑩ 镰，金银器之名，未详也，音渠。○懿行案：镰，假借字也。《说文》以为"虑"或字，其"新附字"引此经则作"璩"，云："璩，环属也。"《后汉书·张奂传》云："遗金镰八枚。"《魏都赋》云："镰耳之杰。"李善、李贤注并引此注。

⑪ 如人鸣玉佩声。

⑫ 懿行案：宜女之义未详。吴氏引《淮南子》"青要玉女，降霜神也"，今考《淮南·天文训》虽有"青女乃出，以降霜雪"之文，而无"青要玉女"之说，当在阙疑。

⑬ 音轸。

⑭ 懿行案：《水经注》云：河水与教水合，"又与畛水合。水出新安县青要山"，"其水北流，入于河"。引此经云云，"即是水也"。

⑮ 音如窈窕之窈。○懿行案：《尔雅》云："鸱，头鸩。"郭注云："似凫，脚近尾，略不能行，江东谓之鱼鸩。"李善注江赋引此经，与今本同。

⑯ 朱，浅赤也。○懿行案：李善注《江赋》引此经同。

⑰ 菅，似茅也。○懿行案：蒹非菅，已见上文吴林山。

⑱ 根似藁本，亦香草。○懿行案：《广雅》云："(茁)[山]苣、蕲香，藁本也。"

⑲ 或曰：苞草。

⑳ 令人更美艳。○懿行案：《本草经》云："旋花主面皯，黑色媚好，一名金沸。"《别录》云："一名美草，生豫州平泽。"陶注云："根似杜若，亦似高良姜。"又云："叶似姜，花赤色，子状如豆蔻。"今案旋花一名金沸，明是黄花，陶注云"赤色"，误矣。又唐、宋《本草》或以旋花为今鼓子花，然与本经不合，此皆非矣。唯陶说形状与此经同，《别录》云"生豫州"，地亦相近。"苟"、"旋"声近也。

又东十里，曰騩山。①其上有美枣，其阴有琈珸之玉。正回之水出焉，而北流注于河。②其中多飞鱼，其状如豚而赤文，服之不畏雷，可以御兵。③

① 音巍。○懿行案：《水经注》云：騩山，"强山东阜也。"《郑语》云："主芣隗而食溱洧。""隗"即"騩"也，古字通用。

② 懿行案：《水经注》云：河水与畛水合，"又东，正回之水入焉。水出騩山"，"东流，俗谓之强川水。与石瓜畴川合"，"又东径强冶铁官东，东北流注于河。"

③ 懿行案：上文劳水飞鱼与此同名，非一物也。《初学记》一卷引郭氏《赞》云："飞鱼如豚，赤文无君。食之辟兵，不畏雷音。"案"无君"二字讹，《艺文类聚》二卷引作"赤文无羽"，是矣；而"不畏雷"下复脱一字，疑《初学记》"雷音"当为"雷鼓"，字之讹。

又东四十里，曰宜苏之山。①其上多金、玉，其下多蔓居之木。②潕潕之水出焉，③而北流注于河，④是多黄贝。

① 懿行案：《水经注》：山在河南垣县。今为孟津县，"垣"上当脱"东"字。

② 未详。○懿行案：《广雅》云："牡荆，曼荆也。"曼，《本草》作"蔓"。此经"蔓居"，疑"蔓荆"声之转。蔓荆列《本草》"木部"，故此亦云"蔓居之木"也。

③ 音容。

④ 懿行案："潕潕"，《水经注》作"庸庸"，云："河水又东，正回之水入焉。""又东，合庸庸之水。水出河南垣县宜苏山，俗谓之长泉水。""伊、洛门也。其水北流，分为二水，一水北入河，一水又东北流注于河。"

又东二十里,曰和山。<sup>①</sup>其上无草木而多瑶碧,<sup>②</sup>实惟河之九都。<sup>③</sup>是山也,五曲,<sup>④</sup>九水出焉,<sup>⑤</sup>合而北流注于河。其中多苍玉。<sup>⑥</sup>吉神泰逢司之,<sup>⑦</sup>其状如人而虎尾,<sup>⑧</sup>是好居于萯山之阳,出入有光,泰逢神动天地气也。<sup>⑨</sup>

① 懿行案:《水经注》云:"河水又东,溴水入焉。"引此经云云。案山当在今河南孟津县界。

② 懿行案:李善注《洛神赋》引此经,与今本同。

③ 九水所潜,故曰九都。○懿行案:"都"者,潴也。《史记·夏本纪》索隐曰:"都,《古文尚书》作'猪',孔安国云:'水所停曰猪。'郑玄云:'南方谓都为猪。'"则是水聚会之义。郭注"潜"字误,《藏经》本作"聚"。李善注《海赋》引此经及郭注,并与今本同。

④ 曲回五重。○懿行案:李善注沈约《钟山应西阳王教》诗引此经郭注,作"曲,回也"。

⑤ 懿行案:《水经注》据《帝王世纪》以是山即东首阳山也,云:"今于首阳东山无水以应之,当是今古世悬,川域改状矣。"

⑥ 懿行案:《水经注》引此经,作"其阳多苍玉"。

⑦ 吉,犹善也。○懿行案:逢,《玉篇》作"缝",云:"神名。"《广韵》亦作"缝"。

⑧ 或作"雀尾"。

⑨ 言其有灵爽,能兴云雨也。夏后孔甲田于萯山之下,天大风晦冥,孔甲迷惑,入于民室,见《吕氏春秋》也。○懿行案:见《吕氏春秋·音初篇》。《广韵》"缝"字云:"大黄萯山神,能动天地气,昔孔甲遇之。"《广韵》此言盖以大风晦冥即是神所为也,"大黄"二字今未详。《太平御览》十一卷引《遁甲开山图》曰:"郑有不毛山,上有无为之君,分布云雨于九州之内。荣氏解曰:不毛山不生树木,古无为君常处其上,布洒云雨,九州之内平均。"今案和山上无草木,当即不毛山,其无为君当即泰逢矣,存以俟考。

凡薈山之首,自敖岸之山至于和山,凡五山,四百四十里。①其祠:泰逢、熏池、武罗皆一牡羊副,②婴用吉玉;其二神用一雄鸡瘞之,糈用稌。

① 懿行案:今才八十里。

② 副,谓破羊骨,磔之以祭也,见《周礼》,音惘愊之愊。○懿行案:《说文》云:"副,判也。"引《周礼》曰:"副辜,籀文作'疈'。"今《周礼·大宗伯》正作"疈"。

《中次四经》釐山之首①曰鹿蹄之山。②其上多玉,其下多金。甘水出焉,而北流注于洛。③其中多泠石。④

① 音狸。

② 懿行案:《水经》云:"鹿蹄山在宜阳县。"注云:"山在河南陆浑县故城西北,俗谓之纵山。"又云:"世谓之非山。"又云:"山石之上有鹿蹄,自然成著,非人功所刊,其山阴峻绝百仞,阳则原阜隆平。"

③ 懿行案:《水经》云:"甘水出弘农宜阳县鹿蹄山。"注引京相璠曰:"今河南县西南有甘水,北入洛。"又云:"甘水发于东麓,北流注于洛水也。"

④ 泠石,未闻也。泠,或作"涂"。○懿行案:"泠"当为"泠",《西次四经》号山"多泠石"是也。郭云"泠,或作'涂'","涂"亦借作"泥"、"涂"字,"泠"又训泥,二字义同,故得通用。又"涂"或"淦"字之讹也,《说文》"泠"、"淦"同。

西五十里,曰扶猪之山。①其上多礝石。②有兽焉,其状如貉而人目,③其名曰麀。④虢水出焉,而北流注于洛,⑤其中多瓀石。⑥

① 懿行案：《水经注》云南则鹿蹄之山也,此经云"西"者,盖在西北。《玉篇》引此经,作"状腯之山",盖"猪"亦作"腯",见《玉篇》。

② 音奠。今雁门山中出礝石,白者如冰,水中有赤色者。○懿行案："礝"当为"碝",《说文》云："碝,石。次玉者。"《玉篇》同,云:"亦作'瑌'。"引此经作"瑌石",或所见本异也。张揖注《上林赋》云："碝石,白者如冰,半有赤色。"《玉篇》引此郭注同,与今本异。

③ 貉,或作"貘",古字。○懿行案：《玉篇》云："貘,同貊。"本于郭注也。《玉篇》、《广韵》引此经,"人目"并作"八月",误。

④ 音银。或作"麋"。○懿行案：《玉篇》云："麐,兽名。"引此经。

⑤ 懿行案：《水经注》云："洛水又与虢水会,水出扶猪之山,北流注于洛。"

⑥ 言亦出水中。○懿行案："瓀"亦当为"碝"。

　　又西一百二十里,曰釐山。①其阳多玉,其阴多蒐。②有兽焉,其状如牛,苍身,其音如婴儿,是食人,其名曰犀渠。③滽滽之水出焉,而南流注于伊水。④有兽焉,名曰颉,⑤其状如獳犬⑥而有鳞,⑦其毛如彘鬣。⑧

① 懿行案：山在今河南嵩县西。

② 音搜。茅蒐,今之蒨草也。○懿行案：茹藘、茅蒐见《尔雅》,郭音"蒐"为"搜",非也。《诗》郑笺及《晋语》韦昭注并以"茅蒐"、"鞊韐"为合声及声转之字,是"蒐"从鬼得声,当读如"鬼",不合音"搜"。后人借为"春蒐"之字,亦误矣,说见《尔雅略》。

③ 懿行案：犀渠盖犀牛之属也。《吴语》云："奉文犀之渠。"《吴都赋》云："户有犀渠。"疑古用此兽皮蒙楯,故因名楯为犀渠矣。

④ 懿行案：《水经》云：伊水"又东北过陆浑县南"。注引此经云云,"今水出陆浑县之西南王母涧,涧北山上有王母祠,故世因以名溪。东流注于

伊水,即潏潏之水也。"是郦氏所称王母涧,当即釐山。

⑤ 音苍颉之颉。○懿行案:"獭"字诸书所无,郭氏《江赋》有"猵獭",李善注引此经,亦作"獭",又引郭注云:"音苍颉之颉,与獭同。"然"獭"不与"颉"同音,未知其审。

⑥ 懿行案:《说文》云:"獌,怒犬皃,读若耩。"李善注《江赋》引此经,作"状如鑐",无"犬"字,云:"鑐,如珠切。"与今本异也。

⑦ 懿行案:《江赋》注引经,无此三字。

⑧ 生鳞闲也。


又西二百里,曰箕尾之山。①多谷,多涂石,②其上多璂珤之玉。


① 懿行案:或云:"即箕山,许由所隐。"非也。箕山在釐山之东二百里,与经言西不合。

② 懿行案:上文鹿蹄山云"多泠石",郭云:"泠,或作'涂'。"说已见上。


又西二百五十里,曰柄山。其上多玉,其下多铜。滔雕之水出焉,而北流注于洛。①其中多羬羊。②有木焉,其状如樗,其叶如桐而荚实,其名曰茇,可以毒鱼。③


① 懿行案:柄山、滔雕水及下文白边山,计其道里当在宜阳、永宁、卢氏三县之境。

② 懿行案:"羬"当为"麉",见《说文》。

③ 茇,一作"艾"。○懿行案:《尔雅》云:"杬,鱼毒。"《说文》"杬"从草,作"芫"。疑作"艾"者,因字形近"芫"而讹。又《本草别录》云:"狼跋子主杀虫鱼。"陶注云:"出交、广,形扁扁,制捣以杂木,投水中,鱼无大小,皆浮水而死。"今案狼跋之名虽与此经名茇相合,但彼列草部,非此木之比也。

又西二百里，曰白边之山。其上多金、玉，其下多青雄黄。

又西二百里，曰熊耳之山。<sup>①</sup>其上多漆，其下多棕浮。濛之水出焉，<sup>②</sup>而西流注于洛。<sup>③</sup>其中多水玉，<sup>④</sup>多人鱼。有草焉，<sup>⑤</sup>其状如苏而赤华，名曰葶苧，<sup>⑥</sup>可以毒鱼。

① 今在上洛县南。○懿行案：《地理志》云：弘农郡，上洛，"熊耳获舆山在东北"。是郭所本也，山在今陕西洛南县东南、河南卢氏县西南，洛水所经。《史记正义》引《括地志》云："熊耳山在虢州，洛所经。"又云："在虢州卢氏县南五十里，与《禹贡》'导洛自熊耳'别一山也。"

② 懿行案："濛"，《水经注》及刘昭注《郡国志》并作"豪"。《水经注》云："洛水径阳渠关北，阳渠水南出阳渠山，即荀渠山也。其水一源两分，川流半解。一水西北流，屈而东北，入于洛。"引此经云云，"疑即是水也。荀渠盖熊耳之殊称"也。

③ 懿行案：《水经注》及刘昭注《郡国志》并引此经，"西"下有"北"字。

④ 懿行案：刘昭注《郡国志》引此经，作"美玉"。

⑤ 懿行案：《玉篇》作"熊耳山有细草"。

⑥ 亭宁、盯眝二音。○懿行案：《广雅》云："苧，苏也。""苧"上疑脱"葶"字。此经云"其状如苏"，是必苏类，其味辛香，故可以毒鱼也。苏颂《本草图经》云："苏，有鱼苏，似茵蔯，大叶而香，吴人以煮鱼者。一名鱼蓡，生山石间者，名山鱼苏。"

又西三百里，曰牡山。<sup>①</sup>其上多文石，其下多竹箭、竹箭，<sup>②</sup>其兽多㸲牛、羬羊，鸟多赤鷩。<sup>③</sup>

① 懿行案：《尔雅》疏引此经，作"牝山"；《藏经》本作"壮山"。

② 懿行案："簫"上"竹"字疑衍。

③ 音闭，即鷩雉也。○懿行案：鷩雉见《尔雅》。


又西三百五十里，曰讙举之山。①洛水出焉，而东北流注于玄扈之水。②其中多马肠之物。③此二山者，洛间也。④


① 懿行案：《水经》云："洛水出京兆上洛县讙举山。"《地理志》云：弘农郡，"上洛，《禹贡》洛水出冢领山。"冢领山当即讙举山也。《地理志》又云：上洛，"熊耳，獲舆山在东北。"或以"獲舆"、"讙举"字形相近，疑为一山。然据《地理志》及《水经注》，盖二山也。刘昭注《郡国志》引此经，"讙"作"护"。

② 懿行案：《水经注》云："洛水又东至阳虚山，合玄扈之水。"引此经文，是也。洛水又见《海内东经》。

③ 懿行案：上文蔓渠山"马腹"一本作"马肠"，盖此是也。《大荒西经》"女娲之肠"或作"女娲之腹"，亦其例。

④ 洛水今出上洛县冢岭山。《河图》曰："玄扈洛汭。"谓此间也。○懿行案：经言"此二山者"，谓玄扈、讙举也。《水经注》引此经，又云："玄扈之水出于玄扈之山，盖山水兼受其目也。"


凡釐山之首，自鹿蹄之山至于玄扈之山，凡九山，①千六百七十里。其神状皆人面兽身，其祠之：毛用一白鸡，祈而不糈，②以采衣之。③


① 懿行案：《水经注》引此经而释之，云："玄扈亦山名也，而通与讙举为九山之次焉。"

② 言直祈祷。○懿行案："祈"当为"鉴"。

③ 以彩饰鸡。○懿行案：以彩饰鸡，犹如以文绣被牛。

《中次五经》薄山之首①曰苟床之山。②无草木，多怪石。③

① 懿行案：薄山即篇首薄山曰甘枣山者。

② 或作"苟林山"。○懿行案：下文正作"苟林山"；《文选·江赋》注引此经，亦作"苟林山"。

③ 怪石，似玉也，《书》曰"铅松怪石"也。

东三百里，曰首山。①其阴多谷、柞，草多术、芫，②其阳多㻬珸之玉，木多槐。其阴有谷，曰机谷。多𪂈鸟，③其状如枭④而三目，有耳，其音如录，⑤食之已垫。⑥

① 懿行案：《史记·封禅书》申公曰："天下名山八，而三在蛮夷，五在中国"，"五山黄帝之所常游。"首山其一，以首山与华山、太室并称，盖山起蒲州蒲坂，与嵩、华连接而为首，故山因取名与？《吕氏春秋·有始览》亦以首山与太华并称，高诱注云："首山在蒲坂之南、河曲之中，伯夷所隐也。"

② 术，山蓟也。芫，华中药。○懿行案：术见《尔雅》，芫见《本草》。又《尔雅》有"杬，鱼毒"，在"释木"，亦是也。《说文》云："芫，鱼毒也。"

③ 音如钳钛之钛。○懿行案：《玉篇》有"𪂈"字，云："徒赖切。"

④ 懿行案：李善注《江赋》引此经，作"其状如㲋"。《玉篇》作"𪂈鸟似乌"。

⑤ 懿行案："录"盖"鹿"字假音。《玉篇》作"音如豕"。

⑥ 未闻。○懿行案：《尚书》云："下民昏垫。"《方言》云："垫，下也。"是垫盖下湿之疾。《玉篇》说此鸟，作"食之亡热"，非郭义也。又《说文》云："霣，寒也，读若《春秋传》'垫阨'。"义亦相近。

又东三百里，曰县𪃁之山。①无草木，多文石。

① 音如斤斸之斸。

又东三百里,曰葱聋之山。无草木,多㻁石。①

① 未详。○懿行案:毕氏云:"'㻁'当为'珛',《说文》云:'石之次玉者。'"

东北五百里,曰条谷之山。其木多槐、桐,其草多芍药、虋冬。①

①《本草经》曰:"虋冬一名满冬,今作门,俗作耳。○懿行案:"虋"当为"薲"。《尔雅》云:"蘠蘼,薲冬。"郭引《本草》与此同。今检《本草》无满冬之名,必郭所见本尚有之,今阙脱。

又北十里,曰超山。其阴多苍玉,其阳有井,冬有水而夏竭。①

① 懿行案:视山有井,夏有水,冬竭,与此相反,见《中次一十一经》。

又东五百里,曰成侯之山。其上多櫄木。①其草多芃。②

① 似樗树,材中车辕。吴人呼"櫄"音"辖车",或曰"辖车"。○懿行案:《说文》云,"杶"或作"櫄",即今"椿"字也。
② 懿行案:芃,《说文》训草盛,非草名也,疑"芃"当为"艽"字之讹。"艽"音交,即药草秦艽也,见《本草》。《玉篇》云:"艽,秦艽药,同艽。"

又东五百里，曰朝歌之山。谷多美垩。

又东五百里，曰槐山。<sup>①</sup>谷多金、锡。

① 懿行案：毕氏云："'槐'当为'稷'，即'稷'字古文，见《说文》，形相近，字之误也。稷山在今山西稷山县，杜预注《左传》云：'河南闻喜有稷山。'"今案杜预注"河南"当为"河东"，字之讹也。《太平御览》四十五卷引《隋图经》曰："稷山在绛郡，后稷播百谷于此山，亦《左氏传》谓晋侯治兵于稷，以略狄土，是此也。"

又东十里，曰历山。<sup>①</sup>其木多槐，<sup>②</sup>其阳多玉。

① 懿行案：即上文历儿山。《水经注》云：河东郡"南有历山，舜所耕处也"。

② 懿行案：《广韵》去声九御及上声八语并收"楚"字，九御"楚"云："木名，出历山。"疑此经"槐"本或作"楚"，抑或经文脱"楚"字也，俟考。

又东十里，曰尸山。<sup>①</sup>多苍玉，其兽多麖。<sup>②</sup>尸水出焉，南流注于洛水。<sup>③</sup>其中多美玉。

① 懿行案：《水经》"洛水"注有尸山，"尸"作"户"。

② 似鹿而小，黑色。○懿行案：《尔雅》云："麠，大麃，牛尾一角。"《说文》云："麠，或作麖。"是麖当似鹿而大，郭云"小"，疑误。

③ 懿行案：《水经注》云："洛水又东，尸水注之。水北发尸山，南流入洛。""尸"，《水经注》作"户"。

又东十里，曰良余之山。<sup>①</sup>其上多谷、柞，无石。余水出于其阴而北流注于河，②乳水出于其阳而东南流注于洛。③

① 懿行案：《水经注》有良余山，本或作"粮"，非。

② 懿行案：《水经》云："渭水又东过郑县北。"注云："渭水又东，余水注之。水南出粮余山之阴，北流入于渭，俗谓之宣水也。"案余水入渭，此经云注河者，盖合渭而入于河。

③ 懿行案：《水经注》云："洛水又东，得乳水。水北出良余山南，南流注于洛。"

又东南十里，曰蛊尾之山。①多砺石、赤铜。龙余之水出焉，而东南流注于洛。②

① 懿行案：《水经注》作"虫尾"。

② 懿行案：《水经注》云：洛水得乳水，"又东会于龙余之水。水出虫尾之山，东流入洛"。

又东北二十里，曰升山。①其木多谷、柞、棘，其草多薯蓣、蕙，②多寇脱。③黄酸之水出焉，而北流注于河。④其中多璇玉。⑤

① 懿行案：《水经》渭水注有升山。

② 蕙，香草也。○懿行案：蕙已见《西山经》浮山及蟠冢山。

③ 寇脱，草。生南方，高丈许，似荷叶而茎中有瓤，正白，零、桂人植而日灌之，以为树也。○懿行案：寇脱即活脱也，"寇"、"活"声之转。《尔雅》云："离南，活莌。"郭注与此注同，又云："倚商，活脱。"亦是也。

④ 懿行案：《水经注》云："渭水又东，合黄酸之水，世名之为千渠水。

水南出升山,北流注于渭。"案此经云注河者,亦合渭而入河。

⑤ 石次玉者也。孙卿曰:"璇玉瑶珠不知佩。"璇,音旋。○懿行案:孙卿本作荀卿,所引见《荀子·赋篇》。《韩诗外传》亦引作"璇",并非也。古无"璇"字,有"琁",与"琼"同,赤玉也。"璇玉"之"璇"当为"璿",古文作"璿",美玉也,并见《说文》。后世作字,通以"琁"代"璿",故经典多误。李善注颜延之《陶徵士诔》引此经,亦作"琁玉",又引《说文》曰:"琁,亦璿字。"非也。

又东十二里,曰阳虚之山。多金,临于玄扈之水。①

① 《河图》曰:"苍颉为帝南巡狩,登阳虚之山,临于玄扈、洛汭,灵龟负书,丹甲青文以授之。"出此水中也。○懿行案:《水经注》云:"洛水又东至杨虚山,合玄扈之水。"又云:玄扈水"径于阳虚之下"。引此经云云,有"是为洛汭"四字,今本盖脱去之;又引《河图玉版》与郭所引同也。阳虚山在今陕西洛南县。

凡薄山之首,自苟林之山至于阳虚之山,凡十六山,①二千九百八十二里。升山,冢也,其祠礼:太牢,婴用吉玉。首山,䰛也,其祠用稌、黑牺、太牢之具、糵酿,②干儛③置鼓,④婴用一璧。尸水,合天也,⑤肥牲祠之,用一黑犬于上,用一雌鸡于下,刉一牝羊,献血;⑥婴用吉玉,采之⑦,飨之。⑧

① 懿行案:今才十五山。
② 以糵作醴酒也。○懿行案:糵,牙米也,见《说文》。今以牙米酿酒,极甘,谓之糖酒。
③ 干儛,万儛。干,楯也。○懿行案:"儛"与"舞"同。《夏小正传》云:

"万也者,干戚舞也。"《邶风·简兮篇》云"方将万舞"是也。

④ 击之以舞。○懿行案:"置"亦"植"也,古字通用。郑注《明堂位》引《殷颂》曰:"植我鼗鼓。"今《商颂·那篇》"植"作"寘"也。

⑤ 天神之所凭也。

⑥ 以血祭也。刉,犹刲也。《周礼》曰:"刉珥奉犬牲。"○懿行案:《秋官·士师》云:"凡刉珥则奉犬牲。"郑注:"一衅礼之事用牲,毛者曰刉,羽者曰衅。"

⑦ 又加以绘彩之饰也。

⑧ 劝强之也。《特牲馈食礼》曰"执奠祝餥"是也。○懿行案:"劝强之"者,《考工记》云:"祭侯之礼,以酒脯醢,其辞曰:强饮强食,诒女曾孙。诸侯百福。"《特牲馈食礼》云:"尸答拜,执奠祝餥。"郑注云:"餥,劝强之也。"是郭注所本。


　　《中次六经》缟羝山之首曰平逢之山,①南望伊、洛,东望谷城之山。②无草木,无水,多沙石。有神焉,其状如人而二首,名曰骄虫,③是为螫虫,④实惟蜂、蜜之庐。⑤其祠之:用一雄鸡,禳而勿杀。⑥


① 懿行案:《(本)[水]经》"谷水"注引此经,作"平蓬山",即北邙山郏山之异名也。《太平寰宇记》云:河南县"芒山在县地十里,一名平逢山"。

② 在济北谷城县西,黄石公石在此山下,张良取以合葬尔。○懿行案:《地理志》云:河南郡,"谷成。"盖县因山为名,山在今河南洛阳县西北。郭云"在济北"者,《晋书·地理志》云济北国"谷城"是矣。《水经》:济水"过谷城县西"。注引《魏士地记》曰:"县有谷城山,山出文石。"又云:"有黄山台,黄石公与张子房期处也。"

③ 懿行案:《太平御览》九百五十卷引此经,"骄"作"娇"。

④ 为螫虫之长。

⑤ 言群蜂之所舍集。蜜，赤蜂名。○懿行案："赤"疑"亦"字之讹。蜂凡数种，作蜜者即呼蜜蜂，故曰"蜜，亦蜂名"。《说文》云：鼅，或作蜜，"蠭甘饴也"。

⑥ 禳，亦祭名，谓禳却恶气也。

西十里，曰缟羝之山。①无草木，多金、玉。

① 懿行案：《水经注》云："平蓬山西十里厜山。"是不数此山也，然得此乃合于此经十四山之数，疑《水经注》脱去之。

又西十里，曰厜山。①其阴②多瑂珛之玉。其西有谷焉，名曰藿谷。③其木多柳、楮。其中有鸟焉，状如山鸡而长尾，赤如丹火而青喙，名曰鸰鷑，④其鸣自呼，服之不眯。交觞之水出于其阳，而南流注于洛。⑤俞随之水出于其阴，而北流注于谷水。⑥

① 音如环伟之环。○懿行案：《初学记》二十八卷引此经，作"沃山"，误。毕氏云："山当在今河南河南县西。隋《地理志》云新安有魏山、有孝水，'魏'、'厜'音同也。新安与河南接境。"

② 懿行案：《水经注》及《太平御览》六十三卷引此经，作"其阳"。

③ 懿行案：《左传》昭三十六年云："王次于藿谷。"杜预注云："藿谷，周地。"释文云："藿，音九，本又作'藿'，古乱反。"即此经藿谷也，其地当去河南洛阳为近。《初学记》引此经云："沃山之西有谷焉，名均藿谷，其木多柳。""均"字衍。

④ 铃、要二音。○懿行案：《玉篇》"鷑"字说与此经同。

⑤ 懿行案：觞，《水经》"洛水"注作"触"，云："惠水又东南，谢水北出瞻

诸之山;东南流,又有交觞之水北出厓山,南流,俱合惠水。"惠水"又南流入于洛水"。

⑥ 懿行案:《水经注》云:"谷水又东,俞随之水注之。"引此经云云,"世谓之孝水也。潘岳《西征赋》曰:'澡孝水以濯缨,嘉美名之在兹。'是水在河南城西十余里,故吕忱曰:'孝水在河南也。'"

又西三十里,曰瞻诸之山。①其阳多金,其阴多文石。谢水出焉,而东南流注于洛。②少水出其阴,而东流注于谷水。③

① 懿行案:山见《水经注》,《玉篇》作"瞻渚山"。

② 音谢。〇懿行案:《玉篇》云:"谢水出瞻渚山。""谢",《水经注》作"谢",已见上文。盖谢水会交觞之水南流,俱合惠水,又南流入洛也。

③ 世谓之慈涧。〇懿行案:《水经注》云:"谷水又东,少水注之。"引此经云云,"控引众溪,积以成川,东流注于谷,世谓之慈涧也。"又"涧水"注云:"今孝水东十里有水,世谓之慈涧,又谓之涧水。按《山海经》则少水也,而非涧水,盖习俗之误尔。"

又西三十里,曰娄涿之山。无草木,多金、玉。瞻水出于其阳,而东流注于洛。①陂水出于其阴,②而北流注于谷水。③其中多茈石、文石。④

① 懿行案:《水经》"洛水"注云:"惠水出白石山之阳,东南流,与瞻水合。水东出娄涿之山,而南流入惠水。"

② 世谓之百答水。

③ 懿行案:"陂",《水经注》作"波",云:"谷水又东,波水注之。"引此经

云云,"世谓之百答水,北流注于谷。"

④ 懿行案:《北山经》首滝水中多此二石,其"茈"误作"芘"也。

又西四十里,曰白石之山。①惠水出于其阳,而南流注于洛。②其中多水玉。涧水出于其阴,③西北流注于谷水。④其中多麋石、栌丹。⑤

① 懿行案:《水经》云:"涧水出新安县南白石山。"注云:"世谓是山曰广阳山。"

② 懿行案:《水经注》云:"洛水自枝渎又东出关,惠水右注之,世谓之八关水。""水出白石山之阳。"引此经云云;又"涧水"注引此经,作"东南注于洛";"洛水"注引此经,又无"东"字,与今本同。

③《书》曰:"伊洛瀍涧。"○懿行案:《说文》云:"涧水出弘农新安,东南入洛。"本《地理志》为说也。《水经》云:"涧水出新安县南白石山。"注引此经云云,"世谓是水曰赤岸水,亦曰石子涧。"

④ 懿行案:《地理志》、《说文》、《水经》并言涧水入洛水,此经云"注于谷水"者,盖合谷水而入洛水也。又《水经》"涧水"及"谷水"注引此经,并无"西"字。

⑤ 皆未闻。○懿行案:麋石或是画眉石,"眉"、"麋"古字通也。栌丹疑即黑丹,"栌"、"卢"通也。又《说文》云:"宅栌木出弘农山。"陶注《本草》引李当之曰:"溲疏,一名杨栌。《别录》云:'生熊耳川谷。'《说文》'宅栌'或即此。"

又西五十里,曰谷山。①其上多谷,其下多桑。爽水出焉,②而西北流注于谷水。③其中多碧绿。

① 懿行案:山见《水经注》。《太平寰宇记》云:渑池县,"谷山在县南八

十里"。

② 世谓之纻麻涧。

③ 懿行案:《水经注》云:"谷水又东北,径函谷关城东,右合爽水。"引此经云云,"世谓之纻麻涧,北流注于谷。"案郦氏引此经,直作"北流",无"西"字;"世谓之纻麻涧"句,盖并引郭注也,上文同。

又西七十二里,曰密山。①其阳多玉,其阴多铁。豪水出焉,而南流注于洛。②其中多旋龟,其状鸟首而鳖尾,其音如判木。③无草木。

① 今荥阳密县亦有密山,疑非也。○懿行案:《尔雅》云:"山如堂者密。"此密在今河南新安县也。《水经注》云:"洛水又东与豪水会,水出新安县密山。"

② 懿行案:《水经注》云:"洛水又东与豪水会","南流历九曲东,而南流入于洛。"

③ 懿行案:旋龟之状已见《南山经》杻阳之山。

又西百里,曰长石之山。①无草木,多金、玉。其西有谷焉,名曰共谷,多竹。共水出焉,西南流注于洛,②其中多鸣石。③

① 懿行案:山在今河南新安县,见《水经注》。

② 懿行案:《水经注》云:"洛水又东,共水入焉。水北出长石之山,山无草木,其西有谷焉,厥名共谷;共水出焉,南流,得尹溪口","又西南与左涧水会","又南与李谷水合。""共水世谓之石头泉,而南流注于洛。"

③ 晋永康元年,襄阳郡上鸣石,似玉,色青,撞之声闻七八里。今零陵

泉陵县永正乡有鸣石二所,其一状如鼓,俗因名为石鼓,即此类也。〇懿行案:郭氏《江赋》云:"鸣石列于阳渚。"李善注引此经及郭注,并与今本同。《初学记》十六卷引王韶之《始兴记》云:"县下流有石室,内有悬石,扣之声若磬,响十余里。"亦此类也。郭云"襄阳郡上鸣石",见《晋书·五行志》。

又西一百四十里,曰傅山。①无草木,多瑶碧。厌染之水出于其阳,而南流注于洛,②其中多人鱼。③其西有林焉,名曰墦冢。④谷水出焉,而东流注于洛,⑤其中多珚玉。⑥

① 懿行案:山见《水经注》。

② 懿行案:"染",《水经注》作"梁",云:"洛水又东径宜阳县故城南,又东与厌梁之水合。水出县北傅山大陂,山无草木,其水自陂。"

③ 懿行案:人鱼已见《北次三经》决决之水。

④ 音番。

⑤ 今谷水出谷阳谷,东北至谷城县入洛河。〇懿行案:《地理志》云:弘农郡,黾池,"谷水出谷阳谷,东北至谷城入洛。"是郭所本也。洛谓之"河"者,北方人凡水通名"河"也。《水经》云:"谷水出弘农黾池县南墦冢林谷阳谷。"注引此经云云,"今谷水出千崤东马头山谷阳谷。"

⑥ 未闻也。珚,音堙。〇懿行案:《太平御览》六十二卷引此经,作"珚玉"。《广雅》云:"珚,珚玉。"《玉篇》云:"珚,齐玉,奇殒切。"是此经"珚"本又作"珚"也。《水经注》引此经,又作"珉玉"。

又西五十里,曰橐山。其木多樗,①多㯶木,②其阳多金、玉,其阴多铁,多萧。③橐水出焉,而北流注于河。④其中多修辟之鱼,⑤状如黾⑥而白喙,其音如鸱,食之已白癣。

① 懿行案:"樗"当为"枒"。《说文》云:"枒木出橐山。"谓此也。《广韵》十一"模"曰:"黄枒木,可染。"十"姥"曰:"枒,木名,可染缯。"

② 今蜀中有楷木,七八月中吐穗,穗成如有盐粉著状,可以酢羹。音备。〇懿行案:《玉篇》云:"楷,木名。"说与郭同。郭注"酢"盖"作"字之讹也,《本草》盐麸子即五楷子,俗讹为五倍子。陈藏器《本草拾遗》云:"盐麸子生吴、蜀山谷,树状如椿,七月子成,穗粒如小豆,上有盐似雪,可为羹用是也。"《太平御览》引此经,作"樠",云:"音谩。"或所见本异也。《管子·地员篇》云:"其木乃樠。"

③ 萧,蒿,见《尔雅》。〇懿行案:《尔雅》云:"萧,萩。"郭注云:"即蒿也。"

④ 懿行案:《水经》云:河水"又东过陕县北"。注云:橐水出橐山,西北流出谷,谓之漫涧;西径陕县故城南,又西北径陕城西,西北入于河。

⑤ 懿行案:此鱼即𩸀属也,𩸀亦名𩸀鱼,见《汉书·东方朔传》。

⑥ 鼀,蛙属也。〇懿行案:詹诸在水者名鼀,见《尔雅》。

又西九十里,曰常烝之山。① 无草木,多垩。潐水出焉,②而东北流注于河,③其中多苍玉。菑水出焉,而北流注于河。④

① 懿行案:山见《水经注》。

② 音谯。

③ 懿行案:《水经注》云:"河水又东,合潐水。水导源常烝之山,俗谓之干山","山在陕城南八十里;其川二源双导,同注一壑,而西北流注于河"。

④ 懿行案:《水经注》云:"河水又东,菑水注之。水出常烝之山,西北径曲沃城南,又屈径其城西,西北入河。"又引潘岳《西征赋》曰:"憩于曹阳之墟。""以《山海经》求之,'菑'、'曹'字相类,是或有'曹阳'之名也。"

又西九十里,曰夸父之山。①其木多棕、枏,多竹箭,其兽多㸲牛、羬羊,其鸟多鷩,其阳多玉,其阴多铁。其北有林焉,名曰桃林,②是广员三百里,其中多马。③湖水出焉,而北流注于河,④其中多珚玉。

① 懿行案:山一名秦山,与太华相连,在今河南灵宝县东南。《水经注》云:"槃涧水出湖县夸父山。"

② 桃林,今弘农湖县阌乡南谷中是也,饶野马、山羊、山牛也。○懿行案:《郡国志》弘农郡"湖"有阌乡,"阌",俗字也。《水经注》引《三秦记》曰:"桃林塞在长安东四百里。"又引《春秋》文公十三年:"晋侯使詹嘉守桃林之塞,处此以备秦。"《史记·赵世家》正义引《括地志》云:"桃林在陕州桃林县,西至潼关,皆为桃林塞地。"又《留侯世家》索隐引应劭《十三州记》:"弘农有桃丘聚,古桃林也。"亦见《郡国志》,刘昭注引《博物记》曰:"在湖县休与之山。"

③ 懿行案:《史记·赵世家》云:"造父取桃林,盗骊、骅骝、绿耳,献之穆王。"《正义》引此经,"广员"作"广阔",盖误。《留侯世家》索隐引此经,又作"广三百里",无"员"字。

④ 懿行案:《水经注》云:"河水又东,径湖县故城北。""湖水出桃林塞之夸父山","又北径湖县东,而北流入于河。《魏土地记》曰:'弘农湖县有轩辕黄帝登仙处,名其地为鼎湖也。'"

又西九十里,曰阳华之山。①其阳多金、玉,其阴多青雄黄。其草多薯蓣,多苦辛,其状如橚,②其实如瓜,其味酸甘,食之已疟。③杨水出焉,而西南流注于洛,④其中多人鱼。门水出焉,而东北流注于河,⑤其中多玄𥓖。⑥姑姑之水出于其阴,⑦而东流注于门水,⑧其上多铜。门水出千河,七百九十里入洛水。⑨

① 懿行案：《吕氏春秋·有始览》说"九薮"云："秦之杨华。"高诱注云："或曰：在华阴西。"又云："桃林县西，长城是也。"刘昭注《郡国志》，于弘农华阴亦引《吕氏春秋》及高注。又《尔雅》"十薮"，秦有杨陓，郭注云："今在扶风汧县西。"刘昭注《郡国志》，于右扶风汧亦引《尔雅》及郭注。然则阳华、杨陓非一地明矣。或说以二者是一，故附辨于此。

② 即"楸"字也。○懿行案：《说文》云："穓，长木兒。"《玉篇》同，非郭义也。《晏子春秋·外篇》云："景公登箐室而望，见人有断雍门之楛者。""楛"即"楸"也。《左传》有"伐雍门之萩"之语，"萩"盖"楸"之同声假借字也，"楛"亦一音尔。

③ 懿行案：《本草经》云："常山味苦辛，主温疟。"又云："蜀漆主疟。"《别录》云："常山，苗也。"苏颂《图经》云："海州出者，叶似楸叶。"与此经合。但常山味苦辛，此云味酸甘为异，常山实又不似瓜也。《玉篇》云："莕，草名，其实似瓜，食之治疟。"盖即此矣，而经复无"莕"名，未审《玉篇》何据。

④ 懿行案：杨水即缟姑水之分流岐出者也，其水流入门水，又注于洛水，说见下文。

⑤ 懿行案：《水经注》云："河水东合柏谷水"，"又东，右合门水。""门水又东北历阳华之山，即《山海经》所谓'阳华之山，门水出焉'者也。"又云："门水又北径弘农县故城东"，"其水侧城，北流而注于河。"

⑥ 黑砥石，生水中。○懿行案：《玉篇》"碌"思六、先鸟二切，云："黑砥石。"又云："磑碌，青砺也。"盖亦碌类。

⑦ 缟，音藉。

⑧ 懿行案：《水经注》云："门水又东北历邑川，二水注之。左水出于阳华之阴，东北流径盛墙亭西，东北流，与右水合。右水出阳华之阳，东北流，径盛墙亭东，东北与左水合，即《山海经》所谓'缟姑之水出于阳华之阴，东北流注于门水'者也。"今本无"北"字，盖脱去之。又云："东北爥水注之"，"是水乱流，东注于缟姑之水，二水悉得通称矣。""爥水又北入门水，水之左

右即函谷山也。"

⑨懿行案：《水经注》云："门水即洛水之枝流者也。洛水自上洛县东北，于拒阳城之西北分为二水，枝渠东北出为门水也。"然则门水本出洛水，此经又云入洛者，盖其枝流复入于本水也。《尔雅》云："洛为波。"《水经注》引其文，盖以门水即《尔雅》所谓波水矣。

　　凡缟羝山之首，自平逢之山至千阳华之山，凡十四山，七百九十里。①岳在其中，以六月祭之，②如诸岳之祠法，则天下安宁。③

　　①懿行案：今八百二里。

　　②六月，亦岁之中。○懿行案：岳，当谓华山也，郭以为中岳，盖失之。中岳在下文。

　　③懿行案：后汉顺帝阳嘉元年，望都蒲阴狼杀人，《东观书》言朱遂不祠北岳，致有斯灾。推此而言，岳祠如法，即天下安宁，经语不虚也。

　　《中次七经》苦山之首曰休与之山。①其上有石焉，名曰帝台之棋，②五色而文，其状如鹑卵，③帝台之石所以祷百神者也，④服之不蛊。⑤有草焉，其状如耆，⑥赤叶而本丛生，名曰夙条，⑦可以为籫。⑧

　　①与，或作"舆"，下同。○懿行案：刘昭注《郡国志》弘农桃林引《博物志》曰："在湖县休与之山。"《初学记》五卷引《博物志》作"休马之山"，"马"、"与"声相近。《艺文类聚》六卷又引作"休牛之山"，"牛"、"与"声之转也。

　　②帝台，神人名；棋，谓博棋也。○懿行案：《南次二经》漆吴之山多博石，郭云"可以为博棋石"，亦此类。

③ 懿行案：《初学记》引《博物志》作"状如鸡卵"；《艺文类聚》引此经，与今本同。

④ 祷祀百神则用此石。

⑤ 懿行案：《本草经》云："石胆主诸邪毒气。"《别录》云："一名棋石。"苏恭注云："有块如鸡卵者为真。"并与此经义合。

⑥ 懿行案：《说文》云："菁，蓂属。"《广雅》云："菁，者也。"

⑦ 懿行案：夙，俗字，《说文》作"夙"。

⑧ 中箭笴也。○懿行案："簳"当为"榦"，郑注《考工记》云："笴，矢榦也。"《广雅》云："笴，箭也。"

东三百里，曰鼓鍾之山。①帝台之所以觞百神也。②有草焉，方茎而黄华，员叶而三成，③其名曰焉酸，④可以为毒。⑤其上多砺，其下多砥。

① 懿行案：吴氏云："今名鍾山，往河南陆浑县西南三十里。"毕氏云："别有鼓鍾峡，在山西垣曲县。"《水经注》引此经，以为即山西鼓鍾山，非也，已见上文鼓镫山注。

② 举觞燕会则于此山，因名为鼓鍾也。○懿行案：《初学记》八卷引郭注，"此山"句下有"在伊阙西南"五字，盖今本脱去之。

③ 叶三重也。

④ 懿行案："焉酸"，一本作"乌酸"。

⑤ 为，治。○懿行案：治，去之也。

又东二百里，曰姑媱之山。①帝女死焉，其名曰女尸，化为䔄草，②其叶胥成，③其华黄，其实如菟丘，④服之媚于人。⑤

① 音遥。或无"之山"字。○懿行案：《文选·别赋》注引此经，作"姑

瑶";《博物志》作"古畚";俗本讹作"古詹"。

② 亦音遥。 懿行案:"菕"通作"瑶"。《文选·别赋》云:"惜瑶草之徒芳。"李善注引宋玉《高唐赋》曰:"我帝之季女,名曰瑶姬,未行而亡,封于巫山之台,精魂为草,实为灵芝。"今《高唐赋》无之;又注《高唐赋》引《襄阳耆旧传》云:"赤帝女曰瑶姬。"此说非也。《水经》:江水"东过巫县南"。注云:巫山,"帝女居焉,宋玉所谓'天帝之季女,名曰瑶姬,未行而亡,封于巫山之阳,精魂为草,实为灵芝'"。与《别赋》注同。是帝女即天帝之女,以为赤帝女者,误也。又宣山有帝女之桑,亦是天帝之女,明矣。又案《别赋》虽作"瑶草",注引此经,仍作"菕草";又引郭注云:"瑶与菕并音遥。"亦今本所无。

③ 言叶相重也。○懿行案:《博物志》作"畚草,其叶郁茂"。

④ 菟丘,菟丝也,见《尔雅》。○懿行案:菟丘,兔丝也,见《广雅》,今各本俱作"尔雅",误。又《别赋》注引此经文,竟作"兔丝",亦误。《博物志》作"实如豆"。

⑤ 为人所爱也。《传》曰:"人服,媚之如是,一名荒夫草。"

又东二十里,曰苦山。有兽焉,名曰山膏,其状如逐,①赤若丹火,善詈。②其上有木焉,名曰黄棘,黄华而员叶,其实如兰,服之不字。③有草焉,员叶而无茎,④赤华而不实,名曰无条,⑤服之不瘿。

① 即"豚"字。○懿行案:《玉篇》云:"蟓,音逐,兽名。"即此。郭云"即'豚'字"者,毕氏云:"借'遰'字为之'逐',又'遰'省文。"懿行谓,"遰"古文作"逯",见郑《易》;"遰"从"豚"得声,"逯"作"逐"文省,正如《归藏易》"涣"作"奂"、"损"作"员",并古字省文也。是此经之"逐",从"遰"或"逯"省,当读为豚,故曰"逐"即"豚"字也。

② 好骂人。

③ 字,生也。《易》曰:"女子贞不字。"○懿行案:兰、蕙皆有实,女子种

兰美而芳。

④ 懿行案：《管子·地员篇》云："叶下于蘖。"房氏注云："叶，草名，唯生叶无茎。"与此经合，即是物也。

⑤ 懿行案：无条已见《西山经》皋涂之山，与此同名异物。


又东二十七里，曰堵山。<sup>①</sup>神天愚居之，是多怪风雨。其上有木焉，名曰天楄，<sup>②</sup>方茎而葵状，服者不哩。<sup>③</sup>

① 懿行案：《地理志》云：南阳郡，"堵阳"。疑县因山为名。

② 音鞭。○懿行案：《说文》云："楄部，方木也。"此木方茎，故以名焉。

③ 食不噎也。○懿行案：《玉篇》"哩"同"咽"。《广韵》"楄"字两见，并云"木名"，一云"食不噎"，一云"食之不咽"，盖"咽"、"噎"声转，或古字通也。《说文》云："噎，饭窒也。"


又东五十二里，曰放皋之山。<sup>①</sup>明水出焉，南流注于伊水，<sup>②</sup>其中多苍玉。有木焉，其叶如槐，黄华而不实，其名曰蒙木，<sup>③</sup>服之不惑。<sup>④</sup>有兽焉，其状如蜂，枝尾而反舌，<sup>⑤</sup>善呼，<sup>⑥</sup>其名曰文文。

① 放，或作"效"，又作"牧"。○懿行案：《初学记》引此经，作"放皋"；《水经注》作"狼皋山"。山在今河南鲁山县北。

② 懿行案：《水经》云：伊水"又东北过新城县南"。注云："明水出梁县西狼皋山，俗谓之石涧水也；西北流径杨亮垒南，西北合康水。""又西南流入于伊。"引此经云云。

③ 懿行案：此即槐属，但不实为异尔。蒙，《玉篇》作"檬"，云："木名，似槐，叶黄。""叶"盖"华"字之讹也。

④ 懿行案：槐，味苦寒，主热，可以通神明，故服之不惑与？

⑤ 懿行案：枝尾，岐尾也。《说文》云："燕，枝尾。""反舌"者，盖舌本在前，不向喉。《淮南·墜形训》有反舌民。

⑥ 好呼唤也。


又东五十七里，曰大苦之山。①多琈珳之玉，②多麋玉。③有草焉，其状叶④如榆，方茎而苍伤，⑤其名曰牛伤，⑥其根苍文，服者不厥，⑦可以御兵。⑧其阳狂水出焉，西南流注于伊水。⑨其中多三足龟，⑩食者无大疾，可以已肿。


① 懿行案："苦"当为"苦"。《初学记》"龟"下引此经，作"丈若山"，误。

② 懿行案：《水经注》引此经，作"璓琈"，亦古字所无，说已见前。

③ 未详。○懿行案："麋"，疑"瑂"之假借字也。《说文》云："瑂，石之似玉者，读若眉。"

④ 懿行案：当为"叶状"，本或无"叶"字。

⑤ 懿行案：《本草经》"续断"陶注引李当之云："'是虎蓟能疗血。'蜀本《图经》云：'叶似苎，茎方。'范汪方云：'叶似旁翁菜而小厚，两边有刺刺人。'"

⑥ 犹言牛棘。○懿行案：牛棘见《尔雅》。郭注《方言》云："《山海经》谓刺为伤也。"即指此，下文讲山亦云"反伤赤实"。

⑦ 厥，逆气病。○懿行案：《说文》云："瘚，屰气也，或省作'欮'。"《史记·扁鹊传》云："暴蹷。"《正义》引《释名》云："蹷，气从下蹷起上行，外及心胁也。"是"蹷"与"瘚"通。

⑧ 懿行案：《本草经》云："续断主金创。"与此义合。

⑨ 懿行案：《水经注》云："伊水又北径当阶城西，狂水入焉。水东出阳城县之大苦山。"引此经云云。李善注《东京赋》引此经，作"阳狂水"。以"阳狂"为水名，误也。

⑩ 今吴兴阳羡县有君山，山上有池水，中有三足六眼龟鳖。龟三足者名贲，出《尔雅》。○懿行案：《尔雅》注亦引此经，与今本同。《地理志》云：会稽郡，"阳羡"。《晋志》有吴兴郡，无阳羡。

又东七十里，曰半石之山。①其上有草焉，生而秀，其高丈余，赤叶赤华，华而不实，②其名曰嘉荣，③服之者不霆。④来需之水出于其阳，而西流注于伊水。⑤其中多鯩鱼，⑥黑文，其状如鲋，⑦食者不睡。⑧合水出于其阴，而北流注于洛。⑨多騰鱼，⑩状如鳜，居逵，⑪苍文赤尾，食者不痈，可以为瘘。⑫

① 懿行案：山在今河南偃师县东南，见《水经注》。

② 初生先作穗，却著叶，花生穗间。○懿行案：《尔雅》云："草谓之荣，不荣而实者，谓之秀。"此草既谓之秀，又名为荣，却又不实，所以异也。

③ 懿行案：《吕氏春秋·本味篇》云："有菜名曰嘉树，其色若碧。"高诱注云："食之而灵。"疑即此草，"而灵"或"不霆"字之讹也。又案《本草经》有蘘荷与巴蕉同类，《太平御览》引干宝《搜神记》，以蘘荷为嘉草，盖即嘉荣草也。《秋官》"庶氏"掌除蛊毒，以嘉草攻之，是干宝所本。蘘荷华生根中，可食，见《古今注》，而不说实状，证知此草有华无实也。因其可食，故《吕氏春秋》谓之菜矣。《名医别录》云："蘘草主邪气，辟不祥。"又与此经"服者不霆"义合。

④ 不畏雷霆霹雳也，音廷搏之廷。○懿行案：《北堂书钞》一百五十二卷引此经，"霆"上有"畏"字，注无"雷霆"二字，今本脱衍也。《说文》云："霆，雷余声也，铃铃所以挺出万物。"又云："震，劈历振物者。"郭云"音廷搏之廷"，不成语，当为"脡脯"，字之讹也。《公羊传》昭二十五年云："与四脡脯。"

⑤ 懿行案："需"，《水经注》作"儒"，云："伊水又北径高都城东"，"来儒之水出于半石之山"，"至高都城东，西入伊水，谓之曲水也"。

⑥ 音伦。

⑦ 懿行案：《广雅》云："鲯,鲋也。"即今之鲫鱼。

⑧ 懿行案：李善注《江赋》引此经,作"食之不肿";《太平御览》九百三十九卷亦引作"食者不肿"。

⑨ 懿行案：《水经》云：洛水"东过洛阳县南"。注云："合水南出半石之山,北径合水坞而东北流注于公路涧。""合水北与刘水合,水出半石东山。""合水又北流注于洛水也。"

⑩ 音腾。○懿行案：《玉篇》云："䲜鱼似鲔,苍文赤尾。"郭氏《江赋》作"䲜",李善注引此注云："䲜,音滕。"

⑪ 鰠鱼大口大目,细鳞有班彩。遂,水中之穴道交通者。鰠,音列。○懿行案：《尔雅》云："鰠,鳏。"注云："小鱼也,似鲋子而黑。"《初学记》"鱼"下引此经云："鰠鱼大口而细鳞,有班彩。"盖引郭注,误作经文也。"如鰠",《玉篇》作"似鲔"。

⑫ 瘘,痈属也,中多有虫,《淮南子》曰："鸡头已瘘。"音漏。○懿行案：《说文》云："痈,肿也。""瘘,颈肿也。"郭引《淮南·说山训》文,高诱注云："瘘,颈肿疾,鸡头,水中芰。"


又东五十里,曰少室之山,①百草木成囷。②其上有木焉,其名曰帝休,叶状如杨,③其枝五衢,④黄华黑实,服者不怒。其上多玉,⑤其下多铁。休水出焉,而北流注于洛。⑥其中多䱤鱼,状如盩蜼⑦而长距,足白而对,⑧食者无蛊疾,⑨可以御兵。


① 今在河南阳城西,俗名泰室。○懿行案：《晋书·地理志》云：河南郡,"阳城"。《郡国志》颍川郡阳城有嵩高山。《地理志》云："嵩高,武帝置以奉泰室山,是为中岳,有太室、少室山庙,古文以崇高为外方山也。"《初学记》五卷引戴延之《西征记》云："其山东谓太室,西谓少室,相去十七里。

嵩,其总名也;谓之室者,以其下各有石室焉。"

② 未详。○懿行案:《说文》云:"困,廪之圜者。"经盖言草木屯聚如仓囷之形也。

③ 懿行案:《文选》注王巾《头陁寺碑》引此经,"叶"下有"茂"字,疑衍。

④ 言树枝交错相重五出,有象衢路也。《离骚》曰:"靡萍九衢。"○懿行案:王逸注《楚词·天问》云:"九交道曰衢。"《文选》注《头陁寺碑》引此注,作"靡华九衢"。

⑤ 此山巅亦有白玉膏,得服之即得仙道,世人不能上也,《诗含神雾》云。○懿行案:郭注《西次三经》峚山引《河图玉版》曰:"少室山,其上有白玉膏,一服即仙矣。"谓此。

⑥ 懿行案:《水经注》云:洛水"东径偃师故县南,与缑氏分水。又东,休水自南注之,其水导源少室山。"

⑦ 未详。蛰,音俦。○懿行案:"蛰"当为"鳌"。《广雅》云:"狄,蝚也。""狄"、"鳌"声相近。郭注《尔雅》云:"蝚似猕猴。"鯥即鲵也,《北次三经》注云:"鯥见《中山经》。"谓此也;"鲵"省作"兒",《周书·王会篇》云:"兒若猕猴。"与此经合。

⑧ 未详。○懿行案:对,盖谓足趾相向也。《史记·天宫书》云:"疾其对国。"

⑨ 懿行案:《北次三经》云:"人鱼如鯥鱼,四足,食之无痴疾。"此言"食者无蛊疾",蛊,疑惑也;痴,不慧也,其义同。

　　又东三十里,曰泰室之山。①其上有木焉,叶状如梨而赤理,其名曰栯木,②服者不妒。有草焉,其状如荣,③白华黑实,泽如蘡薁,④其名曰荳草,服之不昧。上多美石。⑤

① 即中岳嵩高山也,今在阳城县西。○懿行案:今在河南登封县北。《艺文类聚》七卷引郭氏《赞》云:"嵩惟岳宗,华岱恒衡。气通元漠,神洞幽

明。嵬然中立,众山之英。"

② 音郁。○懿行案:《玉篇》云:"桰,于六、禹九二切。"引此经。《类聚》七卷及三十五卷引此经,"桰"并作"栺",疑误。

③ 茮,似蓟也。○懿行案:茮有赤茮、白茮二种。《尔雅》云:"茮,山蓟。杨,枹蓟。"

④ 言子滑泽。○懿行案:《说文》云:"蘡,婴蘡也。"《广雅》云:"燕蘡,蘡舌也。"盖即今之山葡萄。《齐民要术》引陆机《诗义疏》云:"樱蘡,实大如龙眼,黑色,今车鞅藤实是。"又引《疏》云:"蘽似燕蘡,连蔓生。"皆其形状也。

⑤ 次玉者也。启母化为石而生启,在此山,见《淮南子》。○懿行案:郭注《穆天子传》云:"太室之丘,嵩高山,启母在此山化为石而子启亦登仙,故其上有启石也,皆见《归藏》及《淮南子》。"今《淮南子》无之,盖有阙脱也。刘昭注《郡国志》引《帝王世纪》曰:"阳城有启母冢。"《太平御览》一百三十五卷引《连山易》曰:"禹娶涂山之子,名曰攸女,生启也。"

又北三十里,曰讲山。其上多玉,多柘,多柏。有木焉,名曰帝屋,叶状如椒,反伤赤实,①可以御凶。②

① 反伤,刺下勾也。○懿行案:郭注《方言》云:"《山海经》谓刺为伤也。"

② 懿行案:此别一种椒也。苏颂《本草图经》云:"党子出闽中、江东,其木似樗,茎间有刺,子辛辣如椒,主游蛊、飞尸。"

又北三十里,曰婴梁之山。上多苍玉,錞于玄石。①

① 言苍玉依黑石而生也。或曰:"錞于,乐器名,形似椎头。"○懿行案:"錞于"已见《西山经》首魊山,或曰乐器,似非也。

又东三十里,曰浮戏之山。<sup>①</sup>有木焉,叶状如樗而赤实,名曰亢木,食之不蛊。<sup>②</sup>汜水出焉,<sup>③</sup>而北流注于河。其东有谷,因名曰蛇谷,<sup>④</sup>上多少辛。<sup>⑤</sup>

① 懿行案:山见《水经注》。

② 懿行案:《本草经》:"卫矛,一名鬼箭,主除邪杀蛊,叶状如野茶,实赤如冬青。"即此也。

③ 懿行案:《郡国志》云:成皋"有汜水"。今在汜水县东,汜,音似。"《水经》云:河水"又东过成皋县北"。注云:"河水又东合汜水。水南出浮戏山,世谓之曰方山也。"又云:"洧水东流,绥水会焉。水出方山绥溪,即《山海经》所谓浮戏之山也。"案绥水即汜水,声之转。

④ 言此中出蛇,故以名之。

⑤ 细辛也。○懿行案:《广雅》云:"细条少辛,细辛也。"是郭所本。又名小辛,见《本草》及《管子·地员篇》。

又东四十里,曰少陉之山。<sup>①</sup>有草焉,名曰䓘草,<sup>②</sup>叶状如葵而赤茎白华,实如蘡薁,食之不愚。<sup>③</sup>器难之水出焉,<sup>④</sup>而北流注于役水。<sup>⑤</sup>

① 懿行案:《水经注》云:"济水右受黄水。黄水北至故市县,重泉水出京城西南少陉山。"《太平寰宇记》云:荥阳县"嵩渚山,一名小陉山,俗名周山,在县南三十五里"。

② 音刚。○懿行案:䓘草见《玉篇》。

③ 言益人智。

④ 或作"嚣"。○懿行案:《水经》"济水"注云:索水"出京县西南嵩渚山","即古旃然水也。其水东北流,器难之水注之。""其水北流,径金亭,又北径京县故城西,入于旃然之水。"

⑤ 一作"侵"。○懿行案：《水经注》引此经，正作"侵水"，又云：器难之水入于旃然之水，"亦谓之鸿沟水。"疑侵水即索水。"

又东南十里，曰太山。<sup>①</sup>有草焉，名曰梨，<sup>②</sup>其叶状如荻<sup>③</sup>而赤华，可以已疽。<sup>④</sup>太水出于其阳，而东南流注于役水。<sup>⑤</sup>承水出于其阴，而东北流注于役。<sup>⑥</sup>

① 别有东小太山，今在朱虚县，汶水所出，疑此非也。○懿行案：《地理志》云：琅邪郡，朱虚，"东泰山，汶水所出。"以道里计之，非此明矣。

② 懿行案：《本草别录》云："芥，一名梨，叶如大青。"即此。

③ 荻，亦蒿也，音狄。○懿行案："荻"当为"萩"，"狄"亦当为"秋"，皆字形之讹也。《尔雅》云："萧，萩。"郭注云："即蒿。"

④ 懿行案：《太平御览》九百九十八卷引此经，作"可以为葅"；郭注云"为，治也"，与今本异。

⑤ 世谓之礼水。○懿行案：《水经注》云：承水"东北流，太水注之。水出太山东平地。"引此经云云，"世谓之礼水。"盖并引郭注也，下同。

⑥ 世谓之靖涧水。○懿行案：《水经注》引司马彪《郡国志》云："中牟有清口水，白沟水注之。水有二源，北水出密之梅山东南，而东径靖城南，与南水合；南水出太山，西北流，至靖城南，左注北水，即承水也。"引此经云云，"世亦谓之靖涧水"。毕氏云："此经太水、承水皆云注于役，与《水经注》不同者。案《水经注》，太水注承水，承水注清水，清水注渠水，渠水又东径阳武县故城南，与役水合也。"

又东二十里，曰末山，<sup>①</sup>上多赤金。末水出焉，北流注于役。<sup>②</sup>

① 懿行案：《水经》"渠水"注引此经，作"沫"，云："沫山，沫水所出。"

②《水经》作"沫"。○懿行案:《水经注》引此经,亦作"役水",云:"役水东径曹公垒南,东与沫水合","东北流,径中牟县故城西","又东北注于役水"。又案郭云"《水经》作'沫'",郭注《水经》二卷,今亡无考。

又东二十五里,曰役山。上多白金,多铁。役水出焉,①北注于河。②

① 懿行案:《水经注》云:"渠水左径阳武县故城南,东为官渡水","渡在中牟";"又东,役水注之。水出苑陵县西隙候亭东","中平陂,世名之塱泉也,即古役水矣。"引此经云云。

② 懿行案:《水经注》云役水注渠水,此云注河,未详。

又东三十五里,曰敏山。①上有木焉,其状如荆,白华而赤实,名曰蓟②柏,③服者不寒。④其阳多琂珸之玉。

① 懿行案:《郡国志》云:密"有大騩山,有梅山"。刘昭注引《左传》襄十八年:"楚伐郑,右回梅山,在县西北。"今案山在河南郑州,梅山盖即敏山,"梅"、"敏"声之转也。此经敏山去大騩山三十里,是今梅山审矣。

② 音计。

③ 懿行案:《玉篇》云:"蓟,俗蓟字。"《初学记》二十八卷引《广志》云:"柏有计柏。""计"、"蓟"声同,疑是也。

④ 令人耐寒。

又东三十里,曰大騩之山。①其阴多铁、美玉、青垩。②有草焉,其状如蓍而毛,青华而白实,其名曰猿,③服之不夭,④可以为腹病。⑤

　　① 今荥阳密县有大騩山。騩固，沟水所出；音归。○懿行案：《地理志》云：河南郡，密，"有大騩山，潕水所出"。此注云"騩固，沟水所出"，疑"沟"即"潕"，字之讹也；"固"即"山"字之讹也。"騩"，《说文》作"隗"，《广韵》同。《庄子·徐无鬼篇》云："黄帝将见大隗乎具茨之山。"《释文》引司马彪云："在荥阳密县东，今名泰隗山。"《水经注》云："大騩即具茨山也。"《广韵》云："具次山在荥阳，出《山海经》。"即此。

　　② 懿行案：刘昭汪《郡国志》引此经，作"多美垩"。

　　③ 音狼戾。○懿行案：《玉篇》云："蒗，胡恳切，草名，似蓍，花青白。"《广韵》同。是"蒗"当为"蒗"，"狼"当为"狼"，今本经、注并讹。

　　④ 言尽寿也。或作"芺"。○懿行案："尽寿"盖"益寿"，字之讹也。"芺"即"天"，古今字尔。

　　⑤ 为，治也。一作"已"。


　　凡苦山之首，自休与之山至于大騩之山，凡十有九山，千一百八十四里。①其十六神者，皆豕身而人面，其祠：毛牷用一羊羞，②婴用一藻玉瘞。③苦山、少室、太室皆冢也，其祠之：太牢之具，婴以吉玉。其神状皆人面而三首，其余属皆豕身人面也。


　　① 懿行案：今才一千有五十六里。

　　② 言以羊为荐羞。

　　③ 藻玉，玉有五彩者也。或曰："所以盛玉，藻藉也。"○懿行案：藻玉已见《西次二经》泰冒山。此"藻"疑当与"璪"同，《说文》云："璪，玉饰，如水藻之文也。"藻藉，见《周官·大行人》。"


　　《中次八经》荆山之首曰景山。①其上多金、玉，其木多杼檀。②雎水出焉，③东南流注于江。④其中多丹粟，⑤多文鱼。⑥

① 今在南郡界中。○懿行案：山在今湖北房县西南二百里，俗名马塞山。《初学记》三十卷引《荆州图记》曰："沮县西北半里有雁浮山，是《山海经》所谓景山，沮水之所出也，高三十馀里，修岩遐亘，擢榦干霄，雁南翔北归，遍经其上，土人由兹改名焉。"

② 杼，音橡柱之柱。○懿行案：杼见《尔雅》及陆机《诗疏》。

③ 雎，音痛疽之疽。○懿行案："雎"亦作"沮"，《地理志》云南郡"临沮"是也。《水经》云："沮水出汉中房陵县东山。"注云："沮水出东汶阳郡沮阳县西北景山，即荆山首也"。"故《淮南子》云：'沮出荆山。'"又引杜预云："水出新城郡之西南发阿山，盖山异名也。"与郭义合。李善注《南都赋》引此经。

④ 今雎水出新城魏昌县东南发阿山，东南至南郡枝江县入江也。○懿行案：《晋书·地理志》云新城郡"昌魏"，郭作"魏昌"，讹也。《水经》云："沮水东南过临沮县界，又东南过枝江县，东南入于江。"注云："谓之沮口也。"李善注《江赋》引此经，"江"上有"沔"字，疑衍。

⑤ 懿行案：李善注《南都赋》引此经郭注云："细沙如粟。"今本无之，已见《南次二经》"柜山"注。

⑥ 有斑彩也。

东北百里，曰荆山。<sup>①</sup>其阴多铁，其阳多赤金，<sup>②</sup>其中多犛牛，<sup>③</sup>多豹、虎。其木多松、柏，其草多竹，多橘、櫾。<sup>④</sup>漳水出焉，而东南流注于雎。<sup>⑤</sup>其中多黄金，多鲛鱼。<sup>⑥</sup>其兽多闾、麋。<sup>⑦</sup>

① 今在新城沐乡县南。○懿行案：《晋书·地理志》云：新城郡，"沶乡"。《水经注》云："荆山在景山东百余里新城沶乡县界。""沶"，郭注作"沐"，字形之讹也。《地理志》云：南郡，临沮，"《禹贡》南条荆山在东北，漳水所出"。刘昭注《郡国志》引《荆州记》曰："西北三十里有清溪，溪北即荆

山首,曰景山,即卞和抱璞之处。"《艺文类聚》七卷引《河图括地象》云:"荆山为地雌,上为轩辕星。"

② 懿行案:刘昭注《郡国志》引此经云:"其阳多铁,其阴多赤金。"

③ 旄牛属也,黑色,出西南徼外也;音狸,一音来。〇懿行案:《说文》云:"犛,西南夷长髦牛也,从牛,𠩺声。"是知"犛"古音"狸"也,"狸"、"来"古同声。旄牛见《北次二经》潘侯之山。"旄"、"髦"、"犛"实一字耳,郭意以犛牛非即旄牛,故云"旄牛属也"。《文选·西都赋》注及《后汉书·班固传》注引此注,并云"犛,力之切。"与今本小异,其音则同。

④ 櫾,似橘而大也,皮厚味酸。〇懿行案:《说文》云:"橘,果出江南。"刘逵注《蜀都赋》云:"大曰柚,小曰橘。犍为南安县出黄甘橘。《地理志》云:蜀郡,严道,巴郡,朐忍、鱼复二县出橘,有橘官。"案今《地理志》严道有木官,"木"盖"橘"字之讹也。"櫾"本字作"柚",《说文》云:"柚,条也。"本《尔雅》,又云:"似橙而酢。"引《夏书》曰:"厥包橘柚。"又《吕氏春秋·本味篇》云:"江浦之橘,云梦之柚。"

⑤ 出荆山,至南郡当阳县入沮水。〇懿行案:《水经》云:"漳水出临沮县东荆山。"注云:"《地理志》曰:'荆山,漳水所出,东至江陵入阳水,注于沔。'非也,今漳水于当阳县之东南百里余而右会沮水也。"《文选·江赋》及《登楼赋》注引此经,并作"注于雎"云,"雎"与"沮"同。

⑥ 鲛,鲋鱼类也,皮有珠文而坚尾,长三四尺,末有毒螫人,皮可饰刀剑,口错治材角,今临海郡亦有之;音交。〇懿行案:鲛鱼即今沙鱼。郭注"鲋"字讹,李善注《南都赋》引此注云:"鲛,鲭属。"是也;又云:"皮有斑文而坚。""斑",疑"珠"字之讹,《初学记》三十卷引刘欣期《交州记》曰:"鲛鱼出合浦,长三尺,背上有甲,珠文坚强,可以饰刀口,又可以错物。"与郭注合,"三尺"疑当为"三丈",字之讹;又引此经"荆山"讹作"燕山",郭注"尾有毒"讹作"尾青毒"。张揖注《子虚赋》云:"蛟状鱼身而蛇尾,皮有珠也。""蛟"即"鲛"字,古通用。

⑦ 似鹿而大也。〇懿行案:麕,注已见《北次二经》县雍之山;麋,注已见《西次二经》西皇之山。此注又云"似鹿而大",疑经文"麋"当为"麈"字之

讹，下文间、麛叠见，郭皆无注，益知此为"麈"字之注无疑也。张揖注《上林赋》云："麈，似鹿而大。"《埤雅》亦云："麈，似鹿而大。"并与郭注合。《埤雅》又云："其尾辟尘。"又引《名苑》曰："鹿之大者曰麈，群鹿随之，皆视麈所往。麈尾所转为准，古之谈者挥焉，良为是也。"李石《续博物志》云："麈尾扫毡，毡不蠹。"《说文》云："麈，麋属。"《周书·世俘篇》云："武王狩禽麈十有六。"《王会篇》云："稷慎大麈。"孔晁注云："麈，似鹿。"《广韵》亦云："麈，鹿属。"引《华阳国志》曰："郪县宜君山出麈尾。"

又东北百五十里，曰骄山。①其上多玉，其下多青雘。②其木多松、柏，多桃枝、钩端。神鼍围处之，③其状如人面，④羊角虎爪，恒游于雎、漳之渊，⑤出入有光。

① 懿行案：李善注《南都赋》引此经云："景山之西曰骄山。"误。
② 懿行案：《南都赋》注引此经郭注云："雘，黝属，音瓠。"今本无之，已见《南山经》"青丘之山"注。
③ 鼍，音鼍鱼之鼍。
④ 懿行案：《广韵》"鼍"字注本此文，无"面"字。
⑤ 渊水之府奥也。

又东北百二十里，曰女几之山。①其上多玉，其下多黄金。其兽多豹、虎，多闾、麋、麏、麂，②其鸟多白鹬，③多翟，多鸩。④

① 懿行案：山在今河南宜阳县西。《水经注》云："洛水又东，渠谷水出宜阳县女几山。"又云：七谷水"西出女几山"，"东南流注于伊水"。又云：蚤谷水"出女几山"，"东流入于伊水"。今本《水经注》作"女机山"，《玉篇》

作"女虮山。"

② 麂，似獐而大，偎毛豹脚；音几。○懿行案：麂、麔同，《尔雅》云："麔，大麔，旄毛狗足。"郭注云："旄，毛獛长。"疑此注"偎"当为"獛"，"豹"当为"狗"，皆字形之讹也。

③ 鵁，似雉而长尾，走且鸣；音骄。○懿行案：鵁雉见《尔雅》，郭注云："即鵁鸡也。"余同此注。

④ 鸩，大如雕，紫绿色，长颈赤喙，食蝮蛇头，雄名运日，雌名阴谐也。○懿行案：《说文》云："鸩，毒鸟也，一名运日。"《广雅》云："鸩鸟，其雄谓之运日，其雌谓之阴谐。"是郭所本也。郭云"大如雕"，《广韵》引《广志》云："大如鸮。"疑误也；又云："紫绿色，有毒，颈长七八寸，以其毛历饮，食则杀人。"余与郭同也。刘逵注《吴都赋》云："鸩鸟，一名云白，黑色，长颈赤喙，食蝮蛇，体有毒，古人谓之鸩毒，江东诸大山中皆有之。"案"云白"盖"云日"之讹。《淮南·缪称训》云："晖目知晏，阴谐知雨。""目"亦"日"字之讹，"云"、"晖"并声近假借字也。

又东北二百里，曰宜诸之山。<sup>①</sup>其上多金、玉，其下多青膔。泚水出焉，<sup>②</sup>而南流注于漳，<sup>③</sup>其中多白玉。

① 懿行案：即泚山，因水得名。

② 音诡。

③ 今泚水出南郡东泚山，至华容县入江也。○懿行案：《说文》云："泚水出南郡高成泚山，东入繇。"本《地理志》文也，《志》云："繇水南至华容入江。"此言"注于漳"者，《水经注》云："漳水又南径当阳县"，"又南，泚水注之。"引此经云云。据诸书所说，泚山即宜诸山之异名矣。

又东北三百五十里，曰纶山。<sup>①</sup>其木多梓、枏，多桃枝，多柤、栗、橘、櫾，<sup>②</sup>其兽多闾、麈、麢、臭。<sup>③</sup>

① 音伦。

② 柤,似梨而酢涩。○懿行案:注与《尔雅》注同。《说文》云:"樝,果似梨而酢。"郑注《内则》云:"楂,梨之不臧者。"

③ 臭,似菟而鹿脚,青色;音绰。○懿行案:"臭",俗字也,当为"臰",见《说文》。

又东北二百里,曰陆郐之山。<sup>①</sup>其上多㻬琈之玉,其下多垩。<sup>②</sup>其木多杻、橿。

① 音如跪告之跪。○懿行案:《玉篇》引此经云:"纶山东,陆郐山。"李善注《南都赋》引此注云:"郐,音跪。"

② 懿行案:李善注《南都赋》引此注云:"垩,似土,白色也。"今本无之,已见《西次二经》大次之山。

又东百三十里,曰光山。<sup>①</sup>其上多碧,其下多木。<sup>②</sup>神计蒙处之,其状人身而龙首,恒游于漳渊,出入必有飘风暴雨。

① 懿行案:今汝宁有光山,春秋时为弦国,未审此是非。

② 懿行案:"木",疑"水"字之讹。

又东百五十里,曰岐山。其阳多赤金,其阴多白珉。<sup>①</sup>其上多金、玉,其下多青雘,其木多樗。神涉䖇处之,<sup>②</sup>其状人身而方面,三足。

① 石似玉者,音旻。○懿行案:《说文》云:"珉,石之美者,通作瑉。"《聘义》云:"君子贵玉贱珉。"郑注云:"石似玉。"又作"玟",《玉藻》云:"士佩

瓃玟。"经典诸书无言珉色者,此言白珉,明珉多白者也,下文琴鼓之山、岷山、崬山皆多白珉。

② 徒河切;一作"鼍",笑游切。○懿行案:"鼍"字音义并所未详。

又东百三十里,曰铜山。其上多金、银、铁,<sup>①</sup>其木多谷、柞、柤、栗、橘、櫾,其兽多犳。<sup>②</sup>

① 懿行案:铜山盖以所产三物得名。

② 懿行案:"犳",本或作"豹",非。"犳"音灼,豹文兽也,见《西次二经》厷阳之山。

又东北一百里,曰美山。其兽多兕、牛,多闾、麈,多豕、鹿,其上多金,其下多青雘。

又东北百里,曰大尧之山。<sup>①</sup>其木多松、柏,多梓、桑,多机,<sup>②</sup>其草多竹,其兽多豹、虎、麢、臭。

① 懿行案:《水经》有尧山,滍水所出。刘昭注《郡国志》鲁阳鲁山引《南都赋》注,有尧山,封刘累,立尧祠,疑非此。

② 懿行案:机已见《北山经》首单狐山,注云:"木似榆,出蜀中。"即此。

又东北三百里,曰灵山。<sup>①</sup>其上多金、玉,其下多青雘,其木多桃、李、梅、杏。<sup>②</sup>

① 懿行案:今汝宁府信阳州有灵山,非此。

② 梅,似杏而酢也。○懿行案:郭注《尔雅》"梅,柟"云:"似杏实酢。"非也,说见《南山经》注。此梅盖《尔雅》"时英梅",《说文》作"某",云"酸果"

是也，见陆机《诗疏》。

又东北七十里，曰龙山。上多寓木，<sup>①</sup>其上多碧，其下多赤锡，其草多桃枝、钩端。

① 寄生也，一名"宛童"，见《尔雅》。○懿行案：郭注《尔雅》云："寄生树，一名茑。"《广雅·释草》云："寄屑，寄生也。"《释木》云："宛童，寄生枵也。""枵"与"茑"同。盖此物虽生于木，其质则草，故《广雅》列于《释草》、《释木》。而寄生树今亦谓之寄生草也。

又东南五十里，曰衡山。上多寓木、谷、柞，多黄垩、白垩。

又东南七十里，曰石山。其上多金，其下多青䨼，多寓木。

又南百二十里，曰若山。<sup>①</sup>其上多琈珋之玉，多赭，<sup>②</sup>多邽石，<sup>③</sup>多寓木，多柘。

① "若"，或作"前"。○懿行案：《地理志》云：南郡，若，"楚昭王畏吴，自郢徙此"。疑县因山为名。

② 赤土。○懿行案：李善注《南都赋》引此经云："若之山，其上多赭。""之"字衍；又引郭注云："赭，赤土也。"与今本同。

③ 未详。○懿行案："邽"，疑"封"字之讹也，封石见《中次十经》虎尾之山。

又东南一百二十里，曰彘山。多美石，多柘。

又东南一百五十里，曰玉山。其上多金、玉，其下多碧、铁,其木多柏。①

　　① 一作"楢"。○懿行案:《艺文类聚》七卷引王韶之《始兴记》云:"郡东有玉山,草木滋茂,泉石澄润。"当即斯山也,俟考。

　　又东南七十里,曰讙山。其木多檀,多邽石,①多白锡。②郁水出于其上,潜于其下,其中多砥、砺。

　　① 懿行案:疑即"封石"之讹,见下文虎尾山。

　　② 今白镴也。○懿行案:《夏官·职方》云:"扬州,其利金锡。"郑注云:"锡,镴也。"《尔雅·释器》云:"锡,谓之鈏。"郭注云:"白镴也。"案经内亦有赤锡,见上文龙山、下文婴侯山、服山。

　　又东北百五十里,曰仁举之山。其木多谷、柞,其阳多赤金,其阴多赭。

　　又东五十里,曰师每之山。其阳多砥、砺,其阴多青雘。其木多柏,多檀,多柘,其草多竹。

　　又东南二百里,曰琴鼓之山。其木多谷、柞、椒、柘,①其上多白珉,其下多洗石。②其兽多豕、鹿,多白犀,③其鸟多鸩。

　　① 椒,为树小而丛生,下有草木则蠚死。○懿行案:樧,大椒,见《尔雅》。李善注颜延之《陶徵士诔》引此经。

　　② 懿行案:洗石已见《西山经》首钱来之山。

　　③ 懿行案:兹山有白犀,西域有白象,皆异种也。

凡荆山之首，自景山至琴鼓之山，凡二十三山，二千八百九十里。[①]其神状：皆鸟身而人面，其祠：用一雄鸡祈瘞，[②]用一藻圭，糈用稌。骄山，冢也，其祠：用羞酒少牢祈瘞，婴毛一璧。

① 懿行案：今三千有一十里。
② 祷请已，薶之也。○懿行案："祈"当为"瘗"。

《中次九经》岷山之首曰女几之山。[①]其上多石涅，其木多杻、橿，其草多菊、荣。[②]洛水出焉，东注于江，[③]其中多雄黄。[④]其兽多虎、豹。

① 懿行案：毕氏云："山在今四川双流县。《淮南子·天文训》云：'日回于女纪，是谓大迁。'《隋书·地理志》云：蜀郡，双流。'有女伎山。''纪'、'伎'、'几'三音同也。"
② 懿行案：大菊，瞿麦，见《尔雅》。
③ 懿行案：《地理志》云：广汉郡，洛，"章山，洛水所出，南至新都谷入湔。"《水经》云："江水又东过江阳县南，洛水从三危山东过广魏洛县南，东南注之。"注云："洛水出洛县漳山，亦言出梓潼县柏山。"又云：洛水"与縣水合"，"又与湔水合，亦谓之郫江也。"案左思《蜀都赋》云："浸以縣、洛。"即此洛水。刘逵注以为上洛桐柏山之洛水，误矣。此洛在四川入江，李冰之所导也。
④ 雄黄亦出水中。○懿行案：吴氏引苏颂曰："阶州出水窟，雄黄生于山岩中有水流处。"

又东北三百里，曰岷山。江水出焉，[①]东北流注于海。[②]

其中多良龟，③多鼍。④其上多金、玉，其下多白珉。其木多梅、棠，⑤其兽多犀、象，多夔牛，⑥其鸟多翰、鷩。⑦

① 岷山，今在汶山郡广阳县西，大江所出。○懿行案：《说文》云："崏，山在蜀湔氐西徼外。"《地理志》云：蜀郡，湔氐道，"《禹贡》崏山在西徼外，江水所出，东南至江都入海"。《水经注》云："岷山即渎山也"，"又谓之汶阜山，在徼外，江水所导也"。今案"汶"即"岷"，古字通。岷山在今四川茂州东南，即汉之徼外地也。汶山郡，汉武帝所开，宣帝省并蜀郡，见《后汉书·西南夷传》。郭注"广阳"，《史记·封禅书》索隐引此注，亦作"广阳"，盖晋时县也。汉汶江县，晋改为广阳县，属汶山郡，见《晋书·地理志》。《艺文类聚》八卷引郭氏《赞》云："岷山之精，上络东井。始出一勺，终致淼溟。作纪南夏，天清地静。"

② 至广阳县入海。○懿行案：《海内东经》注云："至广陵郡入海。"此注"广阳县"当为"广陵郡"，或"广陵县"，字之讹也，并见《晋书·地理志》。刘昭注《郡国志》引此经，"注"上无"流"字，"海"下有"中"字。

③ 良善。

④ 似蜥蜴，大者长二丈，有鳞彩，皮可以冒鼓。○懿行案：《说文》云："鼍，水虫，似蜥易长大。"陆机《诗疏》云："鼍似蜥蜴，长丈余，其甲如铠，皮坚厚，可冒鼓。"是郭所本也。"鼍"亦作"鞀"，《周书·王会篇》云："会稽以鞀。"又或作"鼉"，《夏小正》云："二月剥鼉。"传云："以为鼓也。"是鼉即鼍矣。李善注《西京赋》引此注，有"徒多切"三字，盖今本脱去之。

⑤ 懿行案：棠有赤、白二种，具见《尔雅》。又刘逵注《蜀都赋》云："风连出岷山。"岷山独多药草，其椒尤好，异于天下，而此经曾不言焉。

⑥ 今蜀山中有大牛，重数千斤，名为夔牛。晋太兴元年，此牛出(土)[上]庸郡，人弩射杀，得三十八担肉，即《尔雅》所谓"犪"。○懿行案：注"射杀"下当脱"之"字；今本《尔雅》作"犫"，注引此经作"懹"，并加"牛"，非。

⑦ 白翰、赤鷩。○懿行案：翰、鷩并见《尔雅》。

又东北一百四十里,曰崃山。江水出焉,①东流注大江。②其阳多黄金,其阴多麋、麈。其木多檀、柘,其草多韭菜、韭,多药、③空夺。④

① 邛来山今在汉嘉严道县,南江水所自出也。山有九折,坂出猹。猹似熊而黑白駮,亦食铜铁也。○懿行案:《初学记》八卷引此经,作"峡山,邛水出焉","峡"盖"崃"字之讹也。《晋志》有汉嘉郡严道,《汉·地理志》云:蜀郡,严道,"邛来山,邛水所出,东入青衣"。《郡国志》蜀郡严道有邛僰九折阪,刘昭注引《华阳国志》云:"邛峡山,今名邛莋。"《水经注》云:"崃山,邛崃山也,在汉嘉严道县,一曰新道南。山有九折阪,夏则凝冰,冬则毒寒。平恒言是中江所出矣。"案郦氏言崃山"中江所出"。郭云南江所出者,盖据《海(日)[内]东经》"南江出高山"之文也。是崃山一名高山,南江一名邛水,皆山水之异名者也。"崃",俗字也,当作"来",山在今雅州荥经县西。又刘昭注引此经郭注云:"中江所出。"李善注《江赋》及李贤注《后汉书·西南夷传》引此经郭注,并云:"崃山,中江所出。"俱误矣。猹即貘,白豹,见《尔雅》及注;又即猛豹,见《西山经》首"南山"注。

② 懿行案:《水经》云:青衣水"至犍为南安县入于江"。注云:"青衣水又东,邛水注之","又东流注于大江"。

③ 即蘦。○懿行案:郭云药即蘦,非也。《西次四经》号山草多药、蘦,郭既分释于下,此注又谓一草,误也。《玉篇》云:"药,白芷叶,即蘦也。"又承郭注而误。

④ 即蛇皮脱也。○懿行案:郭知空夺即蛇皮脱者,《玉篇》、《广韵》并云:"蛻,蝉脱蛇皮。"盖"空"字后人加"虫"作"蛩"也。《说文》云:"蛻,蛇蝉所解皮。"《广韵》云:"蛻,又他卧切。"与夺声近。"夺",古字作"敓",疑"空夺"本作"空蛻",讹"蛻"为"敓",又改"敓"为"夺"耳。

又东一百五十里,曰崌山。①江水出焉,②东流注于大江。其中多怪蛇，③多鳖鱼。④其木多楢、杻，⑤多梅、梓。其兽多夔牛、羬、臭、犀、兕。有鸟焉，状如鸮⑥而赤身白首，其名曰窃脂，⑦可以御火。

① 音居。

② 北江。○懿行案：毕氏云："《海内东经》云北江出曼山，今四川名山县西有蒙山，'曼'、'蒙'音相近，疑是也。沫水经此，或即郭所云北江与?"今案毕说当是也。《郡国志》云蜀郡汉"嘉"有蒙山，刘昭注引《华阳国志》云："有沫水从西来，出岷江，又从岷山西来入江，合郡下青衣江入大江。"又《水经》亦云："沫水与青衣水合，东入于江。"案其道里，沫水当即中江矣。李善注《江赋》引此经郭注云："崌山，北江所出。"

③ 今永昌郡有钩蛇，长数丈，尾岐，在水中钩取岸上人、牛、马，啖之，又呼"马绊蛇"，谓此类也。○懿行案：《水经》"若水"注云："山有钩蛇，长七八丈，尾末有岐，蛇在山涧水中，以尾钩岸上人、牛食之。"李善注《江赋》引此注，作"钩取断岸人及牛、马啖之"，其余则同。又李石《续博物志》云："先提山有钩蛇云云。"与《水经注》所说同。

④ 音贽，未闻。○懿行案：鳖见《玉篇》，云"鱼名"。

⑤ 楢，刚木也，中车材；音秋。○懿行案：《说文》云："楢，柔木也，工官以为耎轮，读若糗。"郭以楢为刚木，而云楢"音秋"，未详。

⑥ 懿行案：《太平御览》四十四卷及八百七十卷引此经，"鸮"作"鹗"。

⑦ 今呼小青雀曲觜肉食者为窃脂，疑此非也。○懿行案：与《尔雅》"窃脂"同名异物。

又东三百里，曰高梁之山。①其上多垩，其下多砥、砺。其木多桃枝、钩端。有草焉，状如葵而赤华，荚实白柎，可以走马。②

① 懿行案：毕氏云："山在今四州剑州北。《太平寰宇记》云：剑门县'大剑山亦曰梁山，《山海经》高梁之山西接岷、崌，东引荆、衡'。"

② 懿行案："柟"，当为"柎"。《西山经》首天帝之山有草焉，"其状如葵，臭如蘼芜，名曰杜衡，可以走马"，亦此之类。

又东四百里，曰蛇山。其上多黄金，其下多垩。其木多栒，①多豫章，②其草多嘉荣、③少辛。④有兽焉，其状如狐而白尾长耳，名𨲠狼，⑤见则国内有兵。⑥

① 懿行案：栒木已见《北次三经》绣山。

② 懿行案：豫章已见《西次二经》厷阳之山。

③ 懿行案：嘉荣已见《中次七经》半石之山。

④ 懿行案：少辛已见《中次七经》浮戏之山。

⑤ 音巴。○懿行案：郭盖音"已"，字讹作"巴"也。《玉篇》云"𨲠，时尔切"，云："兽如狐，白尾。"

⑥ 一作"国有乱"。

又东五百里，曰鬲山。其阳多金，其阴多白珉。蒲鸏①之水出焉，而东流注于江，其中多白玉。其兽多犀、象、熊、罴，多猿、蜼。②

① 音麃。○懿行案：《说文》、《玉篇》并无"鸏"字。

② 蜼，似猕猴，鼻露上向，尾四五尺，头有岐，苍黄色，雨则自悬树，以尾塞鼻孔，或以两指塞之。○懿行案：蜼见《尔雅》，郭注同此。《广雅》云："狖，蜼也。"高诱注《淮南·览冥训》云："狖，猿属也，长尾而昂鼻。狖读中山人相遗物之遗。"郭注《西次四经》亦云："蜼，猕猴属也，音赠遗之遗。"是

则蜼即狖矣,音义同。

又东北三百里,曰隅阳之山。其上多金、玉,其下多青䨉。其木多梓、桑,其草多茈。徐之水出焉,东流注于江,其中多丹粟。

又东二百五十里,曰岐山。①其上多白金,其下多铁。其木多梅、梓,②多杻、楢。减水出焉,③东南流注于江。

① 今在扶风美阳县西。〇懿行案:《地理志》云:右扶风,美阳,"《禹贡》岐山在西北"。《郡国志》云美阳有岐山,刘昭注引此经。《晋志》右扶风为扶风郡也。

② 梅,或作"蔽"。

③ 懿行案:刘昭注《郡国志》引此经,作"城水"。"城"疑"城"字之讹,或古本"减"有作"城"者也。毕氏云:"岐山当在四川,俗失其名。减水疑即黚水也,《说文》又作'黔',皆音相近。《地理志》云:犍为,符,'黚水南至鳖入江'。《水经注》云:'阚骃谓之阚水。'"

又东三百里,曰勾檷之山。①其上多玉,其下多黄金。其木多栎、柘,其草多芍、药。

① 音络锯之锯。〇懿行案:"络锯之锯"不成语,疑"锯"当为"杞",字之讹也。《说文》云:"檷,络丝檷,读若杞。"又云:"屧,或作杞,篗柄也。"《方言》云:"篗,榬也。"郭注云:"所以络丝也。"《玉篇》亦云:"檷,络丝柎也。"本《说文》。然则篗柄即络丝之杞,故郭音"络杞",本《说文》、《方言》也,今讹为"络锯",遂不复可读。又《玉篇》云:"攔拘,山名。"疑"攔拘"即"句檷",误倒其文尔。

又东一百五十里,曰风雨之山。其上多白金,其下多石涅。其木多椒、樗,<sup>①</sup>多杨。<sup>②</sup>宣余之水出焉,东流注于江,其中多蛇。<sup>③</sup>其兽多闾、麋,多麈、豹、虎,其鸟多白鹞。

① 椒木未详也,樗木白理中梳。驹、善二音。○懿行案:《说文》云:"椒,木薪也。"疑非此;又云:"樗,木也,可以为梳。"《玉藻》云:"梳用椒梳。"郑注云:"椒,白理木也。"

② 懿行案:杨见《尔雅》。

③ 懿行案:水蛇也,一名公蛎蛇。

又东北二百里,曰玉山。其阳多铜,其阴多赤金。<sup>①</sup>其木多豫章、楢、杻,其兽多豕、鹿、麢、臭,其鸟多鸩。

① 懿行案:铜与赤金并见,非一物明矣,郭氏误注,见《南山经》杻阳之山。

又东一百五十里,曰熊山。有穴焉,熊之穴,恒出神人。夏启而冬闭;是穴也,冬启乃必有兵。<sup>①</sup>其上多白玉,其下多白金。其木多樗、柳,其草多寇脱。

① 今邺西北有鼓山,下有石鼓,象悬著山旁,鸣则有军事,与此穴殊象而同应。○懿行案:刘逵注《魏都赋》引《冀州图》:"邺西北鼓山,山上有石鼓之形,俗言时时自鸣。"刘劭《赵都赋》曰:"神钲发声,俗云石鼓,鸣则天下有兵革之事。"是郭所本也。《水经》"渭水"注云:"朱圉山在梧中聚,有石鼓,不击自鸣,鸣则兵起。"亦此类。

又东一百四十里,曰虒山。其阳多美玉、赤金,其阴多铁。其木多桃枝、荆、芑。①

① 懿行案:"芑"盖"芭"字之讹,"芭"又"杞"之假借字也。《南次二经》云:虖勺之山,"其下多荆杞"。《中次十一经》云:历石之山,"其木多荆芑"。并以荆芑连文,此误审矣。

又东二百里,曰葛山。其上多赤金,其下多瑊石。①其木多椐、栗、橘、櫾、楢、杻,②其兽多羚、臭,其草多嘉荣。

① 瑊石,劲石似玉也;音缄。○懿行案:《子虚赋》云:"瑊玏玄厉。"张揖注云:"瑊玏,石之次玉者。"《说文》作"玪䃣",云:"玪䃣,石之次玉者。"《玉篇》云:"玪,同瑊。"郭云"劲石",疑"劲"当为"玏"字之讹。"瑊石","石"字衍。

② 懿行案:《太平御览》九百六十四卷引此经云:"葛山,其上多桐。"今本无"桐"字,疑有脱误。

又东一百七十里,曰贾超之山。其阳多黄垩,其阴多美赭。其木多椐、栗、橘、櫾,其中多龙修。①

① 龙须也,似莞而细,生山石穴中,茎倒垂,可以为席。○懿行案:"龙修"、"龙须"声转耳。《广雅》云:"龙木,龙修也。"《述异记》云:"周穆王东海岛中养八骏处,有草名龙刍。"龙刍亦龙须也,"须"、"刍"声相近。

凡岷山之首,自女几山至于贾超之山,凡十六山,三千五百里。①其神状皆马身而龙首,其祠:毛用一雄鸡瘗,糈用

稌。文山、②勾櫚、风雨、騩之山，是皆冢也，其祠之：羞酒，③
少牢具，婴毛一吉玉。熊山，席也，④其祠：羞酒，太牢具，婴
毛一璧；干儛，用兵以禳，⑤祈璆冕舞。⑥

① 懿行案：今三千六百五十里。

② 懿行案：此上无文山，盖即岷山也。《史记》又作"汶山"，并古字通
用。《穆天子传》云："天子三日游于文山，于是取采石。"郭注云："以有采
石，故号文山。"案经云"岷山多白珉"，传言取采石，盖谓此，然则文山即岷
山审矣。

③ 先进酒以酹神。

④ 席者，神之所凭止也。○懿行案："席"当为"帝"，字形之讹也。上下
经文并以帝冢为对，此讹作"席"，郭氏意为之说，盖失之。

⑤ 禳，袚除之祭名，儛者持盾武儛也。○懿行案：《地官·舞师》云：
"掌教兵舞，帅而舞山川之祭祀。"郑注云："兵舞，执干戚以舞。"

⑥ 祈，求福祥也；祭用玉舞者，冕服也；美玉曰璆，已求反。○懿行案：
《尔雅·释器》云："璆琳，玉也。"郭注云："美玉名。"

## 《中次十经》之首曰首阳之山。①其上多金、玉，无草木。

① 懿行案：《地理志》云：陇西郡，首阳，"《禹贡》鸟鼠同穴山在西南"。
盖县因山为名也。此云首阳，下文又称首山，《史记·封禅书》说天下名山
八，首山其一，又云："黄帝采首山铜，铸鼎于荆山下。"盖皆不谓此山也。晋
灼据《地理志》，首山属河东蒲坂。彼《中次五经》首山也，非此。

又西五十里，曰虎尾之山。其木多椒、㭒，多封石。①其
阳多赤金，其阴多铁。

① 懿行案：《本草别录》云："封石味甘，无毒，生常山及少室。"下文游戏之山、婴侯之山、丰山、服山、声匈之山并多此石。

又西南五十里曰繁缋①之山。其木多楢、杻，其草多枝、勾。②

① 音溃。

② 今山中有此草。○懿行案：《说文》："稜，多小意而止也，一曰：木也。""稄，稜稄也，一曰：木名。"然则"枝"、"勾"即"稜"、"稄"之省文，盖草木通名耳。

又西南二十里，曰勇石之山。无草木，多白金，多水。

又西二十里，曰复州之山。其木多檀，其阳多黄金。有鸟焉，其状如鸮①而一足，彘尾，其名曰跂踵，②见则其国大疫。③

① 懿行案：《太平御览》七百四十七卷引此经，作"鸡"。

② 音企。○懿行案："跂踵"，《御览》引作"企踵"。《海外北经》有跂踵国，郭注云："其人行，脚跟不著地也。"疑是鸟亦以此得名。

③ 《铭》曰："跂踵为鸟，一足似夔。不为乐兴，反以来悲。"○懿行案：《铭》盖亦郭氏《图赞》之文，而与今世所传复不同。

又西三十里，曰楮山。①多寓木，多椒、椐，多柘，多垩。

① 一作"渚州之山"。

又西二十里，曰又原之山。其阳多青䨼，其阴多铁，其鸟多鸒鸠。①

① 鸒鸠也，《传》曰："鸒鸠来巢。"音鹫。○懿行案：《说文》云："鸠，鸒鸠也，古者鸒鸠不逾沘，'鸠'或作'鷱'。"《说文》义本《考工记》。

又西五十里，曰涿山。①其木多榖、柞、杻，其阳多㻬琈之玉。

① 懿行案：郭注《海内经》引《世本》云："颛顼母浊山氏之子，名昌仆。"《大戴礼·帝系篇》作"昌意娶于蜀山氏之子，谓之昌濮。""浊"、"蜀"古字通，"涿"、"浊"声又同。《史记索隐》云："涿鹿或作蜀鹿。"是此经涿山即蜀山矣。史称昌意降居若水，《索隐》云："若水在蜀。"然则昌意居蜀而娶蜀山氏之女，盖蜀山国因山为名也，即此经涿山矣。

又西七十里，曰丙山。其木多梓、檀，多弞杻。①

① 弞，义所未详。○懿行案：《方言》云："弞，长也，东齐曰弞。"郭注云："弞，古'矤'字。"然则弞杻，长杻也。杻为木多曲少直，见陆机《诗疏》。此杻独长，故著之，俟考。

凡首阳山之首，自首山①至于丙山，凡九山，二百六十七里。②其神状皆龙身而人面，③其祠之：毛用一雄鸡瘗，糈用五种之糈。堵山，冢也，④其祠之：少牢具，羞酒祠，婴毛一璧瘗。骐山，帝也，其祠：羞酒，太牢其，⑤合巫祝二人儛，婴一璧。

① 懿行案：首山即首阳山。

② 懿行案：今三百一十里。

③ 懿行案：《太平御览》九百四十卷引《汲冢琐语》云："晋平公与齐景公乘至千(校点者注："千"应为"于"，原刻误。)浍，见人乘白骖八驷以来平公之前。公问师旷曰：'有大狸身而狐尾者乎?'师旷有顷而答曰：'有之，来者其名曰首阳之神，饮酒霍太山而归其居，而千(校点者注："千"应为"于"，原刻误。)浍乎见之甚善，君有喜焉。'"所说神形状与此经异。《汲冢琐语》，《水经》"浍水"注引作"古文琐语"。

④ 懿行案：堵山即楮山，又楮山注云："一作'渚州之山'。""渚"、"陼"古通用，"陼"、"堵"同音当古切，故古字俱得通与?

⑤ 懿行案："其"当为"具"字之讹。


《中次一十一山经》荆山之首曰翼望之山。①湍水出焉，②东流注于济。③贶水出焉，④东南流注于汉。其中多蛟。⑤其上多松、柏，其下多漆、梓。其阳多赤金，其阴多珉。


① 懿行案：山在今河南内乡县，见《水经注》。《元和郡县志》云：临湍县，"翼望山在县西北二十里"。

② 鹿捀反。○懿行案：水名之"湍"，《集韵》"朱遄切，音专"，郭音"鹿捀反"，似误。然《文选·南都赋》注引此经郭注，亦作"湍，鹿捀切"，又非误也，未知其审。《地理志》云：弘农郡，析，"黄水出黄谷，鞠水出析谷，俱东至郦入湍水"。《水经》云："湍水出郦县北芬山。"注云："湍水出弘农界翼望山。"

③ 今湍水径南阳穰县而入清水。○懿行案：经文"济"、注文"清"，并当为"淯"字之讹也。《文选·南都赋》注引此经郭注云："今湍水径南阳穰县而入淯也。"《水经》亦云："湍水至新野县，东入于淯。"《郡国志》云：卢氏有熊耳山，"淯水出"。《地理志》作"育水"也。又案《晋书·地理志》，南阳

无穰县,义阳郡有穰。义阳郡太康中置,是郭注"南阳"当为"义阳",字之讹也。

④ 音况。○懿行案:《玉篇》云:"脱,虚放切,水名。"盖即此,是"贶"当为"脱",字之讹也。然其水今未闻。

⑤ 似蛇而四脚,小头细颈,有白瘿,大者十数围,卵如一二石瓮,能吞人。○懿行案:《广雅》云:"有鳞曰蛟龙。"《说文》云:"蛟,龙之属也。池鱼满三千六百,蛟来为之长,能率鱼飞,置笱水中,即蛟去。"《史记·司马相如传》正义引此注,"小头细颈"作"小细头","瘿"作"婴","十数围"作"数十围","一二石"作"一二斛"。《太平御览》九百三十卷引与《史记正义》同,"小头细颈"句与今本同。《艺文类聚》九十六卷引此注,"瘿"亦作"婴","小头细颈"下复有"颈"字,"十数围"下有"卵生子"三字,"一二石瓮"作"三斛瓮"三字;又引郭氏《赞》云:"匪蛇匪龙,鳞采晖焕。腾跃涛波,蜿蜒江汉。汉武饮羽,伖飞叠断。"


又东北一百五十里,曰朝歌之山。①潕水出焉,②东南流注于荥,③其中多人鱼。其上多梓、枏,其兽多麔、麇。有草焉,名曰莽草,可以毒鱼。④


① 懿行案:山在今河南泌阳县西北,见《水经注》。

② 潕水,今在南阳舞阳县;音武。○懿行案:《地理志》云:颍川郡,"舞阳"。应劭注云:"舞水出南。"盖舞水即潕水矣。而《水经》云:"潕水出潕阴县西北扶予山,东过其县南。"注引此经而释之云:"经书'扶(子)[予]'者,其山之异名乎?"明扶予即朝歌也。

③ 懿行案:《说文》云:"潕水。出南阳舞阴,东入颍。"《水经》云:潕水"东过定颍县北,东入于汝"。二说不同,盖潕水合汝而入颍也。经言"注于荥"者,《水经注》云:"荥水又东北,于潕阴县北左会潕水。"

④ 今用之杀鱼。○懿行案:《秋官·翦氏》"掌除蠹物,以莽草熏之",

郑注云:“药物杀虫者。”《本草》云“莽草”,《别录》云:“一名葞,一名春草。”《尔雅》云:“葞,春草。”郭注引《本草》云:“一名芒草。”是芒草即莽草。《中次二经》云:葌山有芒草,“可以毒鱼”也。“芒”又通作“莔”,《水经》“夷水”注云:“村人以莔草投渊上,流鱼则多死。”是也。

又东南二百里,曰帝囷之山。[1]其阳多㻬琈之玉,其阴多铁。帝囷之水出于其上,潜于其下,多鸣蛇。[2]

① 去伦反。〇懿行案:囷,《广韵》引作“箘”。

② 懿行案:鸣蛇已见《中次二经》鲜山。

又东南五十里,曰视山。其上多韭。有井焉,名曰天井,夏有水,冬竭。[1]其上多桑,多美垩、金、玉。

① 懿行案:《尔雅》云:“井一有水一无水为瀱汋。”郭注引此经为说也。又《中次五经》云:超山有井,“冬有水而夏竭”。与此相反。

又东南二百里,曰前山。[1]其木多槠,[2]多柏。其阳多金,其阴多赭。

① 懿行案:郭注《中次八经》“若山”云:“若,或作‘前’。”

② 似柞,子可食,冬夏生,作屋柱难腐;音诸。或作“储”。〇懿行案:《上林赋》云:“沙棠栎槠。”郭注云:“槠,似柃,叶冬不落。”《汉书》音义云:“槠似榹,叶冬不落也。”《玉篇》亦云:“槠,木名,冬不凋。”郭云“或作‘储’”者,声近假借字。

又东南三百里,曰丰山。①有兽焉,其状如猨,赤目赤喙,黄身,名曰雍和,见则国有大恐。②神耕父处之,③常游清泠之渊,出入有光,④见则其国为败。有九鍾焉,是知霜鸣。⑤其上多金,其下多榖、柞、杻、橿。

① 懿行案:山在今河南南阳府东北。

② 懿行案:禺似猨而赤目长尾,即此类。

③ 懿行案:"耕",《玉篇》作"耕",云:"神名。"李善注《南都赋》引此经。刘昭注《郡国志》引《南都赋》注云:"耕父,旱鬼也。"其注《礼仪志》又引《东京赋》注云:"耕父,旱鬼也。"今注并无之。

④ 清泠水在西号郊县山上,神来时水赤有光耀,今有屋祠之。○懿行案:《庄子·让王篇》云:舜友北人无择"自投清泠之渊"。《吕氏春秋·离俗览》作"苍领之渊",高诱注云:"苍领,或作'青令'。"《庄子》释文引此经云:"在江南,一云:在南阳郡西鄂山下。"所引盖郭注之文也。薛综注《东京赋》亦云:"清泠,水名,在南阳西鄂山上。"与《庄子》释文同。今本郭注"号郊"当即"鄂"字之误衍。刘昭注《郡国志》引此经郭注,作"今有屋祠也"。

⑤ 霜降则鍾鸣,故言知也。物有自然感应而不可为也。○懿行案:《北堂书钞》一百八卷引此经及郭注,"知"并作"和",疑今本字形之讹。

又东北八百里,曰兔床之山。其阳多铁,其木多薯蓣。①其草多鸡谷,②其本如鸡卵,其味酸甘,食者利于人。

① 懿行案:木薯蓣,未闻其状。

② 懿行案:《广雅》云:"鸡狗,獬哺公也,说者谓即蒲公英。"《唐本草》云:"蒲公草一名耩耨草。""耩耨"与"狗獬"声相近,"谷"字古有构音,"构"、"狗"之声又相近,疑此经鸡谷即《广雅》鸡狗矣。下文夫夫山又作"鸡鼓",亦即鸡谷也。又《本草别录》云:"黄精一名鸡格。""格"、"谷"声转,疑亦

近是。

又东六十里,曰皮山。多垩,多赭,其木多松、柏。

又东六十里,曰瑶碧之山。①其木多梓、枏,其阴多青雘,其阳多白金。有鸟焉,其状如雉,恒食蜚,②名曰鸩。③

① 懿行案:《艺文类聚》八十九卷引此经,"瑶"作"摇"。

② 蜚,负盘也,音翡。○懿行案:蜚见《尔雅》,郭注云:"蜚,负盘,臭虫。"

③ 此更一种鸟,非食蛇之鸩也。

又东四十里,曰支离①之山。济水出焉,南流注于汉。②有鸟焉,其名曰婴勺,其状如鹊,赤目赤喙白身,其尾若勺,③其鸣自呼。多㸲牛,多羬羊。

① 懿行案:《水经》及《文选》注并作"攻离"。毕氏云:"山今在河南嵩县,疑即双鸡岭。"

② 今济水出郦县西北山中,南入汉。郦、离音字亦同。○懿行案:经文"济"及注文"济"并"淯"字之讹也。《说文》云:"淯水出弘农卢氏山,东南入沔。或曰:出郦山西。""郦"、"离"声同也。淯,《地理志》作"育",云:卢氏,"有育水,南至顺阳入沔"。沔即汉也,故《地理志》南阳郡"郦"又云:"育水出西北,南入汉。"并《说文》所本也。《郡国志》作"清水",误。《水经》云:"淯水出弘农卢氏县攻离山","又南过邓县东","南入于沔。"《文选·南都赋》注引此经,作"攻离之山,淯水出焉",可证今本之讹。郦县、淯阳俱属南阳国,见《晋书·地理志》。

③ 似酒勺形。○懿行案:鹊尾似勺,故后世作鹊尾勺,本此。

又东北五十里,曰秩簠之山。<sup>①</sup>其上多松、柏、机、柏。<sup>②</sup>

① 音雕。○懿行案:《广韵》引此经,作"族蘭之山"。

② 柏,叶似柳,皮黄不措,子似拣,著酒中饮之,辟恶气,浣衣去垢,核坚正黑,可以闲香缨;一名括楼也。○懿行案:"机柏",《广韵》引此经,作"机桓"。《玉篇》云:"桓木叶似柳,皮黄白色。"与郭义合,是此经及注并当作"桓",今本作"柏",字形之讹也。且柏已屡见,人所习知,不须更注,注所云云又非是柏也。郭云"皮黄不措","措"当为"楉",与"皴"同,见《玉篇》;"子似拣",当从木旁为"楝"。陈藏器《本草拾遗》云:"无患子一名桓。"引《博物志》云:"桓叶似榉柳叶,核坚,正黑如黧,可作香缨及浣垢。"案所引正与郭注合,或即郭所本也。郭云"闲香缨","闲"字疑讹;又云"一名栝楼",《本草拾遗》云:"一名噤娄也。"

又西北一百里,曰菫理之山。其上多松、柏,多美梓,其阴多丹臒,多金,其兽多豹、虎。有鸟焉,其状如鹊,青身白喙,白目白尾,名曰青耕,可以御疫,其鸣自叫。

又东南三十里,曰依轱之山。<sup>①</sup>其上多杻、橿,多苴。<sup>②</sup>有兽焉,其状如犬,虎爪有甲,其名曰獜,<sup>③</sup>善駚牟,<sup>④</sup>食者不风。<sup>⑤</sup>

① 音枯。

② 未详,音菹。○懿行案:经内皆云"其木多苴",疑"苴"即"柤"之假借字也,"柤"之借为"苴",亦如"杞"之借为"芑"矣。

③ 言体有鳞甲,音吝。

④ 跳跃自扑也,駚、牟两音。○懿行案:駚、牟二字,《说文》、《玉篇》所无,据郭音义,当为鞅掌奋讯之意。

⑤ 不畏天风。○懿行案：磔狗止风，见《尔雅·释天》注及郑司农《大宗伯》注，此物盖亦狗类也。又案此物形状，颇似鲮鲤，"鲮"、"獜"声近，后世亦用鲮鲤疗风痹。

又东南三十五里，曰即谷之山。多美玉，多玄豹，①多闾、麈，多麢、臭。其阳多珉，其阴多青䨼。

① 黑豹也，即今荆州山中出黑虎也。○懿行案：《周书·王会篇》云："屠州玄豹。"《海内经》云幽都之山多玄豹、玄虎。郭注《尔雅》"黑虎"云："晋(水)[永]嘉四年，建平秭归县槛得之，状如小虎而黑，毛深者为斑。"此注云荆州黑虎，即是物也。晋建平秭归县属荆州。注"出"当为"之"字之讹。

又东南四十里，曰鸡山。其上多美梓，多桑，其草多韭。
又东南五十里，曰高前之山。①其上有水焉，甚寒而清，②帝台之浆也，③饮之者不心痛。其上有金，其下有赭。

① 懿行案：《吕氏春秋·本味篇》云：水之美者，"高泉之山，其上有涌泉焉。"即此，"泉"、"前"声同也。《太平寰宇记》云：内乡县"高前山，今名天池山"。引此经云云，"在翼望山东五十里"。
② 或作"潜"。○懿行案：《北堂书钞》一百四十四卷引此经，亦作"清"。
③ 今河东解县南檀首山上有水潜出，停不流，俗名为盎浆，即此类也。○懿行案："檀首"，《释名》作"谭首"，声近假借字。"檀首"当为"檀道"，字之讹也。《太平御览》五十九卷引此注，正作"檀道山"。《水经》"涑水"注又引作"盐道山"，"盎浆"作"鸯浆"也。"有水潜出，停不流"，《太平寰宇记》引作"有水泉出，停而不流。"

又东南三十里，曰游戏之山。多杻、橿、穀，多玉，多封石。

又东南三十五里，曰从山。其上多松、柏，其下多竹。从水出于其上，潜于其下。其中多三足鳖，枝尾，①食之无蛊疫。

① 三足鳖名能，见《尔雅》。〇懿行案：郭注《尔雅》亦引此经。李善注《江赋》引此经，作"岐尾"，"岐"、"枝"古通用。

又东南三十里，曰婴碈之山。①其上多松、柏，其下多梓、櫄。②

① 音真。〇懿行案：《玉篇》音与郭同。《东次二经》"碈山"郭音"一真反"，盖"一反"二字衍。

② 懿行案："櫄"即"杶"字，见《说文》。

又东南三十里，曰毕山。帝苑之水出焉，①东北流注于视。②其中多水玉，多蛟，其上多㻚珬之玉。

① 懿行案：毕氏云："毕山疑即旱山，字相近，在河南泌阳。《水经注》有比水'出漅阴县旱山，东北注于瀙'，此帝苑之水疑即比水也。"

② 懿行案："视"当为"瀙"，字形相近，见下文。

又东南二十里，曰乐马之山。有兽焉，其状如彙，①赤如丹火，其名曰㺍，②见则其国大疫。

① 懿行案：《说文》云："彙，或作蝟，虫似豪猪者。"《尔雅》云："彙，毛刺。"

② 音戾。○懿行案："㺢"字，《说文》、《玉篇》所无，疑当为"戾"。吴氏引《十六国春秋》云："'南燕主超祀南郊，有兽如鼠而赤，大如马，来至坛侧，须臾大风昼晦。'疑即此兽也。"

又东南二十五里，曰葴山。视水出焉，①东南流注于汝水。②其中多人鱼，多蛟，多颉。③

① 或曰："视"宜为"瀙"。瀙水今在南阳也。○懿行案：《说文》云："瀙，水出南阳舞阳中阳山，入颍。"《地理志》云：舞阴，"中阴山，瀙水所出，东至蔡入汝"。《水经》云："瀙水出潕阴县东上界山。"注云："《山海经》谓之视水也，出葴山。许慎云'出中阳山'。皆山之殊目也。"

② 懿行案：《水经》云："瀙水东过上蔡县南，东入汝。"与此经及《地理志》合，与《说文》则异。《说文》云"入颍"者，盖合颍而入汝也。颍水径汝阴县，汝水枝津注之，见《水经注》。

③ 如青狗。○懿行案：《中次四经》云：釐山，滽滽之水，有兽名獭，"其状如獳犬而有鳞，其毛如彘鬣。"《文选·江赋》注引，"獭"作"獭"，然獭故无鳞，恐非也。此经之颉，郭云"如青狗"，则真似獭矣，而獭复不名颉，亦所未详。

又东四十里，曰婴山。其下多青雘，其上多金、玉。
又东三十里，曰虎首之山。多苴、椆、椐。①

① 椆，未详也，音雕。○懿行案：《说文》云："椆，木也，读若丩。"《类篇》云："椆，寒而不凋。"

又东二十里,曰婴侯之山。其上多封石,其下多赤锡。①

① 懿行案:《中次八经》已云讙山"多白锡",此又云"多赤锡",明锡非一色也。

又东五十里,曰大騩之山。杀水出焉,东北流注于视水。①其中多白垩。

① 懿行案:《水经注》云:"瀙水又东北,杀水出西南大騩之山,东北流入于瀙。"

又东四十里,曰卑山。其上多桃、李、苴、梓,多累。①

① 今虎豆,狸豆之属。累,一名縢,音诔。○懿行案:《尔雅》云:"樕,虎櫐。"郭注云:"今虎豆,缠蔓林树而生,荚有毛刺。"《古今注》云:"虎豆,似狸豆而大也。"郭云"累,一名縢"者,《广雅》云:"虇,藤也。"

又东三十里,曰倚帝之山。①其上多玉,其下多金。有兽焉,其状如鼣鼠,②白耳白喙,名曰狙如,③见则其国有大兵。

① 懿行案:《新唐书·吴筠传》云:"筠下第,遂居南阳倚帝山。"今案山在河南镇平县西北。
②《尔雅》说鼠有十三种,中有此鼠,形所未详也;音狗吠之吠。○懿行案:郭注《尔雅》亦引此经。《释文》引舍人云:"其鸣如犬也。"
③ 音即蛆。○懿行案:《尔雅》云:"蒺藜,蝍蛆。"郭言此狙音蝍蛆之蛆也,文省尔。

又东三十里,曰鲵山。①鲵水出于其上,潜于其下,其中多美垩。其上多金,其下多青雘。

① 音倪。

又东三十里,曰雅山。澧水出焉,①东流注于视水,②其中多大鱼。③其上多美桑,其下多苴,多赤金。

① 音礼,今澧水出南阳。○懿行案:《说文》云:"澧水。出南阳雉衡山。"本《地理志》为说也。《玉篇》云:"澧水出衡山。"无"雉"字,非也。"澧"通作"醴",《水经注》云:"汝水又东,得醴水口。水出南阳雉县,亦云导源雉衡山,即《山海经》衡山也。"今案此经雅山去衡山九十五里,是其连麓,疑雅山当为雉山,字形相近。《晋书·地理志》雉县属南阳国,县盖因兹山得名也。《后汉书·马融传》注引此经,正作"雉山"。山在今河南南阳县北也。

② 懿行案:《说文》云澧水"东入汝"。《地理志》云:"东至郾入汝。""郾"盖"郦"字之讹也。《水经》云:"汝水东南过郾县北。"注云:"醴水东径郾县故城南,左入汝。"引此经云:"醴水东流注于淢水也。"郦氏改经"视水"为"淢水",淢水即陂水,从吕忱之说也。然《说文》、《地理志》并云"入汝",此云注淢水者,盖合淢水而入汝也。

③ 懿行案:《史记·秦本纪》云:"占梦博士曰:'水神不可见,以大鱼、蛟龙为候。'"

又东五十五里,曰宣山。沦水出焉,东南流注于视水,①其中多蛟。其上有桑焉,大五十尺,②其枝四衢,③其叶大尺余,赤理黄华青柎,名曰帝女之桑。④

① 懿行案：《水经注》云："潕水又东，沦水注之。水出宣山，东南流注潕水。"

② 围五丈也。

③ 言枝交互四出。

④ 妇女主蚕，故以名桑。○懿行案：李善注《南都赋》引此经及郭注，并与今本同。《艺文类聚》八十八卷引郭氏《赞》云："爰有洪桑，生滨沦潭。厥围五丈，枝相交参。园客是采，帝女所蚕。"

又东四十五里，曰衡山。①其上多青䕫，多桑，②其鸟多鸜鹆。

① 今衡山在衡阳湘南县，南岳也，俗谓之岣嵝山。○懿行案：《水经》"汝水"注云："醴水导源雉衡山，即《山海经》衡山也，郭景纯以为南岳，非也。马融《广成颂》曰：'面据衡阴指。'谓是山，在雉县界，故世谓之雉衡山。"案《海内经》云："南海之内，有衡山。"郭注云："南岳是也。"此又云"南岳"，误矣。《初学记》五卷引此经云："衡山一名岣嵝山。"盖并引郭注也。

② 懿行案：《艺文类聚》八十八卷引此经，同。

又东四十里，曰丰山。①其上多封石，其木多桑，多羊桃，状如桃而方茎，②可以为皮张。③

① 懿行案：上文丰山在今南阳县，汉西鄂县地。此丰山盖与连麓而别一山，非重出也。

② 一名鬼桃。○懿行案：《本草》云："羊桃，一名鬼桃。"郭注《尔雅》及此注所本也。

③ 治皮肿起。○懿行案：张，读如张脉愤兴之张。《唐本草》云："羊桃煮汁，洗风痒及诸创肿，极效。"

又东七十里，曰姬山。其上多美玉，其下多金，其草多鸡谷。

又东三十里，曰鲜山。其木多楢、杻、苴，其草多蘑冬，其阳多金，其阴多铁。有兽焉，其状如膜大，[①]赤喙赤目白尾，见则其邑有火，[②]名曰狪即。[③]

① 懿行案："大"当为"犬"字之讹，《广韵》作"犬"可证。膜犬者，郭注《穆天子传》云："西膜，沙漠之乡。"是则膜犬即西膜之犬，今其犬高大獹毛，猛悍多力也。

② 懿行案：《广韵》说"狪"云："出则大兵。"

③ 音移。○懿行案：《玉篇》云："狪，兽名。"

又东三十里，曰章山。[①]其阳多金，其阴多美石。皋水出焉，东流注于澧水，[②]其中多脆石。[③]

① 或作"童山"。○懿行案：经"章山"当为"皋山"，注"童山"当为"章山"，并字形之讹也，见《水经注》。又汉、晋《地理志》并云：江夏郡，竟陵，"章山在东北，古文以为内方山"。非此也。

② 懿行案：《水经》"汝水"注云："醴水东流，历唐山下"，"又东南与皋水合。水发皋山，郭景纯言或作'章山'，东流注于醴水"。案唐山在今河南唐县南。

③ 未闻，鱼脆反。○懿行案：《说文》云："脆，小臾易断也。"此石臾薄易碎，故以名焉。《本草别录》云："石脾，无毒味甘，一名膏石，一名消石，生隐蕃山谷石间，黑如大豆，有赤文，色微黄而轻薄如棋子。"亦此类也。注"鱼脆"之"脆"误，《藏经》本作"跪"。

又东二十五里，曰大支之山。其阳多金，其木多穀、柞，无草木。①

① 懿行案："木"字衍，《藏经》本无之。

又东五十里，曰区吴之山。其木多苴。

又东五十里，曰声匈之山。其木多穀，多玉，上多封石。

又东五十里，曰大騩之山。①其阳多赤金，其阴多砥石。

① 山已有，此山疑同名。○懿行案：毕氏疑即《南都赋》所谓"天封大胡"，"大胡"、"大騩"声相近。李善注引《南郡图经》曰："大胡山，故县县南十里。"懿行案《水经》云："比水出比阳东北太胡山。"注云："太胡山在比阳北如东三十余里，广员五、六十里，张衡赋南都所谓'天封大狐'者也。"如郦氏所说，不引此经大騩山，明大胡非大騩矣。此大騩又不言有水出，无以定之。

又东十里，曰踵臼之山。无草木。

又东北七十里，曰历①石之山。其木多荆、芑，其阳多黄金，其阴多砥石。有兽焉，其状如狸而白首、虎爪，名曰梁渠，见则其国有大兵。

① 或作"磨"。○懿行案："磨"盖"历"字之讹。《地官·遂师》云："及窆抱磨。""磨"亦当为"历"。又《战国策》"磨室"，燕宫名，今本亦讹为"磨"。

又东南一百里，曰求山。求水出于其上，潜于其下，中有美赭。其木多苴，多篞。①其阳多金，其阴多铁。

① 箤属。○懿行案：箤箭见《尔雅》。又《中次十二经》云：暴山"多竹箭、䉋箘"。是䉋亦箘属，中箭也。戴凯之《竹谱》云："箭竹，高者不过一丈，节间三尺，坚劲中矢，江南诸山皆有之，会稽所生最精好。"

又东二百里，曰丑阳之山。其上多椆椐。有鸟焉，其状如乌而赤足，名曰䶃鵌，①可以御火。

① 音如枳柑之枳。○懿行案：《玉篇》、《广韵》说䶃鵌鸟，与此经同。郭云"音如枳柑"，"柑"当为"棋"字之讹。郑注《曲礼下》云："棋，枳也，有实，今邳、郊之东食之。"

又东三百里，曰奥山。其上多柏、杻、橿，其阳多㻬琈之玉。奥水出焉，东流注于视水。①

① 懿行案：《水经注》云：漉阴县，沦水东南流注潕水，"潕水又东，得奥水口。水西出奥山，东入于潕水也"。又《水经》"比水"注云："比水又西，澳水注之。水北出㠪丘山，东流，屈而南转，又南入于比水。"引此经，云："澳水又北入视，不注比水。"今案此澳似别一水，其引经又与今异，所未详也，存以俟考。

又东三十五里，曰服山。其木多苴，其上多封石，其下多赤锡。

又东百十里，①曰杳山。其上多嘉荣草，多金、玉。

① 懿行案：本多作"三百里"，非。

又东三百五十里，曰几山。①其木多楢、檀、杻，其草多香。②有兽焉，其状如彘，黄身，白头白尾，名曰闻獜，③见则天下大风。

① 懿行案：《玉篇》作"獜出泰山"，误。

② 懿行案：草多香者，即如下文洞庭之山，其草多葌、蘪芜、芍药、芎䓖之属也。

③ 音邻。"獜"一作"㹻"，音瓴。○懿行案：《玉篇》云："獜，力人切，似豕身黄，出泰山。"《广韵》云："兽名，似豕，黄身白首，出《埤苍》。"郭云"一作'㹻'"，盖"㹔"字之讹也。《玉篇》云："㹔，兽名。"本此。

凡荆山之首，自翼望之山至于几山，凡四十八山，三千七百三十二里。①其神状皆彘身人首，其祠：毛用一雄鸡祈，②瘗用一珪，糈用五种之精。③禾山，④帝也，其祠：太牢之具，羞瘗倒毛，⑤用一璧，牛无常。堵山、玉山、⑥冢也，皆倒祠，⑦羞毛少牢，婴毛吉玉。

① 懿行案：今四千二百二十里。

② 懿行案："祈"，当为"㽅"。

③ 备五谷之美者。

④ 懿行案：上文无禾山，或云帝囷山之脱文，或云求山之误文。

⑤ 荐羞，反倒牲薶之也。○懿行案：倒，古字作"到"，见《说文》。

⑥ 懿行案：堵山见《中次十经》，玉山见《中次八、九经》，此经都无此二山，未审何字之讹。

⑦ 懿行案：倒祠亦谓倒毛也。

《中次十二经》洞庭山之首曰篇遇之山。①无草木，多黄金。

① 或作"肩"。

又东南五十里，曰云山。①无草木。有桂竹，甚毒，伤人必死。②其上多黄金，其下多琈珸之玉。③

① 懿行案：刘逵注《吴都赋》云："梢云，山名，出竹。"疑梢云即云山也。
② 今始兴郡桂阳县出筀竹，大者围二尺，长四丈。又交趾有篥竹，实中劲强，有毒，锐以刺虎，中之则死，亦此类也。○懿行案：始兴郡桂阳见《晋书·地理志》。《吴都赋》注引《异物志》曰："桂竹生于始兴小桂县，大者围三尺，长四、五丈。"又云："篥竹大如戟槿，实中劲强，交趾人锐以为矛，甚利。筹竹有毒，夷人以为觚，刺兽，中之则必死。"并与郭注合。又郭注"篥"，疑当为"篥"，"筀"当为"桂"。
③ 懿行案：《初学记》"梅"下引此经云："云山之上，其实干腊。"又引郭注云："腊干，梅也。"今经无之，盖脱。

又东南一百三十里，曰龟山。其木多榖、柞、椆、椐，其上多黄金，其下多青雄黄，多扶竹。①

① 邛竹也，高节实中，中杖也，名之扶老竹。○懿行案：刘逵注《蜀都赋》云："邛竹出兴古盘江以南，竹中实而高节，可以作杖。"

又东七十里，曰丙山。多筀竹，①多黄金、铜、铁，无木。

① 懿行案：笙，亦当为"桂"，桂阳所生竹，因以为名也。

又东南五十里，曰风伯之山。①其上多金、玉，其下多瘕石、文石，②多铁，其木多柳、杻、檀、楮。其东有林焉，名曰莽浮之林，多美木鸟兽。

① 懿行案：《初学记》"柳"下引此经，作"凤伯之山"。

② 未详瘕石之义。○懿行案：《广韵》云："瘕，素官切，音酸。"《广雅》云："瘕，痛也。"

又东一百五十里，曰夫夫之山。①其上多黄金，其下多青雄黄。其木多桑、楮，其草多竹鸡鼓。②神于儿居之，其状人身而身操两蛇，③常游于江渊，出入有光。

① 懿行案：吴氏云："《释义》本作'大夫之山'，《续通考》引此亦'大夫山'。又案秦《峄山碑》及汉印篆文，'大夫'都作'夫夫'，则二字古相通也。余案宋景文《笔记》曰：'古者"大夫"字便用叠画写之，以夫有大音故也，《庄子》、李斯《峄山碑》如此。'"

② 懿行案：即鸡谷也，"谷"、"鼓"声相转。

③ 懿行案：《列子·汤问篇》说愚公事云："操蛇之神闻之，告之于帝。"操蛇之神盖即此。

又东南一百二十里，曰洞庭之山。①其上多黄金，其下多银、铁。其木多柤、梨、橘、櫾，其草多葌、蘪芜、芍药、芎䓖。②帝之二女居之，③是常游于江渊，澧、沅之风，交潇湘之渊，④是在九江之间，⑤出入必以飘风暴雨。⑥是多怪神，状如人而载蛇，<sup>⑦</sup>左右手操蛇。多怪鸟。

① 今长沙巴陵县西又有洞庭陂，潜伏通江。"《离骚》曰："邅吾道兮洞庭"、"洞庭波兮木叶下"，皆谓此也。字或作"铜"，宜从水。○懿行案：洞庭山在今苏州府城西太湖中，一名包山。《初学记》七卷引《史记·吴起传》裴骃集解云："今太湖中苞山有石穴，其深洞无知其极者，名洞庭。"洞庭对彭蠡，即斯山也，详见《水经》沔水"过毗陵县北，为北江"注。郭以此经洞庭山即君山也，在今湖南巴陵洞庭湖中；郭云"洞庭陂潜伏通江"，详见《海内东经》湘水注。

② 蘪芜，似蛇床而香也。○懿行案：《淮南·说林训》云："蛇床似蘪芜而不能香。"高诱注云："蛇床臭，蘪芜香。"

③ 天帝之二女而处江为神，即《列仙传》江妃二女也，《离骚》、《九歌》所谓湘夫人称"帝子"者是也。而《河图玉版》曰："湘夫人者，帝尧女也。秦始皇浮江至湘山，逢大风而问博士：'湘君何神?'博士曰：'闻之尧二女，舜妃也，死而葬此。'"《列女传》曰："二女死于江、湘之间，俗谓为湘君。"郑司农亦以舜妃为湘君。说者皆以舜陟方而死，二妃从之，俱溺死于湘江，遂号为湘夫人。按《九歌》湘君、湘夫人自是二神，江、湘之有夫人，犹河、洛之有虙妃也。此之为灵与天地并矣，安得谓之尧女？且既谓之尧女，安得复总云湘君哉！何以考之？《礼记》曰："舜葬苍梧，二妃不从。"明二妃生不从征，死不从葬，义可知矣。即令从之，二女灵达，鉴通无方，尚能以鸟工龙裳救井廪之难，岂当不能自免于风波而有双沦之患乎？假复如此，《传》曰："生为上公，死为贵神。《礼》："五岳比三公，四渎比诸侯。"今湘川不及四渎，无秩于命祀，而二女帝者之后，配灵神祇，无缘当复下降小水，而为夫人也。参互其义，义既混错；错综其理，理无可据，斯不然矣。原其致谬之由，由乎俱以帝女为名，名实相乱，莫矫其失，习非胜是，终古不悟，可悲矣！○懿行案：《初学记》八卷引此经，作"帝女居之"，不言二女，可知帝女为天帝之女，如言帝女化为䔄草、帝女之桑之类，皆不辨为何人也。郭云"二妃生不从征，死不从葬"，或难以郑注《礼记》云："舜死于苍梧，二妃留江、湘之间。"又

张衡《思玄赋》云："哀二妃之未从，翩缤处彼湘滨。"是二妃不从葬，而实从征也。余案此论亦非佳证。《竹书》云："帝舜三十年，葬后育于渭。"注云："后育，娥皇也。"《大戴礼·帝系篇》云："帝舜娶于帝尧之子，谓之女匽氏。"女匽或即娥皇也。《艺文类聚》十一卷引《尸子》云："妻之以媓，媵之以娥。"娥即女英也。《海内北经》云：舜妻登比氏，"一曰：登北氏"。然则舜有三妃，娥皇先卒，何言二妃留处江、湘？假有此事，其非帝尧二女亦明矣。且舜年百有余岁，正使二妃尚存，亦当年近百岁，"生不从征"，郭氏斯言殆无可议尔。

④ 此言二女游戏江之渊府，则能鼓三江，令风波之气共相交通，言其灵响之意也。江、湘、沅水皆共会巴陵头，故号为三江之口，澧又去之七、八十里而入江焉。《淮南子》曰："弋钓潇湘。"今所在未详也。潇，音消。〇懿行案：《水经》"湘水"注引此经，"渊"作"浦"。《思玄赋》旧注引作"是常游江川、澧、沅之侧，交游潇湘之渊。"李善注谢朓《新亭渚别范零陵诗》引作"是常游于江渊、澧、沅，风交潇湘之川"，又引郭注"灵响"作"灵蠁"。《初学记》引云："沅、澧之交，潇湘之渊。"并与今本异也。《地理志》云：武陵郡，充，"历山，澧水所出，东至下隽入沅。"又云：牂柯郡，"故且兰，沅水东南至益阳入江"。《水经注》云："澧水流于洞庭湖，俗谓之澧江口。""沅水下注洞庭湖，方会于江。"《说文》云："湘水出零陵阳海山，北入江。"《地理志》云："北至酃入江也。""潇"当作"溿"，《说文》云："溿，深清也。"《水经》云："湘水北过罗县西。"注云："潇者，水清深也。《湘中记》曰：'湘川清照五、六丈，是纳潇湘之名矣。'"《文选》注颜延年《登巴陵城楼诗》引此注，作"共会巴陵"，无"头"字。

⑤《地理志》九江今在浔阳南，江自浔阳而分为九，皆东会于大江，《书》曰"九江孔殷"是也。〇懿行案：《初学记》引此经，作"是在九江之门"。

⑥ 懿行案：《中次八经》云：光山之神计蒙"恒游于漳渊，出入必有飘风暴雨。"又《博物志》云："文王梦见一妇人当道而哭曰：'我东海泰山神女，嫁为西海妇，欲东归，灌坛令当吾道，太公有德，吾不敢以暴风疾雨过也。'"是山水之神出入恒以风雨自随，乃是其常。秦始皇渡江，遭大风而伐树赭山，

何其冤耶。

⑦懿行案:"载",亦"戴"也,古字通。

又东南一百八十里,曰暴山。①其木多棕、柟、荆、芑、竹箭、䉋箘,②其上多黄金、玉,其下多文石、铁,其兽多麋、鹿、麜、就。③

①懿行案:《文选·鹪鹩赋》注引此经,作"景山"。

②箘,亦筡类,中箭,见《禹贡》。○懿行案:《说文》云:"箹,箘箹也。"引《夏书》曰:"惟箘箹楛。"戴凯之《竹谱》云:"箘、箹二竹亦皆中矢,出云梦之泽,皮特黑涩。"又云:"簜亦箘徒,概节而短,江、汉之间谓之箛竹。箛,苦怪反。簜是箭竹类,一尺数节,叶大如履,可以作篷,亦中作矢,其笋冬生。"引此经,云:"其竹名簜。"据《竹谱》所说,簜即䉋也。郭氏说䉋,已见《西山经》首"英山"注,与《竹谱》小异。

③就,雕也,见《广雅》。○懿行案:《广雅》云:"鹫,雕也。"《说文》云:"鹫,鸟黑色,多子,通作就。"《汉书·匈奴传》云:"匈奴有斗入汉地,生奇材木,箭竿就羽。"颜师古注云:"就,大雕,黄头赤目,其羽可为箭。"皆其形状也。就,鸟也,经统谓之兽者,鸟兽通名耳。

又东南二百里,曰即公之山。①其上多黄金,其下多㻬琈之玉,其木多柳、杻、檀、桑。有兽焉,其状如龟而白身赤首,名曰蛫,②是可以御火。

①懿行案:《史记·司马相如传》索隐载姚氏引此经,作"即山",无"公"字;作"山经",无"海"字。

②音诡。○懿行案:《史记·司马相如传》云:"蜤胡毅蛫。"《索隐》引

郭注云："蜺，未闻。"

又东南一百五十九里，曰尧山。①其阴多黄垩，其阳多黄金。其木多荆、芑、柳、檀，其草多薯、藇、茱。②

① 懿行案：《初学记》二十四卷引王韶之《始兴记》云："含洭县有尧山，尧巡狩至于此，立行台。"盖即斯山也。

② 懿行案：《水经》"洭水"注云：尧山"盘纡数百里，有赭岩迭起，冠以青林，与云霞乱采；山上有白石英，山下有平陵；有大堂基，耆旧云：'尧行宫所。'"然则兹山草木盖多云。

又东南一百里，曰江浮之山。其上多银、砥、砺，无草木，其兽多豕、鹿。①

① 懿行案：江浮山亦尧山之连麓，《水经注》所云尧山"盘纡数百里"，是其证也；又引王歆《始兴记》曰："含洭县有白鹿城、白鹿冈，以为咸康中张鲂为县有善政，致白鹿。"此说恐非也。经言兹山多鹿兽，当由记人附会为说耳。

又东①二百里，曰真陵之山。②其上多黄金，其下多玉。其木多穀、柞、柳、杻，其草多荣草。③

① 懿行案：毕本"东"下有"南"字。
② 懿行案：《初学记》"柳"下引此经，作"直陵之山"。
③ 懿行案：荣草形状已见《中山经》首"鼓镫之山"。

又东南一百二十里,曰阳帝之山。多美铜,其木多橿、杻、㮡、楮,①其兽多麛、麝。

① 㮡,山桑也。

又南九十里,曰柴桑之山。①其上多银,其下多碧,多泠石,②赭。其木多柳、芑、楮、桑,其兽多麋、鹿,多白蛇、③飞蛇。④

① 今在浔阳柴桑县南,其庐山相连也。○懿行案:《地理志》云:庐江郡,"寻阳"。豫章郡,"柴桑"。《晋书·地理志》寻阳亦属庐江郡,其柴桑属武昌郡也。庐山在今九江府,《广舆记》云:"在府城南,柴桑山在府城西南也。"

② 懿行案:"泠石"当为"泠石",已见上文。

③ 懿行案:《史记·龟策传》云:"求之于白蛇蟠杅林中。"索隐云:"谓白蛇尝蟠杅此林中也。"

④ 即腾蛇,乘雾而飞者。○懿行案:腾蛇见《尔雅》。

又东二百三十里,曰荣余之山。其上多铜,其下多银。其木多柳、芑,①其虫②多怪蛇、怪虫。

① 懿行案:"芑"亦"杞"之假借字。

② 懿行案:《海外南经》云南山人以虫为蛇。

凡洞庭山之首,自篇遇之山至于荣余之山,凡十五山,二千八百里。①其神状皆鸟身而龙首,其祠:毛用一雄鸡、一牝豚刉,②糈用稌。凡夫夫之山、即公之山、尧山、阳帝之山,

236

皆冢也,其祠:皆肆瘗,③祈用酒,毛用少牢,婴毛一吉玉。
洞庭、荣余山,神也,其祠:皆肆瘗,④祈酒太牢祠,婴用圭璧
十五,五采惠之。⑤

① 懿行案:今才一千八百四十九里。

② 刉,亦割刺之名。○懿行案:《说文》云:"刉,划伤也,一曰断也。"

③ 肆,陈之也,陈牲玉而后薶藏之。○懿行案:"肆"通作"矢",矢,陈
也,见《尔雅·释诂》。

④ 肆竟,然后依前薶之也。

⑤ 惠,犹饰也,方言也。○懿行案:惠,义同藻绘之绘,盖同声假借
字也。


右中经之山志,大凡百九十七山,①二万一千三百七十
一里。②

大凡天下名山五千三百七十,居地,大凡六万四千五十
六里。

① 懿行案:校经文当有百九十八山,今除《中次五经》内阙一山,乃得
百九十七山。

② 懿行案:今二万九千五百九十八里。


禹曰:①天下名山,经②五千三百七十山,六万四千五十
六里,居地也。③言其五臧,④盖其余小山甚众,不足记云。
天地之东西二万八千里,南北二万六千里,出水之山者八千
里,受水者八千里,⑤出铜之山四百六十七,出铁之山三千六
百九十。⑥此天地之所分壤树谷也,戈矛之所发也,刀铩⑦之

所起也,能者有余,拙者不足,⑧封于太山,禅于梁父,七十二家,⑨得失之数,皆在此内,是谓国用。⑩

① 懿行案:经既禹作,无缘又称"禹曰",盖记者述禹之意而作之,非必禹所亲笔,亦如《禹贡》非禹所为。故篇内复称禹,其义同也。

② 懿行案:经,言禹所经过也。

③ 懿行案:刘昭注《郡国志》引此经云:"名山五千三百五十,经六万四千五十六里。"此文作"七十"者,古"五"、"七"字形相近,盖传写之讹也。又《广雅·释地》作"名山五千二百七十",亦疑"三"讹为"二"也。

④ 懿行案:"藏"字古作"臧",才浪切。《汉书》云"山海,天地之臧",故此经称"五臧"。

⑤ 懿行案:《广雅·释地》引此经文而云:"夏禹所治,四海内地也。"《管子·地数篇》、《吕氏春秋·有始览》、《淮南·墬形训》并与此同。

⑥ 懿行案:刘昭注《郡国志》引此经,作"三千六百九",无"十"字;又上句作"出水者八千里",无"之山"二字。《管子·地数篇》及《广雅·释地》并同。

⑦ 懿行案:"铢",《管子·地数篇》作"币"。

⑧ 懿行案:刘昭注《郡国志》作"俭则有余,奢则不足"。

⑨《管子·地数》云"封禅之王七十二家"也。○懿行案:《管子·封禅篇》曰:"古者封泰山、禅梁父者,七十二家,而夷吾所记者,十有二焉。自无怀氏至周成王为十二家。"据此,则非禹言也。

⑩ 懿行案:毕氏云:"自'此天地之所分壤树谷也'已下,当是周、秦人释语,旧本乱入经文也。"今案自"禹曰"已下,盖皆周人相传旧语,故《管子》援入《地数篇》,而校书者附著《五臧山经》之末。

右《五臧山经》五篇,大凡一万五千五百三字。①

① 懿行案:今二万一千二百六十五字。

# 山海经第六

## 海外南经

地之所载,六合之间,①四海②之内,照③之以日月,经之以星辰,纪之以四时,要之以太岁,神灵所生,其物异形,④或夭或寿,唯圣人能通其道。⑤

① 四方上下为六合也。〇懿行案:《淮南·齐俗训》云:"往古来今谓之宙,四方上下谓之宇。"《列子·汤问篇》夏革引此经"六合之间"已下四十七字而称"大禹曰",则此经亦述禹言,与前文"禹曰"之例同。《文选》注欧阳建《临终诗》及曹植《七启》并引此经文。

② 懿行案:《淮南·墬形训》本此经文,作"四极"。

③ 懿行案:《淮南·墬形训》作"昭"。

④ 懿行案:《列子·汤问篇》作"其形"。

⑤ 言自非穷理尽性者,则不能原极其情状。

海外自西南陬至东南陬者:①

① 陬,犹隅也,音驺。

结匈国①在其西南,其为人结匈。②

① 懿行案:《淮南·墬形训》海外三十六国俱本此经文,有结胸民。

239

② 臆前胅出，如人结喉也。○懿行案：《说文》云："胅，骨差也，读与跌同。"郭注《尔雅》"犦牛"云："领上肉犦胅起。"义与此同。

南山在其东南，自此山来，虫为蛇，蛇号为鱼。<sup>①</sup>一曰：南山在结匈东南。<sup>②</sup>

① 以虫为蛇，以蛇为鱼。○懿行案：今东齐人亦呼蛇为虫也。《埤雅》云：《恩平郡谱》："蛇，谓之訑。"盖"蛇"古字作"它"，与"訑"声相近，"訑"声转为"鱼"，故蛇复号鱼矣。

② 懿行案：经内凡"一曰"云云者，盖后人校此经时附著所见，或别本不同也。疑初皆细字，郭氏作注改为大字，遂与经并行矣。

比翼鸟在其东，<sup>①</sup>其为鸟青赤，<sup>②</sup>两鸟比翼。一曰：在南山东。

① 懿行案：比翼鸟即蛮蛮也，已见《西次三经》崇吾之山。
② 似凫。

羽民国<sup>①</sup>在其东南，其为人长头，身生羽。<sup>②</sup>一曰：在比翼鸟东南，其为人长颊。<sup>③</sup>

① 懿行案：《大戴礼·五帝德篇》云："东长鸟夷。"疑即此也。《楚词·远游》云："仍羽人于丹丘。"王逸注引此经，言有羽人之国。《吕氏春秋·求人篇》亦作"羽人"，高诱注云："羽人，鸟喙，背上有羽翼。"
② 能飞不能远，卵生。画似仙人也。○懿行案：《博物志》云："羽民国，民有翼，飞不远；多鸾鸟，民食其卵。去九疑四万三千里。"《太平御览》

九百十六卷引《括地图》同，唯"三千"作"一千"也。郭云"画似仙人"者，谓此经图画如此也，下同。

③《启筮》曰："羽民之状，鸟喙赤目而白首。"○懿行案：《文选·鹦鹉赋》注引《归藏·启筮》曰："金水之子，其名曰羽蒙，是生百鸟。"即此也。"羽民"、"羽蒙"声相转。

有神人二八，①连臂，为帝司夜于此野，②在羽民东。其为人小颊赤肩，③尽十六人。④

① 懿行案："八"，《淮南·坠形训》作"人"，误。

② 昼隐夜见。○懿行案：薛综注《东京赋》云："野仲、游光，恶鬼也，兄弟八人常在人间作怪害。"案野仲、游光二人，兄弟各八人，正得十六人，疑即此也。

③ 当脾上正赤也。○懿行案："脾"，当为"髆"字之讹。《说文》云："髆，肩甲也。""甲"，俗作"胛"，《广韵》云："背胛。"明《藏经》本"脾"作"胛"，可证。《玉篇》引此经，"肩"作"眉"，讹。

④ 疑此后人所增益语耳。○懿行案：此盖校书者释经之语。

毕方鸟①在其东，青水西，②其为鸟人面一脚。③一曰：在二八神东。

① 懿行案：毕方形状已见《西次三经》章莪之山。

② 懿行案：青水出昆仑西南隅，过毕方鸟东，见《海内西经》。

③ 懿行案：《西次三经》说毕方鸟，不言人面。

讙头国①在其南，其为人人面有翼，鸟喙，方捕鱼。②一曰：在毕方东。或曰：讙朱国。③

① 懿行案：驩头国，鲧之苗裔，见《大荒南经》。《淮南·墬形训》有讙头国民。

② 讙兜，尧臣，有罪自投南海而死，帝怜之，使其子居南海而祠之。画亦似仙人也。○懿行案："讙兜"，古文作"鴅吺"，见《尚书大传》注。"鴅"，当为"鵰"。《玉篇》云："鵰，呼丸切，人面鸟喙。"《史记正义》引《神异经》云："南方荒中，有人焉，人面鸟喙而有翼，两手足扶翼而行，食海中鱼。"即斯人也。

③ 懿行案："头"，声转为"徒"，"徒"、"朱"声相近，故"讙头"为"讙朱"。

厌火国①在其国南，兽身黑色，生②火出其口中。③一曰：在讙朱东。

① 懿行案：《博物志》作厌光国，《淮南·墬形训》云裸国民，与此异。

② 懿行案：《艺文类聚》八十卷引此经，无"生"字。

③ 言能吐火。画似猕猴而黑色也。○懿行案：《博物志》云："厌光国民光出口中，形尽似猕猴，黑色。"

三株树①在厌火北，生赤水上，②其为树如柏，叶皆为珠。③一曰：其为树若彗。④

① 懿行案：《初学记》二十七卷引此经，作"珠"；《淮南·墬形训》及《博物志》同。

② 懿行案：《庄子·天地篇》云："黄帝游乎赤水之北，遗其玄珠。"盖本此为说也。树生赤水之南，故陶潜《读〈山海经〉诗》云："粲粲三珠树，寄生赤水阴。"阴，谓水南也。

③ 懿行案：即琅玕树之类。《海内西经》云开明北有珠树。

④ 如彗星状。○懿行案：彗，埽竹也，见《说文》。彗星为欃枪，见《尔雅》。

三苗国①在赤水东，其为人相随。②一曰：三毛国。③

① 懿行案：《史记·五帝纪》云：三苗在江、淮、荆州，"数为乱"。《正义》曰："《左传》云：'自古诸侯不用王命，虞有三苗也。'吴起云：'三苗之国，左洞庭而右彭蠡。'今江州、鄂州、岳州，三苗之地也。"案《周书·史记篇》云："外内相间，下挠其民，民无所附，三苗以亡。"是三苗乃国名。高诱注《淮南·坠形训》既云："三苗，国名，在豫章之彭蠡。"而注《修务训》又云："浑敦、穷奇、饕餮三族之苗裔，谓之三苗。"非也。

② 昔尧以天下让舜，三苗之君非之，帝杀之。有苗之民叛，入南海，为三苗国。○懿行案：郭说三苗疑非实录，当以《周书·史记篇》为据。

③ 懿行案："苗"、"毛"亦声相近。

臷国①在其东，其为人黄，能操弓射蛇。②一曰：臷国在三毛东。

① 音秩，亦音替。○懿行案："臷"，疑当为"戴"，见《说文》。《玉篇》作"或"，云："或，国名也，在三苗东。"本此。

②《大荒经》云此国自然有五谷衣服。○懿行案：臷民国盼姓，见《大荒南经》。

贯匈国①在其东，其为人匈有窍。②一曰：在臷国东。

① 懿行案:《竹书》云:"黄帝五十九年,贯匈氏来宾。"《博物志》云:"穿匈人去会稽万五千里。"详见《文选》注。

②《尸子》曰:"四夷之民,有贯匈者,有深目者,有长肱者,黄帝之德常致之。"《异物志》曰:"穿匈之国,去其衣则无自然者。"盖似效此贯匈人也。○懿行案:《淮南·墬形训》有穿胸民,高诱注云:"穿胸,胸前穿孔达背。"《文选》注王融《曲水诗序》引此经,又引《括地图》,文有脱误。《艺文类聚》九十六卷引《括地图》曰:"禹诛防风氏。夏后德盛,二龙降之,禹使范氏御之以行经南方。防风神见禹怒射之,有迅雷,二龙升去,神惧,以刃自贯其心而死。禹哀之,瘗以不死草,皆生,是名穿胸国。"《博物志》亦同兹说。然黄帝时已有贯匈民,防风之说盖未可信。

交胫国在其东,其为人交胫。① 一曰:在穿匈东。①

① 言脚胫曲戾相交,所谓雕题、交趾者也。或作"颈",其为人交颈而行也。○懿行案:《广韵》引刘欣期《交州记》云:"交阯之人出南定县,足骨无节,身有毛,卧者更扶始得起。"引此经及郭注,并与今本同。《太平御览》七百九十卷引《外国图》曰:"交胫民,长四尺。"《淮南·墬形训》有交股民,高诱注云:"交股民,脚相交切。"即此也。《说文》云:"尥,行。胫相交也。"亦此义。尥,音力吊切。

② 懿行案:此作"穿匈"者,"穿"、"贯"音义同。

不死民① 在其东,其为人黑色,寿不死。② 一曰:在穿匈国东。

① 懿行案:《楚词·远游》云:"仍羽人于丹丘,留不死之旧乡。"王逸注引此经,言有不死之民。《天问》云:"何所不死?"王逸注引《括地象》曰:"有不死之国也。"《吕氏春秋·求人篇》云:禹"南至不死之乡"。

② 有员丘山，上有不死树，食之乃寿；亦有赤泉，饮之不老。○懿行案：《淮南·墬形训》有不死民，高诱注云："不死，不食也。"《大戴礼·易本命篇》云："食气者神明而寿，不食者不死而神。"是高注所本。然则不死之民盖以不食不饮而得之。郭云食木饮泉，据《大荒南经》为说也。《博物志》说员丘、赤泉，与郭同。又陶潜《读〈山海经〉诗》亦同兹说。盖魏、晋间人祖尚清虚，旧有成语，郭氏述之尔。

岐舌国在其东，①一曰：在不死民东。

① 其人舌皆岐。或云："支舌也。"○懿行案：支舌即岐舌也。《尔雅·释地》云枳首蛇即岐首蛇。"岐"，一作"枝"，"枝"、"支"古字通也。又"支"与"反"字形相近。《淮南·墬形训》有反舌民，高诱注云："语不可知而自相晓。"又注《吕氏春秋·功名篇》云："一说南方有反舌国，舌本在前，未倒向喉，故曰反舌。"是"支舌"古本作"反舌"也。《艺文类聚》十七卷引此经，作"反舌国，其人反舌"；《太平御览》三百六十七卷亦引此经，同，而云："一曰：交。"案"交"盖"支"字之讹也，二书所引经文，作"反舌"，与古本正合。

昆仑虚在其东，虚四方。①一曰：在岐舌东，为虚四方。

① 虚，山下基也。○懿行案：毕氏曰："《尔雅》云：'三成为昆仑丘。'是昆仑者，高山皆得名之。此在东南方，当即方丈山也。《水经》'河水'注云：'东海方丈，亦有昆仑之称。'"

羿与凿齿战于寿华之野，羿射杀之，①在昆仑虚东。羿持弓矢，凿齿持盾。②一曰：戈。③

① 凿齿,亦人也,齿如凿,长五六尺,因以名云。○懿行案:《说文》云:"羿,帝喾射官,夏少康灭之。"引《论语》曰:"羿善射。"又云:"羿,亦古诸侯也,一曰射师。"《吴越春秋》云:"黄帝作弓,後有楚狐父以其道传羿,羿传逢蒙。"据二书所说,羿盖非一人也。此经之羿,说者以为尧臣。《淮南·本经训》云:"尧之时,凿齿为民害,尧乃使羿诛凿齿于畴华之野。"高诱注云:"凿齿,兽名,齿长三尺,状如凿,彻颔下,而持戈盾。畴华,南方泽名。"又注《坠形训》凿齿民云:"吐一齿出口下,长三尺。"大意与郭注同,唯以凿齿为兽,非也。李善注《长杨赋》引服虔云:"凿齿,齿长五尺,似凿,亦食人。"与郭义近,畴华即寿华。《北堂书钞》一百十八卷引此注,"人"下有"貌"字,经文"之"下无"在"字,此脱衍。

② 懿行案:亦谓图画如此也。《太平御览》三百五十七卷引此经,作"持盾戟"。

③ 未详。○懿行案:一说凿齿持戈也。

## 三首国在其东,其为人一身三首。①

① 懿行案:《海内西经》云"有三头人,伺琅玕树",即斯类也。《淮南·坠形训》有三头民,高诱注云:"身有三头。"

## 周饶国①在其东,其为人短小,冠带。②一曰:焦侥国在三首东。③

① 懿行案:"周饶"亦"僬侥"声之转,又声转为"朱儒"。《魏志·东夷传》云:女王国,"又有侏儒国在其南,人长三四尺,去女王四千余里。"盖斯类也。焦侥国,几姓,见《大荒南经》。

② 其人长三尺,穴居,能为机巧,有五谷也。○懿行案:《初学记》十九卷引《拾遗记》云:"员峤山有陀移国,人长三尺,寿万岁。"疑陀移即周饶之

异名，员峤山与方丈山相近也。又引《神异经》曰："西北荒中有小人，长一寸，朱衣玄冠。"与此经"短小，冠带"合也；又云："有鹤国，人长七寸，海鹄遇则吞之。"《史记正义》引《括地志》云："小人国在大秦南，人才三尺，其耕稼之时，惧鹤所食。大秦助之，即焦侥国，其人穴居也。"亦与郭注合。郭云"能为机巧"者，案《竹书》云："帝尧二十九年，僬侥氏来朝，贡没羽。"是其机巧之事也。

③《外传》云："焦侥民长三尺，短之至也。"《诗含神雾》曰："从中州以东西四十万里，得焦侥国，人长尺五寸也。"〇懿行案：《说文》云："南方有僬侥，人长三尺，短之极。"又云："西南僰人、僬侥从人，盖在坤地，颇有顺理之性。"郭引《外传》者，《鲁语》文，"民"当为"氏"字之讹也。韦昭注云："僬侥，西南蛮之别名也。"《淮南·墬形训》云："西南方曰焦侥。"高诱注云："长不满三尺。"案《列子·汤问篇》夏革所说，与郭引《诗含神雾》同，唯"东"下无"西"字，此盖衍文。《太平御览》七百九十卷引《外国图》曰："僬侥民善没游，善捕鸷鸟，其草木夏死而冬生，去九疑三万里。"

长臂国①在其东，捕鱼水中，两手各操一鱼。②一曰：在焦侥东，捕鱼海中。③

① 懿行案：《淮南·墬形训》有修臂民，高诱注云："一国民皆长臂，臂长于身，南方之国也。"

② 旧说云："其人手下垂至地。"魏黄初中，玄菟太守王颀讨高句丽王宫，穷追之，过沃沮国，其东界临大海，近日之所出。问其耆老："海东复有人否？"云："尝在海中得一布褐，身如中人衣，两袖长三丈。"即此长臂人衣也。〇懿行案：《穆天子传》云："乃封长肱于黑水之西河。"郭注云："即长臂人也，身如中国，臂长三丈，魏时在赤海中得此人裾也。"案郭注与此注同，其"中国"当为"中人"，字之讹也。此注所说本《魏志·东夷传》，"布褐"彼文作"布衣"，"中人"作"中国人"。《博物志》亦同，唯"三丈"，《博物志》作"二

丈”也。

③ 懿行案：经云“两手各操一鱼”，又云“捕鱼海中”，亦皆图画如此也。

狄山，帝尧葬于阳，<sup>①</sup>帝喾葬于阴，<sup>②</sup>爰有熊、罴、文虎、<sup>③</sup>蜼、豹、<sup>④</sup>离朱、<sup>⑤</sup>视肉、<sup>⑥</sup>吁咽，<sup>⑦</sup>文王皆葬其所。<sup>⑧</sup>一曰：汤山。一曰：爰有熊、罴、文虎、蜼、豹、离朱、鸱久、<sup>⑨</sup>视肉、虖交。<sup>⑩</sup>其范林方三百里。<sup>⑪</sup>

① 《吕氏春秋》曰：“尧葬谷林。”今阳城县西、东阿县城次乡中、赭阳县湘亭南皆有尧冢。〇懿行案：《史记》集解引《皇览》曰：“尧冢在济城阴。刘向曰：‘尧葬济阴丘垅山。’《吕氏春秋》曰：‘尧葬谷林。’皇甫谧曰：‘谷林即城阳。’”《正义》引《括地志》云：“尧陵在濮州雷泽县西三里。”雷泽县本汉郕阳县也。今案《地理志》云：济阴郡，成阳，“有尧冢、灵台”。《晋书·地理志》云：济阳郡，城阳，“尧冢在西”。二志皆作“城阳”，郭注作“阳城”，讹。其引《吕氏春秋》，《安死篇》文也，高诱注云：“传曰：‘尧葬成阳。’此云谷林，成阳山下有谷林。”是诸书所说，其地皆不殊。唯《墨子》云：“尧北教乎八狄，道，死葬蛩山之阴。”然则此经狄山，盖狄中之山，今大名府清丰县有狄山也。司马相如《大人赋》云：“历唐尧于崇山。”《汉书》张揖注云：“崇山，狄山也。”引此经云云。《水经》“瓠子河”注亦引此经，而云：“狄山，一名崇山。”“崇”、“蛩”声相近，蛩山又狄山之别名也。

② 喾，尧父，号高辛，今冢在顿丘县城南台阴野中也，音酷。〇懿行案：《大戴礼·帝系篇》云：“黄帝产玄嚣，玄嚣产蟜极，蟜极产高辛，是为帝喾。帝喾产放勋，是为帝尧也。”《史记·五帝纪》索隐引《皇览》曰：“帝喾冢在东郡濮阳顿丘城南台阴野中。”案东郡、濮阳、顿丘，具见《地理志》。

③ 雕虎也。《尸子》曰：“中黄伯：‘余左执太行之犹而右搏雕虎也。’”〇懿行案：《文选·思玄赋》旧注云：“雕虎，象，兽名也。”引《尸子》“中黄伯曰”云云，刘逵注《蜀都赋》亦引《尸子》曰“中黄伯云”，并与此注同。此注“中黄

伯"下脱"曰"字。

④ 蜼,猕猴类。○懿行案:蜼,见《尔雅》。

⑤ 木名也,见《庄子》。今图作赤鸟。○懿行案:郭云"木名"者,盖据《子虚赋》"蘗离朱杨"为说也。然郭于彼注既以朱杨为赤茎柳,则此注非也。又云"见《庄子》"者,《天地篇》有其文,然彼以离朱为人名,则此亦非矣。又云"今图作赤鸟"者,赤鸟疑南方神鸟焦明之属也,然《大荒南经》"离朱"又作"离俞"。

⑥ 聚肉形如牛肝,有两目也,食之无尽,寻复更生如故。○懿行案:《北堂书钞》一百四十五卷引此注,作"食之尽",今本"无"字衍也。《初学记》引《神异经》云:"西北荒有遗酒追复脯焉,其味如麖,食一片,复一片。"疑即此也。《博物志》云:"越嶲国有牛,稍割取肉,牛不死,经日,肉生如故。"又《神异经》云:"南方有兽,似鹿而豕首,有牙,善依人求五谷,名无损之兽。人割取其肉,不病,肉复自复。"已上所说二物,义与郭近而形状则异,郭注未见所出。又《魏志·公孙渊传》云:"襄平北市生肉,长围各数尺,有头目口喙,无手足而动摇。占曰:有形不成,有体无声,其国灭亡。"亦其类也。又高诱注《淮南·墬形训》云:"视肉,其人不知言也。"所说复与郭异,今所未详。

⑦ 所未详也。

⑧ 今文王墓在长安鄠聚社中。按帝王冢墓皆有定处,而《山海经》往往复见之者,盖以圣人久于其位,仁化广及,恩洽鸟兽,至于殂亡,四海若丧考妣,无思不哀,故绝域殊俗之人闻天子崩,各自立坐而祭酹哭泣,起土为冢。是以所在有焉,亦犹汉氏诸远郡国,皆有天子庙,此其遗象也。○懿行案:《尚书大传·金滕篇》云:"毕者,文王之墓地。"《史记》集解引《皇览》云:"文王、武王、周公冢皆在京兆长安镐聚东社中也。"是文王之葬,既不与尧、喾同地,又此经禹记,何得下及文王?明《海外经》已下,盖周、秦间人读此经者所附著也。

⑨ 鸱久,鸺鹠之属。○懿行案:"鸱",当为"鸥"。《说文》云:"雌旧,旧留也,'旧'或作'鵂'。"是经文"鸱久"即"雌旧",注文"鸺鹠"即"鵂鹠"也,皆

声近假借字。

⑩ 所未详也。○懿行案：即吁咽也，"吁"、"虖"声相近。

⑪ 言林木泛滥布衍也。○懿行案："范林"，《海内南经》作"泛林"，"范"、"泛"通。


南方祝融，兽身人面，乘两龙。①


① 火神也。○懿行案：《越绝书》云："祝融治南方，仆程佐之，使主火。"《尚书大传》云："南方之极，自北户南至炎风之野，帝炎帝、神祝融司之。"《吕氏春秋·孟夏纪》云："其神祝融。"高诱注云："祝融，颛顼氏后，老童之子吴回也，为高辛氏火正，死为火官之神。"《汉书·司马相如传》张揖注本此经。

# 山海经第七

## 海外西经

　　海外自西南陬至西北陬者：

　　灭蒙鸟在结匈国北，[①]为鸟青，赤尾。

　　① 懿行案：《博物志》云结匈国"有灭蒙鸟"，本此。《海内西经》又有孟鸟。

　　大运山高三百仞，在灭蒙鸟北。

　　大乐之野，[①]夏后启[②]于此儛《九代》，[③]乘两龙，[④]云盖三层，[⑤]左手操翳，[⑥]右手操环，[⑦]佩玉璜，[⑧]在大运山北。[⑨]一曰：大遗之野。[⑩]

　　① 懿行案：毕氏云："即今山西太原。"疑非也。据《大荒西经》说天穆之野，在西南海外，不得近在晋阳也。

　　② 懿行案：经称"夏后"，即知非夏书也。

　　③ 九代，马名；儛，谓盘作之令舞也。○懿行案：《九代》，疑乐名也。《竹书》云："夏帝启十年，帝巡狩，舞《九韶》于大穆之野。"《大荒西经》亦云："天穆之野，启始歌《九招》。""招"即"韶"也，疑《九代》即《九招》矣。又《淮南·齐俗训》云：夏后氏其乐《夏籥》九成。疑"九代"本作"九成"，今本传写形近而讹也。李善注王融《三月三日曲水诗序》引此经云："舞《九代》马。"疑"马"字衍。而《艺文类聚》九十三卷及《太平御览》八十二卷引此经，

亦有"马"字，或并引郭注之文也。舞马之戏恐非上古所有。

④懿行案：《大荒西经》同。

⑤层，犹重也。○懿行案：李善注《西京赋》两引此注，并同；又注潘岳《为贾谧作赠陆机诗》引此注云："层，重也，慈登切。"今本脱郭音三字。又"层"，经典通作"曾"，据郭音，益知此经"层"当为"曾"矣。

⑥羽葆幢也。○懿行案：《说文》云："翳，翿也，所以舞也。"

⑦玉空边等为环。○懿行案：《说文》云："环，璧也，肉好若一，谓之环。"

⑧半璧曰璜。

⑨《归藏·郑母经》曰："夏后启筮：御飞龙登于天，吉明。"启亦仙也。○懿行案：《太平御览》八十二卷引《史记》曰："昔夏后启筮，乘龙以登于天，占于皋陶。皋陶曰：'吉而必同，与神交通，以身为帝，以王四乡。'"今案《御览》此文，即与郭注所引为一事也。

⑩《大荒经》云"大穆之野"。○懿行案：《大荒西经》作"天穆之野"，此注云"大穆之野"，《竹书》"天穆"、"大穆"二文并见。此经又云"大遗之野"、"大乐之野"，诸文皆异，所未详。


　　**三身国**①在夏后启北，一首而三身。②


①懿行案：三身国姚姓，舜之苗裔，见《大荒南经》。《淮南·墬形训》有三身民。

②懿行案：《艺文类聚》三十五卷引《博物志》云："三身国，一头三身三手。"今此经无"三手"字。


　　**一臂国**①在其北，一臂一目一鼻孔。②有黄马，虎文，一目而一手。③

① 懿行案:《淮南·墬形训》有一臂民。

② 懿行案:郭注《尔雅·释地》比肩民云:"此即半体之人,各有一目一鼻孔,一臂一脚。"盖本此经为说也。

③ 懿行案:手,马臂也。《内则》云:"马黑脊而般臂漏。"

奇肱之国①在其北,其人一臂三目,有阴有阳,乘文马。②有鸟焉,两头,赤黄色,在其旁。③

① "肱",或作"弘"。奇,音羁。○懿行案:"肱",《说文》作"厷",古文作"ㄊ"。此注云"或作宏",即《大荒南经》张宏之国也。《吕氏春秋·求人篇》云:"其肱一臂。""其肱"即"奇肱",《淮南·墬形训》作"奇股",高诱注云:"奇,只也。股,脚也。"与此异。

② 阴在上,阳在下。文马,即吉良也。○懿行案:吉良见《海内北经》。

③ 其人善为机巧以取百禽,能作飞车,从风远行。汤时得之于豫州界中,即坏之不以示人,后十年,西风至,复作遣之。○懿行案:《博物志》说奇肱民"善为拭扛以杀百禽","拭扛"盖"机巧"二字之异;又云:"汤破其车,不以视民。""视"即古"示"字,当作"眎";又云:"十年,东风至,乃复作车遣返。"郭注作"西风至","西"字讹也;云"其国去玉门关四万里",当须东风至,乃得遣返矣。

形天①与帝至此②争神,帝断其首,葬之常羊之山。③乃以乳为目,以脐为口,操干戚以舞。④

① 懿行案:《淮南·墬形训》作"形残","天"、"残"声相近。或作"形天",误也。《太平御览》五百五十五卷引此经,作"形天"。

② 懿行案:《御览》引此经,无"至此"二字。

③ 懿行案:《宋书·符瑞志》云:"有神龙首,感女登于常羊山,生炎帝、

神农。"即此山也。《大荒西经》有偏勾、常羊之山,亦即此。

④ 干,盾;戚,斧也。是为无首之民。○懿行案:《淮南·墜形训》云:"西方有形残之尸。"高诱注云:"一说曰:形残之尸于是以两乳为目,肥脐为口,操干戚以舞。天神断其手,后天帝断其首也。"高氏所说,即本此经,其"肥脐"疑"胐脐"之讹也。"肥",本亦作"腹"。

女祭、女戚①在其北,居两水间,戚操鱼鮍,②祭操俎。③鸢鸟、鶬鸟,④其色青黄,所经国亡,⑤在女祭北。鸢鸟人面,居山上。一曰:维鸟。青鸟黄鸟所集。⑥

① 懿行案:女戚一曰女蔑,见《大荒西经》。

② 鳢鱼属。○懿行案:《北次二经》云湖灌之水"其中多鮍",郭注云:"亦鳢鱼字。"是"鮍"即"鳢"字之异文。此注又云"鳢鱼属",以为二物,盖失检也。

③ 肉几。

④ 次、瞻两音。

⑤ 此应祸之鸟,即今枭、鵂鹠之类。○懿行案:郭氏但举类以晓人。《玉篇》云:"鸢鶬,即鵂鹠。"非也。《大荒西经》云:"爰有青鸢、黄鹜、青鸟、黄鸟,其所集者,其国亡。"是鸢鹜即鸢鶬之异名,非鵂鹠也。《广韵》云鸢鸟"似枭",本此经及郭注。

⑥ 懿行案:下云"丈夫国在维鸟北",则作"维鸟"是也。青鸟、黄鸟见《大荒西经》。

丈夫国①在维鸟北,其为人衣冠带剑。②

① 懿行案:《淮南·墜形训》有丈夫民,高诱注云:"其状皆如丈夫,衣黄衣冠,带剑。"高云"状如丈夫",非也,说见下女子国。

② 殷帝太戊使王孟采药,从西王母至此,绝粮不能进,食木实,衣木皮,终身无妻而生二子,从形中出,其父即死,是为丈夫民。○懿行案:《竹书》云:"殷太戊三十六年,西戎来宾,王使王孟聘西戎。"即斯事也。西戎岂即西王母与? 其无妻生子之说,本《括地图》。《太平御览》七百九十卷引其文,与郭注略同。但此言"从形中出",彼云"从背间出";又《玄中记》云"从胁间出",文有不同。

女丑之尸生,而十日炙杀之,<sup>①</sup>在丈夫北,以右手鄣其面。<sup>②</sup>十日居上,女丑居山之上。

① 懿行案:十日并出,炙杀女丑,于是尧乃命羿射杀九日也。

② 蔽面。○懿行案:《大荒西经》云"衣青,以袂蔽面"也。

巫咸国<sup>①</sup>在女丑北,右手操青蛇,左手操赤蛇,在登葆山,<sup>②</sup>群巫所从上下也。<sup>③</sup>

① 懿行案:《地理志》云:河东郡,安邑,"巫咸山在南"。非此也。此国亦当在海外,观登备山在《南荒经》可见。《水经》"涑水"注以巫咸山即巫咸国,引此经云云。非矣。《太平御览》七百九十卷引《外国图》曰:"昔殷帝太戊使巫咸祷于山河,巫咸居于此,是为咸氏,去南海万千里。"即此国也。

② 懿行案:"登葆山",《大荒南经》作"登备山","葆"、"备"声之转也;《淮南·墬形训》作"保"。

③ 采药往来。

并封<sup>①</sup>在巫咸东,其状如彘,前后皆有首,黑。<sup>②</sup>

① 懿行案:《周书·王会篇》云:"区阳以鳖封。鳖封者,若彘,前后有首。"是鳖封即并封,"并"、"鳖"声转也。《大荒西经》又作"屏蓬",皆一物。或曰即两头鹿也,《后汉书·西南夷传》云:"云南县有神鹿,两头,能食毒草。"注云:"见《华阳国志》。"

② 今弩弦蛇亦此类也。○懿行案:弩弦蛇即两头蛇也,见《尔雅·释地》"枳首蛇"注。

女子国①在巫咸北,两女子居,水②周之。③一曰:居一门中。④

① 懿行案:《淮南·墜形训》有女子民,高诱注云:"其貌无有须,皆如女子也。"此说非矣。经言丈夫、女子国,并真有其人,非但貌似之也。高氏不达,创为异说,过矣。女子、丈夫之国又见《大荒西经》注。

② 懿行案:《太平御览》七百九十卷引此经,"水"下有"外"字。

③ 有黄池,妇人入浴,出即怀姙矣。若生男子,三岁辄死。周,犹绕也。《离骚》曰"水周于堂下"也。○懿行案:《太平御览》三百六十卷引《外国图》曰:"方丘之上暑湿,生男子三岁而死。有潢水,妇人入浴,出则乳矣,是去九嶷二万四千里。"今案潢水即此注所谓黄池矣。《魏志》云:"沃沮者老言:有一国在海中,纯女无男。"《后汉书·东夷传》云:"或传其国有神井,窥之辄生子。"亦此类也。

④ 懿行案:居一门中,盖谓女国所居同一聚落也。

轩辕之国①在此穷山之际,②其不寿者八百岁,在女子国北。人面蛇身,尾交首上。

① 懿行案:《西次三经》有轩辕之丘,郭云黄帝所居,然则此经轩辕之国盖黄帝所生也。《水经》"渭水"注云:轩辕谷水"出南山轩辕溪。南安姚

瞻以为黄帝生于天水,在上邽城东七十里轩辕谷"。案《地理志》,上邽在陇西郡也。

② 其国在山南边也。《大荒经》曰:"岷山之南。"○懿行案:《大荒西经》说轩辕之国"江山之南",此云"岷山"者,以大江出岷山故也。经文"此"字疑衍。李善注《思玄赋》引此经云:"在穷山之际。"《史记·五帝纪》索隐引此经同,并无"此"字。《周本纪》正义引此经,又作"此地穷桑之际",盖"山"字声讹为"桑"矣。

穷山在其北,不敢西射,<sup>①</sup>畏轩辕之丘。<sup>②</sup>在轩辕国北,其丘方,四蛇相绕。<sup>③</sup>

① 懿行案:《史记·五帝纪》索隐、《周本纪》正义引此经,并作"西射之南",盖误衍。

② 言敬畏黄帝威灵,故不敢向西而射也。○懿行案:轩辕之丘在积石山之东三百里也。

③ 缭绕,樛缠。

此诸夭之野,<sup>①</sup>鸾鸟自歌,凤鸟自舞;凤皇卵,民食之;甘露,民饮之,所欲自从也。<sup>②</sup>百兽相与群居,在四蛇北。其人两手操卵食之,两鸟居前导之。<sup>③</sup>

① 夭,音妖。○懿行案:经文"此"字亦衍。"夭",郭音妖,盖讹。"夭野",《大荒西经》作"沃野"。是此经之"夭"乃"沃"字省文,郭注之"妖"乃"沃"字讹文也。"诸夭",《艺文类聚》九十九卷引作"清沃";《博物志》作"渚沃";《淮南·墬形训》有沃民,又云:"西方曰金丘,曰沃野。"高诱注云:"沃,犹白也。西方白,故曰沃野。"案高说非也,沃野盖谓其地沃饶耳。

② 言滋味无所不有,所愿得自在,此谓夭野也。

③ 懿行案：亦言图画如此。

龙鱼①陵居，在其北，状如狸。②一曰：鰕。③即有神圣乘此以行九野。④一曰：鳖鱼，⑤在天野北，⑥其为鱼也如鲤。⑦

① 懿行案："龙鱼"，郭氏《江赋》作"龙鲤"；张衡《思玄赋》仍作"龙鱼"，《淮南·墬形训》作"硠鱼"，高诱注云："硠鱼，如鲤鱼也，有神圣者乘行九野，在无继民之南。硠，音蚌。"

② 或曰："龙鱼似狸，一角。"○懿行案："狸"当为"鲤"字之讹。李善注《江赋》引此经云："龙鲤陵居，其状如鲤。或曰：龙鱼一角也。"盖并引郭注；又注《思玄赋》引此经云："龙鱼陵居，在北，状如鲤。"高诱注《淮南·墬形训》亦云："如鲤鱼也。"可证。

③ 音退。○懿行案：《后汉书·张衡传》注引此经，"鰕"作"虾"，盖古字通也。《尔雅》云"鲵，大者谓之鰕。"郭注云："今鲵鱼似鲇，四脚。"梁虞荔《鼎录》云："宋文帝得鰕鱼，遂作一鼎，其文曰：'鰕鱼四足。'"然则鰕即龙鱼，其状如鲤，故又名龙鲤矣。

④ 九域之野。○懿行案：《张衡传》注引此经，无"即"字，作"有神巫"。疑"巫"即"圣"字，形近而讹也。高诱注《淮南·墬形训》作"有神圣者乘行九野"，可知今本不讹。神圣若琴高、子英之属，见《列仙传》。《思玄赋》云："跨汪氏之龙鱼。"谓此矣。

⑤ 鳖，音恶，横也。○懿行案：注有讹字，所未详。明《藏》本作"鳖，音犹也"，亦讹。

⑥ 懿行案：《思玄赋》注引此经云："在汪野北。"又云："汪氏国在西海外，此国足龙鱼也。"疑"汪氏"当为"沃民"，"汪野"当为"沃野"，并字形之讹也。《张衡传》及注亦并作"汪"，讹与《文选》注同。

⑦ 懿行案：《艺文类聚》九十六卷引郭氏《赞》云："龙鱼一角，似鲤居陵。候时而出，神圣攸乘。飞骛九域，乘云上升。"

白民之国①在龙鱼北,白身被发。②有乘黄,其状如狐,其背上有角,③乘之寿二千岁。④

① 懿行案:白民国销姓,见《大荒东经》。

② 言其人体洞白。○懿行案:高诱注《淮南·墬形训》云:"白民,白身,民被发亦白。"

③《周书》曰:"白民乘黄,似狐,背上有两角。"即飞黄也。《淮南子》曰:天下有道,"飞黄伏皂"。○懿行案:《周书·王会篇》云:"乘黄似骐。"郭引作"似狐",《初学记》引与郭同,《博物志》亦作"狐"。"两角",《初学记》引作"肉角",皆所见本异也。郭又引《淮南子》者,《览冥训》云:"青龙进驾,飞黄伏皂。"乘黄又即訾黄。《汉书·礼乐志》云:"訾黄其何不徕下?"应劭注云:"訾黄,一名乘黄,龙翼而马身,黄帝乘之而仙。"

④ 懿行案:《博物志》作"三千岁"。

肃慎之国①在白民北,有树名曰雄②常,③先入伐帝,于此取之。④

① 懿行案:《竹书》云:"帝舜二十五年,息慎氏来朝。""周成王九年,肃慎氏来朝。"《书序》云:"贿肃慎之命。"《周书·王会篇》云:"稷慎大麈。"孔晁注云:"稷慎,肃慎也。"又《大戴礼·五帝德篇》及《史记·五帝纪》并作"息慎",郑康成云:"息慎,或谓之肃慎也"。又《大荒北经》有肃慎之国。

② 或作"雒"。

③ 懿行案:雒常,《淮南·墬形训》谓之"雒棠"。

④ 其俗无衣服,中国有圣帝代立者,则此木生,皮可衣也。○懿行案:经文"伐",疑"代"字之讹,郭注可证。《太平御览》七百八十四卷引此经,正作"代"。《穆天子传》云:"至于苏谷,骨飦氏之所,衣被。"郭注云:"言谷中有草木,皮可以为衣被。"《广韵》云:"梄,青木,皮叶可作衣,似绢,出西域乌

者国。"亦此类也。

## 长股之国①在雄常北,被发。②一曰:长脚。③

① 懿行案:《竹书》云:"黄帝五十九年,长股氏来宾。"《淮南·墬形训》有修股民。又《玉篇》、《广韵》并有"鼓,巨支切",云:"长鼓,国名,发长于身。"与此经"被发"义合,疑"长股"本或作"长鼓"也。

② 国在赤水东也。长臂人身如中人,而臂长二丈,以类推之,则此人脚过三丈矣。黄帝时至。或曰:长脚人常负长臂人,入海中捕鱼也。○懿行案:长臂国已见《海外南经》。郭云"臂长二丈","二"当为"三"字之讹也。《初学记》十九卷引郭氏《赞》云:"双臂三丈,体如中人。彼曷为者,长臂之人。修脚是负,捕鱼海滨。"案修脚即长脚,郭注《穆天子传》云:"长脚人,国又在赤海东。"谓是也。《大荒西经》又有长胫之国。

③ 或曰有乔国,今伎家乔人,盖象此身。"○懿行案:今乔人之戏,以木续足,谓之踏乔是也。

## 西方蓐收,左耳有蛇,乘两龙。①

① 金神也,人面、虎爪、白毛,执钺,见《外传》。○懿行案:郭说蓐收,本《国语·晋语》文,已见《西次三经》"泑山"注。《尚书大传》云:"西方之极,自流沙西至三危之野,帝少皞、神蓐收司之。"《吕氏春秋·孟秋纪》云:"其神蓐收。"高诱注云:"少皞氏裔子曰该,皆有金德,死,托记为金神。"

# 山海经第八

## 海外北经

海外自东北陬至西北陬者：

无脊之国①在长股东，为人无脊。②

 ① 音启，或作"綮"。○懿行案：《淮南·墬形训》作"无继"，高诱注云："其人盖无嗣也，北方之国也。"与郭义异。《大荒北经》作"无继"，郭云："当作'脊'。"

 ② 脊，肥肠也。其人穴居，食土，无男女，死即薶之，其心不朽，死百廿岁乃复更生。○懿行案：《广雅》云："腓，脊腨也。"《说文》云："腨，腓肠也。"《广韵》引《字林》云："脊，腨肠。"是郭注"肥肠"当为"腓肠"，因声同而讹也。《玉篇》亦作"肥肠"，又承郭注而讹。《博物志》说无脊民与郭同，唯"百廿岁"作"百年"；又云："细民，其肝不朽，百年而化为人，皆穴居处。二国同类也。"

 鍾山之神，名曰烛阴，①视为昼，瞑为夜；吹为冬，呼为夏；不饮，不食；不息，息为风。②身长千里，在无脊之东。其为物，人面蛇身，赤色，居鍾山下。③

 ① 烛龙也，是烛九阴，因名云。○懿行案："鍾山"，《大荒北经》作"章尾山"，"章"、"鍾"声转也；"烛阴"作"烛龙"。

 ② 息，气息也。

③《淮南子》曰"龙身一足"。○懿行案：《淮南·墬形训》云："烛龙在雁门北，其神人面龙身而无足。"是郭所引也，"一"字讹。李善注《思玄赋》引此经，作"人首蛇身"。《艺文类聚》九十六卷引郭氏《赞》云："天缺西北，龙衔火精。气为寒暑，眼作昏明。身长千里，可谓至灵。"

　　一目国①在其东，一目中其面而居。一曰：有手足。②

　　①懿行案：一目国，其人威姓，见《大荒北经》。《淮南·墬形训》有一目民，在柔利民之次。
　　②懿行案："有手足"三字疑有讹。

　　柔利国①在一目东，为人一手一足，反𨄮，曲足居上。②一云：留利之国，③人足反折。④

　　①懿行案：《大荒北经》有牛黎之国，盖此是也。"牛黎"、"柔利"声相近，其人无骨，故称柔利与？
　　②一脚一手反卷曲也。○懿行案：《博物志》作"子利国人，一手二足，拳反曲"。疑"二"当为"一"，"子"当为"柔"，并字形之讹也。
　　③懿行案："留"、"柔"之声亦相近。
　　④懿行案：足反卷曲，有似折也。

　　其工之臣曰相柳氏，①九首，以食于九山。②相柳之所抵，厥为泽溪。③禹杀相柳，其血腥，不可以树五谷种。禹厥之，三仞三沮，④乃以为众帝之台，⑤在昆仑之北，⑥柔利之东。相柳者，九首人面，蛇身而青，不敢北射，畏共工之台。⑦台在其东，台四方，隅有一蛇，虎色，⑧首冲南方。⑨

① 共工,霸九州者。〇懿行案:"相柳",《大荒北经》作"相繇",《广雅·释地》同。

② 头各自食一山之物,言贪暴难餍。〇懿行案:"九山",《大荒北经》作"九土"。《楚词·天问》云:"雄虺九首,儵忽焉在。"王逸注云:"虺,蛇别名也。言有雄虺,一身九头。"今案雄虺疑即此也,经言此物九首蛇身。

③ 抵,触。厥,掘也,音撅。〇懿行案:《说文》云:"厥,发石也。"此"厥"义即同"撅"。《周书·周祝篇》云:"豲有爪而不敢以撅。"

④ 掘塞之而土三沮滔,言其血膏浸润坏也。〇懿行案:注"滔",盖"陷"字之讹。

⑤ 言地润湿,唯可积土以为台观。〇懿行案:《海内北经》云:帝尧台、帝喾台、帝丹朱台、帝舜台"在昆仑东北"。郭注亦引此经为说。

⑥ 此昆仑山在海外者。〇懿行案:《海内北经》云:"台四方,在昆仑东北。"是此昆仑亦在海内者,郭注恐非。

⑦ 懿行案:臣避君也。

⑧ 懿行案:虎文也。

⑨ 冲,犹向也。

深目国①在其东,为人举一手一目,②在共工台东。

① 懿行案:深目国盼姓,食鱼,见《大荒北经》。《淮南·墬形训》有深目民。

② 一作"曰"。〇懿行案:"一目"作"一曰",连下读是也。

无肠之国①在深目东,②其为人长而无肠。③

① 懿行案:无肠国任姓,见《大荒北经》。《淮南·墬形训》有无肠民。
② 一作"南"。

③ 为人长大,腹内无肠,所食之物直通过。○懿行案:《神异经》云:"有人知往,有腹无五藏,直而不旋,食物径过。"疑即斯人也。

聂耳之国①在无肠国东,使两文虎,②为人两手聂其耳,③县居海水中,④及水所出入奇物。⑤两虎在其东。

① 懿行案:《淮南·墜形训》无聂耳国,而云:"夸父、耽耳在其北方。"是耽耳即此经聂耳,夸父在下文。《说文》云:"耽,耳大垂也。"又云:"耴,耳垂也。"

② 懿行案:文虎,雕虎也,已见《海外南经》注。

③ 言耳长,行则以手摄持之也。音诺颊反。

④ 县,犹邑也。○懿行案:《初学记》引此经,作"县居赤水中"。

⑤ 言尽规有之。

夸父①与日逐走,入日,②渴欲得饮。饮于河、渭,河、渭不足。北饮大泽,未至,道渴而死。弃其杖,③化为邓林。④

① 懿行案:《大荒北经》云:"后土生信,信生夸父。"或说夸父善走,为丹朱臣。《吕氏春秋》云:"禹北至夸父之野。"疑地因人为名也。夸父追日景,《列子·汤问篇》夏革说本此经。

② 言及日于将入也。逐,音胄。○懿行案:《北堂书钞》一百三十三卷、李善注《西京赋》、《鹦鹉赋》及张协《七命》引此经,并作"与日竞走";《初学记》一卷引此经,作"逐日";《史记·礼书》裴骃集解引此经,作"与日逐走,日入",并与今本异。

③ 懿行案:《列子·汤问篇》"弃其杖"下有"尸膏肉所浸"五字。

④ 夸父者,盖神人之名也。其能及日景而倾河、渭,岂以走饮哉?寄用于走饮耳。几乎不疾而速,不行而至者矣。此以一体为万殊,存亡代谢,寄

邓林而遯形,恶得寻其灵化哉。○懿行案:《大荒北经》云应龙杀夸父,盖以道渴而死,形蜕神游,或言应龙杀之耳。《列子·汤问篇》云邓林"弥广数千里",今案其地盖在北海外。《史记·礼书》云:"楚阻之以邓林。"裴骃集解引此经云云,非也。毕氏云:"即《中山经》所云夸父之山,北有桃林,其地则楚之北境。"恐未然。下云邓林,积石山在其东,非近在楚地明矣。《初学记》十九卷引郭氏《赞》云:"神哉夸父,难以理寻。倾河及日,遁形邓林。触类而化,应无常心。"

博父国①在聂耳东,其为人大,②右手操青蛇,左手操黄蛇。邓林在其东,二树木。③一曰:博父。

① 懿行案:博父,大人也,大人即丰人。《方言》云:"赵、魏之郊,燕之北鄙,凡大人谓之丰人。《燕记》曰:'丰人杼首。'"疑此是也。或云即夸父也。《淮南·墬形训》云夸父"在其北",此经又云"邓林在其东",则博父当即夸父,盖其苗裔所居成国也。

② 懿行案:《尔雅·释诂》云:"甫,大也。甫亦博也。"

③ 懿行案:"二树木"盖谓邓林二树而成林,言其大也。

禹所积石之山在其东,河水所入。①

① 河出昆仑而潜行地下,至葱岭复出,注盐泽;从盐泽复行,南出于此山,而为中国河,遂注海也。《书》曰:"导河积石。"言时有壅塞,故导利以通之。○懿行案:《西次三经》云:积石之山"其下有石门,河水冒以西流"。非此也。郭据《水经》引此经云:"积石山在邓林山东,河所入。"非矣。经盖有两积石山。《史记正义》引《括地志》云:"黄河源从西南,下出大昆仑东北隅;东北流迳于阗,入盐泽,即东南潜行吐谷浑界大积石山;又东北流至小积石山,山在河州枹罕县西七里。"然则此经所言,盖小积石也。《大荒北

经》云："大荒之中，有山名曰先槛大逢之山"，"其西有山，名曰禹所积石。"即此。又《海内西经》云河水出昆仑，入渤海，又出海外，入禹所导积石山。亦此也。故经为此二文，特于"积石"加"禹"以别之。

拘缨之国①在其东，一手把缨。②一曰：利缨之国。

① 懿行案：《淮南·墬形训》有句婴民，高诱注云："'句婴'读为'九婴'，北方之国。"即此也。"句婴"疑即"拘缨"，古字通用，郭义恐非。高氏读为"九婴"，未详也。郭云："'缨'，宜作'瘿'。"是国盖以一手把瘿得名也。

② 言其人常以一手持冠缨也。或曰："'缨'，宜作'瘿'。"

寻木长千里，①在拘缨南，生河上西北。②

① 懿行案：《穆天子传》云："天子乃钓于河，以观姑繇之木。"郭注云："姑繇，大木也。"引此经云："寻木长千里，生海边。谓此木类。"《吴都赋》又作"桪木"；刘逵注引此经，亦作"桪木"，非也。李善注《东京赋》引此经，仍作"寻木"；郭氏《游仙诗》亦作"寻木"也。《广韵》云："桪，木名，似槐。""寻，长也。"引此经。

② 懿行案：此木生河上，与《穆天子传》合。郭注谓"生海边"，疑字之讹也。

跂踵国①在拘缨东，其为人大，两足亦大。②一曰：大踵。③

① 跂，音企。

② 其人行，脚跟不著地也。《孝经钩命诀》曰"焦侥、跂踵，重译款塞"

也。○懿行案:《竹书》云:"夏帝癸六年,岐踵戎来宾。"《吕氏春秋·当染篇》云:"夏桀染于歧踵戎。"即此也。高诱注《淮南·墬形训》云:"跂踵民,踵不至地,以五指行也。"又《文选·曲水诗序》注引高诱注,作"反踵",云:"反踵,国名,其人南行,迹北向也。"案跂踵之为反踵,亦犹岐舌之为反舌矣,已见《海外南经》。《玉篇》说跂踵国,与郭注同。

③ 懿行案:"大踵"疑当为"支踵",或"反踵",并字形之讹。

### 欧丝之野①在大踵东,一女子跪,据树欧丝。②

① 懿行案:《博物志》作"呕丝"。"呕",俗字也。

② 言啖桑而吐丝,盖蚕类也。

### 三桑无枝,在欧丝东,其木长百仞,无枝。①

① 言皆长百仞也。○懿行案:《北次二经》云:洹山"三桑生之,其树皆无枝,其高百仞"。即此。

### 范林方三百里,①在三桑东,洲环其下。②

① 懿行案:"范"、"汎"通。《太平御览》五十七卷引顾恺之《启蒙记》曰:"汎林鼓于浪岭。"注云:"西北海有汎林,或方三百里,或百里,皆生海中浮土上,树根随浪鼓动。"即此也。昆仑虚南范林非此,见《海内北经》。

② 洲,水中可居者。环,绕也。

### 务隅之山,①帝颛顼葬于阳,②九嫔葬于阴。③一曰:爰有熊、罴、文虎、离朱、鸱久、视肉。

① 懿行案："务隅"，《大荒北经》作"附禺"；《海内东经》作"鲋鱼"；《史记·五帝纪》索隐引此经，亦作"鲋鱼"；《北堂书钞》九十二卷又引作"附隅"，皆声相近，字之通也。

② 颛顼，号为高阳，冢今在濮阳，故帝丘也。一曰：顿丘县城门外广阳里中。○懿行案：《大戴礼·帝系篇》云："黄帝产昌意，昌意产高阳，是为帝颛顼。"杜预《春秋释例》云："古帝颛顼之墟，故曰帝丘，东郡濮阳县是也。"顿丘县属顿丘郡，见《晋书·地理志》。《史记集解》引《皇览》云："颛顼冢在东郡濮阳顿丘城门外广阳里中。"

③ 嫔，妇。○懿行案：《广韵》引《埤苍》云："婊，颛顼妻名。"余未闻。

　　平丘①在三桑东，爰有遗玉、②青鸟、③视肉、杨柳、甘柤、④甘华、⑤百果所生。有⑥两山夹上谷，二大丘居中，名曰平丘。

① 懿行案：《淮南·墬形训》作"华丘"。

② 遗玉，玉石。○懿行案：吴氏云："遗玉即璧玉，琥珀千年为璧。《字书》云：'璧，遗玉也。'"吴氏之说据《本草》旧注，未审是否。璧，黑玉也。《说文》无此字，而有"瑿"，云："遗玉也，从玉，殹声。"是遗玉名"瑿"，与"璧"形、声皆近，当从《说文》也。

③ 懿行案：《淮南·墬形训》作"青马"，《海外东经》嗟丘同。

④ 其树枝榦皆赤，黄华，白叶，黑实。《吕氏春秋》曰：其山之东"有甘柤焉"。音如柤梨之柤。○懿行案：甘柤形状见《大荒南经》。郭云"黄华，白叶"，当为"黄叶，白华"，字之讹也。其山即箕山，籀文"箕"作"其"也。又案《吕氏春秋·本味篇》云："箕山之东，青鸟之所，有甘栌焉。"郭引作"甘柤"，"柤"依本字当为"樝"，《淮南·墬形训》正作"樝"。然樝即樝梨之樝。"柤"，训木闲，假借为"樝"。即如此，郭以"柤梨"音甘柤，不几于文为赘乎？推寻文义，"樝"与"栌"字形相近，疑此经"甘柤"当为"甘栌"，字之讹也。又

《说文》及《史记·司马相如传》索隐载应劭引《吕氏春秋》,并作"栌橘夏孰";《文选·上林赋》注又据应劭作"卢橘夏熟"。其"青鸟之所"句,《说文》引作"青隺",《玉篇》同《说文》,应劭引作"青马",颜师古注《汉书》亦引作"青马"。今校此经,平丘则作"青鸟",毚丘又作"青马",《南荒经》作"青马",《北荒经》复作"青鸟"。其文踳错,难可得详。

⑤ 亦赤枝斡,黄华。○懿行案:"黄华"亦当为"黄叶",见《大荒南经》。

⑥ 懿行案:"有",明《藏》本作"在"。


北海内有兽,其状如马,名曰騊駼。①有兽焉,其名曰駮,状如白马,锯牙,②食虎豹。③有素兽焉,状如马,④名曰蛩蛩。⑤有青兽焉,状如虎,名曰罗罗。⑥


① 陶、涂两音,见《尔雅》。○懿行案:《尔雅》注引此经,"騊駼"下有"色青"二字。《史记·匈奴传》徐广注亦云:"似马而青。"疑此经今本有脱文矣。

② 懿行案:《尔雅》注引此经,作"倨牙"。

③《周书》曰:"义渠兹白,兹白若白马,锯牙,食虎豹。"按此二说,与《尔雅》同。○懿行案:《尔雅》注引此经,有"黑尾,音如鼓"五字,盖兼中曲山之駮而为说也,已见《西次四经》。

④ 懿行案:张揖注《子虚赋》云:"蛩蛩,青兽,状如马。"此作"素兽",盖所见本异。

⑤ 即蛩蛩巨虚也,一走百里,见《穆天子传》。音邛。○懿行案:郭注《穆天子传》引《尸子》曰:"距虚不择地而走。"蛩蛩距虚亦见《尔雅》。

⑥ 懿行案:吴氏引《天中记》云:"今云南蛮人呼虎亦为罗罗。"


北方禺彊,人面鸟身,珥两青蛇,践两青蛇。①

① 字玄冥，水神也。庄周曰："禺彊立于北极。"一曰"禺京"。一本云："北方禺彊，黑身、手、足，乘两龙。"○懿行案："禺京"、"玄冥"声相近。《越绝书》云："玄冥治北方，白辩佐之使主水。"《尚书大传》云："北方之极，自丁令北至积雪之野，帝颛顼、神玄冥司之。"《吕氏春秋·孟冬纪》云："其神玄冥。"高诱注云："少皞氏之子曰循，为玄冥师，死祀为水神。"是玄冥即禺京。禺京即禺彊，"京"、"彊"亦声相近也。《庄子·大宗师篇》云："禺彊得之，立于北极。"释文引此经云："北方禺彊，黑身手足，乘两龙。"即郭氏此注"一本"云云也；释文又引《归藏》曰："昔穆王子筮，卦于禺彊。"又引简文云："北海神名也，一名禺京是黄帝之孙也。"案《列子·汤问篇》云："命禺彊使巨鳌十五。"即斯人也。禺京处北海为海神，见《大荒东经》。禺彊践两赤蛇，见《大荒北经》。此经云"青蛇"，又异。

# 山海经第九

## 海外东经

海外自东南陬至东北陬者：

　　䃙丘，[①]爰有遗玉、青马、视肉、杨柳、[②]甘柤、[③]甘华，甘果所生，在东海。两山夹丘，上有树木。一曰：嗟丘。一曰：百果所在。在尧葬东。[④]

　　① 音嗟。或作"发"。〇懿行案：《北堂书钞》九十二卷引"䃙"，正作"发"，即郭所见本也。"嗟"，古或作"䃙"。《尔雅·释诂》云："䃙，咨也。"《广韵》作"跇丘"。《玉篇》云："髽，好也。"义与此异。《淮南·坠形训》作"华丘"。

　　② 懿行案：《淮南·坠形训》作"杨桃"。

　　③ 懿行案："柤"，疑当为"栌"，下同。

　　④ 懿行案：尧葬狄山，已见《海外南经》。

　　大人国[①]在其北，为人大，[②]坐而削船。[③]一曰：在䃙丘北。

　　① 懿行案：高诱注《淮南·坠形训》大人国云："东南墟土，故人大也。"案《大戴礼·易本命篇》云："虚土之人大。"是高注所本。《大荒东经》云："有波谷者，有大人之国。"即此。又《淮南·时则训》云："东方之极，自竭石山过朝鲜，贯大人之国。"是也。

　　② 懿行案：《博物志》云："大人国，其人孕三十六年生，白头，其儿则长

271

大,能乘云而不能走,盖龙类。去会稽四万六千里。"

　　③ 懿行案:"削",当读若"稍",削船谓操舟也。


　　奢比之尸在其北,<sup>①</sup>兽身,人面大耳,<sup>②</sup>珥两青蛇。<sup>③</sup>一曰:肝榆之尸在大人北。

　　① 亦神名也。○懿行案:《管子·五行篇》云:"黄帝得奢龙而辩于东方。"又云:"奢龙辩乎东方,故使为土师。"此经奢比在东海外,疑即是也。罗泌《路史》亦以奢龙即奢比。《三才图会》作"奢北"。又《淮南·墬形训》云:"诸比,凉风之所生。""诸比",神名,或即"奢比"之异文也。

　　② 懿行案:《大荒东经》说奢比尸与此同,唯"大耳"作"犬耳"为异。

　　③ 珥,以蛇贯耳也,音钓饵之饵。○懿行案:《说文》云:"珥,瑱也。"《系传》云:"瑱之状,首直而末锐,以塞耳。"


　　君子国在其北,<sup>①</sup>衣冠带剑,食兽,使二大虎在旁,<sup>②</sup>其人好让不争。<sup>③</sup>有薰<sup>④</sup>华草,朝生夕死。<sup>⑤</sup>一曰:在肝榆之尸北。

　　① 懿行案:《淮南·墬形训》有此国,国在东口之山,见《大荒东经》。《后汉书·东夷传》注引《外国图》曰:"去琅邪三万里。"《说文》云:"东夷从大,大人也。夷俗仁,仁者寿,有君子、不死之国。孔子曰:'道不行,欲之九夷,乘桴浮于海,有以也。'"又云:"凤出于东方君子之国。"

　　② 懿行案:《后汉书·东夷传》注引此经,"大虎"作"文虎";高诱注《淮南·墬形训》亦作"文虎"。今此本作"大",字形之讹也。

　　③ 懿行案:《博物志》云:"君子国,好礼让不争,土千里。民多疾风气,故人不蕃息,好让,故为君子国也。"《艺文类聚》二十一卷引此经,"衣冠带剑"下有"土方千里"四字,"其人好让"下有"故为君子国"五字,为今本所无。

④ 或作"堇"。

⑤ 懿行案：木堇，见《尔雅》。堇，一名舜，与"薰"声相近。《吕氏春秋·仲夏纪》云"木堇荣"，高诱注云："木堇，朝荣莫落，是月荣华，可用作蒸。杂家谓之朝生，一名舜。《诗》云'颜如舜华'是也。"《艺文类聚》八十九卷引《外国图》云："君子之国，多木槿之华，人民食之，去琅邪三万里。"

　　虹虹在其北，①各有两首，②一曰在君子国北。

① 音虹。○懿行案："虹"，《汉书》作"虹"。

② 虹，螮蝀也。○懿行案：螮蝀，虹，见《尔雅》。虹有两首，能饮涧水，山行者或见之，亦能降人家庭院。蔡邕《灾异对》所谓"天投虹"者也，云不见尾足，明其有两首。

　　朝阳之谷，①神曰天吴，是为水伯，②在虹虹北、两水间。其为兽也，八首人面，八足八尾，皆青黄。③

① 懿行案：《尔雅》云："山东曰朝阳；水注溪曰谷。"

② 懿行案：李善注《海赋》及《游赤石进帆海诗》引此经，并与今本同。

③《大荒东经》云"十尾"。○懿行案：天吴，虎身十尾，见《大荒东经》。《初学记》六卷引此经，作"十八尾"，误也。

　　青丘国①在其北，②其狐四足九尾。③一曰：在朝阳北。

① 懿行案：《淮南·墬形训》无之，《大荒东经》青丘之国即此也。孔晁注《王会篇》云："青丘，海东地名。"《子虚赋》云："秋田乎青丘，彷徨乎海外。"服虔注云："青丘国在海东三百里。"

② 其人食五谷，衣丝帛。

③《汲郡竹书》曰："柏杼子征于东海及王寿，得一狐，九尾。"即此类也。○懿行案：李善注《子虚赋》引此经。《周书·王会篇》云："青丘狐九尾。"《竹书》云："夏帝杼八年，征于东海及三寿，得一狐，九尾。"郭引作"柏杼子"，"柏"与"伯"通，"王寿"即"三寿"，字之讹也。《吕氏春秋》云：禹行涂山，乃有白狐九尾造于禹，涂山人歌曰："绥绥白狐，九尾庞庞。"然则九尾狐，其色白也。

　　帝命竖亥①步，自东极至于西极，五亿十选②九千八百步。③竖亥右手把算，左手指青丘北。④一曰：禹令竖亥。一曰：五亿十万九千八百步。⑤

　　① 竖亥，健行人。○懿行案：《广韵》作"坚核，神人"，疑字形之异。

　　② 选，万也。○懿行案：选，音同算；算，数也。数终于万，故以选为万也。

　　③ 懿行案：刘昭注《郡国志》云："《山海经》称禹使大章步，自东极至于西垂，二亿三万三千三百里七于一步；又使竖亥步南极，北尽于北垂，二亿三万三千五百里七十五步。"今案《淮南·墬形训》所说，大旨相同，以校此经，无"禹使大章"云云。又其数与刘昭所引不合，未知其审。又《中山经》云："天地东西二万八千里，南北二万六千里。"与此复不同者，此通海外而计，彼据中国谷土而言耳。

　　④ 懿行案：亦言图画如此也。"算"，当为"筭"。《说文》云："筭，长六寸，计历数者。"

　　⑤《诗含神雾》曰："天地东西二亿三万三千里，南北二亿一千五百里，天地相去一亿五万里。"○懿行案：《含神雾》所说里数，与《淮南子》及刘昭注又异。《艺文类聚》、《初学记》引此经，并云："帝令竖亥步，自东极至西极，五亿十万九千八百八步。"与今本复不同。《吴越春秋》云："禹行，使大

章步东西,竖亥度南北。"此经虽不及大章,其地数则合东西南北而计也。

　　黑齿国在其北,①为人黑,②食稻啖蛇,一赤一青,③在其旁。一曰:在竖亥北,为人黑首,④食稻使蛇,其一蛇赤。

　　①《东夷传》曰,倭国东四十余里,有裸国;裸国东南有黑齿国,船行一年可至也。《异物志》云西屠染齿,亦以放此人。○懿行案:黑齿国姜姓,帝俊之裔,见《大荒东经》。《淮南·坠形训》有黑齿民。《周书·王会篇》云:"黑齿白鹿白马。"又《伊尹四方令》云:"正西漆齿。"非此也。《魏志·东夷传》云:"女王国东,渡海千余里,复有国,皆倭种。又有侏儒国在其南,人长三四尺,去女王四千余里。又有裸国、黑齿国,复在其东南,船行一年可至。"此即郭所引也。"四千余里",郭引作"四十余里",字形之讹也。又引"西屠染齿"者,刘逵注《吴都赋》引《异物志》云:"西屠以草染齿,染白作黑。"即与郭所引同也。

　　② 懿行案:"黑"下当脱"齿"字。王逸注《楚词·招魂》云:"黑齿,齿牙尽黑。"高诱注《淮南·坠形训》云:"其人黑齿,食稻啖蛇,在汤谷上。"是古本有"齿"字之证。《太平御览》三百六十八卷引此经,"黑"下亦有"齿"字。

　　③ 一作"一青蛇"。

　　④ 懿行案:"首"盖"齿"字之讹也。古文"首"作"𩠐","齿"作"𠚕",形近相乱,所以致讹。

　　下有汤谷,①汤谷上有扶桑②十日所浴,③在黑齿北,居水中。有大木,九日居下枝,④一日居上枝。⑤

　　① 谷中水热也。○懿行案:《说文》作"崵谷"。《虞书》及《史记·五帝纪》作"旸谷",《文选·思玄赋》及《海赋》、《月赋》注引此经,亦并作"旸谷"。索隐云:"《史记》旧本作'汤谷'。《淮南子》曰:'日出汤谷,浴于咸池。'"今案

《楚词·天问》亦云"出自汤谷"也。

② 扶桑,木也。○懿行案:"扶"当为"榑"。《东次三经》云无皋之山"东望榑木",谓此。《说文》云:"榑桑,神木,日所出也。"又云:"日初出东方汤谷所登。榑桑,叒木也。"李善注《思玄赋》引《十洲记》云:"扶桑,叶似桑树,长数千丈,大二十围,两两同根生,更相依倚,是以名之扶桑。"《初学记》一卷引此经,"扶桑"下有"木"字,盖并引郭注也。

③ 懿行案:《楚词·招魂》云:"十日代出,流金铄石。"王逸注云:"铄,销也。言东方有扶桑之木,十日并在其上,以次更行,其势酷烈,金石坚刚皆为销释也。"《淮南·墬形训》云:"若木在建木西,末有十日,其华照下地。"高诱注云:"若木端有十日,状如连华,光照其下也。"

④ 懿行案:《楚词·远游》云:"朝濯发于汤谷兮,夕晞余身兮九阳。""九阳"即此云"九日"也。

⑤ 庄周云:"昔者十日并出,草木焦枯。"《淮南子》亦云:"尧乃令羿射十日,中其九日,日中乌尽死。"《离骚》所谓"羿焉毕日?乌焉落羽"者也。《归藏·郑母经》云:"昔者羿善射,毕十日,果毕之。"《汲郡竹书》曰:"胤甲即位,居西河。有妖孽,十日并出。"明此自然之异,有自来矣。《传》曰:"天有十日,日之数,十。"此云"九日居下枝,一日居上枝",《大荒经》又云:"一日方至,一日方出",明天地虽有十日,自使以次第迭出运照,而今俱见,为天下妖灾,故羿禀尧之命,洞其灵诚,仰天控弦而九日潜遏也。假令器用可以激水烈火,精感可以降霜回景,然则羿之铄明离而毙阳乌,未足为难也。若搜之常情,则无理矣。然推之以数,则无往不通。达观之客宜领其玄致,归之冥会,则逸义无滞,言奇不废矣。○懿行案:郭注"搜",疑当为"揆"字之讹也。十日之说,儒者多疑鲜信,故郭氏推广证明之。至于怪奇之迹,理所不无。如《吕氏春秋·求人篇》云:"尧朝许由于沛泽之中,曰:'十日出而焦火不息。'"《淮南·兵略训》云:"武王伐纣,当战之时,十日乱于上。"《竹书》云:"帝廑八年,天有祅孽,十日并出。"又云:桀时"三日并出",纣时"二日并出"。是皆变怪之徵,非常所有,即与此经殊旨,既不足取证,当归之删除矣。

雨师妾在其北，①其为人黑，两手各操一蛇，左耳有青蛇，右耳有赤蛇。一曰：在十日北，为人黑身人面，各操一龟。

① 雨师，谓屏翳也。○懿行案：《楚词·天问》云："蓱号起雨。"王逸注云："蓱，蓱翳，雨师名也。号，呼也。"《初学记》云："雨师曰屏翳，亦曰屏号。"《列仙传》云："赤松子，神农时雨师。"《风俗通》云："玄冥为雨师。"今案雨师妾盖亦国名，即如《王会篇》有姑妹国矣。《焦氏易林》乃云："雨师娶妇。"盖假托为词耳。

玄股之国在其北，①其为人衣鱼②食鸥，③使两鸟夹之。④一曰：在雨师妾北。

① 髀以下尽黑，故云。○懿行案：玄股国在招摇山，见《大荒东经》。《淮南·墜形训》有玄股民。

② 以鱼皮为衣也。○懿行案：今东北边有鱼皮岛夷，正以鱼为衣也，其冠以羊鹿皮，戴其角，如羊鹿然。

③ 鸥，水鸟也，音忧。○懿行案：《说文》云："鸥，水鸮也。"《文选·吴都赋》注引《苍颉篇》云："鸥，大如鸠。"

④ 懿行案：高诱注《淮南·墜形训》引此经，无"使"字，"两鸟夹之"上有"其股黑"三字。

毛民之国在其北，①为人身生毛。②一曰：在玄股北。

① 懿行案：毛民国依姓，禹之裔也，见《大荒北经》。《淮南·墜形训》云："东北方有毛民。"高诱注云："其人体半生毛，若矢镞也。"

② 今去临海郡东南二千里,有毛人,在大海洲岛上,为人短小而体尽有毛,如猪,能穴居,无衣服。晋永嘉四年,吴郡司盐都尉戴逢在海边得一船,上有男女四人,状皆如此。言语不通,送诣丞相府,未至,道死,唯有一人在。上赐之妇,生子,出入市井,渐晓人语,自说其所在,是毛民也。《大荒经》云毛民"食黍"者是矣。○懿行案:《太平御览》三百七十三卷引《临海异物志》曰:"毛人洲,(王)[在]张(奂)[屿]毛长短如熊。周绰得毛人,送诣秣陵。"即此国人也。郭注"而体",明《藏》本作"面体",《大荒北经》注亦同,此盖字讹。

劳民国在其北,①其为人黑,②或曰:教民。③一曰:在毛民北,为人面目手足尽黑。④

① 懿行案:《淮南·墬形训》有劳民,高诱注云:"正理躁扰不定也。"
② 食果草实也。有一鸟两头。○懿行案:郭注此语疑本在经内,今亡。又奇肱国有鸟两头,见《海外西经》,非此。
③ 懿行案:"教"、"劳"声相近。
④ 懿行案:今鱼皮岛夷之东北有劳国,疑即此。其人与鱼皮夷面目手足皆黑色也。

东方句芒,鸟身人面,乘两龙。①

① 木神也,方面素服。《墨子》曰:"昔秦穆公有明德,上帝使句芒赐之寿十九年。"○懿行案:注"秦穆公",今《墨子·明鬼下篇》作"郑穆公"。《论衡·无形篇》正与此注同也。《越绝书》云:"太皞治东方,袁何佐之,使主木。"疑"袁何"即"句芒"之异名也。《尚书大传》云:"东方之极,自碣石东至日出榑木之野,帝太皞、神句芒司之。"《吕氏春秋·孟春纪》云:"其神句芒。"高诱注云:"句芒,少皞氏之裔子,曰重,佐木德之帝,死为木官之神。"

《汉书》张揖注司马相如《大人赋》云："句芒,东方青帝之佐也,鸟身人面,乘两龙。"本此经为说也。《白虎通》云："句芒者,芒之为言萌也。"

　　建平元年四月丙戌,待诏太常属臣望校治,侍中光禄勋臣龚、侍中奉车都尉光禄大夫臣秀领主省。①

　　① 懿行案：建平元年,汉哀帝乙卯年也。望,盖丁望;龚,王龚;秀,刘歆也。

# 山海经第十

## 海内南经

海内东南陬以西者:[①]

瓯[②]居海中,[③]闽[④]在海中,[⑤]其西北有山。一曰:闽中山在海中。

① 从南头起之也。

② 懿行案:《周书·王会篇》云:"欧人蝉蛇。"孔晁注云:"东越,欧人也。"又云:"且瓯文蜃。"注云:"且瓯在越。"《伊尹四方令》云:"正东越沤,正南瓯邓。"疑"瓯"与"沤"、"欧"并古字通也。《史记》索隐引刘氏云:"今珠厓儋耳,谓之瓯人。"正义曰:"《舆地志》云:'交阯,周时为骆越,秦时曰西欧。'"

③ 今临海永宁县即东瓯,在岐海中也。音呕。○懿行案:临海郡永宁县见《晋书·地理志》。《初学记》六卷引此经云:"瓯、闽皆在岐海中。"盖并引郭注之文也。岐海,谓海之槎枝。《东次三经》云:无皋之山"南望幼海"。即此。

④ 懿行案:《说文》云:"闽,东南越,蛇穜,从虫。"《夏官》"职方氏"掌七闽,是闽非一种,举其大名耳。刘逵注《左思赋》云:"闽,越名,秦并天下,以其地为闽中郡。"

⑤ 闽越即西瓯,今建安郡是也,亦在岐海中,音旻。○懿行案:建安郡,故秦闽中郡,见《晋书·地理志》。《汉书·惠帝纪》:"二年,立闽越君摇为东海王。"颜师古注云:"即今泉州。"是其地。

三天子鄣山①在闽西海北。②一曰：在海中。

① 音章。〇懿行案：《海内东经》云：浙江出三天子都，庐江出三天子都，"一曰：天子鄣。"即此。

② 今在新安歙县东，今谓之三王山，浙江出其边也。张氏《土地记》曰："东阳永康县南四里有石城山，上有小石城，云黄帝曾游此。"即三天子都也。〇懿行案：《海内东经》云："三天子都在闽西北。"无"海"字，此经"海"字疑衍。刘昭注《郡国志》丹阳郡"歙"引此经郭注云："在县东，今谓之玉山。"又注会稽郡"浙江"引郭注云："江出歙县玉山。"《初学记》八卷亦引郭注云："玉山，浙江出其边也。"疑二书"玉山"即"三王山"之脱误，古"玉"字作"王"也。山在今安徽歙县西北。顾野王云："今永康晋云山是三天子都，今在绩溪县东九十里，吴于此山分界。"见《太平寰宇记》。

桂林八树①在番隅东。②

① 懿行案：《伊尹四方令》云："正南瓯邓、桂国。"疑即此。

② 八树而成林，信其大也。番隅，今番隅县。〇懿行案：刘昭注《郡国志》南海郡"番禺"引此经云："桂林八树在贲禺东。"《水经》"浪水"注及《文选·游天台山赋》注引此经，并作"贲禺"；又引郭注云："八树成林，言其大也。贲禺，音番隅。"今本脱郭音五字，又"言"讹为"信"也。然《上林赋》注及张衡《四愁诗》注及《初学记》八卷引此经，仍作"番禺"，盖古有二本也。《初学记》引《南越志》云："番禺县有番、禺二山，因以为名。"《水经》"浪水"注又云："县有番山，名番禺，谓番山之禺也。"

伯虑国、①离耳国、②雕题国、③北朐国④皆在郁水南。郁水出湘陵南海。⑤一曰：相虑。⑥

① 未详。〇懿行案：《伊尹四方令》云："正东伊虑。"疑即此。

② 镂离其耳，分令下垂以为饰，即儋耳也。在朱崖海渚中，不食五谷，但啖蚌及藷藇也。〇懿行案：《伊尹四方令》云"正西离耳"，郭云"即儋耳"者，此南儋耳也。又有北儋耳，见《大荒北经》。"儋"，当为"瞻"。《说文》云："瞻，垂耳也，从耳，詹声。南方瞻耳之国。"刘逵注《吴都赋》引《异物志》云："儋耳，人镂其耳匡。"《汉书》张晏注云："儋耳，镂其颊皮，上连耳，分为数支，状似鸡肠，累耳下垂。"《水经注》引《林邑记》曰："汉置九郡，儋耳与焉，民好徒跣，耳广垂以为饰。"又云："儋耳即离耳也。"《后汉书·西南夷传》云："哀牢人皆穿鼻儋耳，其渠帅自谓王者，耳皆下肩三寸，庶人则至肩而已。"

③ 点涅其面，画体为鳞采，即鲛人也。〇懿行案：《伊尹四方令》云："正西雕题。"《楚词·招魂》王逸注云："雕画题额，言南极之人雕画其额，常食蠃蜯也。"《桂海虞衡志》云："黎人女及笄，即鲸颊为细花纹，谓之绣面女。"亦其类也。郭云"即鲛人"，恐非，或有讹字。鲛人见刘逵《吴都赋》注。

④ 音劬，未详。〇懿行案：疑即北户也。《尔雅》疏引此经，作"北煦"。"户"、"煦"声之转。《尔雅·释地》四荒有北户，郭注云："北户在南。"

⑤ 懿行案：郁水见《海内东经》。此云"出湘陵南海"，疑有脱误。又《水经》"温水"注引此经云："离耳国、雕题国皆在郁水南。"无伯虑、北朐二国。李善注王褒《四子讲德论》引此经，作"雕题国在郁林南"，亦与今本异。明《藏》本"南海"作"南山"也。

⑥ 懿行案："相虑"盖"伯虑"之异文，或"柏虑"之讹文，"柏"、"伯"古字通也。若以《海内东经》郁水"入须陵"之文校之，又疑"相虑"即"须陵"之声转。此经出湘陵，当为八湘陵矣。

枭阳国①在北朐之西，②其为人③人面长唇，黑身有毛，反踵，见人笑亦笑；④左手操管。⑤

①懿行案：扬雄《羽猎赋》、《淮南·氾论训》并作"噪阳"，左思《吴都赋》作"枭羊"，《说文》作"枭阳"。

②懿行案：《尔雅》疏引此经，作"北煦之西"。

③懿行案：郭注《尔雅》"狒狒"引此经，作"其状如人"。

④懿行案：郭注《尔雅》"狒狒"引此经云："见人则笑。"刘逵注《吴都赋》引此经与《尔雅》注同。高诱注《淮南·氾论训》亦云："噪阳，山精，见人而笑。"是古本并如此。且此物唯喜自笑，非见人笑方亦笑也，故《吴都赋》云："枭枭笑而被格。"刘逵注引《异物志》云："枭羊善食人，大口。其初得人，喜笑则唇上覆额，移时而后食。人因为筒贯于臂上，待执人，人即抽手从筒中出，凿其唇于额而得擒之。"是其笑惟自笑，不因人笑之证。以此参校可知，今本为非矣。其云"为筒贯臂"，正与此经"左手操管"合。

⑤《周书》曰："州靡髴髴者，人身反踵，自笑，笑则上唇掩其面。"《尔雅》云"髴髴"，《大传》曰："《周书》：成王时州靡国献之。"《海内经》谓之"赣巨人"。今交州南康郡深山中皆有此物也，长丈许，脚跟反向，健走被发，好笑；雌者能作汁，洒中人即病，土俗呼为山都。南康今有赣水，以有此人，因以名水，犹《大荒》说地有"蚀人"，人因号其山为"蚀山"，亦此类也。○懿行案：今《周书·王会篇》作"州靡费费"，郭引作"髴髴"，《说文》引作"阇阇"，盖所见本异也。又所引《尔雅》当为"狒狒"。《太平御览》九百八卷引此经《图赞》云："枭枭怪兽，被发操竹。获人则笑，唇盖其目。终亦号咷，反为我戮。"《广韵》亦引此《赞》，字小异。

## 兕在舜葬东、湘水南，①其状如牛，苍黑，一角。②

①懿行案：皆说图画如此。

②懿行案：兕形状已见《南次三经》"祷过之山"注。《竹书》云："周昭王十六年，伐楚，涉汉，遇大兕。"

苍梧之山，<sup>①</sup>帝舜葬于阳，<sup>②</sup>帝丹朱葬于阴。<sup>③</sup>

① 懿行案：高诱注《淮南子》云："苍梧之山在苍梧冯乘县东北、零陵之南。"

② 即九疑山也。《礼记》亦曰："舜葬苍梧之野。"○懿行案：《史记·五帝纪》注引《皇览》云："舜冢在零陵营浦县，其山九溪，皆相似，故曰九疑。"《吕氏春秋·安死篇》云："舜葬于纪市。"高诱注云："《传》曰：'舜葬苍梧九疑之山。'此云于纪市，九疑山下亦有纪邑。"《太平御览》五百五十五卷引《尸子》曰："舜西教乎七戎，道死，葬于南己之中。""己"即"纪"矣。

③ 今丹阳复有丹朱冢也。《竹书》亦曰："后稷放帝朱于丹水。"与此义符。丹朱称帝者，犹汉山阳公死，加献帝之谥也。○懿行案：《竹书》云："帝尧五十八年，使后稷放帝子朱于丹水。"今本"朱"上有"子"字，与郭所引异。又《史记·五帝纪》注引此经云："丹朱葬于阴。"亦无"帝"字。推寻经文，所以称"帝"之义，或上古朴略不以为嫌。《水经》"溱水"注云："有鼻天子城，鼻天子所未闻，亦斯之类。"郭以汉山阳公事例之，非矣。

氾林方三百里，在狌狌东。<sup>①</sup>狌狌知人名，<sup>②</sup>其为兽如豕而人面，<sup>③</sup>在舜葬西。

① 或作"猩猩"，字同耳。○懿行案：《海内经》云猩猩"青兽"。

② 懿行案：《淮南·氾论训》云："猩猩知往而不知来。"高诱注云："见人往走则知人姓氏。"《後汉书·西南夷传》云："哀牢出猩猩。"李贤注引《南中志》云："猩猩在山谷见酒及屦，知其设张者即知张者先祖名字，乃呼其名而骂云：'奴欲张我。'云云。"

③《周书》曰："郑郭狌狌者，状如黄狗而人面，头如雄鸡，食之不眯。"今交州封溪出狌狌，土俗人说云："状如豚而腹似狗，声如小儿啼也。"○懿行案：刘逵注《吴都赋》引此经云："猩猩，豕身人面。"郭注《尔雅》引此经亦同，

盖所见本异也。《周书·王会篇》云："都郭生生。"此注引作"郑郭狌狌"，亦所见本异也。其"头如雄鸡"二句，彼文所说奇斡善芳，自别一物；此注不加划削，妄行牵引，似非郭氏原文，或后人写书者羼入之耳。《郡国志》云："交阯郡，封溪。"郭注《尔雅》亦云："交阯封溪县出猩猩。"《晋书·地理志》亦作"交阯郡"。此注作"交州"，"州"字讹也。又"腹似狗"，一本作"后似狗"。云"声如小儿嗁"者，《尔雅》云："猩猩小而好嗁。"郭注亦与此注同也。《水经》"叶榆河"注云："封溪县有猩猩兽，形若黄狗，又状狟狟，人面，头颜端正；善与人言，音声丽妙，如妇人好女对语交言，闻之无不酸楚；其肉甘美，可以断谷，穷年不厌。"

狌狌西北有犀牛，其状如牛而黑。[1]

[1] 犀牛似水牛，猪头，在狌狌知人名之西北，庳脚，三角。○懿行案：犀牛形状已见《南次三经》"祷过之山"注。此注"庳脚三角"四字，当与"猪头"句相属，疑写书者误分之。

夏后启之臣曰孟涂，[1]是司神于巴，人[2]请讼于孟涂之所，[3]其衣有血者乃执之，[4]是请生。[5]居山上，在丹山西。[6]丹山在丹阳南，丹阳居属也。[7]

[1] 懿行案：《竹书》云："帝启八年，帝使孟涂如巴涖讼。"《水经》"江水"注引此经，作"血涂"；《太平御览》六百三十九卷引作"孟余"或"孟徐"。

[2] 听其狱讼，为之神主。

[3] 令断之也。○懿行案：《水经注》引此经云："是司神于巴，巴人讼于血涂之所。"疑今本脱一"巴"字。

[4] 不直者则血见于衣。

[5] 言好生也。

⑥懿行案：《水经注》引经止此，郦氏又释之云："丹山西即巫山者也。"

⑦今建平郡丹阳城秭归县东七里，即孟涂所居也。○懿行案：《晋书·地理志》建平郡有秭归，无丹阳，其丹阳属丹阳郡也。《水经注》引郭景纯云："丹山在丹阳，属巴。"是此经十一字，乃郭注之文，郦氏节引之，写书者误作经文耳。"居属"，又"巴蜀"字之讹。


　　窫窳龙首，居弱水中，在狌狌知人名之西。其状如龙首，食人。①


①窫窳，本蛇身人面，为贰负臣所杀，复化而成此物也。○懿行案：刘逵注《吴都赋》引此经云："南海之外有猰貐，状如貙，龙首，食人。"盖参引《尔雅》之文。《尔雅》云："猰貐类貙。"以引此经，则误矣。窫窳形状又见《海内西经》。又《北山经》少咸之山说窫窳形状，复与此异。


　　有木，其状如牛，①引之有皮，若缨、黄蛇，②其叶如罗，③其实如栾，④其木若蓲，⑤其名曰建木，⑥在窫窳西、弱水上。


①《河图玉版》说芝草树生，或如车马，或如龙蛇之状，亦此类也。○懿行案：《博物志》云："名山生神芝、不死之草，上芝为车马，中芝为人形，下芝为六畜。"

②言牵之皮，剥如人冠缨及黄蛇状也。○懿行案：缨，谓缨带也，引其皮缨带，若黄蛇之状也。

③如绫罗也。○懿行案：郭说非也，上世淳朴，无绫罗之名，疑当为网罗也。《淮南·氾论训》云："伯馀之初作衣也，緂麻索缕，手经指挂，其成犹网罗。"是绫罗之名非上古所有，审矣。又杨樻一名罗，见《尔雅》，吴氏云。

④栾，木名，黄本，赤枝青叶，生云雨山。或作"卵"，或作"麻"。音銮。○懿行案：《玉篇》云："栾木，似栏。"郭说栾"生云雨山"者，见《大荒南经》。

⑤ 蓝,亦木名,未详。○懿行案:蓝,刺榆也。《尔雅》云:"蒎,茎。"郭注引《诗》,云:"山有蓝,今之刺榆。"

⑥ 建木,青叶紫茎,黑华黄实,其下声无响,立无影也。○懿行案:郭说建木,本《海内经》及《淮南子》。《淮南·墬形训》云:"建木在都广,众帝所自上下,日中无景,呼而无响,盖天帝之中也。"《吕氏春秋·有始览》亦同兹说。

氐人国①在建木西,其为人人面而鱼身,无足。②

① 音触抵之抵。○懿行案:氐人,《大荒西经》作"互人"。

② 尽胸以上人,胸以下鱼也。○懿行案:《竹书》云:"禹观于河,有长人,白面鱼身,出曰:'吾河精也。'"吴氏引徐铉《稽神录》云:"谢仲玉者见妇人出没水中,腰以下皆鱼。"又引《徂异记》曰:"查道奉使高丽,见海沙中一妇人,肘后有红鬣。问之,曰:'人鱼也。'"形状俱与此同。

巴蛇食象,三岁而出其骨,①君子服之,无心腹之疾。②其为蛇青黄赤黑。③一曰:黑蛇青首。④在犀牛西。

① 懿行案:刘逵注《吴都赋》引此经。

② 今南方蚒蛇吞鹿,鹿已烂,自绞于树,腹中骨皆穿鳞甲间出,此其类也。《楚词》曰:"有蛇吞象,厥大何如?"说者云"长千寻"。○懿行案:今《楚词·天问》作"一蛇吞象",与郭所引异;王逸注引此经,作"灵蛇吞象",并与今本异也。蚒蛇见《本草》。《淮南·精神训》云:"越人得髯蛇以为上肴,中国得而弃之无用。"又《水经》:"叶榆河过交趾鄮泠县北。"注云:"山多大蛇,名曰髯蛇,长十丈,围七八尺,常在树上伺鹿兽;鹿兽过便低头绕之,有顷鹿死,先濡令溼,讫便吞,头角骨皆钻皮出。山夷始见蛇不动时,便以大竹签,签蛇头至尾,杀而食之,以为珍异云云。"又云:"养创之时,肪腴甚肥,搏之,

以妇人衣投之,则蟠而不起走,便可得也。"《桂海虞衡志》云:"蚒蛇胆入药,南人腊其皮,刮去鳞,以鞭鼓。"《艺文类聚》九十六卷引郭氏《赞》云:"象实巨兽,有蛇吞之。越出其骨,三年为期。厥大何如,屈生是疑。"

③ 懿行案:刘逵注《吴都赋》引此经。

④ 懿行案:黑蛇青首食象,出朱卷之国,见《海内经》。


旄马,其状如马,四节有毛。① 在巴蛇西北、高山南。


① 《穆天子传》所谓豪马者,亦有旄牛。○懿行案:今《穆天子传》作"豪马"、"豪牛",郭氏注云:"毫,犹髦也。"引此经云:"髦马如马,足四节,皆有毛。"疑"髦"当为"髦",引经"髦马"亦当为"髦马",并字形之讹也。郭又注"豪羊"云:"似髦牛。"可知"旄牛"皆当为"髦牛"矣。又旄牛已见《北山经》首"潘侯之山"。


匈奴、① 开题之国、② 列人之国并在西北。③


① 一曰:猃狁。○懿行案:《伊尹四方令》云:"正北匈奴。"《史记·匈奴传》索隐引应劭《风俗通》云:"殷时曰獯粥,改曰匈奴。"又晋灼云:"尧时曰荤粥,周曰猃狁,秦曰匈奴。"案已上三名,并一声之转。

② 音提。

③ 三国并在旄马西北。

# 山海经第十一

## 海内西经

海内西南陬以北者：

贰负之臣曰危，危与贰负杀窫窳。①帝②乃梏之疏属之山，③桎其右足，④反缚两手与发，⑤系之山上木，⑥在开题西北。⑦

① 懿行案：刘逵注《吴都赋》引此经，作"猰㺄"；李善注张协《七命》引此经，又作"猰貐"。

② 懿行案：李善注张协《七命》引此经，作"黄帝"，"黄"字衍。

③ 梏，犹系缚也，古沃切。○懿行案：《地理志》上郡"雕阴"应劭注云："雕山在西南。"即斯山也，山在今陕西绥德州城内。《元和郡县志》云龙泉县疏属山亦名雕阴山。

④ 桎，械也。○懿行案：《说文》云："桎，足械也。""梏，手械也。"

⑤ 并发合缚之也。○懿行案：刘逵注《吴都赋》及李善注张协《七命》引此经，并无"与发"二字。《北堂书钞》四十五卷引则有之；又上句作"梏其右足大道"，下句作"系之山木之上"，与今本异。此据影钞宋本，虽多误字，极是善本，其"大道"二字疑"及首"之讹也。

⑥ 汉宣帝使人上郡发盘石，石室中得一人，跣裸被发，反缚，械一足。以问群臣，莫能知。刘子政按此言对之，宣帝大惊，于是时人争学《山海经》矣。论者多以为是其尸象，非真体也。意者以灵怪变化论，难以理测；物禀异气，出于不然，不可以常运推，不可以近数揆矣。魏时有人发故周王冢

者,得殉女子,不死不生,数日时有气,数月而能语,状如廿许人;送诣京师,郭太后爱养之,恒在左右十余年;太后崩,此女哀思哭泣,一年余而死。即此类也。○懿行案:经云"系之山上木",注言"得之石室中",所未详也。刘逵注《吴都赋》引此注,"盘石"作"磻石";又云"陷得石室,其中有反缚械人"云云,与今本异。《海内经》云:"北海之内有反缚盗械,名曰相顾之尸。"亦此之类。又《水经》"洛水"注云:"温泉水侧有僵人穴,穴中有僵尸。戴延之《从刘武王西征记》曰有此尸,尸今犹在。夫物无不化之理,魂无不迁之道。而此尸无神识事,同木偶之状,喻其推移,未若正形之速迁矣。"亦斯类也。郭云魏时发故周王冢得殉女子,与顾凯之《启蒙注》同,见《魏志·明帝纪》注。其《博物志》所载与此则异。又郭云"出于不然","不"当为"自"字之讹,见《太平御览》五十卷所引。

⑦ 懿行案:毕氏云:"开题疑即笄头山也,音皆相近。"

大泽方百里,<sup>①</sup>群鸟所生及所解,<sup>②</sup>在雁门北。雁门山,<sup>③</sup>雁出其间,<sup>④</sup>在高柳北。<sup>⑤</sup>

① 懿行案:《大荒北经》作"大泽方千里";郭注《穆天子传》引此经,亦云"大泽方千里,群鸟之所生及所解",是"百"当为"千"矣。然郭注又引此经云:"群鸟所集泽有两处,一方百里,一方千里。"是又以为非一地,所未详也。李善注《别赋》引此经,亦云"大泽方百里",可证今本不误。

② 百鸟于此生乳,解之毛羽。○懿行案:此地即翰海也,说见《大荒北经》。

③ 懿行案:《淮南·墬形训》云:"烛龙在雁门北,蔽于委羽之山。"疑委羽山即雁门山之连麓,委羽亦即解羽之义,江淹《别赋》所谓"雁山参云"也。

④ 懿行案:《水经注》及《初学记》三十卷引此经,并作"雁出其门"。

⑤ 懿行案:高柳山在今山西代州北三十五里。

高柳在代北。①

① 懿行案：《水经》"灢水"注引此经，"北"作"中"，云："其山重峦叠嶂，霞举云高，连山隐隐，东出辽塞。"

后稷之葬，山水环之，①在氐国西。

① 在广都之野。○懿行案："广都"，《海内经》作"都广"，是。

流黄酆氏之国，①中方三百里。②有涂四方，③中有山。④在后稷葬西。

① 懿行案：《海内经》作"流黄辛氏"。《淮南·墬形训》云："流黄沃氏在其北，方三百里。"即此也。
② 言国城内。
③ 途，道。
④ 懿行案：《海内经》说流黄辛氏有巴遂山，盖即此。

流沙出锺山①西行，又南行昆仑之虚，西南入海。黑水之山。②

① 懿行案：《楚词·招魂》云："西方之害，流沙千里。"王逸注云："流沙，沙流而行也。"高诱注《吕氏春秋·本味篇》云："流沙在敦煌郡西八百里。"《水经》云："流沙地在张掖居延县东北。"注云："流沙，沙与水流行也。亦言出锺山，西行，极崦嵫之山，在西海郡北。"
② 今西海居延泽。《尚书》所谓"流沙"者，形如月生五日也。○懿行

案：《地理志》云：张掖郡，居延，"居延泽在东北，古文以为流沙"。是郭所本也。《水经注》云：流沙"西历昆山西南，出于过瀛之山"，"又历员丘不死山之西，入于南海"。

东胡①在大泽东。

① 懿行案：国名也，《伊尹四方令》云："正北东湖。"详《后汉书·乌桓鲜卑传》。《广韵》引《前燕录》云："昔高辛氏游于海滨，留少子厌越以居北夷，邑于紫蒙之野，号曰东胡云云，其后为慕容氏。"

夷人在东胡东。
貊国在汉水东北，①地近于燕，灭之。②

① 今扶余国即涉貊故地，在长城北，去玄菟千里，出名马、赤玉、貂皮，大珠如酸枣也。○懿行案：《魏志·东夷传》说"夫余"与此注同，即郭所本也，唯"貂皮"作"貂狁"。《后汉书·东夷传》又作"貂豽"。《艺文类聚》八十三卷引《广志》曰："赤玉出夫余。"

② 懿行案：《大雅·韩奕篇》云："其追其貊。"谓此。

孟鸟①在貊国东北，其鸟文赤、黄、青，东乡。②

① 亦鸟名也。○懿行案：《博物志》云："孟舒国民，人首鸟身，其先主为雪氏训百禽。夏后之世始食卵，孟舒去之，凤皇随焉。"《太平御览》九百十五卷引《括地图》曰："孟亏人首鸟身，其先为虞氏驯百兽。夏后之末世，民始食卵，孟亏去之，凤凰随与，止于此。山多竹，长千仞，凤凰食竹实，孟亏食木实，去九疑万八千里。"据《括地图》及《博物志》所说，盖即孟鸟也。

又《海外西经》有"灭蒙鸟",在结匈国北,疑亦此鸟也,"灭蒙"之声近"孟"。

② 懿行案:明《藏》本"黄"上无"赤"字。

　　海内昆仑之虚①在西北,帝之下都。②昆仑之虚,方八百里,高万仞;③上有木禾,长五寻,大五围;④面⑤有九井,⑥以玉为槛;⑦面有九门,⑧门有开明⑨兽守之,百神之所在。⑩在八隅之岩,⑪赤水之际,非仁羿莫能上冈之岩。⑫

　　① 言海内者,明海外复有昆仑山。○懿行案:海内昆仑即《西次三经》昆仑之丘也,《禹贡》昆仑亦当指此。《海内东经》云:"昆仑山在西胡西。"盖别一昆仑也。又《水经》"河水"注引此经郭注云:"此自别有小昆仑也。"疑今本脱此句。又荒外之山以昆仑名者盖多焉,故《水经》、《禹本纪》并言"昆仑去嵩高五万里";《水经注》又言"晋去昆仑七万里",又引《十洲记》"昆仑山在西海之戍地、北海之亥地,去岸十三万里",似皆别指一山。然则郭云海外复有昆仑,岂不信哉。《说文》云:"虚,大丘也。昆仑丘谓之昆仑虚。"

　　② 懿行案:《史记·司马相如传》正义引此经云:"昆仑去中国五万里,天帝之下都。"盖并引郭注也,"天"字疑衍。

　　③ 皆谓其虚基广轮之高庳耳。自此以上二千五百余里,上有醴泉、华池,去嵩高五万里,盖天地之中也,见《禹本纪》。○懿行案:王逸注《离骚》引《河图括地象》,言"昆仑在西北,其高一万一千里"。《初学记》引此经云:"昆仑山纵广万里,高万一千里,去嵩山五万里云云。"所引盖《禹本纪》文,即郭所引者。《水经注》亦引此经及郭注,并称《禹本纪》。《初学记》引作此经,误也。

　　④ 木禾,谷类也,生黑水之阿,可食,见《穆天子传》。○懿行案:《穆天子传》云:"黑水之阿,爰有野麦,爰有苔菫只、谨两音,西膜之所谓木禾。"郭注引此经。李善注《思玄赋》亦引此经及郭注。

　　⑤ 懿行案:《初学记》七卷引此经,作"上"。

⑥ 懿行案：《吕氏春秋·本味篇》云："水之美者，昆仑之井。"

⑦ 槛，栏。〇懿行案：《淮南·墬形训》云："昆仑旁有九井，玉横维其西北隅。"

⑧ 懿行案：《史记·司马相如传》正义引此经，作"旁有五门"。

⑨ 懿行案：《淮南·墬形训》云："东方曰东极之山，曰开明之门。"是开明乃门名也。此经自是兽名，非门名，形状见下。

⑩ 懿行案：《水经注》引《遁甲开山图》注云："天下仙圣，治在柱州昆仑山上。"

⑪ 在岩间也。

⑫ 言非仁人及有才艺如羿者，不能得登此山之冈岭巉岩也。羿尝请药西王母，亦言其得道也。"羿"，一或作"圣"。〇懿行案：《论语》释文云："鲁读'仍'为'仁'。"是"仁"、"仍"古字通。《说文》云："羿，羽之羿风。"则羿、羽义近。《楚词·远游篇》云："仍羽人于丹丘。"王逸注云："人得道，身生羽毛也。"是此经"仁羿"即《楚词》"仍羽人"，言羽化登仙也。郭云"羿尝请药西王母"，事见《归藏》及《淮南·览冥训》。李淳风《乙巳占》引《连山易》云："有冯羿者，得不死之药于西王母。恒娥窃之以奔月，将往，枚筮于有黄。有黄占之，曰：'吉。翩翩归妹，独将西行。逢天晦芒，无恐无惊，后且大昌。'恒娥遂托身于月。"即斯事也。

赤水出东南隅，以行其东北。①

① 懿行案：《穆天子传》云："宿于昆仑之阿、赤水之阳。"郭注云："昆仑山有五色水，赤水出东南隅而东北流，皆见《山海经》。"又案经文"东北"下，明《藏》本有"西南流注南海厌火东"九字，为今本所无。

河水出东北隅，①以行其北，西南又入渤海；又出海外，②即西而北，入禹所导积石山。③

① 懿行案：郭注《尔雅·释水》及李贤注《后汉书·张衡传》及《广韵》引此经，并作"河出昆仑西北隅"；《淮南·墬形训》、《广雅》及《水经注》并从此经，作"东北隅"，疑传写之讹，说见《尔雅略》。

② 懿行案：渤海盖即翰海。或云蒲昌海，非也。《水经》云："昆仑，河水出其东北陬，屈从其东，南流，入于渤海。又出海外，南至积石山下，又南入葱岭，出于阗，又东注蒲昌海。"然则《水经》之意，盖不以渤海即蒲昌海也。《大荒北经》云："大荒之中，有山名曰先槛大逢之山，河、济所入，海北注焉。其西有山，名曰禹所积石。"与此经合，则其海即渤海，明矣。

③ 禹治水，复决疏出之，故云"导河积石"。〇懿行案：《括地志》所谓"小积石"也，说已见《海外北经》。《水经注》引此经云云，"山在陇西郡河关县西南羌中"。然据《水经》说积石山，在蒲昌海之上，盖大积石也。此及《海外北经》所说，皆小积石也，郦氏不知，误以大积石为即小积石，故滥引此经之文，又议《水经》为非，其谬甚矣。


洋①水、②黑水出西北隅，③以东，东行，又东北，南入海，④羽民南。⑤


① 音翔。

② 懿行案：高诱注《淮南·墬形训》云："洋水经陇西氐道，东至武都为汉，阳或作'养'也。"《水经注》引阚骃云："汉或为漾，漾水出昆仑西北隅，至氐道，重源显发而为漾水。"是洋水即漾水，字之异也。

③ 懿行案：《史记·夏本纪》正义引《括地志》云："黑水源出伊吾县北百二十里，又南流二十里而绝三危山，在河州敦煌县东南四十里。"

④ 懿行案：《禹贡》云："导黑水至于三危，入于南海。"或云南海即扬州东大海，非也。海在羽民南，非中国近地。

⑤ 懿行案：羽民已见《海外南经》。

弱水、青水出西南隅，[①]以东，又北，又西南过毕方鸟东。[②]

①《西域传》："乌弋国去长安万五千余里，西行可百馀日，至条枝国，临西海。长老传闻，有弱水、西王母云。"《东夷传》亦曰："长城外数千里，亦有弱水。"皆所未见也。《淮南子》云："弱水出穷石。"穷石，今之西郡邴冉，盖其派别之源耳。○懿行案："弱"，《说文》作"溺"，云："溺水，自张掖删丹西至酒泉合黎，馀波入于流沙，从水，弱声，桑钦所说。"《地理志》引桑钦与《说文》同。《离骚》云："夕归次于穷石。"王逸注引《淮南子》，言弱水出于穷石，入于流沙也。《史记正义》引《括地志》云："兰门山一名合黎，一名穷石，山在甘州删丹县西南七里。"

② 懿行案：《海外南经》云毕方鸟在"青水西"，然青水竟无考。

昆仑南渊深三百仞。[①]开明兽身大类虎[②]而九首，皆人面，东向立昆仑上。[③]

① 灵渊。○懿行案：即《海内北经》云"从极之渊深三百仞"者也。

② 懿行案：明《藏》本有郭注"'身'或作'直'"四字。

③ 天兽也。《铭》曰："开明为兽，禀资乾精。瞪视昆仑，威振百灵。"○懿行案：《铭》亦郭氏《图赞》也。

开明西有凤皇、鸾鸟，皆戴蛇践蛇，膺有赤蛇。

开明北有视肉、珠树、[①]文玉树、[②]玗琪树、[③]不死树。[④]凤皇、鸾鸟皆戴盾。[⑤]又有离朱、木禾、柏树、甘水、[⑥]圣木、[⑦]曼兑。[⑧]一曰：挺木牙交。[⑨]

① 懿行案：《海外南经》云三珠树"生赤水上"，即此。《淮南·墬形训》云昆仑之上有珠树，又云：曾城九重，珠树在其西。

② 五彩玉树。○懿行案：《淮南子》云昆仑之上有玉树。王逸注《离骚》引《括地象》，言昆仑有"琼玉之树"也。

③ 玗琪，赤玉属也。吴天玺元年，临海郡吏伍曜在海水际得石树，高二尺余，茎叶紫色，诘曲倾靡，有光彩，即玉树之类也。于、其两音。○懿行案：郭注见《宋书·符瑞志》，唯"二尺"作"三尺"，"茎叶"作"枝茎"，"诘曲"作"诘屈"为异，其余则同。但据郭所说，则似珊瑚树，恐非玗琪树也。玗琪见《尔雅·释地》。又《穆天子传》云："重氏之所守"，"曰玗琪、徽尾"。

④ 言长生也。○懿行案：李善注《思玄赋》引此经云："有不死树，食之长寿。"今本无此句；又引《古今通论》云："不死树在层城西。"案《吕氏春秋·本味篇》云："菜之美者，寿木之华。"高诱注云："寿木，昆仑山上木也。华，实也。食其实者不死，故曰寿木。"是寿木即不死树也。《淮南子》云，昆仑之上有不死树。《艺文类聚》八十八卷引郭氏《赞》云："万物暂见，人生如寄。不死之树，寿蔽天地。请药西姥，焉得如羿。"

⑤ 音伐，盾也。○懿行案：《太平御览》三百五十七卷引此经，"瞂"作"盾"。

⑥ 即醴泉也。○懿行案：《史记·大宛传》云：《禹本纪》言昆仑上有醴泉。

⑦ 食之令人智圣也。○懿行案：《艺文类聚》八十八卷引郭氏《图赞》云："醴泉睿木，养龄尽性。增气之和，去神之冥。何必生知，然后为圣。"

⑧ 未详。

⑨ 《淮南》作"璇树"。璇，玉类也。○懿行案：《淮南子》云，昆仑之上有璇树，盖璇树一名挺木牙交，故郭氏引之。疑经文上下当有脱误，或"挺木牙交"四字即"璇树"二字之形讹，亦未可知。"璇"，当为"琁"。高诱注《淮南·墬形训》云："琁，音穷。"是也。明《藏》本"牙"作"互"，臧庸曰："'挺木牙交'为'曼兑'之异文，兑读为锐，'挺'当为'梴'字之讹也。"

开明东有巫彭、巫抵、巫阳、巫履、巫凡、巫相，<sup>①</sup>夹窫窳之尸，皆操不死之药以距之。<sup>②</sup>窫窳者，蛇身人面，贰负臣所杀也。

① 皆神医也。《世本》曰："巫彭作医。"《楚词》曰："帝告巫阳。"○懿行案：《说文》云："古者巫彭初作医。"郭引《楚词》者，《招魂篇》文也。余详《大荒西经》。

② 为距却死气，求更生。

服常树，<sup>①</sup>其上有三头人，<sup>②</sup>伺琅玕树。<sup>③</sup>

① 服常木，未详。○懿行案：《淮南子》云："昆仑之上，沙棠、琅玕在其东。"疑服常即沙棠也。"服"，《玉篇》、《广韵》并作"𣚊"，云："木出昆仑也。"

② 懿行案：《海外南经》云三首国"一身三首"，亦此类也。

③ 琅玕，子似珠。《尔雅》曰："西北之美者，有昆仑之琅玕焉。"庄周曰："有人三头，递卧递起，以伺琅玕与玕琪子。"谓此人也。○懿行案：《说文》云："琅玕，似珠者。"郭注《尔雅·释地》引此经云："昆仑有琅玕树也。"又《玉篇》引《庄子》云："积石为树，名曰琼枝，其高一百二十仞，大三十围，以琅玕为之实。"是琅玕即琼枝之子似珠者也。琼枝亦见《离骚》，又王逸注《九歌》云："琼芳，琼玉枝也。"骚客但标琼枝之文，《玉篇》空衍琅玕之实，而《庄子》逸文缺然，未睹厥略。惟《艺文类聚》九十卷及《太平御览》九百一十五卷引《庄子》曰："老子见孔子，从弟子五人，问曰：'前为谁?'对曰：'子路为勇，其次子贡为智，曾子为孝，颜回为仁，子张为武。'老子叹曰：'吾闻南方有鸟，其名为凤，所居积石于里。天为生食，其树名琼枝，高百仞，以璆琳琅玕为实。天又为生离珠，一人三头，递卧递起，以伺琅玕。凤鸟之文，戴圣婴仁，右智左贤。'以此参校，郭注所引"与玕琪子"四字盖误衍也。

开明南有树<sup>①</sup>鸟，六首。<sup>②</sup>蛟、<sup>③</sup>蝮、蛇、蜼、豹、鸟秩树，<sup>④</sup>于表池树木，<sup>⑤</sup>诵鸟、<sup>⑥</sup>鶽、<sup>⑦</sup>视肉。

① 懿行案：树盖绛树也。《淮南子》云：昆仑之上，绛树在其南。

② 懿行案：《大荒西经》互人国下云："有青鸟，身黄，赤足，六首，名曰鸀鸟。"即此类。

③ 蛟，似蛇四脚，龙类也。

④ 木名，未详。

⑤ 言列树以表，池即华池也。

⑥ 鸟名，形未详。

⑦ 雕也。《穆天子传》曰："爰有白鶽、青雕。"音竹笋之笋。○懿行案：今《穆天子传》作"白鸟、青雕"，已见《西次三经》"锺山"注。

# 山海经第十二

## 海内北经

海内西北陬以东者：

蛇巫之山，上有人操柸<sup>①</sup>而东向立。一曰：龟山。<sup>②</sup>

① "柸"，或作"棓"，字同。○懿行案："柸"即"棓"字之异文。《说文》云："棓，棁也。"《玉篇》云："棓，与棒同，步项切。"《太平御览》三百五十七卷引服虔《通俗文》曰："大杖曰棓。"

② 懿行案：《越绝书》云："龟山，一曰怪山。怪山者，往古一夜自来，民怪之，故谓怪山。"《吴越春秋》云："怪山者，琅琊东武海中山也，一夕自来，故名怪山。"《水经》"浙江水"注云："山形似龟，故有龟山之称。"疑此之类也。

西王母梯几而戴胜杖，<sup>①</sup>其南有三青鸟，为西王母取食。<sup>②</sup>在昆仑虚北。

① 梯，谓冯也。○懿行案：如淳注《汉书》司马相如《大人赋》引此经，无"杖"字。

② 又有三足鸟主给使。○懿行案：三青鸟居三危山，见《西次三经》。《史记正义》引《舆地图》云："有三足神鸟为王母取食。"

有人曰大行伯，把戈。其东有犬封国。<sup>①</sup>贰负之尸在大行伯东。

300

① 昔盘瓠杀戎王,高辛以美女妻之,不可以训,乃浮之会稽东海中,得三百里地,封之,生男为狗,女为美人,是为狗封之国也。○懿行案:郭说本《风俗通》,《后汉书·南蛮传》有其文。李贤注引《魏略》云:"高辛氏有老妇,居王室,得耳疾,挑之,乃得物,大如茧。妇人盛瓠中,覆之以槃,俄顷化为犬,其文五色,因名槃瓠。"案《水经》"沅水"注亦载其事。

犬封国曰犬戎国,状如犬。① 有一女子,方跪进杯食。② 有文马,③ 缟身④ 朱鬣,目若黄金,名曰吉量。⑤ 乘之寿千岁。⑥

① 黄帝之后。卞明生白犬,二头,自相牝牡,遂为此国,言狗国也。○懿行案:"犬封"、"犬戎"声相近。郭注本《大荒北经》。

② 与酒食也。○懿行案:《艺文类聚》七十三卷引此经,"杯"上有"玉"字。明藏本"杯"作"杯",注"酒"字作"狗"。

③ 懿行案:"文",《说文》作"妈",《广雅》作"駮"。

④ 色白如缟。

⑤ 一作"良"。○懿行案:李善注《东京赋》引此经,正作"吉良"。

⑥ 《周书》曰:"犬戎文马,赤鬣白身,目若黄金,名曰吉黄之乘。成王时献之。"《六韬》曰:"文身朱鬣,眼若黄金,项若鸡尾,名曰鸡斯之乘。"《大传》曰:"駮身,朱鬣,鸡目。"《山海经》亦有吉黄之乘,寿千岁者。惟名有不同,说有小错,其实一物耳。今博举之,以广异闻也。○懿行案:今《周书·王会篇》作"古黄之乘"。《初学记》二十九卷引亦同,郭引作"吉黄"。《六韬》云:"犬戎氏文马,豪毛朱鬣。"郭引无"豪毛"二字。《尚书大传》云:"散宜生遂之犬戎氏,取美马,駮身朱鬣鸡目者,取九六焉。"郭又云"《山海经》亦有吉黄之乘",是此经"吉量"本或有作"吉黄"者。又名吉光,亦名腾黄。李善注《东京赋》引《瑞应图》云:"腾黄神马,一名吉光。"《艺文类聚》九十三卷引此经,又作"吉强";九十九卷引《瑞应图》云:"腾黄者,其色黄。"非也。经云"缟身朱鬣",明非黄色。

鬼国①在贰负之尸北,为物人面而一目。②一曰:贰负神在其东,为物人面蛇身。③

① 懿行案:《伊尹四方令》云:"正西鬼亲。"又《魏志·东夷传》云女王国北有鬼国。《论衡·订鬼篇》引此经曰:"北方有鬼国。"

② 懿行案:一目国已见《海外北经》。

③ 懿行案:与窫窳同状。

蜪犬①如犬,青,②食人从首始。

① 音陶。或作"蚼",音钩。○懿行案:《说文》作"蚼",云:"北方有蚼犬,食人。"

② 懿行案:《艺文类聚》九十四卷引此经,"青"下有"色"字。

穷奇状如虎,有翼,①食人从首始,所食被发,在蜪犬北。一曰:从足。②

① 毛如蝟。○懿行案:穷奇蝟毛,已见《西次四经》邽山。《史记正义》引《神异经》云:"西北有兽,其状似虎,有翼能飞,便勒食人,知人言语。闻人斗,辄食直者;闻人忠信,辄食其鼻,闻人恶逆不善,辄杀兽往馈之,名曰穷奇。"

② 懿行案:郭注《方言》云:"虎食物,值耳即止,以触其讳故。"是知虎食人从足始也。

帝尧台、帝喾台、①帝丹朱台、帝舜台,②各二台,台四方,在昆仑东北。③

① 懿行案：《初学记》二十四卷引王韶之《始兴记》云："含洭县有尧山，尧巡狩至于此，立行台。"是帝尧有台也。《楚词·天问》云："简狄在台，喾何宜？"《离骚》云："望瑶台之偃蹇，见有娀之佚女。"是帝喾有台也。

② 懿行案：《大荒西经》有轩辕台，《北经》有共工台，亦此之类。

③ 此盖天子巡狩所经过，夷狄慕圣人恩德，辄共为筑立台观，以标显其遗迹也。一本云："所杀相柳，地腥臊，不可种五谷，以为众帝之台。"○懿行案：众帝之台已见《海外北经》。

大蟜，其状如蟊。①朱蛾，②其状如蛾。③

① 懿行案：蟜有极桀大者，仅曰"如蟊"，似不足方之。疑"蟊"即"蟜"字之讹，与下句词义相比。古文"蟜"作"蠹"，与"蟊"字形近，故讹耳。

② 懿行案：《尔雅》云："蠹，杙蛆。"郭注云："赤驳，蚍蜉。"盖此之类。

③ 蛾，蚍蜉也。《楚词》曰："玄蜂如壶，赤蛾如象。"谓此也。○懿行案：郭引《楚词》，见《招魂篇》。

蟜，①其为人虎文，胫有腎，②在穷奇东。一曰：状如人，昆仑虚北所有。③

① 蟜，音桥。○懿行案：《说文》云："蟜，虫也。"非此。《广韵》"蟜"字注引此经云："野人，身有兽文。"与今本小异。

② 言脚有膞肠也。○懿行案："膞"当为"腨"。《说文》云："腨，腓肠也。""腓，胫腨也。"已见《海外北经》"无腎国"。

③ 此同上物事也。○懿行案：郭意此已上物事，皆昆仑虚北所有也。明《藏》本"同"作"目"。

阘非，①人面而兽身，青色。

① 阘，音榻。○懿行案：《伊尹四方令》云："正西阘耳。"疑即此，"非"、"耳"形相近。

据比<sup>①</sup>之尸，其为人折颈被发，无一手。

① 一云"掾比"。○懿行案：掾比，一本作"掾北"。

环狗，<sup>①</sup>其为人兽首人身。一曰：蝟状如狗，黄色。

① 懿行案：《伊尹四方令》云："正西昆仑狗国。"《易林》云："穿胸狗邦。"即此也。《淮南·墬形训》有狗国。

袜，<sup>①</sup>其为物人身黑首，从目。<sup>②</sup>

① 袜，即魅也。○懿行案：魆魅，汉碑作"禂袜"。《礼仪志》云："雄伯食魅。"《玉篇》云："袜，即鬼魅也。"本此。
② 懿行案：《楚词·大招》云："豕首从目，被发鬤只。"疑即此。

戎，<sup>①</sup>其为人人首三角。<sup>②</sup>

① 懿行案：《周书·史记篇》云："昔有林氏，召离戎之君而朝之。"或单呼为戎，又与林氏国相比，疑是也。
② 懿行案："戎"，《广韵》作"俄"，云："俄，人身有三角也。""首"作"身"，与今本异。

林氏国<sup>①</sup>有珍兽，大若虎，五采毕具，<sup>②</sup>尾长于身，名曰驺吾,乘之日行千里。③

　　① 懿行案:《周书·史记篇》云:"昔有林氏,召离戎之君而朝之。"又云:"林氏与上衡氏争权,俱身死国亡。"即此国也。

　　② 懿行案:《毛诗》传云:"驺虞,白虎黑文,不食生物。"与此异。

　　③《六韬》云:"纣囚文王,闳夭之徒诣林氏国,求得此兽献之。纣大悦,乃释之。"《周书》曰:"夹林酋耳,酋耳若虎,尾参于身,食虎豹。"《大传》谓之"侄兽"。"吾",宜作"虞"也。○懿行案:《尚书大传》云:"散宜生之于陵氏,取怪兽,大不辟虎狼间,尾倍其身,名曰虞。"郑康成注云:"虞驺虞也。"是郑以虞即此经之驺吾,则于陵氏即林氏国也。于为发声,陵、林声近。驺虞亦即驺吾也,虞、吾之声又相近。《周礼》贾疏引经,作"邹吾",古字假借也。《周书·王会篇》云:"央林酋耳。""央",一作"英"。郭引作"夹",字形之讹也。郭又引《大传》谓之"侄兽",侄音质,今《大传》作"怪兽"也。《艺文类聚》九十九卷引郭氏《赞》云:"怪兽五采,尾参于身。矫足千里,儵忽若神。是谓驺虞,《诗》叹其仁。"

　　　昆仑虚南所有,①氾林方三百里。②

　　① 懿行案:此目下物事也,郭无注,盖失检。

　　② 懿行案:《淮南·墬形训》云:"樊桐在昆仑闾阖之中。"《广雅》云:"昆仑虚有板桐。"《水经注》云:昆仑之山,"下曰樊桐,一名板桐"。"氾"、"樊"、"板"声相近,"林"、"桐"字相似,当即一也,毕氏云。

　　　从极之渊,①深三百仞,维冰夷恒都焉。②冰夷人面,乘两龙。③一曰:忠极之渊。④

　　① 懿行案:李善注《江赋》引此经,"渊"作"川"。

② 冰夷，冯夷也。《淮南》云："冯夷得道，以潜大川。"即河伯也。《穆天子传》所谓"河伯无夷"者，《竹书》作"冯夷"，字或作"冰"也。○懿行案：《水经注》引此经，作"冯夷"。《穆天子传》云："河伯无夷之所都居。"郭注云："无夷，冯夷也。"引此经云："冰夷。""冰"、"冯"声相近也。《史记》索隐又引《太公金匮》云"冯修"也，"修"、"夷"亦声相近也。《竹书》云："夏帝芬十六年，洛伯用与河伯冯夷斗。"郭引《淮南》云者，《齐俗训》文也。《庄子·大宗师篇》云："冯夷得之，以游大川。"释文引司马彪云："《清泠传》曰：'冯夷，华阴潼乡堤首人也，服八石，得水仙，是为河伯。'一云，以八月庚子浴于河而溺死。"今案，古书冯夷姓名多有异说，兹不备述云。

③ 画四面各乘灵车，驾二龙。○懿行案：郭注"灵"，盖"云"字之讹也。《水经注》引《括地图》云："冯夷恒乘云车，驾二龙。"是"灵"当为"云"。《太平御览》六十一卷引此注，正作"云车"，可证。李善注《江赋》引此经，作"冰夷人面而乘龙"，无"两"字，疑"两"讹为"而"，"乘"字又误置"而"字下也。《史记·封禅书》正义引此经，与今本同，可证。

④ 懿行案：《水经注》引此经，作"中极"。"中"、"忠"古字通。

## 阳汙之山，河出其中。凌门之山，河出其中。①

① 皆河之枝源所出之处也。○懿行案：阳汙即阳纡，声相近。《穆天子传》云："至于阳纡之山，河伯无夷之所都居。"《水经注》云："河水又出于阳纡、陵门之山，而注于冯逸之山。"盖即引此经之文，陵门即凌门也。或云即龙门，"凌"、"龙"亦声相转也。《艺文类聚》八卷引此经，正作"阳纡陵门"，与《水经注》合。阳纡、陵门，其地皆当在秦，故《淮南子》云："昔禹治洪水，具祷阳纡。"高诱注云："阳纡，秦薮。"是也，《水经注》反以高诱为非，谬矣。

## 王子夜之尸，两手、两股、胸、①首、齿皆断异处。②

① 懿行案:"胸"当为"匈"。

② 此盖形解而神连,貌乖而气合。合不为密,离不为疏。○懿行案:《楚词·天问》注有"王子侨之尸",未审与此经所说即一人不。或说王子夜之尸即尸虞,恐非也。尸虞即天虞,见《大荒西经》,所未能详。《汉书·郊祀志》云:"形解销化。"服虞注云:"尸解也。"盖此类与?郭氏《图赞》云:"子夜之尸,体分成七。离不为疏,合不为密。苟以神御,形归于一。"

舜妻登比氏,①生宵明、烛光,②处河大泽。③二女之灵能照此所方百里。④一曰:登北氏。

① 懿行案:《大荒南经》云:"帝俊妻娥皇。"即《竹书》云"后育"是也。《大戴礼·帝系篇》云:"帝舜娶于帝尧之子,谓之女匽氏。"《尸子》云:"妻之以媓、媵之以娥。"此二妃皆尧女。郑注《礼记》云:"舜有三妃。"盖其一即登比矣。

② 即二女字也,以能光照,因名云。○懿行案:《初学记》十卷云:"舜女有宵明、烛光。"本此。

③ 泽,河边溢漫处。

④ 言二女神光所烛及者方百里。○懿行案:《淮南·墬形训》云:"宵明、烛光在河洲,所照方千里。"疑"千"当为"百",或所见本异。

盖国①在钜燕南,倭北。倭属燕。②

① 懿行案:《魏志·东夷传》云:"东沃沮在高句丽盖马大山之东。"《后汉书·东夷传》同,李贤注云:"盖马,县名,属玄菟郡。"今案盖马疑本盖国地。

② 倭国在带方东大海内,以女为主,其俗露纷,衣服无针功,以丹朱涂身,不妒忌,一男子数十妇也。○懿行案:《魏志·东夷传》云:倭人在带方

东南大海之中,依山岛为国邑,旧百余国;其国本亦以男子为王,国乱相攻伐历年,乃共立一女子为王,名曰卑弥呼;其俗男子皆露纷,以木棉招头,其衣横幅,但结束相连,略无缝;妇人被发屈纷,作衣如单被,穿其中央,贯头衣之;皆徒跣,以朱丹涂其身体,如中国用粉也;其俗,国大人皆四五妇,下户或二三妇,妇人不淫不妒忌。是皆郭注所本也。《地理志》云:"乐浪海中有倭人,分为百馀国。"《魏志》亦云:"女王国东渡海(于)[干]余里,复有国,皆倭种。"是也,其国有青玉。《艺文类聚》八十三卷引《广志》曰:"青玉出倭国。"《史记正义》云:"武后改倭国为日本国。"经云"倭属燕"者,盖周初事与?

## 朝鲜①在列阳东,海北山南。列阳属燕。②

　　① 懿行案:《尚书大传》云:"武王胜殷,释箕子之囚。箕子不忍为周之释,走之朝鲜。武王闻之,因以朝鲜封之。"《魏志·东夷传》云:涉,南与辰韩、北与高句丽、沃沮接,东穷大海,今朝鲜之东皆其地也。昔箕子既适朝鲜,作八条之教以教之,无门户之闭而民不为盗云云。《史记正义》云:"朝,音潮;鲜,音仙。"

　　② 朝鲜,今乐浪县,箕子所封也。列,亦水名也,今在带方,带方有列口县。○懿行案:《地理志》云:乐浪郡,朝鲜。又:"吞列分黎山,列水所出,西至黏蝉入海。"又云:"含资带水,西至带方入海。"又带方、列口并属乐浪郡,《晋书·地理志》列口属带方郡。

## 列姑射在海河州中。①

　　① 山名也,山有神人。河州在海中,河水所经者,《庄子》所谓"藐姑射之山"也。○懿行案:《列子·黄帝篇》云:"列姑射山在海河洲中,山上有神人焉,吸风饮露,不食五谷,心如渊泉,形如处女。"云云与《庄子·逍遥游篇》所云"藐(射姑)[姑射]之山,汾水之阳"者非一地也,说已见《东次二经》姑

射之山。郭引《庄子》说此经,盖非。

射姑国在海中,属列姑射,西南,山环之。①

① 懿行案:山环西南,海据东北也。

大蟹在海中。①

① 盖千里之蟹也。○懿行案:《周书·王会篇》云:"海阳大蟹。"孔晁注云:"海水之阳,一蟹盈车。"此云"千里",疑字之讹也。然《大荒北经》注亦同,又似不讹。《吕氏春秋·恃君览》云:"夷秽之乡,大解陵鱼。""大解"即"大蟹"也,古字通用。陵鱼在下。

陵鱼,人面、手足,鱼身,在海中。①

① 懿行案:《楚词·天问》云:"鲮鱼何所。"王逸注云:"鲮鱼,鲤也。一云:鲮鱼,鲮鲤也,有四足,出南方。"《吴都赋》云:"陵鲤若兽。"刘逵注云:"陵鲤,有四足,状如獭,鳞甲似鲤,居土穴中,性好食蚁。"引《楚词》云:"陵鱼曷止。"王逸曰:"陵鱼,陵鲤也。"所引《楚词》与今本异,其说陵鲤即今穿山甲也;云"性好食蚁",陶注《本草》说之极详,然非此经之陵鱼也。穿山甲又不在海中,此皆非矣。查通奉使高丽,见海沙中一妇人,肘后有红鬣,号曰人鱼,盖即陵鱼也。"陵"、"人"声相转,形状又符,是此鱼审矣。又《初学记》三十卷引此经云:"鲮鱼,背腹皆有刺,如三角菱。"《北堂书钞》一百三十七卷亦引此经,而云:"鲮鲤吞舟。"《太平御览》九百三十八卷引作"鲮鱼吞舟",疑此皆郭注,误引作经文,今本并脱去之也。

大鳊居海中。<sup>①</sup>

① 鳊，即鲂也，音鞭。○懿行案：《尔雅》云："鲂，鳙。"郭注云："江东呼鲂鱼为鳊。"案"鳊"同"鳊"，见《说文》。

明组<sup>①</sup>邑居海中。<sup>②</sup>

① 音祖。
② 懿行案：明组邑盖海中聚落之名，今未详。或说以《尔雅》，云："组似组，东海有之。"恐非。

蓬莱山在海中。<sup>①</sup>

① 上有仙人，宫室皆以金玉为之，鸟兽尽白，望之如云，在渤海中也。○懿行案：《史记·封禅书》云：蓬莱、方丈、瀛洲，"此三神山者，其传在渤海中"，"诸仙人及不死之药皆在焉。其物禽兽尽白，而黄金银为宫阙，未至，望之如云"云云，是郭所本也。《列子》夏革说勃海之东有五山，中有蓬莱云。

大人之市在海中。<sup>①</sup>

① 懿行案：今登州海中州岛上，春夏之交，恒见城郭市廛人物往来，有飞仙遨游，俄顷变幻，土人谓之海市，疑即此。秦、汉之君所以甘心，方士所以诳惑其君，岂不以此邪？

# 山海经第十三

## 海内东经

海内东北陬以南者：

钜燕在东北陬。

国在流沙中者埻端、<sup>①</sup>玺㬇，<sup>②</sup>在昆仑虚东南。一曰：海内之郡，不为郡县，在流沙中。<sup>③</sup>

① 埻，音敦。○懿行案：《玉篇》作"埻端，国名"。

② 㬇，音唤。或作"茧㬇"。○懿行案："㬇"即"暖"字也。《玉篇》作"玺㬇国"。

③ 懿行案：《海内东经》之篇而说流沙内外之国，下又杂厕东南诸州及诸水，疑皆古经之错简。

国在流沙外者，大夏、<sup>①</sup>竖沙、<sup>②</sup>居繇、<sup>③</sup>月支之国。<sup>④</sup>

① 大夏国城方二三百里，分为数十国，地和温，宜五谷。○懿行案：《周书·王会篇》云："大夏兹白牛。"孔晁注云："大夏，西北戎。"《伊尹四方令》云："正北大夏。"《史记·大宛传》云："大夏在大宛西南二千余里，妫水南，其俗土著有城屋，与大宛同俗。无大王长，往往城邑置小长。"裴松之注《三国志》引《魏略》云："西王母西有修流沙，修流沙西有大夏国。"

② 懿行案：《说文》云："古者宿沙初作煮海盐。"宿沙盖国名，"宿"、"竖"声相近，疑即竖沙也。《三国志》注引《魏略》作"坚沙国"。

③ 繇，音遥。○懿行案：《三国志》注引《魏略》作"属繇国"。

④ 月支国多好马、美果，有大尾羊如驴毛，即羬羊也。小月支、天竺国皆附庸云。○懿行案：《伊尹四方令》云："正北月氐。""氐"、"支"同。《三国志》注引《魏略》作"月氐国"。《汉书·西域传》云：大月氐国"治监氏城"。

西胡白玉山①在大夏东，苍梧②在白玉山西南，皆在流沙西、昆仑虚东南。昆仑山在西胡西，皆在西北。③

① 懿行案：《三国志》注引《魏略》云："大秦西有海水，海水西有河水，河水西南北行，有大山，西有赤水，赤水西有白玉山，白玉山西有西王母。"今案大山盖即昆仑也，白玉山、西王母皆国名。《艺文类聚》八十三卷引《十洲记》曰："周穆王时，西胡献玉杯，是百玉之精，明夜照夕。"云云，然则白玉山盖以出美玉得名也。

② 懿行案：此别一苍梧，非南海苍梧也。

③《地理志》昆仑山在临羌西，又有西王母祠也。○懿行案：《地理志》云：金城郡，临羌，"西北至塞外，有西王母石室"。又云："有弱水，昆仑山祠。"是郭所本也。然详此经所说，盖《海内西经》注所云"海外复有昆仑"者也。郭引《地理志》，复以海内昆仑说之，似非。

雷泽中有雷神，龙身而人头，鼓其腹，在吴西。①

① 今城阳有尧冢灵台，雷泽在北也。《河图》曰："大迹在雷泽，华胥履之而生伏羲。"○懿行案：《淮南·墬形训》云："雷泽有神，龙身人头，鼓其腹而熙。"高诱注云："雷泽，大泽也。"《地理志》云：济阴郡，成阳，"有尧冢灵台。《禹贡》雷泽在西北"。《史记·五帝纪》正义引《括地志》云："雷夏泽在濮州雷泽县郭外西北。"又引此经云："雷泽有雷神，龙首人颊，鼓其腹则雷。"与今本异也。

都州在海中。<sup>①</sup>一曰：郁州。<sup>②</sup>

① 懿行案：《水经》"淮水"注引此经，作"郁山"；刘昭注《郡国志》引此经，与今本同。

② 今在东海朐县界。世传此山自苍梧从南徙来，上皆有南方物也。郁，音鬱。○懿行案：刘昭注《郡国志》引此注云："在苍梧徙来，上皆有南方树木。"与今本异。疑今本"从南"二字衍也。《水经注》亦云："言是山自苍梧徙此云，山上犹有南方草木。"

琅邪台在渤海间，琅邪之东，<sup>①</sup>其北有山。一曰：在海间。<sup>②</sup>

① 今琅邪在海边，有山嶕峣特起，状如高台，此即琅邪台也。琅邪者，越王句践入霸中国之所都。○懿行案：《史记·封禅书》索隐及《文选》注谢朓《和王著作八公山诗》引此经，并与今本同。《越绝书》云："句践徙琅邪，起观台，台周七里，以望东海。"今详此经，是地本有台，句践特更增筑之耳。故《史记》索隐云："是山形如台也。"斯言得之。

② 懿行案：琅邪台在今沂州府，其东北有山，盖劳山也。劳山在海间，一曰牢山。

韩雁<sup>①</sup>在海中，都州南。

① 懿行案：韩雁盖三韩古国名。韩有三种，见《魏志·东夷传》。

始鸠<sup>①</sup>在海中，辕厉南。<sup>②</sup>

① 国名。或曰:"鸟名也。"

② 懿行案:"辕厉",疑即"韩雁"之讹也。"韩"、"辕","雁"、"厉"并字形相近。

会稽山在大楚南。

岷三江:首大江出汶山,①北江出曼山,②南江出高山。③高山在城都西。④入海,在长州南。⑤

① 今江出汶山郡升迁县岷山,东南经蜀郡犍为至江阳,东北经巴东、建平、宜都、南郡、江夏、弋阳、安丰至庐江南界,东北经淮南、下邳至广陵郡入海。○懿行案:"汶"即"岷"也,已见《中次九经》岷山,郭云"岷山,大江所出","岷"字一作"嶓"。《广雅》云:"蜀山谓之嶓山。""蜀"读为"独"字,或作"渎"。《史记·封禅书》云:"渎山,蜀之汶山也。"《水经注》又谓之"汶阜山"。又郭注自蜀郡已下,几有十四名,并见《晋书·地理志》。

② 懿行案:曼山即崛山,郭云"北江所出"。

③ 懿行案:高山即崃山,郭云"南江所出"。

④ 懿行案:"城"当为"成"。

⑤ 懿行案:《郡国志》云:"东阳故属临淮,有长洲泽。""洲"当为"州"也。又案成都、长州亦皆周以后地名,盖校书者记注之。

浙江出三天子都,① 在其东,② 在闽西北③ 入海,馀暨南。④

① 按《地理志》,浙江出新安黟县南蛮中,东入海,今钱塘浙江是也。"黟"即"歙"也,浙音折。○懿行案:《说文》云:"渐水,出丹阳黟南蛮中,东入海。"又云:"浙江水东至会稽山阴,为浙江。"《地理志》云:丹阳郡,黝,"渐江水出南蛮夷中,东入海"。颜师古注云:"黝,音伊,字本作'黟'。"是也。

《晋书·地理志》亦作"黟"，属新安郡。新安即丹阳，晋改汉制。郭引《地理志》，据所改为名，故不称丹阳也。《水经》云：渐江水"出三天子都"。注云："《山海经》谓之浙江也。"案初出名渐江，其流曲折，至会稽，名浙江，《说文》之旨与《水经》正合。《庄子》谓之制河，"制"、"浙"、"渐"三字声转，其实一也；水出今安徽歙县西北黄山。三天子都在绩溪县，即三天子鄣，已见《海内南经》。《文选》注谢惠连《西陵遇风献康乐诗》引此注云："今钱塘有浙江。"疑今本脱"有"字也。

② 懿行案："其"字疑讹。《太平御览》六十五卷引作"率"，亦非也。据《太平寰宇记》引作"蛮"；郭注"黟即歙也"，"黟"亦引作"蛮"。今以《地理志》、《说文》证之，当是也。

③ 懿行案：《海内南经》云："三天子鄣山在闽西海北。"

④ 馀暨县属会稽，今为水兴县。○懿行案：馀暨，今萧山也。《地理志》云：会稽郡，"馀暨"。《晋书·地理志》云：会稽郡，"永兴"。

### 庐江出三天子都，①入江彭泽西。②一曰：天子鄣。③

① 懿行案：《地理志》云：庐江郡，"庐江出陵阳东南，北入江。"《水经》云："庐江水出三天子都，北过彭泽县西北，入于江。"注引此经。

② 彭泽，今彭蠡也，在寻阳彭泽县。○懿行案：《地理志》云：庐江郡，"寻阳"，豫章郡，"彭泽"。《郡国志》云："彭泽，彭蠡泽在西。"

③ 懿行案：三天子鄣已见《海内南经》。

### 淮水出馀山，馀山在朝阳东，①义乡西，②入海淮浦北。③

① 朝阳县今属新野。○懿行案：《地理志》云：南阳郡，"朝阳"。应劭注云："在朝水之阳。"《艺文类聚》八卷引此经，无"东"字。《晋书·地理志》朝阳、新野并属义阳郡，郭注"新野"疑当为"义阳"，字之讹也。

② 懿行案：义乡，今无考。郭云"义阳"者，《水经注》云："阚骃言：晋太始中，割南阳东鄙之安昌、平林、平氏、义阳四县，置义阳郡于安昌城。"义阳或即此经之义乡。

③ 今淮水出义阳平氏县桐柏山(山)，东北经汝南、汝阴、淮南、谯国、下邳，至广陵县入海。〇懿行案：《说文》云："淮，水。出南阳平氏桐柏大复山，东南入海。"《地理志》云：南阳郡，平氏，"《禹贡》桐柏大复山在东南，淮水所出，东南至淮陵入海。"《水经》云：出胎簪山，"东北过桐柏山。"然则此经云"馀山"者，或桐柏之异名也。《初学记》六卷引此经云："淮水出南阳平氏县桐柏山。"盖引郭注，误作经文耳；"南阳"当作"义阳"，字之讹。《初学记》又引郭注，作"义阳"，与今本同。又陶弘景注《本草》"丹蔘"云："此桐柏山，是淮水原所出之山，在义阳。"亦与郭注同也。义阳平氏，见《晋书·地理志》。淮浦者，《地理志》云：临淮郡，淮浦，"游水北入海"。应劭注云："淮，涯也。"《水经》云：淮水"至广陵淮浦县入于海"。注云："淮水于县枝分，北为游水"，"又东北径纪郚故城南"，"东北入海"。今案《水经》云"广陵淮浦县"，此注作"广陵县"，疑脱"淮浦"二字。《初学记》引郭注，作"淮阴县"，又"淮浦县"之讹也。

湘水出舜葬东南陬，西环之，①入洞庭下。②一曰：东南西泽。③

① 环，绕也。今湘水出零陵营道县阳湖山，入江。〇懿行案：《说文》云："湘，水。出零陵阳海山。"《地理志》云：零陵郡，零陵，"阳海山，湘水所出，北至酃，入江。"《水经》云："湘水出零陵始安县阳海山。"注云："即阳朔山也。"李善注《江赋》引此注，亦作"阳朔山"，今本作"阳湖山"，讹。

② 洞庭，地穴也，在长沙巴陵。今吴县南太湖中有包山，下有洞庭穴道，潜行水底，云无所不通，号为地脉。〇懿行案：郭氏《江赋》云："爰有包山洞庭，巴陵地道，潜逵傍通，幽岫窈窕。"李善注引此注，与今本同。其注

《羽猎赋》引此注,亦同。今湘水至湖南长沙县入洞庭湖。

③ 懿行案:盖言一本作"东南入西泽"也,经文疑有脱误。


汉水出鲋鱼之山,①帝颛顼葬于阳,九嫔葬于阴,②四蛇卫之。③


① 《书》曰:"嶓冢导漾,东流为汉。"按《水经》汉水出武都沮县东狼谷,经汉中魏兴至南乡,东经襄阳至江夏安陆县入江。别为沔水,又为沧浪之水。○懿行案:汉水所出已见《西山经》嶓冢之山。此经云"出鲋鱼之山","鲋鱼"或作"鲋隅",一作"鲋鰅",即《海外北经》务隅之山;《大荒北经》又作"附鱼之山",皆即广阳山之异名也,与汉水源流绝不相蒙,疑经有讹文。《北堂书钞》九十二卷引"汉水"作"濮水",水在东郡濮阳,正颛顼所葬,似作"濮"者得之矣,宜据以订正。

② 懿行案:二句已见《海外北经》。但此经方释诸水,而又述此,疑后人见鲋鱼与务隅山名相涉,因取彼文羼入之耳。又此经汉水但言所出,不言归入,盖有脱文矣。

③ 言有四蛇卫守山下。


濛水①出汉阳西,②入江聂阳西。③


① 懿行案:《地理志》云:蜀郡,青衣,"《禹贡》蒙山溪,大渡水东南至南安,入渽,渽东入江。"大渡水即濛水,盖因山为名也。《水经》"江水"注云:濛水"即大渡水也,水发蒙溪,东南流,与渽水合","又东入江"。引此经文也。"渽",《说文》作"浈"。

② 汉阳县属朱提。○懿行案:朱提、汉阳并汉县,属犍为郡,晋因蜀置汉阳,属朱提郡也。《地理志》云:汉阳,山阘谷,"汉水所出,东至鳖入延"。

③ 懿行案:《水经注》引此经,作"渉阳"。

温水出崆峒，山在临汾南，<sup>①</sup>入河华阳北。<sup>②</sup>

① 今温水在京兆阴盘县，水常温也。临汾县属平阳。○懿行案：《史记·五帝纪》云："西至于空桐。"正义引《括地志》云："空桐山在肃州禄福县东南。"又云："笄头山一名崆峒山，在原州平阳县西百里，《禹贡》泾水所出。"案《地理志》云：安定郡，泾阳，"开头山在西，《禹贡》泾水所出"。又临泾亦属安定。据此，则经文"临汾"疑当为"临泾"，字之讹矣。又《地理志》云安定郡，"阴槃"，郭云京兆阴槃，亦讹也。刘昭注《郡国志》"阴盘"引此经及郭注。

② 懿行案：此华阳未详其地。

颍水出少室，少室山在雍氏南，<sup>①</sup>入淮西鄢北。<sup>②</sup>一曰：缑氏。<sup>②</sup>

① 懿行案：《史记·周本纪》云："禹围雍氏。"徐广注云："雍氏，城也。"即此。

② 今颍水出河南阳城县乾山，东南经颍川、汝阴，至淮南下蔡入淮。鄢，今鄢陵县，属颍川。○懿行案：《说文》云："颍，水。出颍川阳城乾山，东入淮。"《地理志》云：颍川郡，阳城，"阳乾山，颍水所出，东至下蔡入淮"。《水经》云："颍水出颍川阳城县西北少室山。"注引此经云云，"今颍水有三源奇发"，"故作者互举二山也"。案二山谓少室及阳乾山也。云"入淮西鄢北"者，《地理志》云：颍川郡，"傿陵"。《晋书·地理志》同，"傿"作"鄢"。《水经》云：颍水"东南至慎县，东南入于淮"。

② 县属河南。音钩。○懿行案：一言少室山在缑氏南也。缑氏，今偃师县地，东南与少室接，汉、晋《地理志》并云河南郡缑氏。

汝水出天息山，<sup>①</sup>在梁勉乡西南，入淮极西北。<sup>②</sup>一曰：

淮在期思北。③

① 懿行案：《玉篇》引此经，作"天恩山"，盖讹。

② 今汝水出南阳鲁阳县大盂山，东北至河南梁县，东南经襄城、颍川、汝南至汝阴褒信县入淮。淮极，地名。○懿行案：《说文》云："汝水出弘农卢氏还归山，东入淮。"《地理志》云：汝南郡，定陵，"高陵山，汝水出东南，至新蔡入淮"。《水经》云："汝水出河南梁县勉乡西天息山。"注云："《地理志》曰：'出高陵山。'即猛山也。亦言出南阳鲁阳县之大盂山，又言出弘农卢氏县还归山。《博物志》曰：'汝出燕泉山。'并异名也。"《史记正义》引《括地志》云："源出汝州鲁山县西伏牛山，亦名猛山，至豫州郾城县名溃。"案经云"在梁勉乡西南"者，梁，县名也，汉、晋《地理志》并云梁属河南郡，今汝州也，西南与鲁山接。经云"入淮极西北"者，《水经》云：汝水"东至原鹿县，南入于淮"。注云："所谓汝口，侧水有汝口戍，淮、汝之交会也。"《文选》枚乘《七发》云："北望汝海。"李善注引此郭注云："汝水出鲁阳山，东北入淮海。"与今本异，今本无"海"字。李善又云："汝称海，大言之也。"汝阴郡褒信，见《晋书·地理志》。

③ 期思县属弋阳。○懿行案：一云入淮在期思北也。《地理志》期思、弋阳并属汝南郡，《晋书·地理志》期思属弋阳郡。

泾水出长城北山，① 山在郁郅长垣北，② 北入渭，③戏北。④

① 懿行案：长城即秦所筑长城也，北山即笄头山。

② 皆县名也。郅，音桎。○懿行案：《地理志》云：北地郡，"郁郅"。即今甘肃庆阳府治也，西南与平凉接。长垣即长城也。

③ 今泾水出安定朝郍县西笄头山，东南经新平、扶风至京兆高陵县入渭。○懿行案：《说文》云："泾水出安定泾阳开头山，东南人渭。"《地理志》

云：安定郡，泾阳，"开头山在西，《禹贡》泾水所出，东南至阳陵入渭。"案开头山，土俗讹为汧屯山，见颜师古注；一名薄落山，见高诱《淮南·墬形训》注。泾水入渭之地，在今陕西高陵县也。又案《西次二经》云泾水出高山，高山当即开头山，郭注与此注同。《初学记》六卷引此注，亦同。《晋书·地理志》云：京兆郡，"高陆"。"陆"盖"陵"字之讹。

④ 戏，地名，今新丰县也。○懿行案：《汉书·高帝纪》云："周章西入关，至戏。"颜师古注云："戏在新丰东，今有戏水驿。其水本出蓝田北界横岭，至此而北流入渭。"然则戏亦水名也。

### 渭水出鸟鼠同穴山，东注河，入华阴北。①

① 鸟鼠同穴山今在陇西首阳县，渭水出其东，经南安、天水、略阳、扶风、始平、京兆、弘农、华阴县入河。○懿行案：渭水已见《西次四经》鸟鼠同穴之山。《水经》云："渭水出陇西首阳县渭谷亭南鸟鼠山。"注云："县有高城岭，岭上有城，号渭源城，渭水出焉。三源合注，东北流径首阳县西"云云。《史记正义》引《括地志》云："渭有三源，并出鸟鼠山，东流入河。"案《地理志》云："东至船司空入河。"船司空，县名，与华阴并属京兆尹。《晋书·地理志》华阴属弘农郡。

### 白水出蜀，而东南注江，①入江州城下。②

① 色微白浊，今在梓潼白水县，源从临洮之西西倾山来，经沓中，东流通阴平，至汉寿县入潜。○懿行案：《地理志》云：广汉郡，甸氐道，"白水出徼外，东至葭萌入汉"。《水经》"河水"注云："洮水与垫江水俱出蟠台山，山南即垫江源，山东则洮水源。"引此经云："白水出蜀。"又引郭注云："从临洮之西倾山东南流入汉，而至垫江，故段国以为垫江水也。""蟠台，西倾之异名也。"今案郦氏说垫江即白水，所引郭注与今本异，未知其审。又《水经》

"漾水"注云：白水"出于临洮县西南西倾山，水色白浊，东南流，与黑水合云云"，"又东南于吐费城南，即西晋寿之东北也。东南流，注西汉水。西晋寿即蜀王弟葭萌所封"，"刘备改曰汉寿，太康中又曰晋寿"云云，与郭注及《地理志》俱合，是白水流入西汉水。郭云"入潜"，潜即汉也，《尔雅》云："水自汉出为潜。"是矣。此经云"白水注江"，所未详，或江即垫江也。白水在今四川昭化县界入于汉，昭化即葭萌地也。

② 江州县属巴郡。○懿行案：此言白水入江之地也。经文"城下"二字盖误衍。今四川巴州即古江州，西北与昭化接境。《地理志》云：巴郡，江州，"垫江"。二县盖白水入汉，而至江州，又为垫江水，正与《水经注》引郭注"至垫江"之文合。

沅水山①出象郡镡城西，②入东注江，③入下隽西，④合洞庭中。⑤

① 懿行案："山"字衍。《文选》注《江赋》引此经，无"山"字。

② 象郡，今日南也。镡城县今属武陵。音寻。○懿行案：《地理志》云："日南郡，故秦象郡。"又云：武陵郡，"镡城"。《晋书·地理志》同。此经言"象郡镡城"，则知秦时镡城属象郡矣。

③ 懿行案："入"字疑衍，或"又"字之讹。《说文》云："沅，水。出牂牁故且兰，东北入江。"《地理志》云："沅水东至益阳入江。"《水经注》云："沅水下注洞庭湖，方会于江。"

④ 下隽县今属长沙。音昨兖反。○懿行案：《地理志》云：长沙国，"下隽"。

⑤ 《水经》曰："沅水出牂牁且兰县，又东北至镡城县为沅水，又东过临沅县南，又东至长沙下隽县。"○懿行案：今本《水经》云："沅水出牂牁故且兰县为旁沟水，又东至镡成县为沅水，东过无阳县，又东北过临沅县南，又东至长沙下隽县，西北入于江。"与郭所引微异。郭注《水经》今亡，郦注《水

经》郭亦未见也。

## 赣水①出聂都东山,②东北注江,③入彭泽西。④

① 懿行案:《地理志》云:豫章郡,赣,"豫章水出西南,北入江"。《郡国志》亦云:"赣有豫章水。"是赣水一名豫章水,郡、县俱因水得名矣。

② 今赣水出南康南野县西北。音感。〇懿行案:《水经》云:"赣水出豫章南野县西北,过赣县东。"注引此经云:"赣水出聂都山。"无"东"字。又案《晋书·地理志》,南野属庐陵郡,不属南康。《晋地记》云:"太康中,以赣、南野等县割为南康郡也。"

③ 懿行案:《水经》云:"北过彭泽县,西北入于江。"注引此经,与今本同。今水入鄱阳湖,出湖口县,入大江,俗云章江也。

④ 懿行案:《地理志》云:豫章郡,彭泽,"《禹贡》彭蠡泽在西"。案今江西新建县东鄱阳湖,即彭蠡泽也。

## 泗水出鲁东北,①而南,西南过湖陵西,②而东南注东海,③入淮阴北。④

① 懿行案:《地理志》云:济阴郡,乘氏,"泗水东南至睢陵,入淮"。是盖别一泗水,非此经所说也。《地理志》又云:鲁国,卞,"泗水西南至方舆,入沛"。《水经》云:"泗水出鲁卞县北山。"注引此经,又云:"余寻其源流,水出卞县故城东南桃墟西北。《博物志》曰:'泗出陪尾。'盖斯阜者矣。"是郦氏以水出卞县东南,不从此经及《水经》并《地志》之文也。《史记正义》引《括地志》云:"泗水源在兖州泗水县东陪尾山,其源有四道,因以为名。"

② 懿行案:《地理志》云:山阳郡,湖陵,"《禹贡》'浮于泗、淮,通于菏水'在南,莽曰湖陆"。《水经》云:"泗水南过方与县东,菏水从西来注之。又屈东南,过湖陆县南。"注云:"菏水即沛水之所苞,注以成湖泽也。而东

与泗水合于湖陵县西六十里谷庭城下,俗谓之黄水口。"

③ 懿行案:《说文》云:"泗受沛水,东入淮。"《水经》云:"泗水东南过下邳县西,又东南入于淮。"是《水经》、《说文》并云入淮,此经则云注海者,言泗合淮而入于海也。

④ 今泗水出鲁国卞县,西南至高平湖陆县,东南经沛国、彭城、下邳,至临淮下相县入淮。○懿行案:《晋书·地理志》云:临淮郡,"下相"。

### 郁水出象郡,①而西南注南海,②入须陵东南。③

① 懿行案:即豚水也。《地理志》云:牂牁郡,夜郎,"豚水东至广郁"。又云:"镡封,温水东至广郁入郁。"又云:郁林郡,广郁,"郁水首受夜郎豚水,东至四会入海"。《水经》云:"温水出牂牁夜郎县,又东至郁林广郁县为郁水,又东至领方县,东与斤员水合,东北入于郁。"注云:"郁水即夜郎豚水也。"

② 懿行案:即《地理志》云"至四会入海"也。《水经注》云:"郁水又南,自寿泠县注于海。"引此经云云。

③ 懿行案:《海内南经》云:"郁水出湘陵南海。一曰:相虑。"此经又云"须陵",疑"须陵"即"湘陵",声转为"相虑"。《水经注》又云"寿泠",疑亦声转也。

### 肄①水出临晋②西南,③而东南注海,④入番禺西。⑤

① 音如肄习之肄。○懿行案:今经文正作肄习之"肄",如此便不须用音,知郭本不作"肄"也。《水经注》引作"肆",当是。

② 懿行案:"晋"当为"武"字之讹,见《水经注》所引。

③ 懿行案:即溱水也。《说文》云:"溱,水。出桂阳临武,入汇。"《地理志》云:桂阳郡,临武,"秦水东南至桢杨,入汇"。《水经》云:"溱水出桂阳临

武县南,绕城,西北屈,东流。"注引此经云云,"肄水盖溱水之别名也"。案《水经注》"肄"本作"肆","肆"、"肄"字形相乱,故郭音"肄习"以别之耳。

④ 懿行案:《水经》云:"溱水过浈阳县,出洭浦关,与桂水合,南入于海。"注云:"西南径中宿县南,又南注于郁而入于海。"

⑤ 番禺县属南海,越之城下也。○懿行案:《地理志》云:南海郡,"番禺"。今南海、番禺并为县,属广州府也。

## 潢①水出桂阳西北山,②东南注肄水,③入敦浦西。④

① 懿行案:《水经注》引此经,作"湟",疑"湟"、"潢"古字通。

② 懿行案:即洭水也,亦曰桂水。《方言》云:"南楚瀑洭之间。"郭注云:"洭水在桂阳。"即此也。《说文》云:"洭,水。出桂阳县卢聚山洭浦关为桂水。"与《水经》合。《水经》云:"洭水出桂阳县卢聚,东南过含洭县,南出洭浦关,为桂水。"注云:"洭水出关,右合溱水,谓之洭口,《山海经》谓之湟水。徐广曰:'湟水一名洭水,出桂阳,通四会,亦曰灌水也,桂水其别名也。'《地理志》曰:'洭水出桂阳,南至四会。'是也。"案今《地理志》"洭"作"汇",云:"桂阳,汇水南至四会,入郁林。"应劭以为桂水所出;又含洭,应劭以为洭水所出,似分为二水,非也。"汇"当从《水经注》作"洭"。

③ 懿行案:《水经》云:溱水"过桢阳县,出洭浦关与桂水合"。

④ 懿行案:敦浦,未详。《水经》"溱水"注引此经,作"郭浦"。

## 洛水出洛西山,①东北注河,②入成皋之西。③

① 懿行案:洛水所出,《中次四经》谓之讙举山,《地理志》谓之冢领山,此经又谓之洛西山。《水经注》引此经,云:"出上洛西山。"疑今本脱"上"字。

② 懿行案:《地理志》云:弘农郡,上洛,"《禹贡》雒水出冢领山,东北至巩入河"。《水经》云:洛水"东北过巩县东,又北入于河"。注云:"谓之洛

汭，即什谷也。"刘昭注《郡国志》京兆尹上洛"冢领山，洛水出"，引此经云：
"洛出王城，南至相谷西，东北流。"案刘昭所引，与今经文既异，又非郭注，
未审出何书也。

③《书》云："道洛自熊耳。"按《水经》洛水今出上洛冢岭山，东北经弘农
至河南巩县入河。成皋县亦属河南也。〇懿行案：《水经注》引此经云："洛
水，成皋西入河。"盖以意引经也。郭引《水经》亦与今《水经》异。《地理志》
云河南郡"成皋"也。

## 汾水出上窳北，①而西南注河，②入皮氏南。③

① 音愈。〇懿行案：上窳无考。汾水已见《北次二经》管涔之山。

② 今汾水出太原晋阳故汾阳县，东南经晋阳，西南经河西平阳，至河东
汾阴入河。〇懿行案：《水经》云："汾水出太原汾阳县北管涔山。"《说文》
云："汾水出太原晋阳山，西南入海。或曰：出汾阳北山。"《地理志》云：太
原郡，汾阳，"北山，汾水所出，西南至汾阴入河"。案《水经》亦云"至汾阴入
河"，《说文》作"入海"，盖字形之讹。

③ 皮氏县属平阳。〇懿行案：《水经》云："汾水西过皮氏县南，又西至
汾阴县北，西注于河。"皮氏，《汉志》属河东郡，《晋志》属平阳郡。

## 沁水出井陉山东，①东南注河，②入怀东南。③

① 懿行案：沁水已见《北次三经》谒戾之山。《说文》云："沁水出上党
羊头山。"《地理志》云："谷远，羊头山世靡谷，沁水所出。"《水经》云："出上
党涅县谒戾山。"注云："三源奇注，径泻一壑。"然则《水经》、《说文》、《地理
志》各据所见为说也。此经又云"出井陉山东"，《地理志》云：常山郡，"井
陉"。应劭云："井陉山在南。"

② 懿行案：《说文》云"东南入河"，《地理志》云"东南至荥阳入河"，《水

经》云"东南至荥阳县北,东入于河"。

③ 怀县属河内,河内北有井陉山。○懿行案:怀属河内郡,见《地理志》。《水经》云:"沁水东过怀县之北,又东过武德县南,又东南至荥阳入河。"与此经合。

济水出共山南东丘,①绝钜鹿泽,②注渤海,③入齐琅槐东北。④

① "共"与"恭"同。○懿行案:"济"当为"沇",古字通用。《说文》云:"沇,沇也,东入于海。"《水经》云:"济水出河东垣县东王屋山,为沇水,又东至温县西北,为济水。"注云:"潜行地下,至共山南,复出于东丘。今原城东北有东丘城。孔安国曰:'泉源为沇,流去为济。'"案济水已见《北次二经》王屋之山。

② 绝,犹截度也。钜鹿今在高平。○懿行案:《水经注》及《初学记》六卷并引此经云:"绝钜野。"今本作"鹿",字之讹也。《地理志》云:山阳郡,钜壄,"大壄泽在北"。《尔雅》"十薮"云:"鲁有大野。"郭注云:"今高平钜野县东北大泽是也。"《水经》云:济水"东至乘氏县西,分为二:其一水东南流,其一水从县东北流,入钜野泽。"

③ 懿行案:《初学记》引此经,作"注入于海";《水经注》引此经,与今本同,惟"渤"作"勃"字耳。《水经》云:"东北过甲下邑,入于河。"注云:"济水东北至甲下邑南,东历琅槐县故城北","又东北,河水枝津注之。《水经》以为入河,非也,斯乃河水注济,非济入河。""又东北入海。"

④ 今济水自荥阳卷县东经陈留,至潜阴北,东北至高平,东北经济南,至乐安博昌县入海,今碣石也。诸水所出,又与《水经》违错。以为凡山川或有同名而异实,或同实而异名,或一实而数名,似是而非,似非而是。且历代久远,古今变易,语有楚夏,名号不同,未得详也。○懿行案:《地理志》云:千乘郡,"琅槐"。《水经注》引《地理风俗记》曰:"博昌东北八十里有琅

槐乡故县也。"引此经云云，又引郭注云："济自荥阳至乐安博昌入海，今河竭。"案郦氏以济水仍流不绝，故议郭说为非。然则此注"今碣石也"，当从《水经注》作"今河竭也"，盖传写之讹耳。《水经注》又云："济水当王莽之世，川渎枯竭，其后水流径通，津渠势改，寻梁脉，水不与昔同。"是则济水枯竭后仍流不绝之证也。又案郭云"诸水所出，又与《水经》违错"，郭氏注《水经》二卷，今不存，见《隋书·经籍志》。

潦水①出卫皋②东，③东南注渤海，④入潦阳。⑤

① 懿行案：《水经》、《地理志》并作"辽水"。

② 懿行案："皋"，《水经》作"白平"二字，刘昭注《郡国志》引此经，亦云："辽水出白平东。"并讹。

③ 出塞外卫皋山。玄菟高句骊县有潦山，小潦水所出。西河注大潦，音辽。○懿行案：《地理志》云：玄菟郡，高句骊，"辽山，辽水所出，西南至辽队入大辽水"。案郭注本此，其"西河"当为"西南"，字之讹也。《地理志》又云：辽东郡，望平，"大辽水出塞外，南至安市入海"。《水经》云："大辽水出塞外卫皋山，东南入塞，过辽东襄平县西。"注云："辽水亦言出砥石山。"案《淮南·墜形训》云"辽出砥石"是也。

④ 懿行案：《水经》云："辽水又东南过房县西，又东过安市县西，南入于海。"案大辽水注海，其小辽水但注大辽水。

⑤ 潦阳县属潦东。○懿行案：《地理志》云：辽东郡，"辽阳"。

虖沱水出晋阳城南，而西①至阳曲北，②而东注渤海，③入越章武北。④

① 懿行案：虖沱所出已见《北次三经》泰戏之山。《地理志》云：太原郡，"晋阳"。

② 懿行案：《地理志》云：太原郡，"阳曲"。

③ 经河间乐城，东北注渤海也。晋阳阳曲县皆属太原。○懿行案：《地理志》云：河间国，乐成，"虖池别水首受虖池河，东至东光入虖池河"。又云：弓高，"虖池别河首受虖池河，至东平舒入海"。又云：勃海郡，成平，"虖池河，民曰徒骇"。案此更虖池入勃海之证。

④ 章武，郡名。○懿行案：《地理志》云章武，勃海县也。《晋书·地理志》云章武国，章武县。今详此注，当谓汉县。郭云"章武郡"，疑"郡"当为"县"字之讹也。经文"越"字疑衍，下文"漳水"亦有此句，经无"越"字，可证。

## 漳水出山阳东，①东注渤海，②入章武南。③

① 懿行案：浊漳水出发鸠山，清漳水出少山，已见《北次三经》，是二漳并出今山西乐平、长子两县地。此经又云"出山阳东"者，《地理志》有山阳郡，非此也；《晋书·地理志》云：河内郡，"山阳"。《史记·秦本纪》正义引《括地志》云："山阳故城在怀州修武县西北，太行山南。"案修武，今河南修武县，与山西泽州接界，漳水在其东北也。

② 懿行案：《地理志》云：信都国，信都，"故章河、故虖池皆在北，东入海"。又云："清漳水东北至阜城入大河。"又云：魏郡，邺，"故大河在东北，入海"。《水经》云："浊漳东北过阜城县北，又东北至易亭，与虖沱河会；又东北过成平县南，又东北过章武县西，又东北过平舒县南，东入海。"

③ 新城汋阴县亦有漳水。○懿行案："汋阴"当为"沶乡"，字之讹也。新城郡沶乡见《晋书·地理志》。南方别有漳水入沮，见《中次入经》荆山也。

建平元年四月丙戌，待诏太常属臣望校治，侍中光禄勋臣龚、侍中奉车都尉光禄大夫臣秀领主省。①

① 懿行案：右《海外》、《海内经》八篇，大凡四千二百二十八字。

# 山海经第十四

## 大荒东经<sup>①</sup>

① 郭注本目录云:"此《海内经》及《大荒经》本皆进在外。"○懿行案:据郭此言,是自此已下五篇皆后人所述也。但不知所自始,郭氏作注亦不言及,盖在晋以前,郭氏已不能详矣。今考本经篇第,皆以南西北东为叙;兹篇已后,则以东南西北为次,盖作者分别部居,令不杂厕,所以自别于古经也。又《海外》、《海内经》篇末,皆有"建平元年四月丙戌"已下三十九字,为校书款识,此下亦并无之。又此下诸篇,大抵本之"海外"、"内"诸经而加以诠释,文多凌杂,漫无统纪,盖本诸家记录,非一手所成故也。

东海之外大壑,<sup>①</sup>少昊之国。<sup>②</sup>少昊孺帝颛顼于此,<sup>③</sup>弃其琴瑟。<sup>④</sup>有甘山者,甘水出焉,<sup>⑤</sup>生甘渊。<sup>⑥</sup>

① 《诗含神雾》曰:"东注无底之谷。"谓此壑也。《离骚》曰:"降望大壑。"○懿行案:《列子·汤问篇》云:"夏革曰:勃海之东,不知几亿万里,有大壑焉,实惟无底之谷,其下无底,名曰归虚。"《庄子·天地篇》云:"谆芒将东之大壑,适遇苑风于东海之滨。"释文云:"李云大壑,东海也。"案经文"大壑"上当脱"有"字。《艺文类聚》九卷引此经,有"有"字可证。郭引《离骚》,见《远游篇》。

② 少昊,金天氏帝挚之号也。○懿行案:白帝少皞,其神居长留山,已见《西次三经》。

③ 孺,义未详。○懿行案:《说文》云:"孺,乳子也。"《庄子·天运篇》云:"乌鹊孺。"盖育养之义也。

④ 言其壑中有琴瑟也。○懿行案：此言少暤孺养帝颛顼于此，以琴瑟为戏弄之具而留遗于此也。《初学记》九卷引《帝王世纪》云："颛顼生十年而佐少暤。"《鬻子书》云："颛顼生十五而佐少暤。"义皆与此合。《路史》诸书或以"孺帝"为颛顼长子之名，斯不然矣。郭注以少暤为金天氏帝挚之号，征之往籍，亦多龃龉。《大戴礼·帝系篇》云："黄帝产青阳及昌意，皆不立。而昌意产高阳，是为帝颛顼。"《史记·五帝纪》同。《竹书》载："昌意降居若水，产帝乾荒。"乾荒即高阳，声相近，与《帝系》合。《周书·尝麦篇》云："乃命少暤清司马、鸟师以正五帝之官，故名曰质。""质"、"挚"亦声相近。《张衡集》引此书，以为清即青阳也。案青阳即玄嚣，玄嚣不得在帝位，见《史记》，是其不立之证。高诱注《淮南子》及《史记》索隐引宋衷、皇甫谧，并以青阳即少暤，与《周书》合。然则少暤盖以帝子而为诸侯，封于下国，即此经云少暤之国也。由斯以谈，少暤即颛顼之世父，颛顼是其犹子。世父就国，犹子随侍，眷彼童幼，娱以琴瑟，蒙养攸基，此事理之平，无足异者。诸家之说多有岐出，故详述于篇，以俟考焉。

⑤ 懿行案：甘水穷于成山，见《大荒南经》。

⑥ 水积则成渊也。○懿行案：即羲和浴日之处，见《大荒南经》。

大荒东南隅有山，名皮母地丘。①

① 懿行案：《淮南·坠形训》云："东南方曰波母之山。"盖"波母"之"波"字脱水旁，因为"皮"尔。臧庸曰："波母"即"皮母"，同声字也。

东海之外，大荒之中，有山名曰大言，①日月所出。有波谷山者，有大人之国。②

① 懿行案：《初学记》五卷引此经，作"大谷"。

② 晋永嘉二年，有鹙鸟集于始安县南廿里之鹙陂中，民周虎张得之，木

矢贯之铁镞，其长六尺有半，以箭计之，其射者人身应长一丈五六尺也。又平州别驾高会语云："倭国人尝行，遭风吹，度大海外，见一国人皆长丈余，形状似胡。"盖是长翟别种，箭殆将从此国来也。《外传》曰："焦侥人长三尺，短之至也；长者不过十丈，数之极也。"按《河图玉版》曰："从昆仑以北九万里，得龙伯国人，长三十丈，生万八千岁而死。从昆仑以东得大秦人，长十丈，皆衣帛。从此以东十万里，得佻人国，长三十丈五尺。从此以东十万里，得中秦国人，长一丈。"《穀梁传》曰："长翟身横九亩，载其头，眉见于轼。"即长数丈人也。秦时大人见临洮，身长五丈，脚迹六尺。准斯以言，则此大人之长短未可得限度也。○懿行案：《海外东经》大人国谓此也。《楚词·招魂》云："长人千仞。"王逸注云："东方有长人之国，其高千仞。"盖本此经为说。郭引《外传》者，《鲁语》文，"十丈"当为"十之"之讹。《史记·孔子世家》集解引王肃曰："十之，谓三丈也，数极于此也。"《列子》夏革云："龙伯之国有大人，举足不盈数步而暨五山之所，一钓而连六鳌。"即郭引《河图玉版》之说也。《博物志》引《河图玉版》与郭同，唯"佻人国"作"临洮人"，"长三十丈"作"长三丈"。疑此注"佻"字讹，"十"字衍也。《初学记》十九卷引《河图龙鱼》亦作"长三丈"，无"十"字；其"佻人国"作"佻国人"也。又《汉书·王莽传》云："夙夜连率韩博上言：有奇士，长丈，大十围，自谓巨毋霸，出于蓬莱东南，五城西北昭如海濒，轺车不能载，三马不能胜，卧则枕鼓，以铁箸食。"然则此人将从大人之国来邪？

有大人之市，名曰大人之堂，<sup>①</sup>有一大人踆其上，张其两耳。<sup>②</sup>

① 亦山名，形状如堂室耳，大人时集会其上作市肆也。○懿行案：《海内北经》云："大人之市在海中。"今登州海市常有状如堂隍者，望之却在云雾中，即此也。盖去岸极远，故不见其大耳。郭云"亦山名，形状如堂室"者，《尔雅》云："山如堂者密。"郭注云："形如堂室者。"

② 踆，或作"俊"，皆古"蹲"字。《庄子》曰"踆于会稽"也。○懿行案：郭云"踆或作'俊'，皆古'蹲'字"，疑"俊"当为"夋"字之讹也。《说文》云："夋，倨也。"蹲、踞其义同，故曰"皆古蹲"字也。《太平御览》三百七十七卷及三百九十四卷并引此经，"耳"作"臂"。

有小人国，[1]名靖人。[2]

① 懿行案：《海外南经》周饶国非此。

②《诗含神雾》曰："东北极有人，长九寸。"殆谓此小人也。或作"竫"，音同。○懿行案：《说文》云："靖，细儿。"盖细小之义，故小人名靖人也。《淮南子》作"竫人"，《列子》作"诤人"，并古字通用。《列子·汤问篇》云："东北极有人，名曰诤人，长九寸。"与郭引《诗含神雾》同。《初学记》十九卷引郭氏《赞》云："僬侥极幺，诤人又小。四体取足，眉目才了。"

有神，人面兽身，名曰犁𩲉之尸。[1]

① 音灵。○懿行案：《玉篇》云："𩲉，同𩴨，又作灵，神也。或作𩲉。"《广韵》引此经作"𩲉"，云："或作𩴨。"与《玉篇》同。𩴨，见《说文》。

有滫山，杨水出焉。[1]

① 音如谲诈之谲。

有蒍国，黍食，[1]使四鸟：虎、豹、熊、罴。[2]

① 言此国中惟有黍谷也。蒍，音口伪反。○懿行案：蒍国盖即涉貊

也。《后汉书·乌桓传》云：“其土地宜穄及东墙。”今穄似黍而大，即黍之别种也。《众经音义》引《仓颉篇》云：“穄，大黍也。”东方地宜穄黍，故兹篇所记，并云“黍食”矣。

②懿行案：经言皆兽，而云“使四鸟”者，鸟兽通名耳。“使”者，谓能驯扰役使之也。《秋官·司寇职》云：“闽隶掌役畜养鸟，而阜蕃教扰之。”“夷隶掌役牧人，养牛马与鸟言。”“貉隶掌役服不氏，养兽而教扰之，掌与兽言。”此三隶者，皆当在东荒界内。《秋官》记其养鸟兽，《荒经》书其使四鸟，厥义彰矣。《春秋传》称“介葛卢闻牛鸣而知生三牺”，亦是东夷能通鸟兽之音者也。

大荒之中，有山名曰合虚，①日月所出。

①懿行案：《北堂书钞》一百四十九卷引此经，“合”作“含”。

有中容之国。帝俊生中容，①中容人食兽，木实，②使四鸟：豹、虎、熊、罴。

①“俊”亦“舜”字，假借音也。○懿行案：《初学记》九卷引《帝王世纪》云：“帝喾生而神异，自言其名曰夋。”疑“夋”即“俊”也，古字通用。郭云“‘俊’亦‘舜’字”，未审何据。《南荒经》云：“帝俊妻娥皇。”郭盖本此为说。然《西荒经》又云：“帝俊生后稷。”《大戴礼·帝系篇》以后稷为帝喾所产，是帝俊即帝喾矣。但经内帝俊叠见，似非专指一人。此云“帝俊生中容”，据《左传》文十八年云：“高阳氏才子八人。”内有中容，然则此经帝俊又当为颛顼矣。经文踳駮，当在阙疑。

②此国中有赤木、玄木，其华实美，见《吕氏春秋》。○懿行案：《吕氏春秋·本味篇》云：“指姑之东，中容之国，有赤木、玄木之叶焉。”高诱注云：“赤木、玄木，其叶皆可食，食之而仙。”即郭注所引也。“其华”当为“其叶”，

字之讹。

有东口之山。有君子之国，其人衣冠带剑。[1]

① 亦使虎豹，好谦让也。○懿行案：其人又食兽也，见《海外东经》。

有司幽[1]之国。帝俊生晏龙，[2]晏龙生司幽，司幽生思士，不妻；思女，不夫。[3]食黍，食兽，是使四鸟。[4]

① 懿行案："司幽"一作"思幽"。

② 懿行案：晏龙是为琴瑟，见《海内经》。

③ 言其人直思感而气通，无配合而生子。此《庄子》所谓"白鹢相视，眸子不运而感风化"之类也。○懿行案：《列子·天瑞篇》云："思士不妻而感，思女不夫而孕。"本此也。又云："河泽之鸟，视而生，曰鹢。"《庄子·天运篇》云："白鹢之相视，眸子不运而风化。"释文引《三苍》云："鹢，鸧鹢也。"司马彪云："相待风气而化生也。"又云："相视而成阴阳。"此注"鸧"，疑"鹢"字之讹，"感"字衍也。

④ 懿行案：四鸟亦当为虎、豹、熊、罴。此篇言使四鸟多矣，其义并同。

有大阿之山者。

大荒中有山，名曰明星，日月所出。

有白民之国。帝俊生帝鸿，[1]帝鸿生白民，白民销姓，黍食，使四鸟：虎、豹、熊、罴。[2]

① 懿行案：帝鸿，黄帝也，见贾逵《左传》注。然则此帝俊又为少典矣，见《大戴礼·帝系篇》。《路史·后记》引此经云："帝律生帝鸿。"律，黄帝之

字也,或罗氏所见本与今异。

② 又有乘黄兽,乘之以致寿考也。○懿行案:白民乘黄,乘之寿二千岁,已见《海外西经》。

有青丘之国,有狐,九尾。①

① 太平则出而为瑞也。○懿行案:青丘国九尾狐已见《海外东经》。郭氏此注云"太平则出为瑞"者,《白虎通》云:"德至鸟兽,则九尾狐见。"王褒《四子讲德论》云:"昔文王应九尾狐,而东国归周。"李善注引《春秋元命苞》曰:"天命文王以九尾狐。"《初学记》二十九卷引郭氏《图赞》云:"青丘奇兽,九尾之狐。有道翔见,出则衔书。作瑞周文,以标灵符。"《艺文类聚》九十五卷引,"翔"作"祥"。

有柔仆民,是维嬴土之国。①

① 嬴,犹沃衍也,音盈。

有黑齿之国。①帝俊生黑齿,②姜姓,黍食,使四鸟。

① 齿如漆也。○懿行案:黑齿国已见《海外东经》。
② 圣人神化无方,故其后世所降育,多有殊类异状之人。诸言生者,多谓其苗裔,未必是亲所产。

有夏州之国,有盖余之国。
有神人,八首人面,虎身十尾,名曰天吴。①

① 水伯。○懿行案：天吴已见《海外东经》。

大荒之中，有山名曰鞠陵于天、<sup>①</sup>东极、<sup>②</sup>离瞀，<sup>③</sup>日月所出。名曰折丹，<sup>④</sup>东方曰折，<sup>⑤</sup>来风曰俊，<sup>⑥</sup>处东极以出入风。<sup>⑦</sup>

① 音菊。

② 懿行案：《淮南·墬形训》云："东方曰东极之山。"谓此。

③ 三山名也。音谷瞀。○懿行案：《初学记》一卷引此经，与今本同。注"谷瞀"二字当有讹文。

④ 神人。○懿行案："名曰折丹"上疑脱"有神"二字，《大荒南经》"有神名曰因因乎"可证。《北堂书钞》一百五十一卷引此经，作"有人曰折丹"；《太平御览》九卷引亦同。

⑤ 单吁之。○懿行案："吁"当为"呼"字之讹。

⑥ 未详来风所在也。○懿行案：吴氏引《夏小正》云"正月时有俊风"为说，恐非也。

⑦ 言此人能节宣风气，时其出入。○懿行案：《大荒南经》亦有神处南极以出入风也，盖异位东南主风，故二神司之，时其节宣焉。《东次三经》云无皋之山多风。《初学记》引《荆州记》云："风井，夏则风出，冬则风入。"亦其义也。

东海之渚中，<sup>①</sup>有神，人面鸟身，珥两黄蛇，<sup>②</sup>践两黄蛇，名曰禺䝞。黄帝生禺䝞，禺䝞生禺京，<sup>③</sup>禺京处北海，禺䝞处东海，是惟海神。<sup>④</sup>

① 渚，岛。

② 以蛇贯耳。

③ 即禺彊也。○懿行案：禺彊，北方神，已见《海外北经》。《庄子》释文引此经云："北海之神，名曰禺彊，灵龟为之使。"今经无此语，其云"灵龟为之使"者，盖据《列子》云"夏革曰：'五山之根无所连著，常随潮波上下往还。帝命禺彊使巨鳌十五，举首而戴之，五山始峙'"云云，所谓灵龟岂是与？

④ 言分治一海而为神也。"猇"，一本作"號"。○懿行案："猇"疑即"號"字异文，《海内经》云："帝俊生禺號。"是也。然则此帝俊，又为黄帝矣。

有招摇山，融水出焉。有国曰玄股，①黍食，使四鸟。②

① 自髀以下如漆。○懿行案：玄股国已见《海外东经》。

② 懿行案：高诱注《淮南·墬形训》引此经，作"两鸟夹之"，与今本异。

有困民国，勾姓而食。①有人曰王亥，两手操鸟，方食其头。王亥托于有易、河伯仆牛。②有易杀王亥，取仆牛。③河念有易，有易潜出，为国于兽，方食之，名曰摇民。④帝舜生戏，戏生摇民。⑤

① 懿行案："勾姓"下、"而食"上，当有阙脱。

② 河伯、仆牛皆人姓名。托，寄也。见《汲郡竹书》。

③《竹书》曰："殷王子亥宾于有易而淫焉，有易之君緜臣杀而放之。是故殷主甲微假师于河伯，以伐有易，灭之，遂杀其君緜臣也。"○懿行案：《竹书》作"殷侯子亥"，郭引作"殷王"，疑误也。事在夏帝泄十二年及十六年。

④ 言有易本与河伯友善。上甲微，殷之贤王，假师以义伐罪，故河伯不得不助灭之。既而哀念有易，使得潜化而出，化为摇民国。

⑤ 懿行案：今广西猺民疑其类，见《桂海虞衡志》。

海内有两人，<sup>①</sup>名曰女丑。<sup>②</sup>女丑有大蟹。<sup>③</sup>

① 此乃有易所化者也。○懿行案：两人，盖一为摇民，一为女丑。

② 即女丑之尸，言其变化无常也。然则一以涉化津而遁神域者，亦无往而不之，触感而寄迹矣。范蠡之伦，亦闻其风者也。○懿行案：女丑之尸见《海外西经》。

③ 广千里也。○懿行案：《海内北经》云："大蟹在海中。"注与此注同。

　　大荒之中，有山名曰孽摇頵羝，<sup>①</sup>上有扶木，<sup>②</sup>柱三百里，其叶如芥。<sup>③</sup>有谷曰温源谷。<sup>④</sup>汤谷上有扶木，<sup>⑤</sup>一日方至，一日方出，<sup>⑥</sup>皆载于乌。<sup>⑦</sup>

① 懿行案：《吕氏春秋·谕大篇》云："地大则有常祥、不庭、歧母、群抵、天翟、不周。"高诱注以不周为山名，其余皆兽名，非也。寻览文义，盖皆山名耳，其群抵当即此经之頵羝，形声相近，古字或通。

② 懿行案："扶木"当为"榑木"。

③ 柱，犹起高也；叶似芥菜。

④ 温源即汤谷也。○懿行案：汤谷已见《海外东经》。

⑤ 扶桑在上。○懿行案：《说文》云："日初出东方汤谷，所登。榑桑，叒木也。"即此。"叒"通作"若"。李善注《海赋》及注孙楚《为石仲容与孙晧书》引此经，并作"旸谷上有扶木"；其注《叹逝赋》引此经，又作"汤谷上于扶桑"，郭注云"上于扶桑，在上也"；又注枚乘《七发》引此经云："汤谷上有扶木。扶木者，扶桑也。"盖亦并引郭注之文。

⑥ 言交会相代也。

⑦ 中有三足乌。○懿行案：《初学记》一卷引此经云："皆戴乌。""戴"、"载"古字通也；三十卷引《春秋元命苞》云："日中有三足乌者。阳精，其偻呼也。"注云："偻呼，温润生长之言。"《楚词·天问》云："羿焉彃日？乌焉解

羽?"《淮南·精神训》云:"日中有踆乌。"高诱注云:"踆,犹蹲也,谓三足乌。踆,音逡。"

有神,人面犬耳,兽身,珥两青蛇,名曰奢比尸。①

① 懿行案:奢比之尸见《海外东经》。

有五采之鸟,相乡弃沙,①惟帝俊下友。②帝下两坛,采鸟是司。③

① 未闻沙义。○懿行案:"沙"疑与"娑"同,鸟羽娑娑然也。
② 亦未闻也。
③ 言山下有舜二坛,五采鸟主之。

大荒之中,有山名曰猗天苏门,日月所生。有埙民之国。①

① 音如喧哗之喧。

有綦山,①又有摇山。有䎟山,②又有门户山,又有盛山,又有待山,有五采之鸟。

① 音忌。
② 音如釜甑之甑。

东荒之中,有山名曰壑明俊疾,日月所出。有中容

之国。<sup>①</sup>

① 懿行案：中容之国已见上文。诸文重复杂沓,踳駮不伦,盖作者非一人,书成非一家故也。

东北海外,又有三青马、三骓<sup>①</sup>甘华。爰有遗玉、三青鸟、<sup>②</sup>三骓、视肉、<sup>③</sup>甘华、甘柤,百谷所在。<sup>④</sup>

① 马苍白杂毛为骓。○懿行案：苍白杂毛骓,见《尔雅》。三骓,详《大荒南经》。

② 懿行案：三青鸟详《大荒西经》。

③ 聚肉有眼。

④ 言自生也。○懿行案：《海外北经》云：平丘,甘柤、甘华、百果所在。《海外东经》云：嗟丘,甘柤、甘华、甘果所生。皆有遗玉、青马、视肉之类,此经似释彼文也。

有女和月母之国。<sup>①</sup>有人名曰鹓,<sup>②</sup>北方曰鹓,来之风曰猲,<sup>③</sup>是处东极隅以止日月,<sup>④</sup>使无相间出没,司其短长。<sup>⑤</sup>

① 懿行案：女和月母即羲和、常仪之属也,谓之"女"与"母"者,《史记·赵世家》索隐引谯周云："余尝闻之,代俗以东西阴阳所出入,宗其神,谓之王父、母。"据谯周斯语,此经"女和月母"之名盖以此也。

② 音婉。

③ 言亦有两名也。音剡。

④ 懿行案：此人处东极以止日月者,日月皆出东方故也。《史记·封禅书》云：八神六曰,月主祠之；莱山七曰,日主祠。成山亦皆在东极隅也。

⑤ 言羲主察日月出入,不令得相间错,知景之短长。

大荒东北隅中,有山名曰凶犁土丘。①应龙处南极,②杀蚩尤与夸父,③不得复上,④故下数旱。⑤旱而为应龙之状,乃得大雨。⑥

① 懿行案:《史记·五帝纪》索隐引皇甫谧云:"黄帝使应龙杀蚩尤于凶黎之谷。"即此。"黎"、"犁"古字通。

② 应龙,龙有翼者也。○懿行案:有翼曰应龙,见《广雅》。

③ 蚩尤,作兵者。○懿行案:蚩尤作兵,见《大荒北经》。

④ 应龙遂住地下。○懿行案:《初学记》三十卷引此经云:"应龙遂在地。"盖引郭注之文也。今文"住"字当作"在","下"字盖衍。

⑤ 上无复作雨者故也。

⑥ 今之土龙本此。气应自然冥感,非人所能为也。○懿行案:刘昭注《礼仪志》引此经及郭注,并与今本同。土龙致雨,见《淮南·说山训》及《墬形训》。又《楚词·天问》云:"应龙何画? 河海何历?"王逸注云:"或曰: 禹治淇水时,有神龙以尾画导水径所当决者,因而治之。"案后世以应龙致雨,义盖本此也。

东海中,有流波山,入海七千里。其上有兽,状如牛,苍身而无角,一足,出入水则必风雨,其光如日月,其声如雷,其名曰夔。黄帝得之,以其皮为鼓,①橛以雷兽之骨,②声闻五百里,以威天下。③

① 懿行案:《说文》云:"夔,神魖也,如龙,一足,从夂,象有角手人面之形。"薛综注《东京赋》云:"夔,木石之怪,如龙有角,鳞甲光如日月,见则其

邑大旱。"韦昭注《国语》云："夔,一足,越人谓之山缲。"案此三说,夔形状俱与此经异也。《庄子·秋水篇》释文引李云："黄帝在位,诸侯于东海流山得奇兽,其状如牛,苍色无角,一足能走,出入水即风雨,目光如日月,其音如雷,名曰夔。黄帝杀之,取皮以冒鼓,声闻五百里。"盖本此经为说也。其文与今本小有异同,"流波山"作"流山","其光如日月"作"目光如日月",似较今本为长也;又"以其皮为鼓"作"以其皮冒鼓"。刘逵注《吴都赋》引此经,亦作"冒"字,是也。《初学记》九卷引《帝王世纪》作"流波山",与今本同,而下文小异。

② 雷兽,即雷神也,人面龙身,鼓其腹者。橛,犹击也。○懿行案:雷神已见《海内东经》。

③ 懿行案:《庄子》释文本此经,及刘逵注《吴都赋》引此经,并无"橛以雷兽之骨"及"以威天下"四字;《北堂书钞》一百八卷引,有四字。

# 山海经第十五

## 大荒南经

南海之外,赤水之西,流沙之东,①有兽,左右有首,②名曰跰踢。③有三青兽相并,名曰双双。④

① 赤水出昆仑山,流沙出鍾山也。

② 懿行案:并封前后有首,此左右有首,所以不同。并封见《海外西经》。然《大荒西经》之屏蓬,即并逢也,亦云"左右有首"。

③ 出狄名国。黜、惕两音。○懿行案:狄名国未详所在,疑本在经内,今逸也。毕氏云:"'跰踢'当为'述荡'之讹,篆文'辵'、'足'相似,故乱之。"引《吕氏春秋·本味篇》云:"肉之美者,述荡之擎。"高诱注云:"兽名,形则未闻。"即是此也。懿行案:《玉篇》无"踢"字,有"踢",而于"跰"字下引此经,仍作"跰踢"。《广韵》引经与《玉篇》同,但"跰"别作"狄",云:"兽名。"唯此为异。

④ 言体合为一也。《公羊传》所云"双双而俱至"者,盖谓此也。○懿行案:郭引宣五年《传》文也,杨士勋疏引旧说云:"双双之鸟,一身二首,尾有雌雄,随便而偶,常不离散,故以喻焉。"是以双双为鸟名,与郭异也。

有阿山者。南海之中,有氾天之山,赤水穷焉。①赤水之东,有②苍梧之野,舜与叔均之所葬也。③爰有文贝、④离俞、⑤鸱久、⑥鹰贾、⑦委维、⑧熊、罴、象、虎、豹、狼、视肉。

① 流极于此山也。○懿行案：《西次三经》云昆仑之丘"赤水出焉，而东南流注于氾天之水"。

② 懿行案：《艺文类聚》八十四卷及《太平御览》五百五十五卷并引此经，无"有"字。

③ 叔均，商均也。舜巡狩，死于苍梧而葬之，商均因留，死亦葬焉。基今在九疑之中。○懿行案：《海内南经》既云"苍梧之山，帝舜葬于阳，帝丹朱葬于阴"，此又云"舜与叔均之所葬"，将朱、均二人皆于此焉珊邪？又郭云"叔均，商均"，盖以为舜之子也。然舜子名义钧，封于商，见《竹书纪年》，不名叔均。而《大荒西经》有叔均，为稷弟台玺之子；《海内经》又有叔均，为稷之孙。准斯以言，此经叔均盖未审为何人也。郭云"基今在九疑之中"，"基"当为"墓"字之讹。《御览》五百五十五卷引此注，作"墓今在九疑山中"也。

④ 即紫贝也。○懿行案：紫贝见郭氏《尔雅》注。

⑤ 即离朱。

⑥ 即鸺鹠也。

⑦ 贾，亦鹰属。○懿行案：《水经》"漻水"注引《庄子》曰："雅，贾。"马融亦曰："贾，乌。"皆乌类，非郭义也。

⑧ 即委蛇也。○懿行案：委蛇即延维也，见《海内经》。


有荣山，荣水出焉。黑水之南，有玄蛇，食麈。①


① 今南山蚒蛇吞鹿，亦此类。○懿行案："南山"当为"南方"，字之讹也。南方蚒蛇吞鹿，已见《海内南经》注。


有巫山者，西有黄鸟。帝药，八斋。①黄鸟于巫山司此玄蛇。②

① 天帝神仙药在此也。○懿行案：后世谓精舍为斋，盖本于此。

② 言主之也。

　　大荒之中，有不庭之山，①荣水穷焉。②有人三身，帝俊妻娥皇，生此三身之国，③姚姓，黍食，使四鸟。④有渊四⑤方，四隅皆达，⑥北属黑水，南属大荒，⑦北旁名曰少和之渊，南旁名曰从渊，⑧舜之所浴也。⑨

① 懿行案：《吕氏春秋·谕大篇》云："地大则有常祥、不庭、不周。"高诱注以不周为山，则不庭亦山名矣，即此。

② 懿行案：荣水出荣山，流极于此也。

③ 盖后裔所出也。○懿行案：《竹书》云："帝舜三十年，葬后育于渭。"《地理志》云：右扶风，陈仓，"有舜帝祠"。盖舜妻即后育，后育即娥皇与?《海外西经》有三身国而不言所生，此经及《海内经》始言帝俊生三身也。三身国姚姓，故知此帝俊是舜矣。

④ 姚，舜姓也。○懿行案：《说文》云："虞舜居姚虚，因以为姓。"

⑤ 懿行案：《太平御览》三百九十五卷引此经，"四"作"正"。

⑥ 言渊四角皆旁通也。

⑦ 属，犹连也。

⑧ 音骢马之骢。

⑨ 言舜尝在此中澡浴也。

　　又有成山，甘水穷焉。①有季禺之国，颛顼之子，食黍。②有羽民之国，其民皆生毛羽。③有卵民之国，其民皆生卵。④

① 甘水出甘山，极此中也。○懿行案：甘水已见《大荒东经》。

② 言此国人颛顼之裔子也。

③ 懿行案：羽民国见《海外南经》。

④ 即卵生也。○懿行案：郭注"羽民国"云："卵生。"是羽民即卵生也。此又有卵民国，民皆卵生，盖别一国。郭云"即卵生也"，似有成文，疑此国本在经中，今逸。

大荒之中，有不姜之山，黑水穷焉。① 又有贾山，汔水出焉。又有言山，又有登备之山，② 有恝恝之山。③ 又有蒲山，澧④水出焉。又有隗山，⑤ 其西有丹，⑥ 其东有玉。又南，有山，漂水出焉。⑦ 有尾山，有翠山。⑧

① 黑水出昆仑山。○懿行案：黑水出昆仑西北隅，已见《海内西经》。

② 即登葆山，群巫所从上下者也。○懿行案：登葆山见《海外西经》"巫咸国"。

③ 音如券契之契。

④ 音礼。

⑤ 音如隗嵬之隗。

⑥ 懿行案：经内丹类非一，此但名之曰"丹"，疑即"丹腹"之省文也。

⑦ 音票。

⑧ 言此山有翠鸟也。○懿行案：翠亦尾也。《内则》云："舒雁翠，舒凫翠。"

有盈民之国，於姓，黍食。又有人方食木叶。①

① 懿行案：《吕氏春秋·本味篇》高诱注云："赤木、玄木，其叶皆可食，食之而仙也。"又《穆天子传》云："有模堇，其叶是食明后。"亦此类。

有不死之国,阿姓,甘木是食。[①]

① 甘木,即不死树,食之不老。○懿行案:不死树在昆仑山上,见《海内西经》;不死民见《海外南经》。

大荒之中,有山名曰去痊。南极果,北不成,去痊果。[①]

① 音如风痊之痊。未详。○懿行案:《集韵》云:"痊,充至切,音厕,风病也。"是痊即风痊之痊,郭氏又音如之,疑有讹字。

南海渚中,有神,人面,珥两青蛇,践两赤蛇,曰不廷胡余。[①]有神,名曰因因乎,南方曰因乎,夸风曰乎民,[②]处南极以出入风。[③]

① 神名耳。
② 亦有二名。
③ 懿行案:《大荒东经》有神名曰折丹,"处东极以出入风",此神处南极以出入风,二神处异位,以调八风之气也。

有襄山,又有重阴之山。有人食兽,曰季釐。帝俊生季釐,[①]故曰季釐之国。有缗渊。[②]少昊生倍伐,倍伐降处缗渊。有水四方,名曰俊坛。[③]

① 懿行案:文十八年《左传》云高辛氏才子八人有季貍,"貍""釐"声同,疑是也。是此帝俊又为帝喾矣。
② 音昏。○懿行案:《竹书》云:"夏帝癸十一年,灭有缗。"疑即此。

③ 水状似土坛,因名舜坛也。○懿行案:《尸子》云:"水方折者有玉。"此经有水四方,疑其类。

有载民之国。①帝舜生无淫,降载处,是谓巫载民。巫载民朌姓,食谷,不绩不经,服也;②不稼不穑,食也。③爰有歌舞之鸟,鸾鸟自歌,凤鸟自舞;爰有百兽,相群爰处。百谷所聚。

① 为人黄色。○懿行案:载国已见《海外南经》。
② 言自然有布帛也。
③ 言五谷自生也。种之为稼,收之为穑。

大荒之中,有山名曰融天,海水南入焉。①

① 懿行案:《大荒北经》云:不句之山,"海水入焉"。盖海所泻处,必有归虚、尾闾为之孔穴,地脉潜通,故曰入也。下又有天台高山为海水所入,《大荒北经》亦有北极、天柜"海水北注焉",皆海之所泻也。

有人曰凿齿,羿杀之。①

① 射杀之也。○懿行案:羿杀凿齿,已见《海外南经》。

有蜮山者,有蜮民之国,①桑姓,食黍,射蜮是食。②有人方扜弓射黄蛇,③名曰蜮人。

① 音惑。

② 蜮,短狐也,似鳖,含沙射人,中之则病死。此山出之,亦以名云。○懿行案:《说文》云:"蜮,短狐也,似鳖,三足,以气射害人。"《楚词·大招》云:"鯅鳙短狐。"王逸注云:"鯅鳙,短狐类也。短狐,鬼蜮也。"《大招》又云:"魂虖无南,蜮伤躬只。"王逸注云:"蜮,短狐也。"引《诗》云:"为鬼为蜮。""短狐",《汉书》作"短弧"。《五行志》云:"蜮,在水旁,能射人,射人有处,甚者至死,南方谓之短弧。"颜师古注云:"即射工也,亦呼水弩。"《广韵》引《玄中记》云:"长三四寸,蟾蜍、鹥鸶、鸳鸯悉食之。"

③ 扜,挽也,音纡。○懿行案:扜,亦音乌。扜训挽者,《吕氏春秋·壅塞篇》云:"扜弓而射之。"高诱注云:"扜,引也。"义同郭。《玉篇》云:"扜,持也。"


　　有宋山者,有赤蛇,名曰育蛇。有木生山上,名曰枫木。枫木,蚩尤所弃其桎梏,①是为枫木。②有人,方齿虎尾,名曰祖状之尸。③


① 蚩尤为黄帝所得,械而杀之,已摘弃其械,化而为树也。○懿行案:《尔雅》云:"枫,欇欇。"郭注云:"枫树似白杨,叶圆而歧,有脂而香,今之枫香是。"《广韵》引此经云:"变为枫木,脂入地,千年化为虎魄。"此说恐非也。虎魄松脂所化,非枫也。又引孙炎云:"欇欇生江上,有寄生枝,高三四尺,生毛,一名枫子。天旱以泥泥之,即雨。"《南方草木状》云:"五岭之间多枫木,岁久则生瘤瘿,一夕遇暴雷骤雨,其树赘暗长三五尺,谓之枫人。"《述异记》云:"南中有枫子,鬼木之老者,为人形。"然则枫亦灵怪之物,岂以其蚩尤械所化故与? 郭注"摘弃"之"摘"当为"摘",字之讹也。

② 即今枫香树。

③ 音如粗梨之粗。


　　有小人,名曰焦侥之国,①幾姓,嘉谷是食。

① 皆长三尺。○懿行案：焦侥国已见《海外南经》。

　　大荒之中，有山名歹涂之山，<sup>①</sup>青水穷焉。<sup>②</sup>有云雨之山，有木名曰栾。<sup>③</sup>禹攻云雨。<sup>④</sup>有赤石焉，生栾，<sup>⑤</sup>黄本，赤枝青叶，群帝焉取药。<sup>⑥</sup>

　　① 音朽。○懿行案：《玉篇》云："死，或作朽。"是"歹"、"朽"古字同。"歹"、"丑"声相近，"歹涂"即"丑涂"也，已见《西次三经》昆仑之丘。

　　② 青水出昆仑。○懿行案：青、清声同。《西次三经》云：昆仑，"洋水出焉"。郭云："洋"，"或作'清'。"即此也。

　　③ 懿行案：《说文》云："栾木，似栏。"《系传》云："栏，木兰也。"今案木兰见《离骚》。《广雅》云："木栏，桂栏也。"

　　④ 攻，谓樵伐其林木。

　　⑤ 言山有精灵，复变生此木于赤石之上。○懿行案：《初学记》三十卷引《拾遗记》云："黑鲲鱼千尺，如鲸，常飞往南海。或死，肉骨皆消，唯胆如石上仙栾也。"义正与此合。

　　⑥ 言树、花、实皆为神药。○懿行案：栾实如建木实也，见《海内南经》，郭注本此经为说。

　　有国曰颛顼，生伯服，<sup>①</sup>食黍。有鼬姓之国。<sup>②</sup>有苕山，又有宗山，又有姓山，又有壑山，又有陈州山，又有东州山。又有白水山，白水出焉，而生白渊，昆吾之师所浴也。<sup>③</sup>

　　① 懿行案：吴氏引《世本》云："颛顼生偁，偁字伯服。"

　　② 音如橘柚之柚。

　　③ 昆吾，古王者号。《音义》曰："昆吾，山名，溪水内出善金。"二文有

异,莫知所辨测。○懿行案:昆吾,古诸侯名,见《竹书》。又《大戴礼·帝系篇》云:陆终氏产六子,"其一曰樊,是为昆吾也"。郭又引《音义》以为山名者,《中次二经》昆吾之山是也。所引《音义》未审何人书名,盖此经家旧说也。

有人,名曰张弘,在海上捕鱼。海中有张弘之国,[①]食鱼,使四鸟。

① 或曰:"即奇肱人。"疑非。○懿行案:《海外西经》奇肱之国郭注云:"肱,或作'弘'。"是张宏即奇肱矣。"肱"、"弘"声同,古字通用。此注又疑其非,何也?又案张弘或即长肱,见《穆天子传》,郭注云:"即长臂人。"见《海外南经》。

有人焉,鸟喙,有翼,方捕鱼于海。[①]

① 懿行案:此似说驩头国人,旧本属上文,非是。

大荒之中,有人名曰驩头。鲧妻士敬,士敬子曰炎融,生驩头。驩头人面鸟喙,有翼,食海中鱼,杖翼而行,[①]维宜芑苣,穆杨是食。[②]有欢头之国。

① 翅不可以飞,倚杖之用,行而已。○懿行案:驩头国已见《海外南经》。
②《管子》说地所宜云:"其种穆、秬、黑黍。"皆禾类也。苣,黑黍,今字作禾旁。起、秬、虮三音。○懿行案:经盖言驩头食海中鱼,又食芑苣穆杨之类也。穆亦禾名,今未详。《说文》云:"稑,疾孰也。"或作"穆",音义与此

同。又案郭引《管子·地员篇》文，其"穆杞"之字，今误作"穆杞"也。

帝尧、帝喾、帝舜葬于岳山，<sup>①</sup>爰有文贝、离俞、鸱久、鹰、延维、视肉、熊、罴、虎、豹。朱木，赤枝、青华、玄实。<sup>②</sup>有申山者。

① 即狄山也。
② 懿行案：朱木形状又见《大荒西经》。

大荒之中，有山名曰天台高山，海水入焉。
东南海之外，<sup>①</sup>甘水之间，<sup>②</sup>有羲和之国。有女子名曰羲和，<sup>③</sup>方日浴于甘渊。<sup>④</sup>羲和者，帝俊之妻，生十日。<sup>⑤</sup>

① 懿行案：《北堂书钞》一百四十九卷引此经，无"南"字。
② 懿行案：《初学记》一卷及《太平御览》三卷并引此经，作"甘泉之间"。《后汉书·王符传》注引此经，仍作"甘水之间"。
③ 懿行案：《史记正义》引《帝王世纪》云："帝喾次妃娵訾氏女曰常仪。"《大荒西经》又有帝俊妻常羲，疑与常仪及此经羲和通为一人耳。
④ 羲和，盖天地始生主日月者也。故《启筮》曰："空桑之苍苍，八极之既张，乃有夫羲和，是主日月，职出入，以为晦明。"又曰："瞻彼上天，一明一晦，有夫羲和之子，出于旸谷。"故尧因此而立羲和之官，以主四时。其后世遂为此国，作日月之象而掌之，沐浴运转之于甘水中，以效其出入旸谷、虞渊也，所谓"世不失职"耳。○懿行案：《艺文类聚》、《初学记》及李贤注《后汉书·王符传》引此经，并作"浴日于甘泉"，疑避唐讳，改"渊"为"泉"耳。《初学记》及《御览》引经，"浴日于甘泉"在"是生十日"句之下，与今本异；又引郭注云："羲和，能生日也，故曰为羲和之子。"云云，亦与今本异。

⑤ 言生十子各以日名名之,故言生十日,数十也。〇懿行案:郭注"生十日"下,疑脱"日"字。羲和十子,它书未见,《艺文类聚》五卷引《尸子》曰:"造历数者,羲和子也。"然其名竟无考。

有盖犹之山者,其上有甘柤,①枝干皆赤,黄叶,白华,黑实。东又有甘华,枝干皆赤,黄叶。有青马,②有赤马,名曰三骓。③有视肉。

① 懿行案:"柤"亦当为"栌"字之讹,已见《海外北经》。
② 懿行案:青马已见《海外东经》。
③ 懿行案:三骓已见《大荒东经》。

有小人,名曰菌人。①

① 音如朝菌之菌。〇懿行案:此即"朝菌"之"菌",又音如之,疑有讹文,或经当为"崫狗"之"崫"。菌人盖靖人类也,已见《大荒东经》。吴氏引《抱朴子》云:"山中见小人,肉芝类也。"又引《南越志》云:"银山有女树,天明时皆生婴儿,日出能行,日没死,日出复然。"又引《事物绀珠》云:"孩儿树出大食国,赤叶,枝生小儿,长六七寸,见人则笑。"菌人疑即此。又《岭海异闻》注云:"香山有物,如婴孩而躶,鱼贯同行,见人辄笑,至地而灭。"亦斯类也。

有南类之山,爰有遗玉、青马、三骓、视肉、甘华,百谷所在。

# 山海经第十六

## 大荒西经

西北海之外，大荒之隅，有山而不合，名曰不周负子，[①]有两黄兽守之。有水曰寒暑之水。水西有湿山，水东有幕山。[②]有禹攻共工国山。[③]

[①]《淮南子》曰："昔者共工与颛顼争帝，怒而触不周之山，天维绝，地柱折。"故今此山缺坏不周帀也。〇懿行案：《列子·汤问篇》说共工、颛顼，与《淮南·天文训》同，唯"折天柱，绝地维"二语为异。《楚词·天问》云："康回冯怒，地何故以东南倾？"王逸注云："康回，共工名也。"又引《淮南子》，与此注同。《文选》注《甘泉赋》及《思玄赋》及《太平御览》五十九卷引此经，并无"负子"二字。

[②]音莫。

[③]言攻其国，杀其臣相柳于此山。《启筮》曰："共工人面，蛇身朱发"也。〇懿行案：《周书·史记篇》云："昔有共工自贤，自以无臣，久空大官，下官交乱，民无所附。唐氏伐之，共工以亡。"案唐氏即帝尧也，尧盖命禹攻其国而亡之，遂流其君于幽州也。郭引《启筮》者，《太平御览》三百七十三卷引《归藏·启筮》文，与此同。

有国，名曰淑士，颛顼之子。[①]

[①]言亦出自高阳氏也。

354

有神十人，名曰女娲之肠，<sup>①</sup>化为神，处栗广之野，<sup>②</sup>横道而处。<sup>③</sup>

① 或作"女娲之腹"。

② 女娲，古神女而帝者，人面蛇身，一日中七十变，其腹化为此神。栗广，野名。娲，音瓜。○懿行案：《说文》云："娲，古之神圣女，化万物者也。"《列子·黄帝篇》云："女娲氏蛇身人面，而有大圣之德。"《初学记》九卷引《帝王世纪》云："女娲氏亦风姓也，承庖牺制度，号女希，是为女皇。"《史记》索隐引《世本》云："涂山氏女，名女娲也。"《淮南·说林训》云："女娲七十化。"高诱注云："女娲，王天下者也，七十变造化。"《楚词·天问》云："女娲有体，孰制匠之？"王逸注云："传言女娲人头蛇身，一日七十化。其体如此，谁所制匠而图之乎？"今案王逸注非也。《天问》之意，即谓女娲一体化为十神，果谁裁制而匠作之！言其甚巧也。郭注"腹"字，《太平御览》七十八卷引作"肠"；又引曹植《女娲赞》曰："人首蛇形，神化七十，何德之灵。"

③ 言断道也。

有人名曰石夷，来风曰韦，<sup>①</sup>处西北隅，以司日月之长短。<sup>②</sup>有五采之鸟，有冠，名曰狂鸟。<sup>③</sup>

① "来"，或作"本"也。

② 言察日月晷度之节。○懿行案：《大荒东经》既有鹓"处东极以止日月，司其短长"，此又云"司日月之长短"者，西北隅为日月所不到，然其流光余景，亦有晷度短长，故应有主司之者也。

③ 《尔雅》云："狂，梦鸟。"即此也。○懿行案：郭注《尔雅》亦引此经文。"狂"，《玉篇》作"鵟"。

有大泽之长山。有白氏之国。<sup>①</sup>

① 懿行案:"氏",疑"民"字之讹,明《藏》本正作"民"。白民国已见《海外西经》。

西北海之外,赤水之东,有长胫之国。①

① 脚长三丈。○懿行案:长胫即长股也,见《海外西经》。郭云"脚长三丈",正与彼注同。一本作"三尺",误也。《藏经》本作"脚步五尺",亦与前注不合。

有西周之国,姬姓,①食谷。有人方耕,名曰叔均。帝俊生后稷,②稷降以百谷。稷之弟曰台玺,③生叔均,④叔均是代其父及稷播百谷,始作耕。有赤国妻氏。有双山。

① 懿行案:《说文》云:"姬,黄帝居姬水以为姓。"《史记·周本纪》云:"封弃于邰,号曰后稷,别姓姬氏。"《地理志》云:右扶风,斄,"后稷所封"。然则经言"西周之国",盖谓此。
② 俊宜为喾,喾第二妃生后稷也。○懿行案:帝喾名夋,"夋"、"俊"疑古今字,不须依郭改"俊"为"喾"也。然经中帝俊屡见,似非一人,未闻其审。《大戴礼·帝系篇》云:帝喾上妃"有邰氏之女也,曰姜原氏,产后稷"。《史记·周本纪》同。郭云"喾第二妃",误也。
③ 音胎。
④ 懿行案:《史记·周本纪》云:"后稷卒,子不窋立。"谯周议其世次误,是也。《史记》又不载稷之弟,所未详。

西海之外,大荒之中,有方山者,上有青树,①名曰柜格之松,②日月所出入也。

① 懿行案：《初学记》一卷引此经，作"青松"。

② 木名。音矩。

　　西北海之外，<sup>①</sup>赤水之西，有先民之国，<sup>②</sup>食谷，使四鸟。有北狄之国。黄帝之孙曰始均，<sup>③</sup>始均生北狄。有芒山。有桂山。有榣山，<sup>④</sup>其上有人，号曰太子长琴。颛顼生老童，<sup>⑤</sup>老童生祝融，<sup>⑥</sup>祝融生太子长琴，是处榣山，始作乐风。<sup>⑦</sup>有五采鸟三名：一曰皇鸟，一曰鸾鸟，一曰凤鸟。有虫，状如菟，<sup>⑧</sup>胸以后者裸不见，<sup>⑨</sup>青如猨状。<sup>⑩</sup>

① 懿行案：《初学记》十卷引此经，无"北"字；明《藏》本亦同。

② 懿行案："先"当为"天"，字之讹也。《淮南·墬形训》海外三十六国中有天民。"天"，古作"兲"，或作"兲"，字形相近，以此致讹。

③ 懿行案：《地理志》云：右扶风，陈仓，"有黄帝孙祠"。

④ 此山多桂及榣木，因名云耳。○懿行案：《初学记》引此经，作"摇山"，余同。

⑤ 《世本》云："颛顼娶于滕隍氏，谓之女禄，产老童也。"○懿行案：《大戴礼·帝系篇》"滕隍"作"滕奔"，云："颛顼娶于滕氏奔之子，谓之女禄氏，产老童也。"又老童亦为神，居骓山，已见《西次三经》。

⑥ 即重黎也，高辛氏火正，号曰祝融也。○懿行案：《大戴礼·帝系篇》云："老童娶于竭水氏之子，谓之高緺氏，产重黎及吴回。"《史记·楚世家》云："重黎为帝喾高辛居火正，甚有功，能光融天下，帝喾命曰祝融。"

⑦ 创制乐。风，曲也。○懿行案：《太平御览》五百六十五卷引此经，无"风"字。《西次三经》骓山云：老童发音"常如鍾磬"。故知长琴解作乐风，其道亦有所受也。

⑧ 懿行案："菟"、"兔"通。此兽也，谓之"虫"者，自人及鸟兽之属，通谓之"虫"，见《大戴礼·易本命篇》。

⑨ 言皮色青，故不见其裸露处。

⑩ 状又似猨。○懿行案：此兽即𪎮也。《说文》云：“𪎮，兽也，似兔，青色而大。”此经云“状如菟”，是也。又云“如猨”者，言其色，非谓状似兔又似猨也。“猨”，明《藏》本作“𪎮”，是。

大荒之中，有山名曰丰沮玉门，日月所入。有灵山，巫咸、巫即、巫朌、巫彭、巫姑、巫真、巫禮、巫抵、巫谢、巫罗十巫，从此升降，百药爰在。①

① 群巫上下此山采之也。○懿行案：《说文》云：“古者巫咸初作巫。”《越绝书》云：“虞山者，巫咸所出也，虞故神，出奇怪。”《离骚》云：“巫咸将夕降兮。”王逸注云：“巫咸，古神巫也，当殷中宗之时。”王逸此说恐非也。殷中宗之臣虽有巫咸，非必即是巫也，《海外西经》巫咸国盖特取其同名耳。朌，读如班，《海内西经》六巫有巫凡，朌、凡或即一人。《水经》“涑水”注引此经，作“巫盼”，“朌”、“盼”形声又相近也。“巫真”，《水经注》引作“巫贞”，“巫禮”作“巫孔”。今案“禮”古文作“礼”，“礼”与“孔”疑形近而讹也。《海内西经》有巫履，盖履即礼也，是为一人无疑。其巫相疑即巫谢，“谢”与“相”声转，当即一人也。郭注云“采之也”，《水经注》引作“采药往来也”。案此是《海外西经》巫咸国注，郦氏误记，故引在此耳。

西有王母之山、①鳖山、海山。②有沃之国，③沃民是处。沃之野，凤鸟之卵是食，④甘露是饮，凡其所欲，其味尽存。⑤爰有甘华、甘柤、白柳、⑥视肉、三骓、璇瑰、瑶碧、⑦白木、⑧琅玕、白丹、青丹、⑨多银、铁。鸾凤自歌，凤鸟自舞，爰有百兽，相群是处，是谓沃之野。⑩有三青鸟，赤首黑目，一名曰大鵹，⑪一名少鵹，一名曰青鸟。⑫有轩辕之台，射者⑬不敢西向

射，<sup>⑭</sup>畏轩辕之台。<sup>⑮</sup>

① 懿行案："西有"，当为"有西"。《太平御览》九百二十八卷引此经，作"西王母山"，可证。

② 皆群大灵之山。

③ 言其土饶沃也。○懿行案：李善注《洛神赋》引此经，作"沃人之国"；《艺文类聚》八十九卷引作"沃民之国"。疑"沃人"当为"沃民"，避唐讳改耳；《御览》九百二十八卷正引作"沃民"可证。

④ 懿行案：《吕氏春秋·本味篇》云："流沙之西，丹山之南，有凤之丸，沃民所食。"高诱注云："丸，古'卵'字也。"

⑤ 言其所愿滋味，此无所不备。○懿行案：《海外西经》诸夭之野与此同。

⑥ 懿行案：《初学记》二十八卷引此经，作"决民之国，有白柳"。"决"即"沃"字之讹也。

⑦ 璇瑰，亦玉名。《穆天子传》曰："枝斯璿瑰。"枚、回二音。○懿行案："璇"当为"璿"，本或作"琁"，误也。"琁"与"琼"同，见《说文》。郭音此为"枚"，则当为"玫"字，亦误也。晋灼注《汉书》云："玫瑰，火齐珠也。"若经文为"玫瑰"，郭又不得云"亦玉名"矣。李善注《江赋》及《洛神赋》引此经，并作"璿瑰"；又引郭注云："璿瑰，亦玉名也。旋、回两音。"是知经文"璇瑰"、注文"枚回"，并今本之讹矣。《大荒北经》正作"璿瑰、瑶碧"，可证。又《玉篇》、《广韵》引此经，并作"璿瑰、瑠碧"。"瑶"作"瑠"，字形虽异，音义当同。

⑧ 树色正白。今南方有文木，亦黑木也。○懿行案：文木即今乌木也。刘逵注《吴都赋》云："文木，材密致无理，色黑如水牛角，日南有之。"

⑨ 又有黑丹也。《孝经援神契》曰："王者德至山陵而黑丹出。"然则丹者别是彩名，亦犹黑、白、黄皆云丹也。○懿行案：黑丹即下文玄丹是也。白丹者，《鹖冠子·度万篇》云："膏露降，白丹发。"是其事也。

⑩ 懿行案：《海外西经》同。

⑪ 音黎。

⑫ 皆西王母所使也。○懿行案：三青鸟为西王母取食，见《海内北经》。

⑬ 懿行案：《初学记》二十四卷引此经，作"射罘"，误也。《大荒北经》云："共工之台，射者不敢北向。"亦作"者"字，可证。

⑭ 懿行案：《艺文类聚》六十二卷引此经，无"射"字；《藏经》本亦无"射"字，"向"作"乡"，是也。

⑮ 敬难黄帝之神。○懿行案：台亦丘也。《海外西经》云："不敢西射，畏轩辕之丘。"

　　大荒之中，有龙山，日月所入。有三泽水，名曰三淖，<sup>①</sup>昆吾之所食也。<sup>②</sup>有人衣青，以袂蔽面，<sup>③</sup>名曰女丑之尸。<sup>④</sup>

① 懿行案：郭注《穆天子传》引此经，作"有川名曰三淖"。

②《穆天子传》曰：滔水，"浊繇氏之所食"。亦此类也。○懿行案：食，谓食其国邑。《郑语》云："主芣騩而食溱、洧。"是也。

③ 袂袖。○懿行案：《海外西经》云："以右手鄣其面也。"

④ 懿行案：女丑之尸见《海外西经》。

　　有女子之国。<sup>①</sup>

① 王颁至沃沮国，尽东界，问其耆老，云："国人尝乘船捕鱼遭风，见吹数十日，东一国在大海中，纯女无男。"即此国也。○懿行案：女子国见《海外西经》。此注本《魏志·东夷传》也。

　　有桃山。有䖟山。有桂山。<sup>①</sup>有于土山。

① 懿行案：上文已有芒山、桂山，"芒"、"宝"声同也。

　　有丈夫之国。①

① 其国无妇人也。○懿行案：丈夫国已见《海外西经》。

　　有弇州之山，五采之鸟仰天，①名曰鸣鸟。②爰有百乐歌儛之风。③

① 张口嘘天。

② 懿行案：鸣鸟，盖凤属也。《周书·君奭》云："我则鸣，鸟不闻。"《国语》云："周之兴也，鸑鷟鸣于岐山。"

③ 爰有百种伎乐歌儛风曲。○懿行案：《文选》注王融《曲水诗序》引此经，"儛"作"舞"，余同。注"爰"字，明《藏》本作"言"，是也。

　　有轩辕之国，①江山之南栖为吉，②不寿者乃八百岁。③

① 其人人面蛇身。○懿行案：人面蛇身，尾交首上，见《海外西经》。又此注中六字，明《藏》本作经文。

② 即穷山之际也。山居为栖；吉者，言无凶夭。○懿行案：轩辕国在穷山之际，已见《海外西经》。

③ 寿者数千岁。○懿行案：亦见《海外西经》。

　　西海陼①中，有神，人面鸟身，珥两青蛇，践两赤蛇，②名曰弇兹。

① 懿行案：《尔雅》云："小洲曰陼。""陼"与"渚"同。

② 懿行案：此神形状全似北方神禺彊，唯彼作"践两青蛇"为异，见《海外北经》。


大荒之中，有山名曰日月山，天枢也。吴姖①天门，日月所入。有神，人面无臂，②两足反属于头山，③名曰嘘。④颛顼生老童，⑤老童生重及黎。⑥帝令重献上天，令黎邛下地，⑦下地是生噎，⑧处于西极，以行日月星辰之行次。⑨


① 懿行案："姖"字《说文》、《玉篇》所无，《藏经》本作"姬"。

② 懿行案：《说文》云："了，㐫也，从子无臂，象形。"

③ 懿行案："山"当为"上"字之讹，《藏经》本作"上"。

④ 言嘘啼也。

⑤ 懿行案：《史记·楚世家》云："高阳生称，称生卷章。"谯周云："老童即卷章。"

⑥ 《世本》云："老童娶于根水氏，谓之骄福，产重及黎。"○懿行案：《大戴礼·帝系篇》云："老童娶于竭水氏之子，谓之高緺氏，产重黎及吴回。"《史记·楚世家》云："卷章生重黎。"徐广注引《世本》云："老童生重黎及吴回。"与《帝系》同。是皆以"重黎"为一人也。此经又以"重黎"为二人，郭引《世本》又与徐广异，并所未详。

⑦ 古者神人杂扰无别，颛顼乃命南正重司天以属神，命火正黎司地以属民。重实上天，黎实下地。献、邛义未详也。○懿行案：郭注本《楚语》文，其"火正"之"火"字，唐固注云："'火'当为'北'是也。重号祝融，为高辛氏火正。"《竹书》云："帝喾十六年，帝使重帅师灭有郐。"即是人也。高诱注《淮南子》云："颛顼之孙老童之子吴回，一名黎，为高辛氏火正，号祝融。"高诱之说本《郑语》及《史记·楚世家》文，并与此经合。《左传》以为少昊氏之子曰重，为勾芒木正；颛顼氏之子曰黎，为祝融火正。以二人为非同产，与

此经及《国语》异也。

⑧ 懿行案：此语难晓。《海内经》云："后土生噎鸣。"此经似与相涉而文有阙脱，遂不复可读。

⑨ 主察日月星辰之度数次舍也。○懿行案：《楚语》云："至于夏、商，重黎氏世叙天地而别其分主。"即此经云"噎处西极，以行日月星辰"者也。

有人反臂，名曰天虞。①

① 即尸虞也。○懿行案：尸虞未见所出，据郭注当有成文，疑在经内，今逸。

有女子方浴月。①帝俊妻常羲，②生月十有二，此始浴之。③有玄丹之山。④有五色之鸟，人面有发。爰有青鳶、⑤黄鷔、⑥青鸟、黄鸟，其所集者其国亡。⑦有池名孟翼之攻颛顼之池。⑧

① 懿行案：《北堂书钞》一百五十卷引，"浴"上有"澄"字。

② 懿行案：《史记·五帝纪》云："帝喾娶娵訾氏女。"索隐引皇甫谧云："女名常仪也。"今案常仪即常羲，"羲"、"仪"声近，又与羲和当即一人，已见《大荒南经》。

③ 义与羲和浴日同。

④ 出黑丹也。○懿行案：上文沃民国有青丹，郭云"又有黑丹也"，谓此。

⑤ 音文。

⑥ 音敖。

⑦ 懿行案：《海外西经》云："鴍鸟、鶬鸟，其色青黄，所经国亡。"又云："青鸟、黄鸟所集。"即此是也。《玉篇》有"鷔"字，云："有此鸟集，即大荒国

亡。"李善注《江赋》引此经及郭注,与今本略同。

⑧ 孟翼,人姓名。


　　大荒之中,有山名曰鏖鏊钜,①日月所入者。有兽,左右有首,名曰屏蓬。②有巫山者。③有壑山者。④有金门之山,有人名曰黄姖⑤之尸。有比翼之鸟。有白鸟,青翼,黄尾,玄喙。⑥有赤犬,名曰天犬,其所下者有兵。⑦


① 鏊,音如敖。

② 即并封也,语有轻重耳。○懿行案:《海外西经》云并封前后有首,此云"左右有首",又似非一物也,说见《大荒南经》。

③ 懿行案:《大荒南经》有巫山。

④ 懿行案:上文有壑山、海山。

⑤ 懿行案:"姖",《藏经》本作"姖"。

⑥ 奇鸟。

⑦《周书》云:"天狗所止地尽倾,余光烛天为流星,长数十丈,其疾如风,其声如雷,其光如电。"吴楚七国反时吠过梁国者是也。○懿行案:赤犬名曰天犬,此自兽名,亦如《西次三经》阴山之兽名曰"天狗"耳,郭注以天狗星当之,似误也。其引《周书》,《逸周书》无之。《汉书·天文志》云:"天狗状如大流星,有声,其下止地,类狗。所坠及,望之如火光炎炎中天。其下圜,如数顷田处,上锐,见则有黄色,千里破军杀将。"又云:"狗,守御类也,天狗所降,以戒守御。吴楚攻梁,梁坚城守,遂伏尸流血其下。"


　　西海之南,流沙之滨,赤水之后,黑水之前,有大山名曰昆仑之丘。有神,人面虎身,有文有尾,皆白,处之。①其下有弱水之渊环之,②其外有炎火之山,投物辄然。③有人,戴胜虎齿，有豹尾，穴处，名曰西王母。④此山万物尽有。

① 言其尾以白为点駮。○懿行案：神人即陆吾也，其状虎身九尾，人面虎爪，司昆仑者，已见《西次三经》。

② 其水不胜鸿毛。○懿行案：李贤注《后汉书·张衡传》及李善注《思玄赋》引此经，"渊"并作"川"，盖避唐讳改也；又引此经，仍作"渊"字。颜师古注《汉书·西域传》引《玄中记》云："昆仑之弱水，鸿毛不能起也。"《史记·大宛传》索隐引《舆地图》云："昆仑弱水，非乘龙不至。"《艺文类聚》八卷引郭氏《赞》云："弱出昆山，鸿毛是沈。北沦流沙，南映火林。惟水之奇，莫测其深。"

③ 今去扶南东万里，有耆薄国；东复五千里许，有火山国，其山虽霖雨，火常然。火中有白鼠，时出山边求食，人捕得之，以毛作布，今之火澣布是也。即此山之类。○懿行案：《水经》"瀑水"注引《神异经》云："南方有火山焉，长四十里，广四五里，其中皆生不烬之木，昼夜火然，得暴风猛雨不灭。火中有鼠，重百斤，毛长二尺余，细如丝，色白，时时出外，以水逐而沃之则死，取其毛绩以为布，谓之火浣布。"即郭氏所说也。火浣布又见《列子·汤问》篇云："周穆王时西戎献之也。"《魏志》云："齐王芳立，西域重译献火浣布。"裴松之注引《搜神记》，大意与郭同。又《艺文类聚》八十卷引《玄中记》云："南方有炎火山，四月生火，其木皮为火浣布。"《搜神记》亦同。兹说将火澣布故有鼠毛及木皮二种邪？《类聚》七卷引郭氏《赞》云："木含阳气，精构则然。焚之无尽，是生火山。理见乎微，其传在传。"案末句误，疑当为"其妙不传"。

④《河图玉版》亦曰西王母居昆仑之山，《西山经》曰西王母居玉山。《穆天子传》曰"乃纪名迹于弇山之石，曰西王母之山"也。然则西王母虽以昆仑之宫，亦自有离宫别窟，游息之处，不专住一山也。故记事者各举所见而言之。○懿行案：今本《穆天子传》作"纪丌迹于弇山之石"，"丌"即"其"之假借字也。郭云"西王母虽以昆仑之宫"，"以"当为"居"。"以"，古字作"目"；"居"，古文作"凥"，皆形近而讹也。《藏经》本作"虽以昆仑为宫"，其义

亦通也。经言西王母"穴处"者，《庄子·大宗师篇》云："西王坐乎少广。"释文引司马彪云："少广，穴名。"是知此人在所，乃以窟穴为居。故《穆天子传》载"为天子吟曰：'虎豹为群，鸟兽与处。'"盖自道其实也。它书或说西王母所居玉阙金堂，徒为虚语耳。

大荒之中，有山名曰常阳之山，①日月所入。

① 懿行案：或说《海外西经》形天葬常羊之山即此，非也。常羊之山见下文。

有寒荒之国，有二人：女祭，女薎。①

① 或持鲜，或持俎。○懿行案："薎"当为"蔑"字之讹。《海外西经》云"女祭、女戚"，戚即蔑也。郭云"持鲜"，"鲜"亦"鲜"字之讹也。戚操鱼魰，亦见《海外西经》。

有寿麻之国。①南岳娶州山女，名曰女虔。女虔生季格，季格生寿麻，寿麻正立无景，疾呼无响。②爰有大暑，不可以往。③

①《吕氏春秋》曰："南服寿麻，北怀阃耳。"○懿行案：郭引《吕氏春秋·任数篇》文也。"南"当为"西"字之讹。"寿麻"，彼作"寿靡"，高诱注云："西极之国。'靡'亦作'麻'。"今案"麻"、"靡"古字通，《地理志》云：益州郡，"收靡"。李奇云："靡音麻，即升麻也。"
② 言其禀形气有异于人也。《列仙传》曰："玄俗无景。"○懿行案：《淮南·墬形训》言："建木日中无景，呼而无响也。"《拾遗记》云："勃鞮之国，人

皆日中无景。"《列仙传》云:"玄俗者,自言河间人也,饵巴豆、云英,卖药于市,七丸一钱,治百病。王病瘕,服药,用下蛇十余头。王家老舍人自言父世见俗,俗形无景,王呼俗著日中,实无景。"案此据刘逵注《魏都赋》所引,与今《列仙传》本不同。

③ 言热炙杀人也。○懿行案:《楚词·招魂》云:"西方之害,其土烂人,求水无所得些。"王逸注云:"言西方之土温暑而热,燋烂人肉,渴欲求水,无有源泉,不可得也。"亦此类。

有人无首,操戈盾立,名曰夏耕之尸。①故成汤伐夏桀于章山,克之,②斩耕厥前。③耕既立,无首,走厥咎,④乃降于巫山。⑤

① 亦形天尸之类。

② 于章,山名。○懿行案:郭以"于章"为山名,未详所在。《史记·夏本纪》正义引《淮南子》云:"汤败桀于历山,与妹喜同舟浮江,奔南巢之山而死。"今案《淮南·修务训》云:"汤乃整兵鸣条,困夏南巢,谯以其过,放之历山。"此即《史记正义》所引也。高诱注云:"南巢,今庐江居巢。"是历山盖历阳之山,未审即此经章山以不。

③ 头亦在前者。

④ 逃避罪也。○懿行案:《藏经》本"立"字在"无首"下。

⑤ 自窜于巫山。巫山今在建平巫县。○懿行案:《地理志》云:南郡,"巫"。应劭注云:"巫山在西南。"郭云"今在建平巫县"者,见《晋书·地理志》。

有人名曰吴回,奇左,是无右臂。①

① 即奇肱也。吴回,祝融弟,亦为火正也。○懿行案:此非奇肱国也。

《说文》云："孒，无右臂也。"即此之类。吴回者，《大戴礼·帝系篇》云："老童产重黎及吴回。"《史记·楚世家》云："帝喾诛重黎，而以其弟吴回为重黎，后复居火正，为祝融。"是皆以重黎为一人，吴回为一人。《世本》亦同。此经上文则以重、黎为二人，似黎即吴回，故《潜夫论·志氏姓》云："黎，颛顼氏裔子，吴回也。"高诱注《淮南》亦云："祝融，颛顼之孙，老童之子，吴回也，一名黎，为高辛氏火正，号为祝融。"其注《吕氏春秋》又云："吴国回禄之神托于灶。"与注《淮南》异也。王符、高诱并以黎即吴回，与此经义合。重、黎相继为火官，故皆名祝融矣。


有盖山之国。有树，赤皮支干，青叶，名曰朱木。①


① 或作"朱威木"也。○懿行案：朱木已见《大荒南经》。"青叶"，彼作"青华"，是也，此盖字形之讹。


有一臂民。①


① 北极下亦有一脚人，见《河图玉版》。○懿行案：一臂国已见《海外西经》。


大荒之中，有山名曰大荒之山，日月所入。有人焉，三面，是颛顼之子，三面一臂。①三面之人不死，②是谓大荒之野。③


① 无左臂也。○懿行案：《说文》云："了，无左臂也。"即此。
② 言人头三边各有面也。玄菟太守王颀至沃沮国，问其耆老，云："复有一破船，随波出在海岸边，上有一人，顶中复有面，与语不解，了不食而

死。"此是两面人也。《吕氏春秋》曰"一臂三面之乡也"。○懿行案:《吕氏春秋·求人篇》云:"禹西至一臂三面之乡。"本此。郭说两面人,本《魏志·东夷传》。

③ 懿行案:《上林赋》云:"过乎泱漭之壄。"张揖注云:"《山海经》所谓大荒之野。"李善注曹植《七启》引此经,"野"下有"中"字,盖衍也;其注张协《七命》仍引此经,无"中"字,可证。

西南海之外,赤水之南,流沙之西,有人珥两青蛇,乘两龙,名曰夏后开。① 开上三嫔于天,② 得《九辩》与《九歌》以下。③ 此天穆之野,高二千仞。④ 开焉得始歌《九招》。⑤

① 懿行案:"开"即"启"也,汉人避讳所改。

② 嫔,妇也。言献美女于天帝。○懿行案:《离骚》云:"启《九辩》与《九歌》。"《天问》云:"启棘宾商,《九辩》《九歌》。"是"宾"、"嫔"古字通,"棘"与"亟"同。盖谓启三度宾于天帝,而得九奏之乐也。故《归藏·郑母经》云:"夏后启筮,御飞龙登于天,吉。"正谓此事。《周书·王子晋篇》云:"吾后三年,上宾于帝所。"亦其证也。郭注大误。

③ 皆天帝乐名也。开登天而窃以下,用之也。《开筮》曰:"昔彼九冥,是与帝《辩》同宫之序,是谓《九歌》。"又曰:"不得窃《辩》与《九歌》以国于下。"义具见于《归藏》。

④《竹书》曰:"颛顼产伯鲧,是维若阳,居天穆之阳也。"○懿行案:《竹书》云:"帝颛顼三十年,帝产伯鲧,居天穆之野。"无"是维若阳"四字,盖脱去之。

⑤《竹书》曰:"夏后开舞《九招》也。"○懿行案:《竹书》云:"夏帝启十年,帝巡狩,舞《九韶》于大穆之野。"《海外西经》云:"大乐之野,夏后启于此儛《九代》。"即此。

有互人之国。[1]炎帝之孙[2]名曰灵恝，[3]灵恝生互人，是能上下于天。[4]有鱼偏枯，名曰鱼妇。颛顼死即复苏。[5]风道北来，天乃大水泉，[6]蛇乃化为鱼，是为鱼妇。颛顼死即复苏。[7]

[1] 人面鱼身。○懿行案：互人即《海内南经》氐人国也。"氐"、"互"二字盖以形近而讹，以俗"氐"正作"互"字也。罗泌云："'互人'宜作'氐人'。"非也。《周官》"鳖人"掌取互物，是"互物"即鱼鳖之通名。国名"互人"，岂以其人面鱼身故与？郭注"人面鱼身"四字，本《海内南经》之文。《藏经》本将此郭注列入经文。

[2] 炎帝，神农。

[3] 音如券契之契。

[4] 言能乘云雨也。

[5] 言其人能变化也。

[6] 言泉水得风暴溢出。道，犹从也。《韩非》曰："玄鹤二八，道南方而来。"○懿行案：郭引《韩非》者，《十过篇》云："师旷不得已，援琴而鼓，一奏之，有玄鹤二八，道南门来，集于郎门之垝。"郭引"南门"作"南方"，或见本异也。

[7]《淮南子》曰："后稷龙在建木西，其人死复苏，其中为鱼。"盖谓此也。○懿行案：郭注"龙"当为"陇"，"中"当为"半"，并字形之讹。高诱注《淮南·墬形训》云："人死复生，或化为鱼。"即指此事。然则鱼妇岂即颛顼所化，如女娲之肠化为十神者邪？又乐浪尉化鱼事，见陆机《诗疏》。

有青鸟，身黄赤足，六首，[1]名曰䰠鸟。[2]有大巫山。有金之山。西南大荒之中隅，[3]有偏句、常羊之山。[4]

[1] 懿行案：《海内西经》云开明南有鸟六首，即此也。

② 音触。〇懿行案：《尔雅》云："鸅，山乌。"非此。

③ 懿行案：《藏经》本"隅"上无"中"字。

④ 懿行案：《海外西经》云：帝断形天之首，"葬之常羊之山"。即此。《淮南·墬形训》云："西南方曰编驹之山。"编驹疑即偏句。《吕氏春秋·谕大篇》云："地大则有常祥、不庭。"疑常祥即常羊也。不庭已见《大荒南经》。

## 按：夏后开即启，避汉景帝讳云。

# 山海经第十七

## 大荒北经

东北海之外，大荒之中，河水之间，附禺之山，①帝颛顼与九嫔葬焉。②爰有鸱久、文贝、离俞、鸾鸟、皇鸟、大物、小物。③有青鸟、琅鸟、玄鸟、黄鸟、虎、豹、熊、罴、黄蛇、视肉、璿、瑰、瑶、碧，皆出卫于山。④丘方员三百里，丘南帝俊竹林在焉，⑤大可为舟。⑥竹南有赤泽水，⑦名曰封渊。⑧有三桑无枝。⑨丘西有沈渊，颛顼所浴。

① 懿行案：《海外北经》作"务隅"，《海内东经》作"鲋鱼"，此经又作"附禺"，皆一山也，古字通用。《文选》注谢朓《哀策文》引此经，作"鲋禺之山"；《后汉书·张衡传》注引此经，与今本同。

② 此皆殊俗，义所作冢。

③ 言备有也。

④ 在其山边也。○懿行案：《艺文类聚》八十九卷、《初学记》二十八卷引此经，并作"卫丘山"；《北堂书钞》一百三十七卷亦作"卫丘"。是知古本"卫丘"连文，而以"皆出于山"四字相属。今本误倒其句耳，所宜订正。

⑤ 懿行案：此经帝俊盖颛顼也。下云："丘西有沈渊，颛顼所浴。"以此知之。

⑥ 言舜林中竹一节则可以为船也。○懿行案：《初学记》引《神异经》云："南方荒中有沛竹，其长百丈，围二丈五六尺，厚八九寸，可以为船。"《广韵》引《神异经》云："筛竹，一名太极，长百丈，南方以为船。"《玉篇》云："筹

竹长千丈,为大船也,生海畔。"即此类。

⑦ 水色赤也。

⑧ 封,亦大也。

⑨ 皆高百仞。○懿行案:三桑无枝已见《海外北经》。注云"皆高百仞"四字,《艺文类聚》八十八卷引作经文,疑今本误作注文耳。

有胡不与之国,①烈姓,②黍食。

① 一国复名耳,今胡夷语皆通然。

② 懿行案:烈姓盖炎帝神农之裔,《左传》称烈山氏,《祭法》作厉山氏。郑康成注云:"厉山,神农所起,一曰有烈山。"

大荒之中,有山名曰不咸。有肃慎氏之国。①有蜚蛭,四翼。②有虫,兽首蛇身,名曰琴虫。③

① 今肃慎国去辽东三千余里,穴居,无衣,衣猪皮,冬以膏涂体,厚数分,用却风寒。其人皆工射,弓长四尺,劲强。箭以楛为之,长尺五寸,青石为镝。此春秋时隼集陈侯之庭所得矢也。晋太兴三年,平州刺史崔毖遣别驾高会使来献肃慎氏之弓矢,箭镞有似铜骨作者。问云,转与海内国,通得用此。今名之为挹娄国,出好貂、赤玉。岂从海外转而至此乎?《后汉书》所谓挹娄者是也。○懿行案:肃慎国见《海外西经》。郭说肃慎本《魏志·东夷传》,但《传》本作"用楛长尺八寸",与郭异,余则同也。今之《后汉书》非郭所见,而此注引《后汉书》者,《吴志·妃嫔传》云:"谢承撰《后汉书》百余卷。"其书说挹娄即古肃慎氏之国也。隼集陈侯之庭,《鲁语》有其事。《竹书》云:"帝舜二十五年,息慎氏来朝,贡弓矢。"即肃慎也。《左传》云:"肃慎、燕、亳,吾北土也。"《周书·王会篇》亦云:"正北方稷慎。""稷"、"息"、"肃"并声转字通也。《魏志·东夷传》云:"挹娄在夫余东北千馀里,滨大

海。"《史记正义》引《括地志》云:"靺鞨国,古肃慎也,在京东北万里。"

② 翡、室两音。〇懿行案:《上林赋》云:"蛭蜩蠼猱。"司马彪注引此经,"蜚"作"飞"。

③ 亦蛇类也。〇懿行案:南山人以虫为蛇,见《海外南经》。


有人名曰大人。有大人之国,<sup>①</sup>釐姓,<sup>②</sup>黍食。<sup>③</sup>有大青蛇,黄头,<sup>④</sup>食麈。<sup>⑤</sup>有榆山。有鲧攻程州之山。<sup>⑥</sup>


① 懿行案:《大荒东经》云波谷山有大人之国,即此。《史记·孔子世家》云:"防风在虞、夏、商为汪罔,于周为长翟,今谓之大人。"案此本《鲁语》文,其"汪罔"为"汪芒"也。

② 懿行案:《晋语》司空季子说黄帝之子十二姓中有僖姓,"僖"、"釐"古字通用,"釐"即"僖"也。《史记·孔子世家》云:"汪罔氏之君守封、禺之山,为釐姓。"索隐云:"釐,音僖。"是也。又引《家语》云:"姓漆,误。《系本》无'漆'字。"案《鲁语》云:"汪芒氏之君为漆姓。"非误也,疑"漆"与"釐"古亦通。

③ 懿行案:东北地皆宜黍。《孟子》云:貉"五谷不生,唯黍生之"。说已见《大荒东经》。

④ 懿行案:"黄头",《艺文类聚》引作"头方"。

⑤ 今南方蚼蛇食鹿,鹿亦麈属也。〇懿行案:荣山有玄蛇食麈,已见《大荒南经》。又案此经及荣山之"麈",《艺文类聚》并引作"麐"字,在地部六卷,误。

⑥ 皆因其事而名物也。〇懿行案:程州盖亦国名,如禹攻共工国山之类。


大荒之中,有山名曰衡天。有先民之山。<sup>①</sup>有槃木千里。<sup>②</sup>

① 懿行案：西北海之外有先民之国，见《大荒西经》，非此也。

② 音盘。○懿行案：《大戴礼·五帝德篇》云："东至于蟠木。"《史记·五帝纪》同，疑即此也。刘昭注《礼仪志》引此经云："东海中有度朔山，上有大桃树，蟠屈三千里，其卑枝门曰东北鬼门，万鬼出入也。上有二神人，一曰神荼，一曰郁儡，主阅领众鬼之恶害人者，执以苇索而用食虎。于是黄帝法而象之。殴除毕，因立桃梗于门户上，画郁儡持苇索，以御凶鬼，画虎于门，当食鬼也。"《论衡·订鬼篇》引此经，大意亦同。案王充、刘昭所引，疑本经文，今脱去之也。《太平御览》九百六十七卷载《汉旧仪》，引此经亦与王、刘同。李善注陆机《挽歌诗》引此文，作"《海水经》，曰：'东海中有山焉，名度索，上有大桃树，东北瘝枝名曰鬼门，万鬼所聚。'"《史记·五帝纪》注亦引此文，而作"《海外经》"云云，盖误也。《海外北经》虽有"寻木长千里"，然寻木非槃木，疑二书所引，皆即此经之逸文矣。《艺文类聚》八十六卷亦引此经云："桃树屈蟠三千里。"又张衡《东京赋》亦引用此事，薛综注虽述其文，而不云出此经，疑漏引书名也。又诸书所说文字，俱有异同，姑存以俟考。

　　有叔歜国，①颛顼之子，黍食，使四鸟：虎、豹、熊、罴。有黑虫，如熊状，名曰猎猎。②

① 音作感反，一音触。

② 或作"㺍"，音夕同。○懿行案：《玉篇》云："猎，秦亦切，兽名。"《广韵》亦云"兽名"，引此经。盖虫兽通名耳。㺍，见《说文》。

　　有北齐之国，姜姓，①使虎、豹、熊、罴。

① 懿行案：《说文》云："姜，神农居姜水以为姓。"《史记·齐太公世家》云："姓姜氏。"案《大荒西经》有"西周之国，姬姓"，此有"北齐之国，姜姓"，

皆周、秦人语也。

大荒之中,有山名曰先槛①大逢之山,河、济所人,海北注焉。②其西有山名曰禹所积石。③有阳山者。有顺山者,顺水出焉。

① 懿行案:《藏经》本作"光槛"。

② 河、济注海,已复出海外,入此山中也。○懿行案:满洲人福星保言:黄河入海,复流出塞外,注翰海;翰海地皆沙碛,盖伏流也。案福君此说与经义合,翰海即群鸟解羽之所,见下文。

③ 懿行案:《海内西经》云:河水"入渤海,又出海外","入禹所导積石山"。正与此经合。是此海即渤海矣,《水经》所谓"渤海",亦即此。

有始州之国。有丹山。①

① 此山纯出丹朱也。《竹书》曰:"和甲西征,得一丹山。"今所在亦有丹山,丹出土穴中。○懿行案:《竹书》云:"阳甲三年,西征丹山戎。"阳甲一名和甲也。郭所引与今本小异。

有大泽,方千里,群鸟所解。①

①《穆天子传》曰:"北至广原之野,飞鸟所解其羽,乃于此猎鸟兽,绝群,载羽百车。"《竹书》亦曰:"穆王北征,行流沙千里,积羽千里。"皆谓此泽也。○懿行案:大泽已见《海内西经》。《穆天子传》云:"硕鸟解羽,六师之人毕至于旷原。"是郭所引"广"当为"旷",或古字通也。此谓之大泽,《穆天子传》谓之旷原,《史记》、《汉书》谓之翰海,皆是。《史记》索隐引崔浩云:

"翰海,北海名,群鸟之所解羽,故云翰海。"

有毛民之国,<sup>①</sup>依姓,<sup>②</sup>食黍,使四鸟。禹生均国,均国生役采,<sup>③</sup>役采生修<sup>④</sup>鞈。<sup>⑤</sup>修鞈杀绰人,<sup>⑥</sup>帝念之,潜为之国,<sup>⑦</sup>是此毛民。

① 其人面体皆生毛。○懿行案:毛民国已见《海外东经》。今所见毛民,面首獲毛,尽如熊,唯微露眉目处所有,似狝猴,余则是人耳,然其体亦皆毛也,不解言语,但收养者以意指使之。嘉庆十一年春正月,余在京师亲所诊见,是其毛人乎? 高诱注《淮南》而云"毛如矢镞",即实非矣。

② 懿行案:《晋语》云:"黄帝之子二十五宗,其得姓者十四人,为十二姓。"中有依姓也。

③ "采",一作"来"。○懿行案:《藏经》本正作"来"。

④ 懿行案:《藏经》本作"循"。

⑤ 音如单袷之袷。

⑥ 人名。

⑦ 潜,密用之为国。

有儋耳之国,<sup>①</sup>任姓,<sup>②</sup>禹号子,食谷。北海之渚中,<sup>③</sup>有神,人面鸟身,珥两青蛇,践两赤蛇,名曰禺彊。<sup>④</sup>

① 其人耳大下儋,垂在肩上。朱崖儋耳,镂画其耳,亦以放之也。○懿行案:《淮南子》作"耽耳",《博物志》作"檐耳",皆"儋耳"之异文也。"儋",依字当为"瞻",见《说文》。此是北瞻耳也。《吕氏春秋·任数篇》曰:"北怀儋耳。"高诱注云:"北极之国。"正谓是也。其南瞻耳,经谓之离耳,见《海内南经》。又聂耳国见《海外北经》,与此异。

② 懿行案:《晋语》说黄帝之子十二姓中,有任姓也。

③ 言在海岛上种粟给食,谓禺䝞也。○懿行案:禺号即禺猇。《大荒东经》云:"黄帝生禺猇,禺猇生禺京。"禺京即禺䝞也,"京"、"䝞"声相近。

④ 懿行案:《大荒东经》云:禺猇"珥两黄蛇,践两黄蛇"。与此异,余则同也。又《海外北经》云禺䝞践两青蛇,亦与此异。又帝命禺䝞使巨鳌十五,举首而戴五山,见《列子·汤问篇》。


大荒之中,有山名曰北极天柜,<sup>①</sup>海水北注焉。有神,九首人面,鸟身,名曰九凤。<sup>②</sup>又有神,衔蛇操蛇,<sup>③</sup>其状虎首人身,四蹄长肘,名曰彊良。<sup>④</sup>


① 音匮。○懿行案:"柜",《藏经》本作"櫃"。

② 懿行案:郭氏《江赋》云:"奇鸧九头。"疑即此。

③ 懿行案:《列子·汤问篇》说愚公事云:"操蛇之神闻之,告之于帝。"操蛇之神当即此。

④ 亦在畏兽画中。○懿行案:《后汉·礼仪志》说十二神云:"强梁、祖明共食磔死寄生。"疑强梁即彊良,古字通也。


大荒之中,有山名曰成都载天。有人珥两黄蛇,把两黄蛇,名曰夸父。后土生信,<sup>①</sup>信生夸父。夸父不量力,欲追日景,逮之于禺谷。<sup>②</sup>将饮河而不足也,将走大泽,未至,死于此。<sup>③</sup>应龙已杀蚩尤,又杀夸父,<sup>④</sup>乃去南方处之,故南方多雨。<sup>⑤</sup>


① 懿行案:后土,共工氏之子句龙也,见昭十九年《左传》,又见《海内经》。

② 禺渊,日所入也,今作"虞"。○懿行案:《列子·汤问篇》夏革说本

此,"禺谷"作"隅谷"。

　③ 渴死。○懿行案:夸父逐日已见《海外北经》。

　④ 上云夸父不量力,与日竞而死,今此复云为应龙所杀,死无定名,触事而寄,明其变化无方,不可揆测。

　⑤ 言龙水物,以类相感故也。

又有<sup>①</sup>无肠之国,<sup>②</sup>是任姓。

　① 懿行案:《藏经》本无"又"字。

　② 为人长也。○懿行案:《海外北经》云无肠国"其为人长",是此注所本。

无继子食鱼。<sup>①</sup>

　① "继"亦当作"晵",谓膞肠也。○懿行案:"膞肠"即"腨肠",其声同也,见《海外北经》无晵国。"继"、"晵"声相近。《淮南·墬形训》作"无继民"。

共工臣名曰相繇,<sup>①</sup>九首蛇身,自环,<sup>②</sup>食于九土。<sup>③</sup>其所歍所尼,<sup>④</sup>即为源泽,<sup>⑤</sup>不辛乃苦,<sup>⑥</sup>百兽莫能处。<sup>⑦</sup>禹堙洪水,杀相繇,<sup>⑧</sup>其血腥臭,不可生谷,其地多水,不可居也。<sup>⑨</sup>禹湮之,三仞三沮,<sup>⑩</sup>乃以为池,群帝是因以为台,<sup>⑪</sup>在昆仑之北。<sup>⑫</sup>

　① 相柳也,语声转耳。○懿行案:相柳见《海外北经》。
　② 言转旋也。

③ 言贪残也。○懿行案：《海外北经》作"九山"。

④ 欪，呕，犹喷吒。尼，止也。○懿行案：《说文》云："欪，心有所恶，若吐也。"又云："欧，吐也。"《尔雅·释诂》云："尼，止也。"

⑤ 言多气力。

⑥ 言气酷烈。

⑦ 言畏之也。

⑧ 禹塞洪水，由以溺杀之也。

⑨ 言其膏血滂流，成渊水也。

⑩ 言禹以土塞之，地陷坏也。

⑪ 地下宜积土，故众帝因来在此共作台。○懿行案：即帝尧、帝喾等台也，见《海内北经》。

⑫ 懿行案：《海内北经》云："台四方，在昆仑东北。"


有岳之山，①寻竹生焉。②


① 懿行案：李善注张协《七命》引此经，作"岳山"，无"之"字。

② 寻，大竹名。○懿行案：《玉篇》作"筹"，云："竹长千丈。"然《海外北经》有"寻木长千里"，寻竹犹寻木也。《玉篇》作"筹"，失之。李善注张协《七命》引此经及郭注，并止作"寻"，可证《玉篇》之非。


大荒之中，有山名曰不句，海水入焉。①


① 懿行案：《藏经》本"水"下有"北"字。


有系昆之山者。有共工之台，射者不敢北乡。①有人衣青衣，名曰黄帝女魃。②蚩尤作兵伐黄帝，③黄帝乃令应龙攻之冀州之野。④应龙畜水，蚩尤请风伯雨师纵大风雨。⑤黄帝乃下天女曰魃,⑥雨止,⑦遂杀蚩尤。⑧魃不得复上,所居不雨。⑨叔均言之帝,后置之赤水之北。⑩叔均乃为田祖。⑪魃时亡之,⑫所欲逐之者,令曰:"神北行!"⑬先除水道,决通沟渎。⑭

① 言畏之也。○懿行案:共工之台已见《海外北经》。

② 音如旱妭之魃。○懿行案:《玉篇》引《文字指归》曰:"女妭,秃无发,所居之处,天不雨也,同魃。"李贤注《后汉书》引此经,作"妭",云:"妭亦魃也。"据此则经文当为"妭",注文当为"魃",今本误也。《太平御览》七十九卷引此经,作"妭",可证。

③ 懿行案:《大戴礼·用兵篇》云:"问曰:'蚩尤作兵与?'曰:'蚩尤,庶人之贪者也,何器之能作?'"是以蚩尤为庶人。然《史记·殷本纪》云:"昔蚩尤与其大夫作乱百姓,帝乃弗子有状。"是知蚩尤非庶人也。又《五帝本纪》云:"诸侯咸来宾从,而蚩尤最为暴,莫能伐。"则蚩尤为诸侯,审矣。《管子·地数篇》云:"蚩尤受葛卢山之金而作剑、铠、矛、戟。"《太平御览》二百七十卷引《世本》曰:"蚩尤作兵。"宋衷注曰:"蚩尤,神农臣也。"又引《春秋元命苞》曰:"蚩尤虎卷威文立兵。"宋均注曰:"卷,手也。手文,威字也。"又《龙鱼河图》说此极详,见《史记正义》。

④ 冀州,中土也。黄帝亦教虎、豹、熊、罴,以与炎帝战于阪泉之野而灭之,见《史记》。○懿行案:古以冀州为中州之通名,故郭云"冀州,中土也"。又引《史记》云"黄帝与炎帝战于阪泉之野",此《五帝本纪》文。然其下方云"与蚩尤战于涿鹿之野",郭氏未引此文,盖漏脱也。《周书·尝麦篇》云:"蚩尤乃逐帝,争于涿鹿之阿,九隅无遗。赤帝大慑,乃说于黄帝,执蚩尤,杀之于中冀,用名之曰绝辔之野。"《周书》所说,即此经云"攻之冀州之野"也。《焦氏易林》云:"白龙赤虎战斗,俱怒,蚩尤败走,死于鱼口。"即此经云"令应龙攻之"也。

⑤ 懿行案:"纵"当为"从"。《史记正义》引此经云:"以从大风雨。"《艺

文类聚》七十九卷及《太平御览》七十九卷引此经,亦作"从"。

⑥ 懿行案:《御览》引此经,"魃"作"妭";《藏经》本此下亦俱作"妭"。《史记正义》引《龙鱼河图》云:"黄帝以仁义不能禁止蚩尤,乃仰天而叹。天遗玄女下授黄帝兵符,伏蚩尤。"

⑦ 懿行案:《史记正义》引此经,有"以止雨"三字,在"雨止"句之上。

⑧ 懿行案:《初学记》九卷引《归藏·启筮》云:"蚩尤出自羊水,八肱八趾,疏首,登九淖以伐空桑。黄帝杀之于青丘。"《史记》索隐引皇甫谧云:"黄帝使应龙杀蚩尤于凶黎之谷。"

⑨ 旱气在也。

⑩ 远徙之也。

⑪ 主田之官。《诗》云:"田祖有神。"

⑫ 畏见逐也。○懿行案:亡,谓善逃逸也。

⑬ 向水位也。○懿行案:北行者,令归赤水之北也。

⑭ 言逐之必得雨,故见先除水道。今之逐魃是也。○懿行案:《艺文类聚》一百卷引《神异经》云:"南方有人,长二三尺,袒身而目在顶上,走行如风,名曰魃,所见之国大旱,赤地千里。一名狢。遇者得之,投溷中刀死,旱灾消。"是古有逐魃之说也。《魏书》载咸平五年晋阳得死魃,长二尺,面顶各二目。《通考》言永隆元年长安获女魃,长尺有二寸。然则《神异经》之说,盖不诬矣。今山西人说旱魃神,体有白毛,飞行绝迹,而东齐愚人有打旱魃之事。其说怪诞不经,故备书此正之。


## 有人方食鱼,名曰深目民之国,①盼姓,食鱼。②


① 懿行案:深目国已见《海外北经》。

② 亦胡类,但眼绝深。黄帝时姓也。○懿行案:"盼",府文切,见《玉篇》,与"滕"、"荀"二字形声俱近。《晋语》说黄帝之子十二姓中,有滕、荀,疑郭本"盼"作"滕"或"荀",故注云"黄帝苟姓"也。

有锺山者。有女子衣青衣，名曰赤水女子献。①

　　① 神女也。○懿行案：《穆天子传》云：赤乌之人丌好献女于天子，"曰：赤乌氏，美人之地也。"似与此经义合。

　　大荒之中，有山名曰融父山，顺水入焉。①有人名曰犬戎。黄帝生苗龙，苗龙生融吾，融吾生弄②明，弄明生白犬，③白犬有牝牡，④是为犬戎，肉食。有赤兽，⑤马状无首，名曰戎宣王尸。⑥

　　① 懿行案：上文云"有顺山者，顺水出焉"，即此。
　　② 一作"卞"。
　　③ 懿行案：《汉书·匈奴传》注引此经，作"弄明"；《史记·周本纪》正义引此经，作"并明"，"并"与"卞"疑形、声之讹转。《匈奴传》索隐引此经，亦作"并明"，又云："黄帝生苗，苗生龙，龙生融，融生吾，吾生并明，并明生白，白生犬，犬有二壮，是为犬戎。"所引一人，俱为两人，所未详闻。
　　④ 言自相配合也。○懿行案：《史记·周本纪》正义、《汉书·匈奴传》注引此经，并作"白犬有二牝牡"。盖谓所生二人相为牝牡也。《藏经》本作"白犬二犬有牝牡"，下"犬"字疑衍。
　　⑤ 懿行案：《说文》云："赤狄本犬种，从犬亦省声。"
　　⑥ 犬戎之神名也。

　　有山，名曰齐州之山、君山、𡼥山、①鲜野山、鱼山。

　　① 音潜。

有人一目，当面中生。<sup>①</sup>一曰是威姓，少昊之子，<sup>②</sup>食黍。

① 懿行案：此人即一目国也，见《海外北经》。"当面中生"四字，《藏经》本作郭注，非。

② 懿行案：《晋语》云青阳与夷鼓皆为巳姓。说者云青阳即少昊。是少昊巳姓，此云威者，"巳"、"威"声相转。

有继无民。<sup>①</sup>继无民任姓，无骨子，<sup>②</sup>食气、鱼。<sup>③</sup>

① 懿行案："继无"疑当为"无继"，即上文无继子也。

② 言有无骨人也。《尸子》曰："徐偃王有筋无骨。"

③ 懿行案："食气、鱼"者，此人食气兼食鱼也。《大戴礼·易本命篇》云："食气者，神明而寿。"

西北海外，流沙之东，有国曰中輢，<sup>①</sup>颛顼之子，食黍。

① 懿行案："輢"，《玉篇》云："符善切。"《集韵》云："婢善切，音扁。"《藏经》本"輢"作"轮"。

有国名曰赖丘。有犬戎国。<sup>①</sup>有神，<sup>②</sup>人面兽身，名曰犬戎。

① 懿行案：犬戎国已见《海内北经》。

② 懿行案：犬戎，黄帝之玄孙，已见上文。是犬戎亦人也，"神"字疑讹。《史记·周本纪》集解引此经，正作"人"字。

西北海外,黑水之北,有人有翼,名曰苗民。<sup>①</sup>颛顼生驩
头,<sup>②</sup>驩头生苗民。苗民釐姓,<sup>③</sup>食肉。有山名曰章山。

① 三苗之民。○懿行案:三苗国已见《海外南经》。《史记·五帝纪》
正义引《神异经》云:"西荒中,有人焉,面目手足皆人形,而胳下有翼,不能
飞,为人饕餮,淫逸无理,名曰苗民。"引此经文。

② 懿行案:驩头国亦见《海外南经》。

③ 懿行案:"釐"与"僖"同,说已见上。

大荒之中,有衡石山、九阴山、洞野之山,<sup>①</sup>上有赤树,青
叶赤华,名曰若木。<sup>②</sup>

① 懿行案:《水经》"若水"注、《文选·甘泉赋》及《月赋》注、《艺文类
聚》八十九卷引此经,并作"灰野之山"。

② 生昆仑西,附西极,其华光赤下照地。○懿行案:"若",《说文》作
"叒",云:"日初由东方汤谷所登榑桑,叒,木也,象形。"今案《说文》所言是
东极若木,此经及《海内经》所说乃西极若木,不得同也。《离骚》云:"折若
木以拂日。"王逸注云:"若木在昆仑西极,其华照下地。"《淮南·墬形训》
云:"若木在建木西,末有十日,其华照下地。"皆郭注所本也。又《文选·月
赋》注引此经,"若木"下有"日之所入处"五字;《水经》"若水"注引此经,"若
木"下有"生昆仑山西,附西极"八字,证以王逸《离骚》注"若木在昆仑西
极",则知《水经注》所引八字,古本盖在经文,今误入郭注尔。又郭注"其华
光赤下照地",王逸《离骚》注亦有"其华照下地"五字,以此互证,疑此句亦
当在经中,今本误入注文也。《艺文类聚》八十九卷引郭氏《赞》云:"若木之
生,昆山是滨。朱华电照,碧叶玉津。食之灵智,为力为仁。"

有牛黎之国。<sup>①</sup>有人无骨,儋耳之子。<sup>②</sup>

① 懿行案：牛黎盖即柔利也，其人反膝曲足居上，故此经云"无骨"矣。柔利国见《海外北经》。

② 儋耳人生无骨子也。

　　西北海之外，赤水之北，有章尾山。<sup>①</sup>有神，人面蛇身而赤，<sup>②</sup>直目正乘，<sup>③</sup>其瞑<sup>④</sup>乃晦，其视乃明，<sup>⑤</sup>不食不寝不息，风雨是谒，<sup>⑥</sup>是烛九阴，<sup>⑦</sup>是谓烛龙。<sup>⑧</sup>

① 懿行案：《海外北经》作"鍾山"，此作"章尾山"，"章"、"鍾"声近而转也。《文选》注《雪赋》引此经文，又注《舞鹤赋》引《十洲记》曰："鍾山在北海之中地，仙家数千万，耕田种芝草，课计顷亩也。"即此。

② 身长千里。〇懿行案："身长千里"见《海外北经》。《艺文类聚》七十九卷引此四字作经文，"里"字作"尺"。今案四字作经文是也，《海外北经》可证。

③ 直目，目从也。正乘，未闻。〇懿行案：毕氏云："'乘'恐'朕'字假音，俗作'朕'也。"

④ 懿行案：李善注《思玄赋》引此经，作"眠"，俗字也。

⑤ 言视为昼，眠为夜也。

⑥ 言能请致风雨。

⑦ 照九阴之幽阴也。

⑧ 《离骚》曰："日安不到，烛龙何耀？"《诗含神雾》曰："天不足西北，无有阴阳消息，故有龙衔精以往照天门中云。"《淮南子》曰："蔽于委羽之山，不见天日也。"〇懿行案：《楚词·天问》作"烛龙何照"，郭引"照"作"耀"也。李善注《雪赋》引《诗含神雾》云："有龙衔火精以照天门中。"此注所引脱"火"字也。又引《淮南子》者，《墜形训》云："烛龙在雁门北，蔽于委羽之山，不见日。"高诱注云："委羽，北方山名。一曰：龙衔烛以照太阴，盖长千里云云。"

# 山海经第十八

## 海 内 经

东海之内，北海之隅，有国名曰朝鲜、<sup>①</sup>天毒，其人水居，<sup>②</sup>偎人爱之。<sup>③</sup>

① 朝鲜，今乐浪郡也。○懿行案：朝鲜已见《海内北经》。

② 天毒，即天竺国，贵道德，有文书、金银、钱货，浮屠出此国中也。晋大兴四年，天竺胡王献珍宝。○懿行案：《史记·大宛传》云"有身毒国"，索隐云："身，音乾；毒，音笃。孟康云：即天竺也，所谓浮图，胡也。"案《大宛传》说身毒云："其人民乘象以战，其国临大水焉。"《后汉书·西域传》云："天竺国，一名身毒，其国临大水，修浮图道，不杀伐。"《水经注》引康泰《扶南传》曰："天竺土俗道法流通，金宝委积山川，饶沃恣所欲。"大意与郭注同也。

③ 偎，亦爱也，音隐隈反。○懿行案："爱之"，《藏经》本作"爱人"，是也。《列子》云："列姑射山，有神人，不偎不爱，仙圣为之臣。"义正与此合。袁宏《汉纪》云："浮屠，佛也。天竺国有佛道，其教以修善慈心为主，不杀生。"亦此义也。《玉篇》云："偎，爱也。"本此。又云："北海之隈，有国曰偎人。"以偎人为国名，义与此异。

西海之内，流沙之中，有国名曰壑市。<sup>①</sup>

① 音郝。○懿行案：《水经注》"禹贡山水泽地"云："流沙在西海郡，北又径浮渚，历壑市之国。"

西海之内,流沙之西,有国名曰氾叶。①

① 音如泛滥之泛。○懿行案:《水经注》无此国,疑脱。

流沙之西,有鸟山者,①三水出焉,②爰有黄金、璿瑰、丹货、银、铁,皆流于此中。③又有淮山,好水出焉。

① 懿行案:《水经注》云:流沙"历墼市之国,又径于鸟山之东"。
② 三水同出一山也。
③ 言其中有杂珍奇货也。○懿行案:"皆流于此中",《藏经》本作"皆出此水"四字。《穆天子传》云:"天子之珤,玉果、璿珠、烛银、黄金之膏。"即此类。

流沙之东,黑水之西,有朝云之国、①司彘之国。黄帝妻雷祖,生昌意。②昌意降处若水,③生韩流。④韩流擢首谨耳,⑤人面豕喙,⑥麟身渠股,⑦豚止,⑧取淖子曰阿女,生帝颛顼。⑨

① 懿行案:《水经注》云:流沙"又径于鸟山之东",朝云之国。
②《世本》云:"黄帝娶于西陵氏之子,谓之累祖,产青阳及昌意。"○懿行案:雷,姓也;祖,名也。西陵氏姓方雷,故《晋语》云"青阳,方雷氏之甥"也。"雷",通作"累"。郭引《世本》作"累祖",《大戴礼·帝系篇》作"嫘祖",《史记·五帝纪》同,《汉书·古今人表》作"絫祖",并通。
③ 懿行案:《大戴礼·帝系篇》与此同。《史记》索隐云:"降,下也。言帝子为诸侯。若水在蜀,即所封国也。"
④《竹书》云:"昌意降居若水,产帝乾荒。"乾荒即韩流也,生帝颛顼。○懿行案:《竹书》帝乾荒盖即帝颛顼也,此经又有韩流生颛顼,与《竹书》及

《大戴礼》、《史记》皆不合,当在阙疑。郭氏欲以此经附合《竹书》,恐非也。详见《大荒东经》。

⑤ 擢首,长咽。谨耳,未闻。○懿行案:《说文》云:"颙,头颙颙谨貌。""项,头项项谨貌。"即谨耳之义。然则颙项命名,岂以头似其父故与?《说文》又云:"擢,引也。"《方言》云:"擢,拔也。"拔引之则长,故郭训"擢"为长矣。

⑥ 懿行案:《韩诗外传》姑布子卿说孔子云"污面蒙喙","蒙"盖与"豰"通,即豕喙也。

⑦ 渠,车辋,言骈脚也。《大传》曰大如车渠。○懿行案:"骈"当为"胼",依字当为"骿",见《说文》。《尚书大传》云:"取大贝,大如大车之渠。"郑康成注云:"渠,车罔也。"是郭注所本。

⑧ 止,足。○懿行案:止即趾也。《士昏礼》云:"皆有枕北止。"郑注云:"止,足也。古文'趾'作'止'。"又《汉书·郊祀歌》云:"获白麟,爰五止。"颜师古注亦训"止"为足也。

⑨ 《世本》云:"颙项母浊山氏之子,名昌仆。"○懿行案:《大戴礼·帝系篇》云:"昌意娶于蜀山氏之子,谓之昌仆氏,产颙项。"郭引《世本》作"浊山氏","浊"、"蜀"古字通,"浊"又通"淖",是淖子即蜀山子也。曰"阿女"者,《初学记》九卷引《帝王世纪》云:"颙项母曰景仆,蜀山氏女,谓之女枢。"是也。

流沙之东,黑水之间,有山名不死之山。①

① 即员丘也。○懿行案:《水经注》云:流沙"又历员丘、不死山之西"。郭知不死山即员丘者,员丘山上有不死树,食之乃寿,见《海外南经》注。

华山、青水之东,有山名曰肇山。有人,名曰柏高。①柏高上下于此,至于天。②

① 柏子高,仙者也。○懿行案:据郭注,经文当为"柏子高",《藏经》本正如是,今本脱"子"字也。《庄子·天地篇》云:"尧治天下,伯成子高立为诸侯。"禹时,"伯成子高辞为诸侯而耕"。《史记·封禅书》说神仙之属,有羡门子高,未审即一人否? 又郭注《穆天子传》云:"古'伯'字多从木。"然则柏高即伯高矣。伯高者,《管子·地数篇》有"黄帝问于伯高"云云,盖黄帝之臣也。帝乘龙鼎湖而伯高从焉,故高亦仙者也。

② 言翱翔云天,往来此山也。


西南黑水之间,有都广之野,①后稷葬焉,②爰有膏菽、膏稻、膏黍、膏稷,③百谷自生,④冬夏播琴。⑤鸾鸟自歌,凤鸟自儛,灵寿实华,⑥草木所聚。⑦爰有百兽,相群爰处。⑧此草也,⑨冬夏不死。


① 懿行案:《海内西经》云:"后稷之葬,山水环之,在氐国西。"其地盖在今甘肃界也。《鲁语》云:"稷勤百谷而山死。"韦昭注云:"死于黑水之山。"《淮南·墬形训》云:"南方曰都广,曰反户。"高诱注云:"都广,国名,山在此国,因复曰都广山,在日之南,皆为北乡户,故反其户也。"《墬形训》又云:"后稷垅在建木西。"又云:"建木在都广。"高诱注云:"都广,南方山名。"《史记·周本纪》注引此经,作"黑水、青水之间,有广都之野"。与今本异,又作"大荒经",误。

② 其城方三百里,盖天下之中,素女所出也。《离骚》曰:"绝都广野而直指号。"○懿行案:《楚词·九叹》云:"绝都广以直指兮。"郭引此句,于"都广"下衍"野"字;又作"直指号","号"即"兮"字之讹也。王逸注引此经,有"其城方三百里,盖天地之中"十一字,是知古本在经文,今脱去之,而误入郭注也。因知"素女所出也"五字,王逸注虽未引,亦必为经文无疑矣。素女者,徐锴《说文系传》云:"黄帝使素女鼓五十弦琴,黄帝悲,乃分之为二十五弦。"今案黄帝,《史记·封禅书》作"太帝",《风俗通》亦云:"《黄帝书》:'泰

帝使素女鼓瑟而悲,帝禁不止云云。'"然则素女盖古之神女,出此野中也。又郭注"天下之中",当为"天地之中"。

③ 言味好皆滑如膏。《外传》曰"膏粢之子,菽豆粢粟"也。○懿行案:赵岐注《孟子》云:"膏粢,细粟如膏者也。"郭注"味好",《藏经》本作"好米"。又引《外传》"膏粢之子",《晋语》作"膏粱之性",与此异文,所未详。

④ 懿行案:刘昭注《郡国志》引《博物记》云:"扶海洲上有草,名蒒,其实食之如大麦,从七月稔熟,民敛获,至冬乃讫,名曰自然谷,或曰禹余粮。"即此之类。杨慎补注云:"《齐民要术》引此,作'百榖自生'云,'榖'即'馨'字。"此言非也。"榖"盖"穀"字之讹,古无此字。《论衡·偶会篇》云:"禄恶殖不滋之榖。"是也,其字从㱿,从禾,不从木。

⑤ 播琴,犹播殖,方俗言耳。○懿行案:毕氏云:"播琴,播种也。《水经注》云:'楚人谓冢为琴。''冢'、'种'声相近也。"今案毕说是也。又刘昭注《郡国志》铜阳,引《皇览》曰:"县有葛陂乡,城东北有楚武王冢,民谓之楚武王岑。"然则楚人盖谓"冢"为"岑"。"岑""琴"声近,疑初本谓之"岑",形声讹转为"琴"耳。

⑥ 灵寿,木名也,似竹有枝节。○懿行案:《尔雅》云:"椐,樻。"即灵寿也。《诗》释文引《毛诗草木疏》云:"节中肿,似扶老,即今灵寿是也,今人以为马鞭及杖,弘农共北山皆有之。"《汉书·孔光传》云:"赐太师灵寿杖。"颜师古注云:"木似竹,有枝节,长不过八九尺,围三四寸,自然有合杖制,不须削治也。"

⑦ 在此丛殖也。

⑧ 于此群聚。

⑨ 懿行案:此草,犹言此地之草,古文省耳。


南海之外,黑水、青水之间,①有木名曰若木,②若水出焉。③有禺中之国。有列襄之国。有灵山。有赤蛇在木上,名曰蝡蛇,木食。④

① 懿行案：《水经》"若水"注引此经，无"青水"二字。

② 树赤华青。○懿行案：《大荒北经》说若木云"赤树，青叶赤华"，此注"华"盖"叶"字之讹。

③ 懿行案：《地理志》云：蜀郡，旄牛，"鲜水出徼外，南入若水。若水亦出徼外，南至大莋入绳。"《水经》云："若水出蜀郡旄牛徼外，东南至故关为若水。"注云："若水之生非一所也，黑水之间，厥木所植，水出其下，故水受其称焉。"

④ 言不食禽兽也。音如奘弱之奘。○懿行案：《大荒南经》云宋山"有赤蛇，名育蛇"，但此在木上为异。


有盐长①之国。有人焉，鸟首，名曰鸟氏。②


① 懿行案：《太平御览》七百九十七卷引作"监长"，"有"上有"西海中"三字；《藏经》本亦作"监长"；《北堂书钞》一百五十七卷引与今本同。

② 今佛书中有此人，即鸟夷也。○懿行案："鸟氏"，《御览》引作"鸟民"，今本"氏"字讹也。鸟夷者，《史记·夏本纪》及《地理志》并云"鸟夷皮服"。《大戴礼·五帝德篇》云："东有鸟夷。"是也。又《秦本纪》云："大费生子二人，一曰大廉，实鸟俗氏。"《索隐》云："以仲衍鸟身人言，故为鸟俗氏。"亦斯类也。


有九丘，①以水络之，②名曰陶唐之丘、③有叔得之丘、④孟盈之丘、⑤昆吾之丘、⑥黑白之丘、赤望之丘、参卫之丘、武夫之丘、⑦神民之丘。⑧


① 懿行案：《北堂书钞》引"有"上有"地缭"二字，与鸟民连文。

② 络，犹绕也。○懿行案：《文选·游天台山赋》及《景福殿赋》注引此注，并云"络，绕也"。

③ 陶唐,尧号。

④ 懿行案:《书钞》引"叔"上有"升"字。

⑤ 懿行案: 叔得、孟盈盖皆人名号也。"孟盈"或作"盖盈",古天子号。

⑥ 此山出名金也。《尸子》曰:"昆吾之金。"○懿行案:昆吾之山已见《中次二经》。此经昆吾,古诸侯号也。《大戴礼·帝系篇》云:"陆终产六子,其一曰樊,是为昆吾。"《淮南·墬形训》云:"昆吾丘在南方。"

⑦ 此山出美石。○懿行案:《南次二经》会稽之山"其下多砆石",郭注云:"砆,武夫石,似玉。"是也。

⑧ 言上有神人。○懿行案:《文选·游天台山赋》注引此经,作"神人之丘";《书钞》仍引作"神民"。以郭注推之,似"民"当为"人"。


有木,青叶紫茎,玄华黄实,名曰建木,①百仞无枝,有九欘,②下有九枸,③其实如麻,④其叶如芒。⑤大皞爰过,⑥黄帝所为。⑦有窫窳,龙首,是食人。⑧有青兽,人面,⑨名曰猩猩。⑩

① 懿行案:《海内南经》云建木在弱水上,郭注本此经为说。

② 枝,回曲也,音如斤斲之斲。○懿行案:《玉篇》云:"欘,枝上曲。"本此。《藏》本经文"枝"下有"上"字,今本脱也。

③ 根盘错也。《淮南子》曰:"木大则根櫙。"音劬。○懿行案:见《淮南·说林训篇》。"櫙"、"枸"音同。

④ 似麻子也。

⑤ 芒,木似棠梨也。○懿行案:芒木如棠,赤叶,可毒鱼,出菱山,见《中次二经》。

⑥ 言庖羲于此经过也。○懿行案:庖羲生于成纪,去此不远,容得经过之。

⑦ 言治护之也。

⑧ 在弱水中。○懿行案:窫窳居弱水中,已见《海内南经》。

⑨ 懿行案：郭注《海内南经》云："狌狌状如黄狗。"此经云"青兽，人面"，与郭异。《太平御览》九百八卷引此经，无"青兽"二字，盖脱。《艺文类聚》九十五卷引作"有兽"，无"青"字，当是。今本"青"字衍也。

⑩ 能言。○懿行案：《吕氏春秋·本味篇》云："肉之美者，猩猩之唇。"高诱注云："猩猩，兽名也，人面狗躯而长尾。"案狌狌知人名，见《海内南经》，猩猩能言见《曲礼》。

西南有巴国。①大暤②生咸鸟，咸鸟生乘釐，乘釐生后照，③后照是始为巴人。④有国名曰流黄辛氏，⑤其域中方三百里，其出是尘土。⑥有巴遂山，渑水出焉。⑦

① 今三巴是。

② 懿行案：《列子·黄帝篇》云："庖牺氏蛇身人面而有大圣之德。"《帝王世纪》云："大暤母曰华胥，履大人迹于雷泽，而生庖牺于成纪。"《地理志》云：天水郡，"成纪"。

③ 懿行案：《太平御览》一百六十八卷引此经，"照"作"昭"。

④ 为之始祖。

⑤ 即鄸氏也。○懿行案：《海内西经》云"流黄鄸氏之国"，即此。又《南次二经》云柜山"西临流黄"，亦此也。

⑥ 言殷盛也。○懿行案：尘坌出是国中，谓人物喧阗也。《藏经》本"域"字作"城"，"出"字上下无"其"、"是"二字。

⑦ 懿行案：《水经》"若水"注云："绳水出徼外。"引此经，亦作"绳水"。《地理志》云：蜀郡，旄牛，"若水出徼外，南至大莋八绳"。即斯水也。

又有朱卷之国。有黑蛇，青首，食象。①

① 即巴蛇也。○懿行案：巴蛇已见《海内南经》。

南方有赣巨人，<sup>①</sup>人面长臂，<sup>②</sup>黑身有毛，反踵，见人笑亦笑，<sup>③</sup>唇蔽其面，因即逃也。<sup>④</sup>

① 即枭阳也。音感。○懿行案：枭阳国已见《海内南经》。今南康人说深山中亦有此物也。

② 懿行案："臂"当为"唇"字之讹，见《海内南经》。

③ 懿行案：当依古本作"见人则笑"，说见《海内南经》。牟廷相曰："'亦'，古'掖'字，言见人则笑而掖持之也，下'笑'字属下句读。"懿行案：此读可通，而于《海内南经》之文微阂，姑存之以备一解。

④ 懿行案：《藏经》本"即"作"可"。

又有黑人，虎首鸟足，两手持蛇，方啗之。

有赢民，鸟足。<sup>①</sup>有封豕。<sup>②</sup>有人曰苗民。<sup>③</sup>有神焉，人首蛇身，长如辕，<sup>④</sup>左右有首，<sup>⑤</sup>衣紫衣，冠旃冠，名曰延维。<sup>⑥</sup>人主得而飨食之，伯天下。<sup>⑦</sup>有鸾鸟自歌，凤鸟自舞。凤鸟首文曰德，翼文曰顺，膺文曰仁，背文曰义，见则天下和。<sup>⑧</sup>又有青兽，如菟，名曰菌狗。<sup>⑨</sup>有翠鸟。<sup>⑩</sup>有孔鸟。<sup>⑪</sup>

① 音盈。

② 大猪也，羿射杀之。○懿行案：《楚词·天问》云："冯珧利决，封豨是射。"王逸注云："封豨，神兽也。言羿猎射封豨，以其肉膏祭天地。"《淮南·本经训》云："尧之时，封豨为民害，尧乃使羿禽封豨于桑林。"是皆郭所本也。然大猪所在皆有，非必即羿所射者。《初学记》及《艺文类聚》引《符子》曰："有献燕昭王大豕者，邦人谓之豕仙，死而化为鲁津伯。"又《吴志》云：孙休永安五年，"使察战到交阯调孔爵、大猪"。斯皆封豕之类也。《类聚》九十四卷引郭氏《赞》云："有物贪婪，号曰封豕。荐食无厌，肆其残毁。

羿乃饮羽,献帝效技。"

③ 三苗民也。

④ 大如车毂,泽神也。

⑤ 岐头。

⑥ 委蛇。

⑦ 齐桓公出田于大泽,见之,遂霸诸侯。亦见《庄周》,作"朱冠"。○懿行案:《庄子·达生篇》云:"委蛇其大如毂,其长如辕,紫衣而朱冠,其为物也,恶闻雷车之声,则捧其首而立,见之者殆乎霸也。"

⑧ 言和平也。○懿行案:凤状已见《南次三经》丹冗之山,与此小异。

⑨ 音如朝菌之菌。○懿行案:"箘"盖古"菌"字,其上从屮,即古文"艸"字也。如"芬薰"之字,今皆从草,古从屮,作"芬焄"字,是其例也。箘狗者,《周书·王会篇》载《伊尹四方令》云:"正南以菌鹤短狗为献。"疑即此物也。

⑩ 懿行案:《尔雅》云:"鹬翠。"《王会篇》云:"仓吾翡翠。"王逸注《楚词·招魂》云:"雄曰翡,雌曰翠。"李善注《鹪鹩赋》引《异物志》曰:"翡,赤色,大于翠。"刘逵注《蜀都赋》云:"翡翠常以二月、九月群翔,兴古千余。"又注《吴都赋》云:"翡翠巢于树巅生子,夷人稍徙下其巢,子大未飞,便取之,皆出于交阯郁林南。"

⑪ 孔雀也。○懿行案:《王会篇》云:"方人以孔鸟。"刘逵注《蜀都赋》云:"孔雀特出永昌南涪县。"又注《吴都赋》云:"孔雀尾长六七尺,绿色,有华彩,朱崖、交阯皆有之,在山草中。"案《吴志》云:孙休"使察战到交阯调孔爵"。


南海之内,有衡山,①有菌山,②有桂山。③有山名三天子之都。④


① 南岳。○懿行案:郭注《中次十一经》衡山云:"今衡山在衡阳湘南县,南岳也,俗谓之岣嵝山。"宜移注于此。衡阳郡湘南见《晋书·地理志》。

② 音芝菌之菌。○懿行案："菌"即"芝菌"之字，何须用音？知郭本经文不作"菌"，疑亦当为"崮"字，见上文。

③ 或云："衡山有菌桂，桂员似竹。"见《本草》。○懿行案：刘逵注《蜀都赋》引《神农本草经》曰："菌桂出交趾，圆如竹，为众药通使。"

④ 一本"三天子之鄣山"。○懿行案：注"一本"下当脱"作"字，或"云"字。三天子鄣山，已见《海内南经》。《藏经》本经文直作"三天子之鄣山"，无郭注。

南方苍梧①之丘，苍梧之渊，②其中有九嶷山，③舜之所葬，在长沙零陵界中。④

① 懿行案：《王会篇》作"仓吾"。

② 懿行案：李善注《思玄赋》及李贤注《后汉书》及《艺文类聚》引此经，并作"川"，盖避唐讳也。

③ 音疑。

④ 山今在零陵营道县南，其山九溪皆相似，故云九疑，古者总名其地为苍梧也。○懿行案：苍梧之山，帝舜葬于阳，已见《海内南经》。《说文》云："九嶷山，舜所葬，在零陵营道。"《楚词》、《史记》并作"九疑"；《初学记》八卷及《文选·上林赋》注引此经，亦作"九疑"，《琴赋》注又作"九嶷"，盖古字通也。罗含《湘中记》云衡山、九疑皆有舜庙，又云："衡山遥望如阵云，沿湘千里，九向九背，乃不复见。"

北海之内，有蛇山者，①蛇水出焉，东入于海。有五采之鸟，飞蔽一乡，②名曰翳鸟。③又有不距之山，巧倕葬其西。④

① 懿行案：《海内北经》之首有蛇巫山，疑非此。

② 汉宣帝元康元年，五色鸟以万数过蜀都，即此鸟也。○懿行案：《思

玄赋》旧注引此经,作"飞蔽日",盖古本如此。

③ 凤属也。《离骚》曰:"驷玉虬而乘鹥。"○懿行案:《广雅》云:"鹥鸟、鸾鸟,凤皇属也。"今《离骚》"鹥"作"鹥",王逸注云:"凤皇别名也。"《史记·司马相如传》张揖注及《文选》注、《后汉书·张衡传》注引此经,并作"鹥鸟";《上林赋》注仍引作"鹥鸟"。

④ 倕,尧巧工也,音瑞。○懿行案:义均是始为巧倕,始作下民百巧,见下文。郭知为尧臣者,以《虞书》云:"咨垂,女共工。""垂"、"倕"盖一人也。《淮南·本经训》云:"周鼎著倕使衔,其指以明大巧之不可为也。"高诱注云:"倕,尧之巧工。"是皆郭注所本。《玉篇》云:"倕,黄帝时巧人名也。"与郭义异。《藏经》本"音瑞"作"音垂"。

北海之内,有反缚盗械、①带戈常倍之佐,名曰相顾之尸。②

① 懿行案:吴氏引《汉纪》云:"当盗械者皆颂系。"注云:"凡以罪著械皆得称盗械。"

② 亦贰负臣危之类。

伯夷父生西岳,①西岳生先龙,先龙是始生氐羌,氐羌乞姓。②

① 懿行案:《周语》云:"胙四岳国,命为侯伯,赐姓曰姜氏,曰有吕。"此经言"伯夷父生西岳",盖其父本为四岳,至其子纂修旧勋,故复为西岳也。《大荒西经》有南岳,未审是此何人。

② 伯夷父,颛顼师,今氐羌其苗裔也。○懿行案:《竹书》云:"成汤十九年,氐羌来贡。武丁三十四年,氐羌来宾。"《周书·王会篇》云:"氐羌鸾鸟。"孔晁注云:"氐地之羌不同,故谓之氐羌。"郭云"伯夷父,颛顼师"者,

《汉书·古今人表》云："柏夷亮父，颛顼师。"《新序·杂事五》云："颛顼学伯夷父。"是郭所本也。"柏"与"伯"通，凡古人名"伯"者，《表》皆书作"柏"字也。

北海之内，有山名曰幽都之山，①黑水出焉。其上有玄鸟、玄蛇、②玄豹、③玄虎、④玄狐，蓬尾。⑤有大玄之山，有玄丘之民。⑥有大幽之国。⑦有赤胫之民。⑧

① 懿行案：《尔雅·释地》云："有幽都之筋角焉。"高诱注《淮南·墬形训》云："古之幽都在雁门以北。"又案《大戴礼·五帝德篇》云："北至于幽陵。"疑幽陵即幽都。

② 懿行案：上文云："朱卷之国，有黑蛇，食象。"《大荒南经》云："黑水之南，有玄蛇，食麈。"

③ 懿行案：《中次十一经》云即谷之山"多玄豹"。李善注《子虚赋》引此经。

④ 黑虎名䖘，见《尔雅》。

⑤ 蓬，丛也，阻留反。《说苑》曰："蓬狐文豹之皮。"○懿行案：《小雅·何草不黄篇》云："有芃者狐。"盖言狐尾蓬蓬然大，依字当为"蓬"，《诗》假借作"芃"耳。郭云"阻留反"，于文上无所承，疑有阙脱。《太平御览》九百九卷引此注，作"蓬蓬其尾"也，无"阻留反"三字，非。牟廷相曰："'丛'字可读如'蕺'。"则"阻留"当是"丛"字之音也。

⑥ 言丘上人物尽黑也。○懿行案："人物尽黑"疑本在经中，今脱去之。《水经》"温水"注云：林邑国人以黑为美，所谓玄国。亦斯类也。

⑦ 即幽民也，冗居无衣。○懿行案：郭注疑本在经中，今脱去。

⑧ 膝已下正赤色。

有钉灵之国，其民从膝已下有毛，马蹄善走。①

①《诗含神雾》曰："马蹄自鞭其蹄，日行三百里。"○懿行案："钉灵"，《说文》作"丁零"，一作"丁令"。《通考》云："丁令国有二乌孙，长老言：'北丁令有马胫国，其人声音似雁鹜，从膝以上身头，人也；膝以下生毛，马胫马蹄。不骑马而走，疾于马。'"案《通考》所说，见裴松之注《三国志》引《魏略》云。

炎帝之孙伯陵，①伯陵同吴权之妻阿女缘妇，②缘妇孕三年，③是生鼓、延、殳。始为侯，④鼓、延是始为鍾，⑤为乐风。⑥

① 懿行案：《周语》云："大姜之侄，伯陵之后，逢公之所冯神。"昭二十年《左传》云："有逢伯陵因之。"杜预注云："逢伯陵，殷诸侯。"以此经文推之，伯陵非亲炎帝之孙，盖其苗裔也。

② 同，犹通，言淫之也。吴权，人姓名。

③ 孕，怀身也。

④ 三子名也。殳，音殊。

⑤《世本》云："毋句作磬，倕作鍾。"○懿行案：《初学记》十六卷引此经，与今本同。《说文》云："古者毋句氏作磬，垂作鍾。"与郭引《世本》同。又《初学记》引《世本》，"毋"作"无"，盖古字通用；又引《乐录》云："无句，尧臣也。"

⑥ 作乐之曲制。

黄帝生骆明，骆明生白马，白马是为鲧。①帝俊生禺号，禺号生淫梁，淫梁生番禺，②是始为舟。③番禺生奚仲，奚仲生吉光，吉光是始以木为车。④少皞生般，⑤般是始为弓矢。⑥帝俊赐羿彤弓素矰，⑦以扶下国，⑧羿是始去恤下地之百艰。⑨帝俊生晏龙，⑩晏龙是⑪为琴瑟。⑫帝俊有子八人，是始为歌舞。⑬帝俊生三身，三身生义均，⑭义均是始为巧倕，是始作下民百巧。⑮后稷是播百谷，⑯稷之孙曰叔均，⑰是始作牛耕。⑱大比赤阴，⑲是始为国。⑳禹、鲧是始布土均定九州。㉑炎帝之妻、赤水之子听訞生炎居，炎居生节并，节并生戏器，㉒戏器生祝融。㉓祝融降处于江水，生共工，共工生术器。术器首方颠，㉔是复土穰，以处江水。㉕共工生后土，㉖后土生噎鸣，噎鸣生岁十有二。㉗洪水滔天，㉘鲧窃帝之息壤以堙洪水，㉙不待帝命。帝令祝融㉚杀鲧于羽郊。㉛鲧复生禹，㉜帝乃命禹卒布土以定九州。㉝

① 即禹父也。《世本》曰："黄帝生昌意，昌意生颛顼，颛顼生鲧。"〇懿行案：郭引《世本》云"昌意生颛顼，颛顼生鲧"，与《大戴礼·帝系》世次相合，而与前文"昌意生韩流，韩流生颛顼"之言却复相背，郭氏盖失检也。大抵此经非出一人之手，其载古帝王世系尤不足据，不必强为之说。

② 懿行案：《北堂书钞》一百三十七卷引此经，"淫"作"经"。《大荒东经》言"黄帝生禺猇"，即禺号也；禺猇生禺京，即淫梁也。"禺京"、"淫梁"声相近。然则此经帝俊又当为黄帝矣。

③《世本》云："共鼓、货狄作舟。"〇懿行案：《初学记》二十五卷引此经，又引《世本》云"共鼓、货狄作舟，黄帝二臣"也。

④《世本》云："奚仲作车。"此言吉光，明其父子共创作意，是以互称之。〇懿行案：《说文》云："车，夏后时奚仲所造。"

⑤ 音班。

⑥《世本》云："牟夷作矢，挥作弓。"弓、矢一器，作者两人，于义有疑。此言般之作，是。〇懿行案：《说文》云："古者夷牟初作矢。"郭引《世本》作"牟夷"，疑文有倒转耳。宋衷云："夷牟，黄帝臣也。"《说文》又云："挥作弓。"

与《世本》同。《吴越春秋》云:"黄帝作弓。"《荀子·解蔽篇》又云:"倕作弓,浮游作矢。"俱与此经异也。

⑦ 彤弓,朱弓;矰,矢名,以白羽羽之。《外传》"白羽之矰,望之如荼"也。○懿行案:《楚词·天问篇》云:"冯珧利决。"王逸注云:"珧,弓名也;决,射韝也。"是即帝赐羿弓矢之事。《太平御览》八十二卷引《帝王世纪》曰:"羿其先,帝喾以世掌射故,于是加赐以弓矢,封之于鉏,为帝司射。"盖本此经为说也。《说文》云:"矰,隹躲矢也。"郭云"白羽羽之",疑下"羽"字误。所引《外传》者,《吴语》文。

⑧ 言令羿以射道除患,扶助下国。

⑨ 言射杀凿齿、封豕之属也。有穷后羿慕羿射,故号此名也。

⑩ 懿行案:帝俊生晏龙,晏龙生司幽,已见《大荒东经》。

⑪ 懿行案:《北堂书钞》一百九卷引此经,"是"下有"始"字。

⑫《世本》云:"伏羲作琴,神农作瑟。"○懿行案:《说文》云:"琴,神农所作。""瑟,庖牺所作。"此注盖传写之讹也。《初学记》十六卷引《琴操》曰:"伏牺作琴。"又引《世本》、《说文》、桓谭《新论》并云:"神农作琴。"二说不同。据《初学记》所引《说文》,是与《世本》同之证。

⑬ 懿行案:《初学记》十五卷、《艺文类聚》四十三卷、《太平御览》五百七十二卷引此经,并云:"帝俊八子,是始为歌。"无"舞"字。

⑭ 懿行案:帝俊妻娥皇,生三身之国,已见《大荒南经》。义均者,《竹书》云:"帝舜二十九年,帝命子义钧封于商。"《楚语》云:"舜有商均。"韦昭注云:"均,舜子,封于商。"是也。此经又云"三身生义均",与《竹书》、《国语》俱不合。

⑮ 懿行案:巧倕葬不距山西,已见上文。

⑯ 懿行案:《鲁语》云:"昔烈山氏之有天下也,其子曰柱,能殖百谷百蔬,夏之兴也。周弃继之,故祀以为稷。"是柱、弃二人相代为后稷。此经所指,盖未审何人也。

⑰ 懿行案:《大荒西经》云:"稷之弟曰台玺,生叔均。"是叔均乃后稷之犹子,与此复不同。

⑱ 始用牛犁。

⑲ 或作"音"。〇懿行案："大比赤阴"四字难晓，推寻文义，当是地名。《大荒西经》说叔均始作耕，又云"有赤国妻氏"，然则"大比赤阴"岂谓是与？

⑳ 得封为国。

㉑ 布，犹敷也。《书》曰："禹敷土，定高山大川。"

㉒ 懿行案：《史记索隐·补三皇本纪》云："神农纳奔水氏之女曰听詙为妃，生帝哀，哀生帝克，克生帝榆罔云云。"证以此经，"赤水"作"奔水"，"听訞"作"听詙"，及"炎居"已下文字俱异。司马贞自注云："见《帝王世纪》及《古史考》。"今案二书盖亦本此经为说，其名字不同，或当别有依据。然古典逸亡，今无可考矣。"訞"与"妖"同，"詙"音拔。

㉓ 祝融，高辛氏火正号。〇懿行案：老童生祝融，见《大荒西经》，与此又异。

㉔ 头顶平也。〇懿行案："颠"字衍，《藏经》本无之。

㉕ 复祝融之所也。〇懿行案：《竹书》云："帝颛顼七十八年，术器作乱，辛侯灭之。"即斯人也。然则经言"复土穰，以处江水"，盖即其作乱之事。"穰"当为"壤"，或古字通用，《藏经》本正作"壤"。

㉖ 懿行案：韦昭注《周语》引贾侍中云："共工，诸侯，炎帝之后，姜姓也。颛顼氏衰，共工氏侵陵诸侯，与高辛氏争而王也。或云：共工，尧时诸侯，为高辛所灭。昭谓：为高辛所灭，安得为尧诸侯？又，尧时共工与此异也。"据韦昭所駮，盖从贾逵前说也。然《鲁语》云："共工氏之霸九有也，其子曰后土，能平九土。"韦昭注云："共工氏，伯者，在戏、农之间。"懿行案，若在戏、农之间，即不得谓"炎帝之后，姜姓"，是韦昭不从贾逵所说也。高诱注《淮南·原道训》亦云："共工，以水行霸于伏羲、神农间者，非尧时共工也。"与韦昭后说同。后土名句龙，见《左传》。又韦昭注《鲁语》云："其子共工之裔子句龙也，佐黄帝为土官，使君土官，故曰后土。"《管子·五行篇》云："黄帝得后土而辩于北方。"是韦昭注所本也。

㉗ 生十二子，皆以岁名名之，故云然。〇懿行案：《大荒北经》云："后土生信。"《大荒西经》云："下地是生噎。"疑噎即噎鸣，或彼有脱文也。

㉘ 滔,漫也。

㉙ 息壤者,言土自长息无限,故可以塞洪水也。《开筮》曰:"滔滔洪水,无所止极,伯鲧乃以息石、息壤以填洪水。"汉元帝时,临淮徐县地踊长五六里,高二丈,即息壤之类也。○懿行案:《竹书》云:"周显王五年,地忽长十丈有余,高尺半。"《天文志》云:"水澹地长。"地长即息壤也。《淮南·墬形训》云:"禹乃以息土填洪水,以为名山,掘昆仑虚以下地。"高诱注云:"'地',或作'池'。"据《淮南》斯语,是鲧用息壤而亡,禹亦用息壤而兴也。《史记·甘茂传》云:"王迎甘茂于息壤。"索隐引此经及《启筮》,与今本同。

㉚ 懿行案:祝融即高辛氏之火正黎也,死为火官之神,葬于衡山。《思玄赋》旧注云:"楚灵王之世,衡山崩而祝融之墓坏,中有营丘九头图矣。"

㉛ 羽山之郊。○懿行案:羽山已见《南次二经》。《晋语》云:"昔者鲧违帝命,殛之于羽山,化为黄能,以入于羽渊。"《水经》"淮水"注引《连山易》曰:"有崇伯鲧,伏于羽山之野。"是也。

㉜《开筮》曰:"鲧死三岁不腐,剖之以吴刀,化为黄龙也。"○懿行案:《初学记》二十二卷引《归藏》云:"大副之吴刀,是用出禹。"《吕氏春秋·行论篇》亦云:"副之以吴刀。"盖即与郭所引为一事也。《楚词·天问》云:"永遏在羽山,夫何三年不施? 伯禹腹鲧,夫何以变化?"言鲧死三年不施化,厥后化为黄熊。故《天问》又云:"化而为黄熊,巫何活焉?"郭引《开筮》作"黄龙",盖别有据也。"伯禹腹鲧",即谓"鲧复生禹",言其神变化无方也。《玉篇》引《世本》云:"颛顼生鲧,鲧生高密,是为禹也。""鮌"即"鲧"字。

㉝ 鲧绩用不成,故复命禹终其功。○懿行案:《楚词·天问》云:"纂就前绪,遂成考功。"又云:"鲧何所营? 禹何所成?"言禹能纂成先业也。

懿行案:右《大荒》、《海内经》五篇,大凡五千三百三十二字。

# 山海经订讹一卷

## 南 山 经

誰山,临于西海之上。①

有草焉,其状如韭。②

其名曰祝余。③

堂庭之山,多棪木。④

又东三百七十里,曰杻阳之山。⑤

又东三百里,柢山。⑥

基山有兽,其名曰猼訑。⑦

有鸟名曰鹒鸺。⑧

英水,其中多赤鱬。⑨

凡誰山之首,自招摇之山以至箕尾之山,凡十山,二千九百五十里。⑩

其祠之礼:毛。⑪

糈用稌米。⑫

仆勾之山。⑬

其中多茈蠃。⑭

其上多梓、枬。⑮

凡《南次二经》之首,自柜山至于漆吴之山,凡十七山,七千二百里。⑯

秙用稌。⑰

祷过之山其下多犀、兕。⑱

多怪鸟⑲

其汗如漆。⑳

有穴焉,水出辄入。㉑

凡《南次三经》之首,自天虞之山以至南禺之山,凡一十四山,六千五百三十里。㉒

右南经之山志,大小凡四十山,万六千三百八十里。㉓

① 在蜀伏山山南之西头。○"伏"当为"汶"。

②《尔雅》云"霍"。○"霍"当为"藿"。

③ 或作"桂荼"。○"桂"疑当为"柱"。

④ 棪,别名连其。○"连"当为"速"。

⑤ 音纽。○经"杻"当为"枢",注"纽"当为"细"。

⑥ "柢"上疑脱"曰"字。

⑦ "施",一作"阤"。○"施"当为"訑"。

⑧ 鹠鸺,急性、敞、孚二音。○经文"鹠"当为"鹠",注文"鹠鸺"当为"憋怤","敞"当为"敝"。

⑨ 音儒。○"儒"字讹,明《藏经》本作"儒"。

⑩ 今才九山,二千七百里。

⑪《周官》曰:"阳祀用骍牲之毛"。○当为"毛之"。

⑫ 稌,稌稻也。○疑注衍一"稌"字。

⑬ "勾",一作"夕"。○"夕"疑当为"多"。

⑭ "苵"当为"茋"。

⑮《尔雅》以为"枏"。○王引之云:"'枏'疑当作'梅'。"

⑯ 今七千二百一十里。

⑰ 稻穖也。○疑"穖"或"稉"之讹。王引之曰:"'穖'与'稉'不同,'穖'

字非讹。"臧庸曰:"疑注当为'稌,稻也'。"

⑱ 重三千斤。〇"三"字衍。

⑲《广雅》曰:"鹖鵖、鴗明、爰居、鸱雀,皆怪鸟之属也。"〇今《广雅》作"鸂离、延居、鹢雀,怪鸟属也。"

⑳ "汗"当为"汁"。

㉑ "出"当从《藏经》本作"春"。

㉒ 今才一十三山,五千七百三十里。

㉓ 经当有四十一山,万六千六百八十里。今才三十九山,万五千六百四十里。

# 西 山 经

钱来之山,有兽,名曰羬羊。①

小华之山,鸟多赤鷩。②

其木多棕枏。③

食之已疷。④

大如笄而黑端。⑤

浮山多盼木。⑥

嶓冢之山,汉水出焉,而东流注于沔。⑦

有草,名曰蓇蓉。⑧

天帝之山有鸟,黑文而赤翁。⑨

皋涂之山,有兽,名曰玃如。⑩

黄山,盼水出焉。⑪

其鸟多鸇。⑫

騩山,是錞于西海。⑬

凡《西经》之首,自钱来之山至于騩山,凡十九山,二千九百五十七里。⑭

泰冒之山,浴水出焉。⑮

高山,其下多青碧。⑯

鹿台之山。⑰

厷阳之山。⑱

其木多椶、柟、豫章。⑲

皇人之山,其下多青雄黄。⑳

凡《西次二经》之首,自钤山至于莱山,凡十七山,四千一百四十里。㉑

毛采。㉒

崇吾之山,有木,员叶而白柎。㉓

有兽焉,其状如禺而文臂豹虎。㉔

不周之山,东望泑泽,河水所潜,其源浑浑泡泡。㉕

黄帝是食是飨。㉖

坚粟精密。㉗

浊泽有而光。㉘

五色发作。㉙

其阴多榣木之有若。㉚

爰有淫水,其清洛洛。㉛

名曰沙棠,可以御水,食之使人不溺。㉜

桃水,其中多鳛鱼。㉝

玉山，有兽，其名曰狡，其音如吠犬，见则其国大穰。㉞

其音如录。㉟

积石之山，其下有石门，河水冒以西流。㊱

其音如击石，其名如狰。㊲

三危之山，有兽，名曰傲狠。㊳

有鸟，其状如鹤，其名曰鸱。㊴

有神焉，其状如黄囊。㊵

泑山，神蓐收居之。㊶

其音如棄百声。㊷

凡《西次三经》之首，崇吾之山至于翼望之山，凡二十三山，六千七百四十四里。㊸

罳父之山。㊹

盂山，其兽多白狼、白虎。㊺

其名自号也。㊻

凡《西次四经》，自阴山以下至于崦嵫之山，凡十九山，三千六百八十里。㊼

右西经之山，㊽凡七十七山，一万七千五百一十七里。㊾

① 箴，音针。○"针"当为"鍼"。

② 冠金，皆黄。○"皆"当为"背"。

③ 椶，树高三丈许，无枝条，叶大而员，枝生梢头。○"员枝"，"枝"字讹，《藏经》本作"岐"。

④ 《韩子》曰："腐人怜主。"○"人"字衍，"主"当为"王"。

⑤ 笋，簜属。○《文选》注引此经，下有"以毛射物"四字。

⑥ 音美目盼兮之盼。○郭既音"盼"，经文不当为"盼"，未审何字

之讹。

⑦ 江即沔水。○郭本经文当作"注于江",今本讹为"注于沔"。又郭注"江"上当脱"入"字,"江"下又脱"汉"字,遂不复可读。

⑧《尔雅》曰:"荣而不实,谓之菁。"音骨。○"菁"上脱"英"字。

⑨ 翁,头下毛。○"头"当为"颈"。

⑩ 音猨婴之婴。○经当为"玃",注当为"玃"。

⑪ 音"美目盼兮"之盼。○经文不当为"盼",未审何字之讹。

⑫ 音垒。○"鸜"当为"鹠","垒"当为"叠",见《玉篇》。

⑬ 镈,犹堤塝也。○"塝"字衍,见《玉篇》所引。

⑭ 今三千一百一十七里。

⑮ "浴"当为"洛"。

⑯ 今越嶲会稽县东山出碧。○"会稽"当为"会无"。

⑰ 今在上郡。○"上郡"中间脱"党"字。

⑱ 音旨。○"庢"当为"底"字之讹。

⑲ 豫章,大木,生七年而后复可知也。○注"复"字衍。

⑳ 即雌黄也。○"雌"疑当为"雄"。

㉑ 今四千六百七十里。

㉒ 言用雄色鸡也。○"雄"字讹,《藏经》本作"杂"。

㉓ 经当为"拊",故郭音"府"。其"音符"者,乃当从木旁,作"柎"耳,传写讹谬,遂不复可别。经传此类,亟须刊正。

㉔ 臧庸曰:"'豹虎'疑'豹尾'之讹。"

㉕ 郭注"蒲泽"当为"盐泽","三百余里"上当脱"千"字,《水经注》可证。

㉖ 所以得登龙于鼎湖而龙蜕也。○注"龙蜕"二字疑讹,《太平御览》引作"灵化"。

㉗《礼记》曰:"稹密似栗。""栗"或作"栗"。○经文"粟"疑当为"栗",注文"粟"、"粟"亦当为"栗"、"栗","作栗"当为"作粟",并形近而讹,王引之说。

㉘ "有而"当为"而有"。

㉙ 言符彩互映色。○郭注"色",《藏经》本作"也"。

㉚ 《国语》曰:"榗木不生花也。"○"花"当为"危"。

㉛ 水留下之貌也。○淫,音遥也。○案:"留"当为"溜",或为"流"。陈寿祺曰:"'淫'无遥音,经'淫'字疑讹。"

㉜ 刻以为舟。○"刻"当为"制"。

㉝ 音滑。○"鳛"当为"鳎","滑"当为"渭"。

㉞ 状如豹文。"豹文"上脱"狗"字。

㉟ 音录,义未详。○经文作"录",郭复音"录",必有误。

㊱ 今在金城河门关。○"门"字衍。

㊲ 京氏《易义》曰:"音如石相击。"音静也。○经文"如狰"之"如",当为"曰"字之讹。注文"音静"之上当脱"狰"字。

㊳ 傲、噎两音。○"徼"当为"葵","徇"当为"狥"。

㊴ 扶狩则短。○当为"扶兽则死",今诸本并作"死",一本作"短"讹。

㊵ "焉"当为"鸟"。

㊶ 亦金神也,人面、虎爪、白尾。○"尾"当为"毛"。

㊷ "棄"当为"𠪚"。

㊸ 今才二十二山,六千二百四十里,加流沙四百里,才六千六百四十里。

㊹ "父"当为"谷"。见《玉篇》、《广韵》。

㊺ 白虎,虎名魋魋。○注有脱误,当为"白虎名魋,黑虎名𪊨"。

㊻ 或作"设"。设,亦呼耳。○"设"当为"詨"。

㊼ 今才三千五百八十五里。

㊽ "山"下脱"志"字。

㊾ 经当有七十八山,一万七千五百二十一里,今则一万八千一十二里。

# 北 山 经

潏水,其中多芘石。①

彭水,其中多儵鱼,其状如鸡而赤毛,三尾六足,四首。②

边春之山,有兽,名曰幽鴳。③

单张之山,有兽名曰诸犍。④

凡《北山经》之首,自单狐之山至于堤山,凡二十五山,五千四百九十里。⑤

管涔之山,汾水出焉,而西流注于河。⑥

敦头之山,旄水东流注于印泽。⑦

梁渠之山,其兽多居暨,其状如汇而赤毛。⑧

湖灌之水,其中多鮪。⑨

凡《北次二经》之首,自管涔之山至于敦题之山,凡十七,山五千六百九十里。⑩

太行之山,有兽,其名曰䮪,善还。⑪

王屋之山。⑫

景山,南望盐贩之泽。⑬

谒戾之山,沁水出焉,南流注于河。⑭

神囷之山。⑮

少山,清漳之水出焉,东流于浊漳之水。⑮

绣山,洧水出焉,其中有鳠黾。⑯

敦与之山,溹水出于其阳,而东流注于泰陆之水。⑰

泜水出于其阴,而东流注于彭水。⑱

秦戏之山,虖沱之水出焉。⑲

其川在尾上。⑳

又北水行五百里,至于雁门之山。㉑

西望幽都之山,浴水出焉。㉒

凡《北次三经》之首,自太行之山以至于无逢之山,凡四十六山,万二千三百五十里。㉓

右北经之山志,凡八十七山,二万三千二百三十里。㉔

① "芘"当为"茈"。

② "儵"当为"鲦","首"当为"目"。

③ 鴗,音遏。○"鴗"当为"頞"。

④ 音如犍牛之犍。○郭既音"犍",经文不当为"犍",疑"犍"字之讹,而《玉篇》仍作"犍"字,又似不讹。

⑤ 今五千六百八十里。

⑥ 至汾阳县北,西入河。○"汾阳"当为"汾阴"。

⑦ 下文北嚻山作"邛泽",《说文》作"邝泽"。

⑧ 汇,似鼠,赤毛如刺猬。○郭注"赤"字、"猬"字并衍。

⑨ 亦鲜鱼字。○《文选》注《四子讲德论》引郭氏此注曰:"鲜,鱼似蛇,时阐切。"疑即今本注下脱文也。

⑩ 今才一十六山,六千一百四十里。

⑪ 还,旋,旋僛也。○"还"当音旋,注"旋"上脱"音"字。

⑫ 今在河东东垣县北。○"东垣","东"字衍。

⑬ 即盐池也。○"盐池"上当脱"解县"二字。

⑭ 或出榖述县羊头山。○"述"当为"远"。

⑮ 音如仓囷之囷。○"囷"即仓囷之"囷",郭氏复音如之,知经文必不作"囷"。《广韵》引作"箘",疑是也。

⑮ 清漳出少山大绳谷,至武安县南暴宫邑入于浊漳。或曰:东北至邑

城入于大河也。〇"大绳"当为"大叟","暴宫"当为"黍窨","邑城"当为"阜成"。

⑯ 鼋鼍，似虾蟆。〇"鼋鼍"疑当为"耿鼋"。马瑞辰曰："'鼋'疑'醜'之或体也。"

⑰ 今巨鹿北广平泽。〇"平"当为"阿"。

⑱ 今泒水出中丘县西穷泉谷。〇"中丘"上当脱"常山"二字。

⑲ 今虖池水出雁门卤成县南武夫山。〇"成"当为"城"。

⑳ 川，窍也。〇王引之曰："'川'似当为'州'，字形相近而误。"

㉑ 此经不言有水出焉，当有脱文。

㉒ 浴，即黑水也。〇郭注"浴"下当脱"水"字。

㉓ 今四十七山，一万二千四百四十里。

㉔ 经当有二万三千五百三十里，今则八十八山二万四千二百六十里。

# 东 山 经

番条之山，减水出焉。①

高氏之山，其下多箴石。②

又南三百里，曰泰山。③

有兽，名曰狪狪。④

东流注于江。⑤

竹山，激水出焉，其中多茈蠃。⑥

凡《东山经》之首，自樕螽之山以至于竹山，凡十二山，三千六百里。⑦

祈聃用鱼。⑧

澧水,其中多珠鳖鱼,其状如肺而有目。⑨

馀莪之山,有兽,名曰犰狳。⑩

兔丽之山,有兽名曰蠪侄。⑪

又南五百里,曰硬山。⑫

孟子之山,其草多菌蒲。⑬

鮯鮯之鱼,其名自叫。⑭

东望榑木。⑮

凡《东次三经》之首,自尸胡之山至于无皋之山,凡九山,六千九百里。⑯

北号之山,有兽,名曰猲狙。⑰

凡《东次四经》之首,自北号之山至于太山,凡八山,一千七百二十里。⑱

右东经之山志,凡四十六山,万八千八百六十里。⑲

① 音同减损之减。○郭既音"减",经文不当为"减",未审何字之讹。

② 可以为砥针。○"砥"当为"砭"。

③ 从山下至顶四十八里。○《史记正义》引此作"百四十八里"。

④ 音如"吟桐"之"桐"。○"吟"当为"呻"。

⑤ 一作"海"。○据《水经注》,当作"汶"。竹山亦同。

⑥ "蠃"当为"蠃"。

⑦ 今才三千五百里。

⑧ 《公羊传》云:"盖叩其鼻以聃神。"○《公羊传》当为《穀梁传》,"聃"疑当为"衄"。

⑨ "有"当为"四"。

⑩ 仇、馀二音。○"犰"当为"犰","仇"当为"几"。

⑪ 龙、蛭二音。○经当为"蛭",注当为"侄"。

⑫ 音一真反。○注"一"、"反"二字疑衍。《中次十一经》婴硬之山,"硬"音真,可证。

⑬ 未详。音晒晒之晒。○"晒"当为"胭"。

⑭ "名",《藏经》本作"鸣"。

⑮ 扶、桑二音。○臧庸曰:"经多古文,此必作'东望榑叒',故郭云'扶、桑二音'。《说文》'叒'即'桑'字也。唐音而灼切,非。"

⑯ 今才六千四百里。

⑰ 葛、苴二音。○经当为"犸狚",注当为"葛旦"。

⑱ 此经不言神状及祠物所宜,疑有阙脱。

⑲ 今才万八千二百六十里。

# 中 山 经

金星之山,多天婴,其状如龙骨,可以已痤。①

阴山,其中多彤棠。②

凡薄山之首,自甘枣之山至于鼓镫之山,凡十五山,六千六百七十里。③

辉诸之山,其鸟多鹖。④

又西三百里,曰阳山。⑤

昆吾之山,其上多赤铜。⑥

有兽,名曰䰷蚳。⑦

凡济山〔经〕之首,自辉诸之山至于蔓渠之山,凡九山,一千六百七十里。⑧

南望墠渚。⑨

实惟河之九都。⑩

就蒑山之首,自敖岸之山至于和山,凡五山,四百四十里。⑪

甘水,其中多泠石。⑫

蔜山,有兽焉,名曰獭。⑬

牡山,其下多竹箭、竹𥱶。⑭

成侯之山,其草多芁。⑮

凡薄山之首,自苟林之山至于阳虚之山,凡十六山,二千九百八十里。⑯

实惟蜂蜜之庐。⑰

橐山,多楠木。⑱

凡缟羝山之首,自平逢之山至于阳华之山,凡十四山,七百九十里。⑲

其实如菟丘。⑳

有草焉,其状叶如榆。㉑

有草焉,其名曰嘉荣,服之者不霆。㉒

其叶状如荻。㉓

又东三十里,曰大騩之山。㉔

有草,名猿。㉕

服之不夭。㉖

凡苦山之首,自体与之山至于大騩之山,凡十有九山,千一百八十四里。㉗

东南流注于江。㉘

东北百里,曰荆山。㉙

漳水,其中多鲛鱼。㉚

其兽多闾、麋。㉛

女几之山,多闾、麋、麖麂。㉜

光山,其下多木。㉝

石山,其上多邽石。㉞

讙山,多邽石。㉟

凡荆山之首,自景山至琴鼓之山,凡二十三山,二千八百九十里。㊱

东北流注于海。㊲

其兽多夔牛。㊳

蛇山,有兽,名㺇狼。㊴

勾欘之山。㊵

騩山,其木多桃枝荆芭。㊶

葛山,其下多瑊石。㊷

凡岷山之首,自女几山至于贾超之山,凡十六山,三千五百里。㊸

熊山,席也。㊹

凡首阳山之首,自首山至于丙山,凡九山,二百六十七里。㊺

騩山,帝也,其祠:羞酒,太牢其。㊻

翼望之山,湍水出焉。㊼

东流注于济。㊽

贶水出焉。㊾

神耕父处之,常游清泠之渊。㊿

有九鍾焉,是知霜鸣。㉕

支离之山,济水出焉,南流注于汉。㉒

袟筒之山,其上多松柏机柏。㉓

即谷之山,多玄豹。㉔

高前之山,其上有水,甚寒而清,帝台之浆也。㉕

鲜山有兽,其状如膜大。㉖

又东三十里,曰章山。㉗

其中多脆石。㉘

大支之山,无草木。㉙

历石之山。㉚

名曰躯駼。㉛

几山,有兽,名曰闻獜,见则天下大风。㉜

凡荆山之首,自翼望之山至于几山,凡四十八山,三千七百三十二里。㉝

堵山、玉山,冢也。㉞

凡洞庭山之首,自篇遇之山至于荣余之山,凡十五山,二千八百里。㉟

右中经之山志,大凡百九十七山,二万一千三百七十一里。㊱

右《五臧山经》五篇,大凡一万五千五百三字。㊲

① 痱,痤也。○当为“痤,痱也”。

② “彫”疑当为“肜”。

③ 今才九百三十七里。

④ 似雉而大，青色有毛。○"有毛"当为"有毛角"。

⑤ "三百"当为"三十"。

⑥《尸子》所谓"昆吾之剑"。○"剑"当为"金"。郭又云"铜剑一枝"，"枝"当为"杖"。

⑦ 上已有此兽，疑同名。○"蚳"，疑当为"蛭"。

⑧ 今一千七百七十里。

⑨ 郭云："埠，音填。"○《水经注》引此经，"埠"作"禅"；又引郭注云："禅，一音暖。"今本疑有讹脱。

⑩ 九水所潜，故曰九都。○郭注"潜"字误，《藏经》本作"聚"。

⑪ 今才八十里。

⑫ 泠石，未闻。"泠"，或作"涂"。○经"泠"当为"泠"，注"涂"当为"淦"。

⑬ 音苍颉之颉。○"獭"字诸书所无，《文选》注引作"獭"，然"獭"无颉音，未详。

⑭ "籍"上"竹"字疑衍。

⑮ "芄"当为"芃"。

⑯ 今才十五山。

⑰ 蜜，赤蜂名。○"赤"当为"亦"。

⑱ 穗成如有盐粉著状，可以酢羹。○"酢"当为"作"。

⑲ 今八百二里。

⑳ 菟丘，兔丝也，见《尔雅》。○"《尔雅》"当为"《广雅》"。

㉑ "状叶"当为"叶状"。

㉒ 音廷搏之廷。○当为"脡脯之脡"。

㉓ 荻，亦蒿也，音狄。○"荻"当为"萩"，"狄"当为"秋"。

㉔ 今荥阳密县有大騩山。騩固，沟水所出。○"固"、"沟"当为"山"、"渼"。

㉕ 音狼戾。○"猿"当为"猿"，"狼"当为"狼"。

㉖ 言尽寿也。〇“尽”当为“益”。

㉗ 今才一千五十六里。

㉘ 今睢水出新城魏昌县东南发阿山。〇“魏昌”,《晋书·地理志》作“昌魏”。

㉙ 今在新城沐乡县南。〇“沐”当为“沶”。

㉚ 鲛,鲋鱼类也。〇“鲋”当为“鳝”。

㉛ 似鹿而大也。〇“麋”当为“麈”。

㉜ 麂,似麞而大,猥毛豹脚。〇“猥”当为“獽”,“豹”当为“狗”。

㉝ “木”疑当为“水”。

㉞ 未详。〇疑当为“封石”。

㉟ 疑当为“封石”。

㊱ 今三千一十里。

㊲ 至广阳县入海。〇“广阳县”当为“广陵郡”。

㊳ 此牛出上庸郡,人弩射杀。〇“射杀”下当脱“之”字。

㊴ 音巴。〇“巴”当为“已”。

㊵ 音络椐之椐。〇“椐”当为“柅”。

㊶ “芭”当为“芑”,“芑”又“杞”之假借字。

㊷ 瑊石,劲石,似玉也。〇郭注“瑊石”,“石”字衍,“劲”当为“玏”。

㊸ 今三千六百五十里。

㊹ 席者,神之所冯止也。〇“席”当为“帝”,字形相近而讹。

㊺ 今三百一十里。

㊻ “牢”下之“其”疑当为“具”。

㊼ 鹿拷反。〇疑注有讹文。

㊽ 今湍水径南阳穰县而入清水。〇经文“济”、注文“清”,并当为“淯”,“南阳”当为“义阳”。

㊾ 音况。〇“贶”当为“脘”,见《玉篇》。

㊿ 清泠水在西号郊县山上。〇“西号郊”当为“西鄂”,字之误衍。

(51) 霜降则鍾鸣,故言知也。〇经注“知”并当为“和”,见《北堂书钞》

所引。

㊿ 今济水出郦县西北山中。〇经文"济"及注文"济",并当为"淯"。

㊿ 柏,叶似柳。〇经、注"柏"并当为"桓"。

㊿ 即今荆州山中出黑虎也。〇"出"当为"之"。

㊿ 今河东解县南檀首山上有水。〇"檀首"当为"檀道"。

㊿ "大"当为"犬",见《广韵》。

㊿ 或作"童山"。〇经"章山"当为"皋山",注"童山"当为"章山"。

㊿ 鱼脆反。〇"脆",《藏经》本作"跪"。

㊿ "木"字衍,《藏经》本无。

㊿ 或作"磨"。〇"磨"疑当为"厤"。

㊿ 音如枳柑之枳。〇"柑"当为"椇",见《曲礼》注。

㊿ "粦",一作"虨"。〇"虨"疑当为"雡"。

㊿ 今四千二百二十里。

㊿ 堵山见《中次十经》;玉山见《中次九经》。此经都无此二山,未审何山,字之讹。

㊿ 今才一千八百四十九里。

㊿ 今二万九千五百九十八里。

㊿ 今二万一千二百六十五字。

# 海外南经

其为人小颊赤肩。①

生火出其口中。②

羿射杀之,在昆仑虚东。③

焦侥国在三首东。④

狄山,帝尧葬于阳。⑤

爰有熊、罴、文虎。⑥

视肉。⑦


① 当脾上正赤也。○"脾"当为"髀"。

②《艺文类聚》引此经,无"生"字,疑是。

③ 凿齿,亦人也。○经文"之"下衍"在"字,注"人"下脱"貌"字,见《北堂书钞》所引。

④《外传》云:"焦侥民长三尺。"○"民"当为"氏"。又引《诗含神雾》曰:"从中州以东西。""西"字衍。

⑤ 今阳城县西。○"阳城"当为"城阳"。

⑥《尸子》曰:"中黄伯余。"○"伯"下脱"曰"字。

⑦ 有两目,食之无尽,寻复更生如故。○"无"字衍,《北堂书钞》引作"有眼,食之尽"。


# 海外西经

奇肱之国。①

轩辕之国,在此穷山之际。②

此诸夭之野。③

龙鱼陵居,在其北,状如狸。④

一曰:鳖鱼。⑤

有树名曰雄常,先入伐帝,于此取之。⑥

长股之国,在雄常北,被发。⑦

① 后十年西风至。○据《博物志》,"西"当为"东"。

② "此"字衍。

③ 夭音妖。○"此"字亦衍,"妖"当为"沃"。

④ 或曰:"龙鱼,似狸一角。"○经、注"狸"并当为"鲤"。鲤,龙类也。

⑤ 鳖,音恶横也。○鳖无横音,疑注讹。王引之曰:"'横'当为'憿',憿训恶也。"

⑥ 其俗无衣服,中国有圣帝代立者,则此水生皮可衣也。○经文"伐"当为"代",幸有郭注可证。然经句义尚未足,恐更当有脱文。

⑦ 长臂人身如中人,而臂长二丈。○"二"当为"三",见《海外南经》。

## 海外北经

无脋之国,为人无脋。①

烛龙,居锺山下。②

禹厥之,三仞三沮。③

平丘,爰有甘柤。④

甘华。⑤

① 脋,肥肠也。○"肥"当为"腓"。

②《淮南子》曰:"龙身一足。"○"一"当为"无"。

③ 掘塞之而土三沮滔。〇“滔”当为“陷”。

④ 其树枝干皆赤，黄华白叶，黑实。《吕氏春秋》曰：“其山之东有甘柤焉。”音如柤梨之柤。〇郭注“黄华白叶”当为“黄叶白华”。据郭音甘柤“如柤梨之柤”，证知经文不当作“柤”。《淮南·墬形训》作“樝”，即“柤”本字，《说文》作“櫨”，疑经当为“櫨”也。

⑤ 亦赤枝干，黄华。〇“黄华”亦当为“黄叶”。

## 海外东经

君子国，使二大虎在旁。①

青丘国，其狐四足九尾。②

黑齿国在其北。③

为人黑，食稻啖蛇。④

为人黑首。⑤

九日居下枝，一日居上枝。⑥

为人身生毛。⑦

① “大虎”当为“文虎”，《后汉书·东夷传》注引此经云。

②《汲郡竹书》曰：“柏杼子征于东海及王寿。”〇“王”当为“三”。

③《东夷传》曰：“倭国东四十余里。”〇“十”当为“千”。

④ “黑”下当脱“齿”字。

⑤ “首”当为“齿”，古文形近。

⑥ 若搜之常情，则无理矣。〇“搜”疑当为“揆”。

⑦ 为人短小而体尽有毛。○"而"当为"面"。

# 海内南经

三天子鄣山在闽西海北。①

桂林八树在番隅东。②

郁水出湘陵南海。③

见人笑亦笑。④

左手操管。⑤

狌狌知人名,其为兽如豕而人面。⑥

犀牛,其状如牛而黑。⑦

丹山在丹阳南,丹阳居属也。⑧


① "海"字疑衍。

② 八树而成林,信其大也。○"信"当为"言"。

③ 郁水见《海内东经》,与此有异,疑经有讹文。

④ 古本作"见人则笑",今本疑非是。

⑤《尔雅》云:"髯髯。"○当为"狒狒"。

⑥ 头如雄鸡,食之不眯。○此八字误衍,当删。郭又云:"今交州封溪","州"当为"趾"。

⑦ 犀牛,似水牛,猪头庳脚,三角。○注文当如是,今本误分离其文,遂不复可读。

⑧ 此十一字乃郭注误入经文,"居"又"巴"字之讹。

# 海内西经

系之山上木。①
后稷之葬,山水环之。②
面有九井。③
一曰:挺木牙交。④
伺琅玕树。⑤

① 物禀异气,出于不然。○"不"当为"自"。
② 在广都之野。○当为"都广"。
③《淮南·墬形训》作"旁有九井",《初学记》引此经作"上有九井",疑"面"字讹。
④《淮南》作"璇树"。璇,玉类也。○"璇"当为"琔","琔"与"挺"形近。"树",古文为"叙",传写者破坏之,因为"木牙交"。臧庸曰:"'挺木牙交'为'曼兑'之异文。曼,长也;兑,读为锐。言圣木之树长而叶锐也。'挺'当为'梃'。梃,长貌;牙交,言枝柯之交互也。"
⑤ 庄周曰:"有人三头,递卧递起,以伺琅玕与玕琪子。"○"与玕琪子"四字衍。

# 海内北经

大蠭,其状如螽。①

蛴,其为人虎文胫有胼。②

骄吾,乘之日行千里。③

冰夷人面,乘两龙。④


① "螽"疑当为"蠚",古文"螽"字。

② 言脚有胼肠也。○"脯"当为"腨"。

③ 《周书》曰:"夹林酋耳。"○"夹",《周书》作"央"。

④ 画四面,各乘灵车驾二龙。○"灵"当为"云"。


# 海内东经

都州在海中。一曰:郁州。①

始鸠在海中,辕厉南。②

浙江出三天子都,在其东。③

淮水出馀山,馀山在朝阳东。④

入海淮浦北。⑤

湘水出舜葬东南陬,西环之。⑥

一曰:东南西泽。⑦

汉水出鲋鱼之山。⑧

温水出崆峒山,在临汾南。⑨

入江州城下。⑩

沅水,山出象郡镡城西。⑪

入东注江。⑫

肄水出临晋西南。⑬

济水绝巨鹿泽。⑭

入齐琅槐东北。⑮

潦水出卫皋东。⑯

入越章武北。⑰

入章武南。⑱

① 世传此山自苍梧从南徙来。○"从南"二字疑衍。

② "辕厉"疑当为"韩雁",字形相近。

③ 其字疑讹,据《太平寰宇记》作"蛮",与《地理志》及《说文》合。

④ 朝阳县今属新野。○"新野"当为"义阳",见《晋书·地理志》。

⑤ 至广陵县入海。○据《水经》,"广陵"下当脱"淮浦"二字。

⑥ 今湘水出零陵营道县阳湖山。○"湖"当为"海",或"朔"字之讹。

⑦ 疑文有脱误。

⑧ 此经汉水所出既误,又不见所入处,盖脱。《北堂书钞》引"汉水"作
"濮水",似得之。

⑨ "汾"当为"泾"。又郭注云:"今温水在京兆阴盘县。""京兆"当为"安
定"也。

⑩ 此言白水入江也。"城下"二字疑误衍。

⑪ "山"字衍。

⑫ "人"字疑衍,或"又"字之讹。

⑬ 音如肄习之肄。○若经文作"肄",何复音"肄"? 疑当从《水经注》作
"肆"。"临晋"当为"临武"。

⑭ 巨鹿,今在高平。○"鹿"当为"野"。

⑮ 今碣石也。○当为"今河竭"也,见《水经注》所引。

⑯ 有潦山,小潦水所出,西河注大潦。○"西河"当为"西南"。

⑰ 章武,郡名。○"越"字疑衍,"郡"当为"县"。

⑱ 新城汔阴县亦有漳水。○"汔阴"当为"沵乡"。

# 大荒东经

东海之外,大壑。①

有大人之国。②

中容人,食兽,木实。③

司幽生思士,不妻;思女,不夫。④

有山名曰鞠陵于天、东极、离瞀。⑤

名曰折丹。⑥

东方曰折。⑦

有困民国,勾姓而食。⑧

不得复上。⑨


① "大壑"上当脱"有"字。

② 长者不过十丈。○"十丈"当为"十之",见《鲁语》。郭注又云:"佻人国,长三十丈。""佻"当为"洮","十"字衍。

③ 此国中有赤木、玄木,其华实美。○"華"当为"葉",见《吕氏春秋》。

④ 白鹄相视,眸子不运而感风化。○"鹄"当为"鶤","感"字衍。

⑤ 三山名也。音榖、瞀。○"榖"、"瞀"二字疑俱讹。

⑥ 神人。○"名曰折丹"上疑脱"有神"二字,《北堂书钞》引作"有人"。

⑦ 单吁之。○"吁"当为"呼"。臧庸曰:"'吁'、'呼'通。"经文"折"疑

"吁"字,涉上文"折丹"而误。

⑧ "勾姓"下"而食"上,当有阙脱。

⑨ 应龙遂住地下。○"住"当为"在"。

# 大荒南经

舜与叔均之所葬也。①

有玄蛇食麈。②

有山名曰去痓。③

枫木,蚩尤所弃其桎梏。④

羲和者,帝俊之妻,生十日。⑤

有小人,名曰菌人。⑥

① 墓今在九疑之中。○"基"当为"墓"。

② 今南山蚺蛇吞鹿。○"山"当为"方"。

③ 音如风痓之痓。○此即"风痓"之字,郭又音如之,疑有讹文。

④ 已摘弃其械。○"摘"当为"擿"。

⑤ 言生十子,各以日名名之,故言生十日,数十也。○郭注"生十日"下疑脱"日"字。

⑥ 音如朝菌之菌。○此即"朝菌"之"菌",郭又音如之,疑有讹文,或经当为"菌狗"之"菌"。

# 大荒西经

有白氏之国。①

有先民之国。②

西有王母之山。③

璇瑰瑶碧。④

爰有百乐歌儛之风。⑤

有神,人面无臂,两足反属于头山。⑥

下地是生噎。⑦

有赤犬,名曰天犬,其所下者有兵。⑧

名曰西王母。⑨

女祭、女薎。⑩

有寿麻之国。⑪

有树赤皮,支干青叶,名曰朱木。⑫

颛顼死即复苏。⑬

① "氏"当为"民"。

② "先"当为"天",古字形近。

③ "西有"当为"有西"。

④ 璇瑰,亦玉名,枚、回二音。○经当为"璿瑰",注当为"旋回"。

⑤ 爰有百种伎乐歌儛风曲。○注"爰",明藏本作"言",是也。

⑥ "山"当为"上"。

⑦ 后土生噎鸣,见《海内经》,此经疑有阙脱。

⑧ 《周书》云。○"周"当为"汉"。

⑨ 西王母虽以昆仑之宫。〇"以"当为"居",古字相近。

⑩ 或持觟。〇"蔑"当为"蔑","觟"当为"鲜"。

⑪《吕氏春秋》曰:"南服寿麻。"〇"南"当为"西"。

⑫ "青叶"当为"青华",见《大荒南经》。

⑬《淮南子》曰:"后稷龙在建木西,其人死复苏,其中为鱼。"〇"龙"当为"垅","中"当为"半",见《淮南·墬形训》。

# 大荒北经

皆出卫于山丘。①

有三桑无枝。②

有人衣青衣,名曰黄帝女魃。③

有神,人面兽身,名曰犬戎。④

名曰若木。⑤

有神,人面蛇身而赤。⑥

是谓烛龙。⑦

① 古本当"卫"、"丘"连文,而以"皆出于山"四字相属,今本误倒耳。

② 皆高百仞。〇郭注四字当在经中,误入注文耳,见《艺文类聚》所引。

③ 音如旱妭之魃。〇据《后汉书》注所引,经文当为"妭",注文当为[魃]。

④ "神"当为"人",见《史记·周本纪》集解所引。

⑤ 生昆仑西,附西极。〇郭注七字当入经文。

⑥ 身长千里。○郭注四字当在经文，误入注中耳，见《艺文类聚》所引。

⑦ 有龙衔精以往照天门中云。○"精"上脱"火"字。

# 海 内 经

有人名曰柏高。①

有都广之野，后稷葬焉。②

有木，名曰若木。③

名曰鸟氏。④

神民之丘。⑤

有青兽，人面。⑥

南方有赣巨人，人面长臂。⑦

有菌山。⑧

有山名三天子之都。⑨

玄狐蓬尾。⑩

般是始为弓矢。⑪

帝俊赐羿彤弓素矰。⑫

晏龙是为琴瑟。⑬

是复土穰，以处江水。⑭

① 柏子高，仙者也。○据郭注，经文"柏"、"高"之间当脱"子"字。

② 其城方三百里，盖天下之中，素女所出也。○郭注一十六字当八经

文。又引《离骚》曰:"绝都广野而直指号。""号"当为"兮"。

③ 树赤华青。○"华"当为"叶"。

④ "氏"当为"民"。

⑤ "民"当为"人"。

⑥ "青"字疑衍。

⑦ "臂"当为"唇"。

⑧ 音芝菌之菌。○经文"菌"疑亦当为"蕳"。

⑨ 一本"三天子之鄣山"。○"一本"下当脱"作"字,或"云"字。

⑩ 蓬,丛也,阻留反。○"阻留反"三字,文无所指,当有脱误。牟廷相云:"'丛'字可读如菆,则'阻留'当是'叢'字之音也。"

⑪ 《世本》曰:"牟夷作矢。"○当为"夷牟"。

⑫ 以白羽羽之。○下"羽"字疑讹。

⑬ 《世本》云:"伏羲作琴,神农作瑟。"○当云"伏羲作瑟,神农作琴"。

⑭ "穰"当为"壤"。

# 经内逸文

《北次三经》空桑之山。①

《海外东经》劳民国,其为人黑。②

《大荒南经》有兽,左右有首,名曰跊踢。③

有卵民之国,其民皆生卵。④

《大荒西经》有人反臂,名曰天虞。⑤

《海内经》有大幽之国。⑥

以上见本经，以下见各书。

《论衡·通别篇》云："董仲舒睹重常之鸟，刘子政晓贰负之尸，皆见《山海经》。"⑦

《论衡·订鬼篇》引此经云："沧海之中，有度朔之山，上有大桃木，其屈蟠三千里，其枝间东北曰鬼门，万鬼所出入也。上有二神人，一曰神荼，一曰郁垒，主阅领万鬼，恶害之鬼执以苇索而以食虎。于是黄帝乃作礼，以时驱之，立大桃人，门户画神荼、郁垒与虎，悬苇索以御凶魅。"⑧

应劭《汉地理志》"泜氏"注云："《山海经》'泜水所出'者也。"

《玉篇》"鲎"字注引此经云："形如车文，青黑色，十二足，长五六尺，似蟹，雌常负雄。渔者取之，必得其双，子如麻子，南人为酱。"⑨

《广韵》九"鱼渠纽"下云："貘㺄，兽名，食猛兽，出《山海经》。"⑩

《广韵》四十七"寝沈纽"下云："橘，木名。《山海经》云：'煮其汁味甘，可为酒。'"

《广韵》一"屋卜纽"下云："獏铅，南极之夷，尾长数寸，巢居山林，出《山海经》。"

《广韵》二十八"盍嶪纽"下云："魶魶，鱼名，出《山海经》。"⑪

《文选·西京赋》注引此经云："阆风之上，或上倍之，是谓玄圃；或上倍之，是谓大帝之居。"⑫

《文选·海赋》及左思《招隐诗》、江淹《杂体诗》注并引此经郭注云："横，塞也。"

《文选》郭氏《游仙诗》注引此经郭注云："遁者,退也。"

《北堂书钞》一百五十二卷引此经云："东南荒山,有铜头铁额兵,日饮天酒三斗。酒,甘露也。"

《艺文类聚》二卷引此经云："列缺,电名。"

《类聚》八十六卷引此经云："箕山之东有甘樝,洞庭之上其木多樝。甘樝列于昆仑。"

《初学记》二十八卷引此经云："云山之上,其实干腊。"郭注云："腊干,梅也。"⑬

《初学记》三十卷引此经云："鯶鱼,赤目赤鬣者,食之杀人。"⑭

李肇《国史补》引此经云："水兽好为害,禹锁之,名巫支祈。"⑮

韩鄂《岁华纪丽》引此经云："狼山多毒草,盛夏鸟过之不能去。"

李珣《海药本草》引此经云："木香生东海昆仑山。"

《太平御览》九卷引此经云："大极山东有温水,汤不可过也。"

《御览》十二卷引此经云："仙丘降甘露,人常饮之。"⑯

《御览》三十五卷引此经云："离鱼见,天下大穰。"⑰

《御览》三十八卷引此经云："蓬莱山,海中之神山,非有道者不至。"⑱

《御览》四十二卷引此经云："陆浑山,伊水出焉,今亦号方山。"⑲

《御览》四十三卷引此经云："祭水,源伏流三百余里。"⑳

《御览》四十五卷引此经云："汤山，汤水出焉。"㉑

《御览》四十五卷引此经云："大翮山、小翮山有神庙、神宇。"㉒

《御览》一百六十六卷引此经云："甘松岭，亦谓之松桑岭，江水发源于此。"

《御览》三百六十七卷引此经云："反舌国，其人反舌。一曰：交。"㉓

《御览》九百十卷引此经云："果然兽似猕猴，以名自呼，为苍黑，群行，老者在前，少者在后，得果食辄与老者，似有义焉。交阯诸山有之，獠人射之，以其毛为裘褥，甚温暖。"

① 上已有此山，疑同名也。○今上文无此山。

② 食果草实也，有一鸟两头。

③ 出猣民国，黜、愓两音。

④ 即卵生也。

⑤ 即尸虞也。

⑥ 即幽民也，穴居无衣。

⑦ 案："重常"，《玉篇》作"鶛鵲"。

⑧ 案：所引与《后汉·礼仪志》注文字小异，故录之。

⑨ 案："车"当为"惠"。刘逵注《吴都赋》正作"惠文冠"，"尺"作"寸"，"似蟹"句下有"足悉在腹下"五字，而无"子如麻子"二句，其余则同，而不云出《山海经》。唯《广韵》引作郭璞注《山海经》云云，其文同《玉篇》。证知二书所引，乃郭注逸文也。李善注《江赋》引《广志》曰："鲎鱼似便面，雌常负雄而行，失雄则不能独活，出交趾南海中。"

⑩ 案：《太平御览》九百十三卷引同，唯"玃"作"貜"，无名字。

⑪ 案：二十七"合纳纽"下云："魵，鱼名，似鳖，无甲有尾，口在腹下。"

⑫ 案：此《淮南·墜形训》文，疑李善误引。

⑬ 今案：《中次十二经》有云山，无此文。

⑭ 案：《北山经》首敦薨之水其中多赤鲑，郭注云："今名鳡鮛为鲑鱼，音圭。"此郭据时验而言也。今所见鳡鮛鱼，背青腹白，目解开阖，都无赤色者，与经云"赤鲑"不合。而《初学记》引经"鳡鱼，赤目赤鬣者，食之杀人"，鳡即鲇也，鳡与鲑声相近，经之赤鲑疑此是也。将《初学记》所引本在郭注，今脱去之邪？

⑮ 案：《辍耕录》云："《山海经》：'水兽好为云雨，禹锁于军山之下，名无支祈。'"

⑯ 案：吴淑《事类赋》引"人"上有"仙"字。

⑰ 案：《西次二经》泰器山鳐鱼与此同。

⑱ 案：《海内北经》有蓬莱山。

⑲ 案：杨慎《外集》："陆浑山，《山海经》作'贲浑'。按古'陆'字作'坴'，'贲浑'当是'坴浑'之误。"

⑳ 云云。

㉑ 此汤能愈疾，为天下最。

㉒ 云云。

㉓ 案："交"当为"支"，即《海外南经》岐舌国。

# 郭注引水经

《南山经》首青丘之山。①

《西次三经》积石之山。②

《北次三经》碣石之山。③

《中次七经》末山，末水出焉，北流注于役。④

《海内东经》汉水出鲋鱼之山。⑤

合洞庭中。⑥

洛水出洛西山，东北注河，入成皋之西。⑦

入齐琅槐东北。⑧

以上见本经，以下出各书。

陶宏景《刀剑录》云："《水经》云：'伊水有一物，如人，膝头有爪，人浴辄没不复出。'"⑨

《初学记》三十卷引《水经》曰："海鰌⑩鱼长数千里，穴居海底，入穴则海水为潮，出穴则水潮退，出入有节，故潮水有期。"⑪

补婴以百珪百璧。⑫

句馀之山至会稽之山。⑬


①《水经》云："即《上林赋》云'秋田于青丘'。"

②《水经》引《山海经》云："积石山在邓林山东，河所入也。"

③《水经》曰："碣石山今在辽西临渝县南水中。"

④《水经》作"沫"。

⑤案《水经》："汉水出武都沮县东狼谷，经汉中魏兴至南乡，东经襄阳至江夏安陆县入江，别为沔水，又为沧浪之水。"

⑥《水经》曰："沅水出牂牁且兰县，又东北至镡城县为沅水，又东过临沅县南，又东至长沙下隽县。"

⑦案《水经》："汉水今出上洛冢岭山，东北经弘农至河南巩县入河。"

⑧诸水所出又与《水经》违错。

⑨案郦注《水经·沔水》云："沔水又南与疏水合，水中有物，如三四岁小儿，鳞甲如鲮鲤，射之不可入，七八月中好在碛上自暴，膝头似虎掌爪，常

没水中,出膝头,小儿不知,欲取弄戏,便杀人。或曰:人有生得者,摘其皋厌可小,小使名为水虎者也。"即与《刀剑录》所引为一物。

⑩ 且甘反。

⑪ 案:此条或又引作《山海经》,所未详。

⑫ 婴,谓陈之以环祭也。或曰:"'婴'即古'罂'字,谓盂也,徐州云。"○吴其濬曰:"《一切经音义》卷二十一引《汉书》'婴城固守'音义曰:'以城自绕也。'《华严经音义》卷下引《汉书》集注'婴,绕也,加也'。正与环之以祭义合,解作'罂'字似远。"

⑬ 严可均谓懿行曰:"经内道里计算不同,有直行者,有旁通者,有曲绕者,故里数参差互异。即如《南次二经》之句馀、会稽,中间岂容一千五百里,恐皆从经首之柜山起算也。若推是而言,诸山里数或多有合,但须按全经一一计之。"懿行尝谓《山海经》古图不可见,世有好古而工画者,本严氏之说绘诸尺幅,百里之回一览可尽,诚希古之绝业。其绘图之法,《南山经》至《中山经》本二十六篇,为二十六图,《海外经》以下八篇,《大荒经》以下五篇,又为若干图,鸟兽神怪之属,别为若干图。

# 《国学典藏》丛书已出书目

李商隐诗集 [唐]李商隐 著
　　　　　[清]朱鹤龄 笺注
杜牧诗集 [唐]杜牧 著 [清]冯集梧 注
李煜词集（附李璟词集、冯延巳词集）
　　　　　[南唐]李煜 著
柳永词集 [宋]柳永 著
晏殊词集·晏幾道词集
　　　　　[宋]晏殊 晏幾道 著
苏轼词集 [宋]苏轼 著 [宋]傅幹 注
黄庭坚词集·秦观词集
　　　　[宋]黄庭坚 著 [宋]秦观 著
李清照诗词集 [宋]李清照 著
辛弃疾词集 [宋]辛弃疾 著
纳兰性德词集 [清]纳兰性德 著
六朝文絜 [清]许梿 评选
　　　　　[清]黎经诰 笺注
古文辞类纂 [清]姚鼐 纂集
乐府诗集 [宋]郭茂倩 编撰
玉台新咏 [南朝陈]徐陵 编
　　　[清]吴兆宜 注 [清]程琰 删补
古诗源 　[清]沈德潜 选评
千家诗 [宋]谢枋得 编
　　　　[清]王相 注 [清]黎恂 注
瀛奎律髓 [元]方回 选评
花间集 [后蜀]赵崇祚 集
　　　　　[明]汤显祖 评
绝妙好词 [宋]周密 选辑
　　　[清]项絪 笺 [清]查为仁 厉鹗 笺

词综 [清]朱彝尊 汪森 编
花庵词选 [宋]黄昇 选编
阳春白雪 [元]杨朝英 选编
唐宋八大家文钞 [清]张伯行 选编
宋诗精华录 [清]陈衍 评选
古文观止 [清]吴楚材 吴调侯 选注
唐诗三百首 [清]蘅塘退士 编选
　　　　　[清]陈婉俊 补注
宋词三百首 [清]朱祖谋 编选
文心雕龙 [南朝梁]刘勰 著
　　　　　[清]黄叔琳 注 纪昀 评
　　　　李详 补注 刘咸炘 阐说
诗品 [南朝梁]锺嵘 著
　　　　古直 笺 许文雨 讲疏
人间词话·王国维词集 王国维 著

戏曲系列
西厢记 [元]王实甫 著
　　　　　[清]金圣叹 评点
牡丹亭 [明]汤显祖 著
　　　　　[清]陈同 谈则 钱宜 合评
长生殿 [清]洪昇 著 [清]吴人 评点
桃花扇 [清]孔尚任 著
　　　　　[清]云亭山人 评点

小说系列
儒林外史 [清]吴敬梓 著
　　　　　[清]卧闲草堂等 评